Head First
Algebra

대수학

원리를 이해하고
실생활 예제를 풀면서 익히는
재미있는 수학책

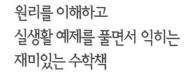

헤드 퍼스트 대수학 :

원리를 이해하고 실생활 예제를 풀면서 익히는 재미있는 수학책

초판발행 2016년 11월 01일

지은이 댄 필로네, 트레이시 필로네 / **옮긴이** 우정은, 서환수 / **펴낸이** 김태헌
펴낸곳 한빛미디어(주) / **주소** 서울시 마포구 양화로 7길 83 한빛미디어(주) IT출판부
전화 02-325-5544 / **팩스** 02-336-7124
등록 1999년 6월 24일 제10-1779호 / **ISBN** 978-89-6848-477-3 93000

총괄 전태호 / **책임편집** 김창수 / **기획 · 편집** 최현우
디자인 표지 · 내지 여동일 조판 이경숙
영업 김형진, 김진불, 조유미 / **마케팅** 박상용, 송경석, 변지영 / **제작** 박성우, 김정우

이 책에 대한 의견이나 오탈자 및 잘못된 내용에 대한 수정 정보는 한빛미디어(주)의 홈페이지나 아래 이메일로
알려주십시오. 잘못된 책은 구입하신 서점에서 교환해 드립니다. 책값은 뒤표지에 표시되어있습니다.

한빛미디어 홈페이지 www.hanbit.co.kr / **이메일** ask@hanbit.co.kr

지금 하지 않으면 할 수 없는 일이 있습니다.
책으로 펴내고 싶은 아이디어나 원고를 메일(**writer@hanbit.co.kr**)로 보내주세요.
한빛미디어(주)는 여러분의 소중한 경험과 지식을 기다리고 있습니다.

Head First Algebra

실생활에 대수학을 이용할 수 있다면
얼마나 좋을까? 그건 아마도 꿈에서나
가능하겠지...

댄 필로네
트레이시 필로네

O'REILLY®

॥B 한빛미디어
Hanbit Media, Inc.

제가 수학에는 소질이 없다고 생각했을 때조차 그렇지 않다는 걸 믿어준
부모님과 선생님들께 이 책을 바칩니다.

– 트레이시

계속 배우는 것이 가장 중요하다는 것을 가르쳐주신 부모님을 포함해
제 평생 만났던 모든 훌륭한 선생님들께 바칩니다.

– 댄

헤드 퍼스트 대수학에 쏟아지는 찬사

"『헤드 퍼스트 대수학』은 많은 사람이 명확하고 쉽게 이해할 수 있도록 친숙하게 다가옵니다. 초보자에게 수학적 주제를 조금은 우스꽝스럽게 제시합니다. 이 덕분에 많은 수학 포기자가 대수학을 깊히 공부하도록 의욕을 일으킵니다."

– 아리아나 앤더슨

"이 책은 대화 형식으로 정보를 제공하면서 배움의 흥미를 더합니다. 마치 저자와 이야기하고 있는 느낌이 들죠."

– 어맨다 보키

"펑크 밴드가 대체 대수학과 무슨 상관이 있을까요? 이차방정식이 듣는 경험을 향상하는 것과 무슨 관계일까요? 당장 책을 열고 재미있는 모험의 세계로 떠나세요!"

– 캐리 콜렛

"대수학 기초를 이보다 더 잘 설명한 책은 본 적이 없어요. 아주 재미있는 책입니다."

– 돈 그리피스, 『헤드 퍼스트 통계』 저자

"고등학교에 다닐 때 『헤드 퍼스트 대수학』 같은 책을 좋아했어요. 이 책의 저자는 수학과 실생활을 정말 멋지게 연결합니다. 덕분에 쉽고 재미있게 공부할 수 있어요!"

– 캐렌 쉐너

"『헤드 퍼스트 대수학』에는 독자를 몰두시키는 힘이 있습니다. 수학적 개념을 환상적으로 설명하면서 독자를 한 걸음씩 문제 해결의 길로 이끕니다. 쉽지 않은 문제들이지만 정말로 일상에 적용할 수 있습니다."

– 섀넌 스튜어트, 수학 교사

"이 책은 학생들이 실제 겪을 수 있는 훌륭한 예제들을 포함합니다. 변화가 심하고 예측할 수 없는 그런 일들 말이죠. 저자는 학생들이 가질 수 있는 질문을 이미 꿰뚫고 있으며 적절한 때에 답을 제공합니다. 대수학 1을 배우는 데 딱 알맞은 책이에요."

– 허버트 트레이시, 로욜라 대학교의 수리학 강사

대수학의 저자

트레이시 필로네

댄 필로네

아낌없는 지원을 배풀고 헤드 퍼스트 세계를 공유해준 공동 저자이자 남편에게 감사합니다.

수학 책을 쓰기로 결정하기 직전까지 해군의 미션 계획 지원 및 RF 분석 소프트웨어 관련 일을 하던 프리랜서였습니다.

저자가 되기 전에는 워싱턴 DC 근처의 대규모 상업 공사 현장에서 건설 관리자 일을 맡았습니다. 이때 대수학을 많이 사용했고 수학 덕분에 빌딩이 세워질 수 있다는 것을 알게 되었죠.

버지니아 공대의 토목 공학 학위, 프로 엔지니어 라이선스, 버지니아 대학교의 교육학 석사 학위를 가지고 있습니다.

Vangent, Inc의 소프트웨어 아키텍트로 해군 연구소와 나사에서 소프트웨어 개발팀을 이끌었습니다. 워싱턴 DC의 카톨릭 대학교에서 소프트웨어 공학 학부생과 대학원생을 가르쳤습니다.

이 책은 저의 두 번째 헤드 퍼스트 책입니다만, 처음으로 많은 작업을 한 책이기도 합니다. 처음으로 컴퓨터 과학 이외의 주제를 다루었고, 아내와 처음으로 공동 저자가 되었습니다(이전 공동 저자보다 좀 더 나아보였어요. 루스에게는 미안하군요). 항상 그랬던 것은 아니지만 어쨌든 멋진 경험이었습니다.

전공은 컴퓨터 과학이며 수학은 부전공입니다. 대수학이 얼마나 재미있는지를 알고 싶다면 헤일로 게임을 즐겨보세요. 그리고 x, y, z로 이 모든 일이 어떻게 가능한지 생각해보세요.

대수학의 역자

우정은

수학 공부를 열심히 해보겠다고 연필을 잡아보지만 얼마 가지 않아 포기하는 자신을 발견하곤 합니다. 아마 대부분은 학창시절에 이런 패턴을 반복했을 겁니다. '헤드 퍼스트 시리즈'는 재미있는 그림과 흥미를 끄는 내용을 담아 즐겁게 학습하도록 이끌어주는 프로그래밍 서적으로 잘 알려져 있습니다. 흥미롭게도 이번에는 프로그래밍이 아닌 수학을 주제로 우리를 찾아왔습니다. 역시나 어려운 수학 이론을 일상에서 일어날 수 있는 사례를 들어 재미있고 흥미진진하게 풀어냅니다. 그렇기에 더 즐겁게 수학을 배우길 원하는 학생과 이미 잊어버린 수학 이론을 다시 공부하려는 사람 모두에게 이 책은 큰 도움을 줄 겁니다. 수동적으로 또는 강제적으로 입력한 지식보다는 이해하면서 학습한 내용은 더 효과가 큽니다. 이 책은 '왜' 공식이 필요하고 어떨 때 사용하는지에 대해 더 초점을 맞추고 있습니다. 그래서 암기만으로는 해결되지 않았던 대수학을 더 효율적으로 자유롭게 활용하는 방법을 깨닫게 해줍니다. 이 책을 즐기시길 바랍니다! 『헤드 퍼스트 대수학』이 여러분을 재미와 학습을 동시에 잡을 수 있게 이끌어줄 겁니다.

– 우정은

옮긴이 우정은 *realplord@gmail.com*

인하대학교 컴퓨터공학과를 졸업하고 LG전자, 썬마이크로시스템즈, 오라클 등에서 모바일 제품 관련 개발을 하다가 현재는 뉴질랜드에서 새로운 인생을 준비하고 있습니다. 2010년 아이폰의 매력에 빠져 번역 및 개발을 취미로 삼게 되었습니다. 2010년 이후로 다수의 서적을 번역했습니다.

대수학의 역자

오라일리는 기존 IT 서적과는 아주 다른 구성으로 독자의 호기심과 인지 회로를 자극하는 'Head First 시리즈'를 2003년 『Head First Java』를 시작으로 꾸준히 내놓고 있습니다. 이번 책은 Head First 시리즈 중에서도 조금은 더 독특합니다. 직접 IT와 연관될 것 같지 않은 듯한 '대수학'이라는 주제를 다루고 있으니까요. 대수학이라고 하면 아마 많은 분이 생소하고 어렵게 느낄 수 있을 것 같은데, 사실 우리는 대수학에 매우 익숙합니다. 어렸을 적 배운 기본적인 계산 기술에서 시작해서 우리가 모르는 미지수를 x, y 같은 변수로 적어서 문제를 푸는 것들이 모두 기초적인 대수학이었으니까요. 이 책에서 다루는 내용은 우리가 초등학교에서 중학교를 거쳐 고등학교 때까지 엄청난 시간과 노력을 들여서 배우고 익혔던 수학 가운데 일부라고 생각하면 됩니다.

대수학은 일상생활에서 그 쓰임새가 아주 많습니다. 매일매일 간단하게 돈이나 시간 같은 것을 계산하는 것에서 좀 더 복잡한 재테크를 위한 계산이나 계획에 이르기까지, 굳이 수학이나 과학과 관련된 일을 하지 않는 사람이라도 대수학에서 배운 내용을 늘 쓰고 삽니다. IT 분야에 종사하는 사람들도 당연히 그렇습니다. 이 책에서는 굳이 IT와 바로 연결된 만한 내용을 다루고 있진 않지만, IT에 종사하는 사람이라면 (IT에 종사하지 않는 사람이라도) 당연히 알고 있어야 할 만한 기초 대수학 내용을 골고루 알려줍니다.

이 책에서는 방정식, 부등식 등을 일상적으로 사용하는 수학책과는 사뭇 다른 방식으로 바라볼 수 있습니다. 공식이나 문제 풀잇법을 외우고 연습문제를 반복해서 푸는 방식이 아닙니다. 일단 문제를 받아들고, 그 문제를 해결하는 방법에 대해서 알아보는 문제 해결 중심의 공부법이죠. 책 속의 이야기를 읽어가면서 흥미롭게 대수학의 내용에 익숙해질 수 있을 겁니다. 중고등학생이라면 재미있게 새로운 내용을 배울 수 있을 것이고, 이미 중고등학교 과정을 다 마친 독자들이라면 예전에는 그냥 기계적으로 배웠던 것들을 새로운 시각에서 다시 익힐 수 있을 겁니다. 부디 많은 독자가 이 책에서 새로운 것을 얻어갈 수 있었으면 합니다.

좋은 책을 기획하고 게으른 역자 때문에 고생한 한빛미디어 최현우 차장께 감사드립니다. 그리고 아들 셋을 키워야 하는데 가사와 육아에 별 도움이 안 되는 남편을 잘 챙겨가면서 살아가고 있는 아내 혜선에게도 감사드립니다.

– 서환수

옮긴이 서환수

IT 분야에 관심이 많은 물리학자로서 기업연구소에서 나노과학을 연구합니다. 『Head First Java : 뇌 회로를 자극하는 자바 학습법 (개정판)』, 『slide:ology – 위대한 프레젠테이션을 만드는 예술과 과학』, 『프로그래밍 면접』을 비롯해서 한빛미디어와 함께 여러 권의 번역서를 냈습니다.

목차(요약)

목차(진짜)

서문

대수학을 접한 여러분의 뇌. 여러분이 공부를 하는 순간에도 뇌는 다른 생각을 할 수 있습니다. 여러분의 뇌는 '조심해야 할 야생동물은 뭘까 또는 벌거벗고 스노우보딩을 즐기는 건 어떨지와 같이 방 밖으로 나가서 할 수 있는 좀 더 중요한 일들'을 생각하고 있을 수 있습니다. 우리의 뇌에게 대수학의 지식이 우리 인생을 좌우한다고 설득할 수 있을까요?

대수학이란?

미지수를 알아내는 방법...

1

더 잘 알았으면 할 때가 있지 않나요? 그럴 때 쓰는 게 바로 대수학입니다. **모르는 걸 알기 위한 것**이죠. 이번 장을 다 마치고 나면 X가 지도에서 보물이 묻힌 장소를 표시하는 용도 외에도 훨씬 중요하게 쓰이는 기호라는 생각이 들 겁니다. **방정식**이 뭔지, 방정식의 좌변과 우변을 **어떻게 맞추는지**도 알게 될 테고, **미지수를 알아내는 것**이 실은 대단한 게 아니라는 점도 깨닫게 될 겁니다. 머뭇거리지 말고 잽싸게 시작해봅시다!

(더) 복잡한 방정식

대수학과 함께 떠나는 여행

우리가 모르는 게 두 개 이상이라면 어떨까요? 잘 상상이 안 되죠? 하지만 **미지수가 두 개 이상**인 문제도 있습니다. 그뿐 아니라 같은 방정식에 **한 미지수가 여러 번** 나올 때도 있죠. 하지만 걱정하지 마세요. 방정식을 조작하는 법을 배웠잖아요. 거기에 이번 장에서 배울 새로운 도구를 더하면 더 복잡한 식도 금세 풀어낼 수 있을 거예요.

숫자 연산의 규칙

규칙을 지킵시다

3

때로는 맘에 안 들어도 규칙을 지켜야 합니다. 대수학에도 여러 규칙이 있는데, **이런 규칙은 모두 좋은 규칙입니다.** 규칙을 잘 따르면 오답이 나오지 않거든요. 사실 많은 경우 규칙을 잘 따르면 **큰 힘을 들이지 않고 미지수를 구할 수 있습니다.** 이번 장에서는 근심 걱정을 내려놓고 몇 가지 간단한 규칙만 가지고 문제를 완벽하게 풀 수 있는 방법을 배워봅시다.

연산 순서

❶ 괄호

❷ 지수

❸ 곱셈과 나눗셈

❹ 덧셈과 뺄셈

지수 연산

전염병처럼 퍼져 나가는 팟캐스트 (좋은 뜻이랍니다)

4

다시 곱해볼래? 다시 곱해볼래? 곱셈을 여러 번 반복하는 것을 간단하게 표기하는 방법이 있습니다. **지수**를 이용하면 곱셈을 **반복**할 수 있지요. 그뿐이 아닙니다. 생각보다 작은 수를 쓸 수도 있어요(분수뿐만이 아닙니다). 이번 장에서는 **밑, 제곱근, 근호** 같은 것을 다시 한 번 훑어보도록 하죠. 이번에도 **0**과 **1**에는 뭔가 특별한 게 있을 거예요. 본격적으로 뛰어들어 볼까요?

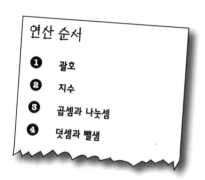

그래프 그리기

백문이 불여일견

5

때로는 식만 가지고는 부족할 수도 있습니다. 식을 보고는 '그나저나 이 식이 무슨 의미가 있다는 거지?'라는 생각을 한 적이 있나요? 그럴 때는 식을 **시각적으로 표현**해봐야 할 수도 있습니다. **그래프**가 바로 이런 데 쓰라고 있는 거죠. 그래프를 그려보면 식을 그냥 읽는 게 아니고 볼 수 있으니까요. 그래프를 보고 돈이 언제 떨어질지, 새 차를 살 돈을 모으는 데 얼마나 걸릴지 같은 **중요한 점**을 파악할 수 있습니다. 그래프의 힘을 빌리면 식을 바탕으로 **중요한 결정**을 내릴 수 있습니다.

에드워드 잔디깎이 서비스

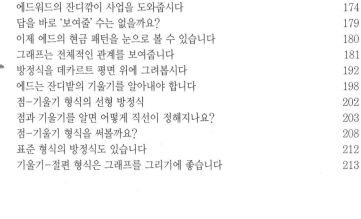

집이 4피트 높이에 있습니다.

길가 높이는 0입니다.

수평 방향으로 4피트 떨어져 있습니다.

기울기 = 1

부등식

아직도 부족한가요?

때로는 충분할 수도 있고 때로는 모자랄 수도 있습니다.

'조금만 **더** 있으면 되는데...'라고 생각했는데 누군가가 필요한 것보다 **더** 많이 보태준 경험이 있나요? 그러면 **필요한 것보다 더** 많아지게 되죠. 하지만 어느 쪽이든 세상은 그럭저럭 괜찮게 돌아갈 겁니다. 이번 장에서는 대수학에서 '조금 더 주세요. 조금 더...' 같은 걸 **표현하는 방법**을 알아보겠습니다. **부등식**이 있으면 딱 정해진 값이 아니라 **더 많이**, 또는 **더 작은** 경우까지 다룰 수 있습니다.

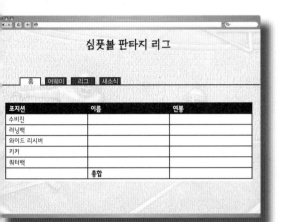

심풋볼 판타지 리그

홈 | 어웨이 | 리그 | 새소식

포지션	이름	연봉
수비진		
러닝백		
와이드 리시버		
키커		
쿼터백		
	총합	

수비진

이름	비용
브롱코스	$300,000
이글즈	$200,000
스틸러즈	$333,000
레이븐즈	$250,000

러닝백

이름	비용
마이크 앤타	$197,000
바비 헐	$202,187
릭 티머	$185,200
에드 베이븐즈	$209,115

와이드 리시버

이름	비용
벤 타피	$195,289
에릭 프리더	$212,000
론 주퍼	$185,200
마크 마튼	$165,950

키커

이름	비용
조 앰텐	$183,500
릭 뷰버	$155,000
피트 호크	$203,200
맷 이튼즈	$209,100

쿼터백

이름	비용
토니 제이글렌	$208,200
에릭 헤멀	$175,000
팻 브럼즈	$199,950
댄 드리터	$202,400

연립방정식

몰랐던 것 알아내기

미지수가 두 개인 방정식의 그래프를 그리는 건 배웠죠? 근데 그 문제를 풀 수도 있을까요? 지금까지 C, t, x, y를 비롯해 다양한 변수가 들어가 있는 식으로 여러 그래프를 그려 봤습니다. 하지만 변수가 **두 개**인 방정식을 실제로 푸는 건 어떨까요? 방정식 한 개만 가지고는 안 될 것 같네요. 사실 모르는 미지수 하나당 방정식이 한 개 있어야 합니다. 식이 주어지면 어떻게 해를 구할 수 있을까요? 변수가 두 개인 **방정식**을 풀고 싶다면 **대입**을 좀 해준다거나 그래프를 그려서 두 그래프가 **만나는 점의 위치**를 알아내면 됩니다.

이항식 전개와 인수분해

헤어짐은 쉽지 않아요

8

때로는 스퀘어숄더로 핏을 살릴 수 있습니다. 지금까지 x, y 등의 변수를 이용했습니다. 그런데 말입니다. 만약 방정식의 x가 **제곱**이라면 어떻게 하시겠습니까? 사실 여러분은 이미 이러한 문제를 풀 수 있는 도구를 갖고 있습니다. 지금부터 제곱 문제를 푸는 방법을 살펴보겠습니다. 분배법칙을 기억하시나요? 8장에서는 **분배법칙**과 FOIL이라는 특별한 기법을 사용해 새로운 종류의 **이항방정식**을 푸는 방법을 설명합니다. 함께 살펴봐요. 약간 어려운 방정식들을 **분해**할 시간입니다.

케이트　　제임스

수학 겨루기!

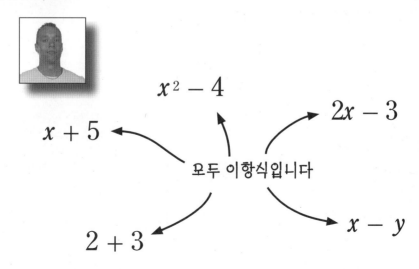

$x^2 - 4$

$2x - 3$

$x + 5$

요두 이항식입니다

$2 + 3$

$x - y$

이차방정식

선을 벗어나다

9

인생사가 모두 선형적으로 흘러가지는 않습니다.

직선으로 나타나는 방정식만 중요하고 직선이 아닌 방정식은 중요하지 않다고 볼 수는 없습니다. 사실 우리의 **알쏭달쏭한** 인생사에는 **선형적이지 않은** 문제들이 더 많다는 사실을 알게 될 겁니다. 여러분은 **1을 초과하는 지수 항**을 가진 문제와 자주 씨름하게 될 겁니다. **제곱 항**을 포함하는 일부 방정식은 **곡선** 그래프로 나타납니다! 어떤 원리로 이러한 일이 발생하는 걸까요? 이유를 알아볼 시간입니다...

SIEGES-R-US
투석기
나무 투석기

5 파운드까지 가능

다음과 같은 치역에 사용 할 수 있음:

$$-x^2 + 10x + 75 = h$$

신상품

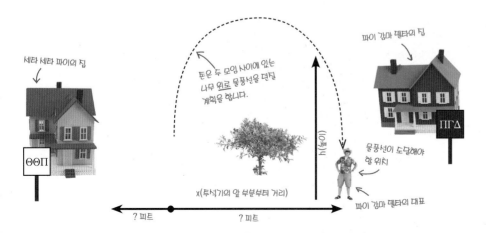

세타 세타 파이의 집

ΘΘΠ

존은 두 모임 사이에 있는 나무 <u>위로</u> 물풍선을 던질 계획을 합니다.

파이 감마 델타의 집

ΠΓΔ

물풍선이 도달해야 할 위치

파이 감마 델타의 대표

h(높이)

x(투석기의 앞 부분부터 거리)

? 피트   ? 피트

함수

누구에게나 한계가 있어요

친구들이 모두 그이가 어디로 튈지 알 수 없다고 했어요. 지금은 제가 그이 정의역의 주인이죠. 실생활의 많은 방정식에는 **한계**가 있다는 것을 알게 될 겁니다. 방정식에서 **특정** 값만 유효한 거예요. 예를 들어 차를 시속 −5킬로로 운행한다거나 공중으로 13미터 구덩이를 파는 것은 불가능합니다. 이럴 때는 방정식에 경계를 설정해야 합니다. 방정식에 경계를 설정할 때 **함수**보다 좋은 방법은 없습니다. 함수가 뭔가요? 페이지를 넘겨 TV 리얼리티 쇼 문제를 통해 알아보시죠.

$$\$ = \quad + \quad$$

실생활과 대수학

실생활의 문제 해결하기

11

세계는 커다란 문제에 직면했습니다... 여러분은 이미 열쇠를 쥐고 있죠. 수백 페이지의 수학책을 공부하면서 무엇을 얻었습니까? 끝없는 x, y, a, b인가요? 아니죠... 우리가 얻은 것은 어려운 상황에서도 **미지의 정답을 풀 수 있는 능력**입니다. 이 능력을 어디에 써먹을 수 있을까요? 이 번 장에서는 실생활로 무대를 옮깁니다. 즉 여러분의 대수학 기술을 이용해 **실생활의 문제를 풀어볼 겁니다.** 이 장을 마칠 때쯤이면 친구를 얻고, 사람들에게 영향력을 줄 뿐 아니라 어마어마한 금액을 줄일 수 있습니다. 궁금하시죠? 이제 11장을 시작합니다.

나머지

아직 살펴보지 않은 다섯 가지 중요한 이야기

i

지금까지 많은 것을 배웠지만 대수학의 배움에는 끝이 없습니다. 하지만 걱정마세요. 우리는 거의 모든 것을 배웠으니까요! 이제 지금까지 살펴보지 못한 부분을 살펴볼 거예요.

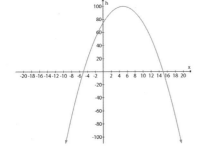

대수학 준비 과정 리뷰

튼튼한 기초 다지기

아직 시작하지도 않은 것처럼 느낀 적이 있나요?

대수학은 정말 위대합니다. 하지만 여러 규칙을 제대로 이해해야 대수학을 배울 수 있습니다. 어느날 문득 정수 곱셈이나, 분수 더하기나, 십진수 나누기를 어떻게 하는지 까먹었다고 생각해 보세요. 그래서 준비했습니다! 대수학을 배우는 데 필요한 선행 과정을 빠르게 검토해보시죠.

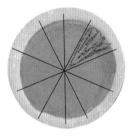

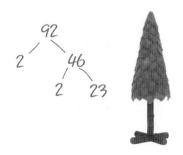

이 책의 활용 방법

서문

세상에 이런 대수학 책이 있다니 믿을 수가 없군요.

누구를 위한 책인가?

책을 사주신 모든 이의 책입니다. 이 책은 여러분에게 특별한 선물을 줄 겁니다.

서문에서는 '대수학 책에 어떤 내용이 들어 있는지' 이야기합니다.

이 책의 대상 독자는 누구인가요?

다음 질문에 모두 "예"라고 대답하면

1 숫자와 대수학 기초 과정을 마쳤나요?

2 개념뿐 아니라 실용적인 문제를 통해 대수학을 배우고 싶으신가요?

3 정수나 분수를 알고 있습니다. 이제 미지수를 푸는 방법을 배우고 싶으신가요?

이 책은 바로 여러분을 위한 책입니다.

그러면 어떤 독자들에게 이 책이 맞지 않을까요?

다음 질문 중 하나라도 "예"라고 대답하면

1 분수나 소수점을 다루는 데 어려움을 느끼나요?

2 대수학 2나 통계 정보를 찾고 있나요?

이에 해당하는 독자라면
『헤드 퍼스트 통계학』을
추천합니다.

3 계산기로 모든 걸 해결하는 사람인가요?

이 책은 여러분에게 맞지
않습니다.

[마케팅팀의 메모: 신용카드만 있다면
누구든 이 책을 구입해도 됩니다... 그리고
누표도 받습니다.]

지금쯤 여러분은 이런 생각을 하고 있겠죠?

"이 책이 대수학 참고서 맞어?"

"이 그림들은 다 뭐야?"

"이 책으로 정말 수학을 배울 수 있어?"

여러분의 두뇌는 이런 식으로 동작합니다

여러분의 두뇌는 항상 새로운 것을 갈망합니다. 항상 무언가 특이한 것을 찾고, 기다립니다. 원래 두뇌는 그런 겁니다. 이 덕분에 인류가 생존해온 것이죠.

그렇다면 일상적이고 흔하디 흔한, 너무나도 평범한 것을 접할 때 두뇌에서는 어떤 일이 일어날까요? 두뇌는 정말 해야 하는 일(즉, 정말 중요한 것을 기억하는 일)을 방해하는 모든 것을 거부합니다. 별로 중요하지 않은 일은 결코 '이건 중요하지 않아' 필터를 통과하지 못합니다.

그런데 중요한 것인지 두뇌는 어떻게 알 수 있을까요? 하이킹하러 야외에 나갔는데 갑자기 호랑이가 나타났다고 생각해보세요. 여러분의 두뇌와 몸에는 무슨 일이 일어날까요?

뉴런이 폭발하고, 감정이 북받치고, 호르몬이 쭉쭉 솟아나겠지요.

그리고 여러분의 두뇌는 다음과 같이 생각할 겁니다...

이건 정말 중요한 거야! 잊어버리면 안 돼!

그런데 여러분이 집이나 도서관에 있다고 생각해보세요. 이런 장소는 안전하고, 따뜻하고, 호랑이가 나타날 리도 없습니다. 여러분은 그 곳에서 공부하고 있습니다.

시험 준비를 하고 있는 것이죠. 아니면 직장 상사 생각에는 일주일이나 열흘이면 마스터할 수 있는 분량을 공부하고 있다고 생각해보세요.

한 가지 문제가 있네요. 두뇌는 중요하지 않은 내용을 저장하기 위해 중요한 내용을 저장할 공간을 지저분하게 만들지 않으려 합니다. 호랑이나 화재, 페이스북 페이지에 파티 사진을 올렸다 당하게 될 봉변과 같이 정말 중요한 내용을 저장하려면 쓸데없는 내용은 무시하는 편이 낫지요. 게다가 "이 봐 두뇌, 날 위해 수고해줘서 정말 고맙긴 한데, 이 책이 아무리 지루하고 재미없고 어떤 감정이 생기지 않더라도 난 지금 이 내용을 정말 기억해야 한단 말이야"라고 두뇌에게 말할 수도 없습니다.

여러분의 두뇌는 이런 것은 중요하다고 생각합니다.

맙소사. 이렇게 딱딱하고 지루한 책을 520페이지나 더 읽어야 하다니.

여러분의 두뇌는 이런 것은 기억할 가치가 없다고 생각합니다.

우리는 '헤드 퍼스트' 독자를 학생이라고 생각합니다.

뭔가를 배우려면 어떻게 해야 할까요? 먼저 이해하고, 그 다음엔 잊어버리지 않아야겠죠? 단순히 지식을 두뇌 속에 집어넣는 방법은 소용없습니다. 인지과학, 신경물리학, 교육심리학 분야의 최신 연구 결과에 따르면 글자만으로 학습하는 것은 효과적이지 못하다고 합니다. 헤드 퍼스트는 여러분의 두뇌가 쌩쌩 돌아가게 하는 방법을 알고 있습니다.

헤드 퍼스트 학습 원리 :

그림으로 만듭니다. 글자만 있는 것보다는 그림을 사용하는 편이 훨씬 기억하기 좋고, 학습 효과를 향상시키는 데도 도움이 됩니다(기억과 전이 분야에 관한 연구에 의하면 89%까지 향상된다고 합니다). 그리고 **그림을 사용하면 이해하기도 쉬워집니다.** 글자를 그림 안이나 옆에 넣으면 그림 아래나 다른 페이지에 있을 때보다 내용과 관련된 문제를 두 배나 잘 풀 수 있다고 합니다.

100% + 40% = 52%

사람과 얘기하는 듯한 대화체를 사용합니다. 최근 연구에 의하면 내용을 딱딱한 말투보다 개인적으로 대화를 나누는 듯한 문체로 설명하면 학습 후 테스트에서 40% 정도까지 더 좋은 점수를 받을 수 있다고 합니다. 강의 대신 이야기를 들려줍니다. 너무 심각한 말투는 별로 좋지 않습니다. 여러분은 저녁 식사에서 나눈 재미있는 대화와 딱딱한 강의 중 어떤 것에 더 관심이 쏠리나요?

더 깊이 생각할 수 있게 만듭니다. 뉴런을 활발하게 사용하지 않으면 두뇌 속에서 그리 특별한 일이 생기지 않습니다. 독자가 문제를 풀고, 결과를 유추하고, 새로운 지식을 이끌어낼 수 있도록 항상 동기, 흥미, 호기심, 사기를 불어넣어야 합니다. 이렇게 하려면 뭔가 도전 의식을 불러일으킬 만한 연습문제나 질문을 통해 좌뇌와 우뇌를 포함한 여러 감각을 모두 사용해야 하는 활동을 제공해야 합니다.

독자로 하여금 계속 주의를 기울이게 합니다. 아마도 거의 모든 독자가 "아, 이거 꼭 해야 하는데, 한 페이지만 봐도 졸려 죽겠네"라는 생각을 해봤을 겁니다. 사람의 두뇌는 언제나 일상적이지 않은 것, 재미있는 것, 특이한 것, 눈길을 끄는 것, 예기치 못한 것에 주의를 기울입니다. 어려운 기술적인 내용을 배우는 일이 꼭 지루해야 할 필요는 없습니다. 지루하지 않아야 두뇌가 새로운 활동을 훨씬 빠르게 받아들입니다.

독자의 감성을 자극합니다. 내용이 얼마나 감성을 자극하는지에 따라 기억되는 정도가 크게 달라집니다. 자신이 좋아하는 것, 많은 관심을 갖고 있는 것은 쉽게 기억합니다. 뭔가를 느낄 수 있었다면 쉽게 기억합니다. 뭐 그렇다고 소년과 강아지의 가슴 뭉클한 사연 같은 것을 말하는 것은 아닙니다. 퍼즐을 풀거나 남들이 모두 어렵다고 생각하는 것을 이해했을 때, 다른 친구들이 모르는 것을 알게 되었을 때 느끼는 놀라움, 호기심, "오, 이럴 수가!" 아니면 "내가 이겼어!"와 같은 생각이 들 때 더 잘 배울 수 있습니다.

초인지: 생각에 대한 생각

여러분이 정말로 빨리, 더 깊이 배우고 싶다면 여러분이 어떻게 주의를 기울이는지에 주의를 기울일 필요가 있습니다. 여러분이 어떻게 생각하는지를 곰곰히 생각해보세요. 여러분이 어떻게 배우는지를 배워야 합니다.

초인지나 교육 이론을 접한 사람은 그리 많지 않습니다. 모든 사람은 배워야 하지만 어떻게 배워야 하는지를 교육받지 못했습니다.

이 책을 들고 있는 독자 여러분은 대수학을 통달하고 싶은 사람이라 가정하겠습니다. 가능하면 짧은 시간에 이를 이루고 싶으시겠죠. 이 책에서 읽은 내용을 사용하려면 그 내용을 **기억**해야 합니다. 그러려면 내용을 **이해**해야 합니다. 이 책, 모든 책, 교육 경험에서 뭔가를 얻으려면 여러분의 두뇌를 정복해야 합니다. 여러분의 두뇌가 이 내용을 기억해야 합니다.

여러분이 배우는 새로운 내용을 뇌가 정말 중요한 것으로 생각하게 만들어야 합니다. 생존에 꼭 필요한 내용이라고 여기게 해야 합니다. 호랑이 만큼이나 이 내용이 중요하다고 말이죠. 그렇지 않으면 내용을 저장하려 들지 않는 뇌와 길고 지루한 싸움을 해야 할 것입니다.

그러면 어떻게 해야 대수학이 중요하다고 두뇌가 생각하게 만들 수 있을까요?

느리고 지루한 방법도 있고 빠르고 효과적인 방법도 있습니다. 느린 방법은 반복하는 겁니다. 같은 내용을 계속 반복해서 주입하면 아무리 재미없는 내용이라도 배우고 기억할 수 있습니다. 여러 번 반복해서 욱여넣다 보면 "사실 별로 중요한 것 같진 않지만 똑같은 걸 계속해서 보고 또 보는 걸 보니 중요한가 보구나"라고 생각하게 되는 거죠.

빠른 방법은 두뇌 활동, 그중에서도 다각적으로 두뇌 활동을 증가시키는 모든 방법을 사용하는 겁니다. 앞 페이지에 있는 학습 원리는 모두 두뇌 활동을 증가시키는 주요한 방법입니다. 이 방법들은 모두 두뇌 활동을 증가시켜 학습을 원활하게 해준다고 검증되었습니다. 예를 들어 어떤 단어를 설명하는 그림 안에 그 단어를 넣으면 그림 밑이나 본문에서 설명할 때보다 그 단어와 그림 간의 관계를 이해하기 위해 두뇌가 활발하게 움직이면서 더 많은 뉴런이 활성화됩니다. 더 많은 뉴런이 활성화되면 두뇌가 그 내용은 집중해서 살펴볼 가치가 있다고 생각하게 되고, 결국 더 잘 기억할 수 있습니다.

대화체가 더 좋은 이유는 보통 대화를 나눌 때에는 상대방이 하는 말을 들으면서 내용을 이해하려고 노력하기 때문입니다. 놀라운 점은 이런 대화가 책과 독자 사이의 대화일 때에도 우리 두뇌는 똑같이 반응한다는 겁니다. 하지만 문체가 딱딱하고 재미없으면 수백 명의 학생이 대형 강의실에 앉아 건성으로 수업을 들을 때와 마찬가지로 학습 효과가 떨어진다고 합니다. 단지 억지로 깨어 있을 필요가 없다는 점이 다르죠.

그림과 대화체는 단지 시작일 뿐입니다.

이 책에서는 이렇게 했습니다

이 책에는 **그림**이 많습니다. 두뇌는 글자보다는 그림에 더 민감하게 반응하기 때문이죠. 두뇌의 반응을 보면 그림 한 장이 1,000 단어와 비슷합니다. 글자와 그림을 함께 사용할 때 글자를 그림 안에 넣었습니다. 글자를 그림 밑이나 다른 곳에 넣는 것보다 그림 안에 넣을 때 두뇌가 더 활발히 활동하기 때문이죠.

이 책은 다른 방법, 매체, 여러 감각 기관을 사용해 똑같은 내용을 **반복**해서 설명합니다. 이렇게 여러 매체를 사용하면 두뇌는 배운 내용을 여러 곳에 저장하기 때문에 기억할 가능성도 높아집니다. 또한 개념과 그림을 **독창적**으로 사용했습니다. 두뇌는 새로운 것을 더 잘 받아들이기 때문입니다. 그림과 개념에는 **감성적**인 내용을 담을 수 있도록 했습니다. 두뇌는 감성적인 내용에 주의를 기울이게 만들어졌기 때문이죠. 아무리 사소한 **유머, 놀라움, 흥미** 같은 것이라도 여러분이 느낄 수 있으면 그만큼 두뇌 속에 더 잘 기억되기 때문입니다.

이 책은 **개인적인 대화체**를 사용했습니다. 두뇌는 앉아서 강의를 듣는다고 느낄 때보다 상대방과 대화한다고 느낄 때 더 집중을 잘 하기 때문이죠. 대화체의 책을 읽을 때에도 두뇌는 대화한다고 생각을 합니다.

이 책에는 80개가 넘는 **실습**이 들어있습니다. 두뇌는 읽을 때보다는 **직접 해볼** 때 더 잘 배우고 기억하도록 만들어졌기 때문입니다. 연습문제는 어렵지만 여러분이 풀 수 있는 수준으로 만들었습니다. 많은 사람이 이런 도전을 즐기기 때문입니다.

여러 학습 방식을 지원하도록 만들었습니다. 어떤 사람은 차례차례 따라 하는 것을 좋아하고, 어떤 사람은 큰 그림을 먼저 이해하는 것을 좋아하고, 어떤 사람은 그저 예제를 보고 싶어 하기 때문입니다. 어떤 학습 방법을 좋아하든 상관없이 여러 취향을 고려해 설명한 내용으로 공부하면 독자 여러분 모두에게 도움이 될 겁니다.

여러분의 **양쪽 두뇌 모두 사용**할 수 있는 내용을 수록했습니다. 두뇌의 더 많은 부분을 사용할수록 더 많이 배우고 기억하고 더 오래 집중할 수 있기 때문입니다. 한쪽 두뇌를 사용하고 있는 동안에 다른 쪽 두뇌는 쉴 수 있기 때문에 더 오래 공부해도 높은 효율을 유지할 수 있습니다.

여러 관점을 보여주는 이야기와 연습문제를 포함시켰습니다. 어떤 것을 평가하고 판단해야 할 때 두뇌는 더 깊이 배우도록 만들어졌기 때문이죠. 독자 여러분의 **도전 의식**을 고취시킬 수 있는 연습문제와 뚜렷한 해답이 없는 **질문**을 포함시켰습니다.

두뇌는 무언가 곰곰이 생각할 때 배우고 기억하도록 만들어졌기 때문이죠. 생각해보세요. 헬스클럽에서 운동하는 사람을 쳐다본다고 자신이 몸짱이 될 수 있나요? 그러나 곰곰이 생각해볼 가치가 있는 문제만 선별하기 위해 최선의 노력을 다했습니다. 따라서 여러분이 너무 이해하기 힘든 예제를 분석하거나 어려운 전문 용어가 가득하거나 너무 짧은 문장을 이해하기 위해 쓰는 **신경세포는 하나도 없을 겁니다.**

이야기, 예제, 그림에서 **사람**을 사용했습니다. 여러분 모두가 사람이기 때문이죠. 두뇌는 물건보다는 사람에게 주의를 더 잘 기울입니다.

다섯 친구요? 문제 없습니다.
바로 메일을 쏠게요.

두뇌를 정복하는 방법

여길 달라서 냉장고 문에 붙여놓으세요.

우리의 설명은 끝났습니다. 나머지는 여러분께 달려 있습니다.
아래의 팁부터 시작해보세요. 두뇌에서 어떤 반응을 보이는지
살펴보고, 어떤 것이 적절하고 어떤 것이 부적절한지 알아보세요.
항상 새로운 것을 시도해보세요.

---

① 천천히 하세요. 더 많이 이해할수록 외워야 할 양은 더 줄어들어요.

그저 읽기만 해서는 안 됩니다. 잠깐씩 쉬면서 생각해보세요. 책에 질문이 나오면 바로 답으로 넘어가지 말고, 다른 사람이 그런 질문을 했다고 생각해보세요. 더 깊고 신중히 생각할수록 더 잘 배우고 오래 기억할 수 있습니다.

② 연습문제를 풀고, 직접 메모하세요.

답이 있는 연습문제도 있습니다. 그러나 답이 있을 때에는 다른 사람이 옆에서 도와준다고 생각하세요. 연습문제를 그저 쳐다보기만 하지 말고 연필을 사용하세요. 몸을 쓰면서 공부하면 학습 효과가 높아진다는 증거는 많습니다.

③ '바보 같은 질문이란 없습니다' 부분도 꼭 읽으세요.

반드시 모두 읽어보세요. 그냥 참고 자료로 수록한 것이 아니라 핵심 내용의 일부랍니다! **그냥 지나치지 마세요.**

④ 잠자리에 들기 전에 마지막으로 이 책을 읽으세요.

학습 과정의 일부(특히 장기 기억으로의 전이 과정)는 책장을 덮은 후에 일어납니다. 두뇌에서 어떤 처리를 하려면 시간이 필요하기 때문이죠. 처리하는 동안 다른 일을 하면 새로 배운 내용을 잊어버릴 수 있습니다.

⑤ 이 책의 내용에 대해 얘기하세요. 큰 소리로!

소리 내어 말하면 읽기만 할 때와는 다른 두뇌 부분이 활성화됩니다. 무언가 이해하거나 더 잘 기억하고 싶으면 크게 소리 내어 말해보세요. 다른 사람에게 설명하면 더 좋습니다. 더 빨리 배울 수 있을 뿐만 아니라 몰랐던 것도 생각해낼 수 있습니다.

⑥ 물을 많이 드세요.

수분을 충분히 섭취하면 여러분의 두뇌가 최고로 잘 굴러갑니다. 여러분의 몸이 갈증을 느끼기 전에 두뇌가 먼저 수분 부족을 느끼게 되며, 수분이 부족하면 인지 기능도 저하됩니다.

⑦ 자신의 두뇌 반응에 귀를 기울여보세요.

여러분의 두뇌가 너무 힘들어 하고 있지는 않은지 관심을 가져보세요. 대강 훑어보고 있거나 방금 읽은 것을 바로 잊어버린다는 느낌이 들면 잠시 쉬는 것도 좋습니다. 일단 어느 정도 공부를 하고 나면 무조건 파고든다고 해서 더 빨리 배울 수 있는 것은 아닙니다. 오히려 공부하는 데 방해가 될 수도 있습니다.

⑧ 뭔가를 느껴보세요.

여러분의 두뇌에서 지금 공부하고 있는 것이 중요하다고 느낄 수 있어야 합니다. 책 속에 나와 있는 이야기에 몰입해보세요. 그리고 책에 나와 있는 사진에 직접 제목을 붙여보세요. 아무것도 느끼지 않는 것보다는 썰렁한 농담을 보고 비웃기라도 하는 쪽이 낫습니다.

⑨ 대수학을 실생활에 사용하세요.

대수학과 친해지는 유일한 방법은 대수학을 **많이 사용하는 것**입니다. 지금 그래프 용지와 연필을 가지고 방안에 들어가 수학을 하라는 말이 아닙니다. 여러분 주변에 어떻게 대수학을 적용할 수 있는지 돌아보라는 의미입니다. 어떤 문제에 직면했나요? 알고 있는 값은 무엇이고 미지수는 무엇입니까? 서로 어떤 관련이 있나요? 문제를 읽기만 해서는 대수학을 **얻을 수** 없습니다. 직접 **풀어야** 합니다. 여러분에게 많은 문제를 제시할 것입니다. 모든 장에는 여러분이 고민해야 할 문제와 질문들이 제공됩니다. 이 문제들을 그냥 넘어가지 마세요. 문제를 풀면서 배울 수 있는 내용이 많습니다. 막혔을 때는 **정답**을 참고하셔도 됩니다. 하지만 최소한 문제를 풀려는 시도는 해보세요.

알아두세요

이 책은 참고서가 아니라 경험을 제공하는 책입니다. 때로는 연관된 내용일지라도 학습 요점에 방해가 되는 내용은 신중하게 제거했습니다. 이 책은 이전 내용을 이미 이해했다고 가정하고 설명을 진행하므로 순서대로 읽는 것이 바람직합니다.

대수학 방정식을 푸는 방법부터 설명합니다.

믿기 어려우시겠지만 대수학을 아직 공부해보지 않았던 독자라도 바로 미지수를 풀 수 있습니다. 대수학을 공부하고자 하는 깊은 열망을 갖게 될 것이며 왜 대수학을 배워야 하는지도 이해할 것입니다.

계산기를 이용하면 어려운 계산은 쉽게 할 수 있지만, 방정식을 풀기에는 적절하지 않습니다.

그래프 그리기, 방정식 풀기 등 다양한 기능을 제공하는 많은 계산기가 있습니다. 이 책의 목적은 스스로 방정식을 풀고 그래프를 그리는 것이므로 계산기를 사용하면 여러분의 공부에 방해가 됩니다!

대수학 준비 과정에서 이해하지 못한 부분이 있더라도 걱정하지 마세요.

분수, 소수점, 정수, 지수의 개념을 이해하고 있어야 대수학을 공부하고 미지수를 풀 수 있습니다. 이런 개념을 이해했었지만 잘 기억이 나지 않는다면 이 책의 부록을 통해 도움을 받을 수 있습니다. 조금 간략하게 설명했지만 대수학 준비 과정에서 배운 내용을 떠올리는 데는 큰 도움이 될 것입니다.

대수학에서는 '정답'을 찾는 것이 다가 아닙니다.

과정을 기록하고, 각 과정에서 어떤 일이 일어나는지 이해하고, 우리가 무엇을 하고 있는지를 이해하는 등 이 책에는 여러 과정이 포함되어 있습니다. 연습문제가 개념을 잘 설명할 수 있도록 많은 고민을 했습니다. 그게 여러분을 위한 최선을 길이라 생각했습니다. $x = 5$라는 답으로 직행하지 말고 맞았는지 확인해야 합니다. 때로는 답이 한 개가 아닐 수도 있으니까요.

실습은 선택사항이 아닙니다.

연습문제와 실습은 선택 사항이 아니며 이 책의 핵심 내용을 포함하고 있습니다. 실습과 연습문제는 개념을
기억하고 이해하고, 적용하는 데 도움이 됩니다. 연습문제를 생략하지 마세요.

의도적인 반복. 중요하기 때문입니다.

헤드 퍼스트만의 독특한 장점은 여러분이 정말로 내용을 익히게 한다는 겁니다. 여러분이 이 책을 제대로
학습했다면 여러분이 배운 것을 기억할 수 있어야 합니다. 대부분의 참고서는 여러분의 학습 성과나 기억에 관심이
없지만 헤드 퍼스트는 그렇지 않습니다. 이 책에서 같은 개념을 반복적으로 설명하는 이유가 바로 이 때문입니다.

'수학은 내 적성에 안 맞아'라고 생각하는 독자도 대수학을 배울 수 있습니다.

과정을 기록하고, 각 과정에서 어떤 일이 일어나는지 이해하고, 우리가 무엇을 하고 있는지를 이해하는 등 이
책에는 여러 과정이 포함되어 있습니다. 연습문제가 개념을 잘 설명할 수 있도록 많은 고민을 했습니다. 그게
여러분을 위한 최선의 길이라 생각했습니다. $x = 5$라는 답으로 직행하지 말고 맞았는지 확인해야 합니다.
때로는 답이 한 개가 아닐 수도 있으니까요.

'수학은 내 적성에 안 맞아'라는 얘기는 이제 옛날 얘기로 남게 됩니다. 모든 사람이 '수학을 잘'할 수 있습니다.
모든 사람이 매일 많은 대수학을 사용합니다. 다만 눈치채지 못할 뿐이죠. 여러분 안에 있는 '수학 천재'를 아직
발견하지 못했다면 이 책은 좋은 선택이 될 것입니다. 이 책과 함께 대수학을 마스터할 수 있습니다.
이 책과 함께 공부하며 방정식을 푸세요!

테크니컬 리뷰팀

아리아나 앤더슨

어맨다 보키

돈 그리피스

캐런 눼너

섀넌 스튜어트

허버트 트레이시

캐리 콜렛

테크니컬 리뷰어:

아리아나 앤더슨은 UCLA의 통계학 박사 과정의 학생이며 Collegium of University Teaching Fellows의 멤버다. 뉴로 이미지와 통계로 '마음을 읽는' 기계를 만드는 연구를 하고 있다.

어맨다 보키는 버지니아 주 블랙스버그의 버지니아 공대 학생이다. 식이요법학을 공부 중이며 장례에 임상 식이요법을 수행하고 싶어 한다. 책의 기술 검토는 이번이 처음이다.

돈 그리피스는 헤드 퍼스트 통계의 저자다. 헤드 퍼스트 책을 집필하지 않는 동안에는 태극권을 연마하거나, 보빈 레이스를 만들거나, 사랑하는 남편 데이빗과 함께 시간을 보낸다.

캐런 쉐너는 오라일리에서 일하는 동시에 보스턴의 에머슨 대학에서 출판과 쓰기 관련 문학 석사를 밟고 있다. 여유 시간이 있을 때는 콩트르당스를 즐기거나 친구들과 시간을 보내거나, Praise Band와 노래를 하며 보스턴의 생활을 즐긴다.

섀넌 스튜어트는 5학년 수학 교사였다. 메스키트에서 5년을 지내는 동안 선생님들과 학사 생활을 이끄는 역할을 했으며 미국 교원의 모범 선생님으로 선택되었다. 하딘 시몬스의 초등 교육 학사를 수료했으며 A&M Commerce with a Masters in Education을 우등으로 졸업했다. 현재 남편 레스와 아들 네이선과 함께 텍사스에 살고 있다.

허버트 트레이시는 타우슨 대학교에서 학사를 마쳤고, 존스 홉킨스 대학교에서 석사를 마쳤다. 현재는 로욜라 대학교 메릴랜드에서 수리학을 가르치고 있으며 히어포드 고등학교에서 수학 학과장을 맡았었다.

캐리 콜렛은 대학에서 물리학을 대학원에서 천체물리학을 전공했으며 누구보다도 수학을 깊이 배웠다. 그가 만나는 모든 사람에게 대수학이 가장 어려운 학문임을 말한다. 현재 IT 관련 일을 하고 있으며 오하이오의 중심가에 살고 있다.

감사의 글

샌더스 클래인펠드

편집자:

첫 번째 버전의 첫 요약부터 책에 도움을 준 샌더스 클래인펠드에게 감사드립니다. 그에게 쏟아지는 끝없는 질문(대부분 트레이시로부터 발생함)에도 굴하지 않았으며 80년대 TV 스타가 집필한 수학 책의 철학에 대해서도 알게 해주었습니다.

그리고 전체 시리즈를 이어주었으며 첫 버전부터 책의 완성까지 도움을 준 브렛 맥로린에게도 감사드립니다. 그의 피드백에는 '왜 그 생각을 못했지' 같은 사상이 들어 있어서 정말 많은 도움이 되었습니다. 전화 회의에서 그가 뒷마당의 아이들과 강아지에 대한 이해를 들려준 것도 도움이 되었습니다.

브렛 맥로린

"로우, 자네 이것 좀 더 멋지게 만들 수 있나?"와 같은 노트를 멋지게 처리한 로우 바에게도 감사합니다. 우리 모두는 미적 감각이 엉망이거든요. 멋져 보이는 것은 모두 로우 바의 솜씨라고 생각하시면 됩니다.

로우 바

오라일리 팀:

멋진 웹 사이트를 만든 캐트린 맥쿨로프, 기술 검토와 검토 과정을 깔끔하게 처리해준 캐런 쉐너에게 감사합니다.

책의 생산 편집자인 브리타니 스미스는 질문에 정말 빠른 속도로 답했으며 모든 컴퓨터 파일을 어떻게든 처리하고는 항상 행복한 메일을 보냈습니다.

마지막으로 매우 신나게 수학책을 집필할 수 있는 기회를 제공한 로리 펫트리키에게 감사합니다.

리뷰어에게:

열정을 가지고 책 전체를 읽어주셔서 감사합니다. 청중이 되어주었고 멋지지 않은 부분을 우리에게 알려준 어맨다 보키에게 감사합니다. 허버트 트레이시는 트레이시 삼각법과 미적분을 알려주었고 아주 자세한 피드백을 준 덕분에 더 좋은 수학책을 만들 수 있었습니다. 아라아나 앤더슨과 섀넌 스튜어트는 수학 교사로서 우리가 가정한 것과 좋은 질문 사이의 갭을 지적해주었습니다. 마지막으로 캐리 콜렛과 돈 그리피스는 수학과 관련한 도움을 주었고 우리가 헤드 퍼스트다운 방향으로 잘 나아가고 있음을 확인시켜 주었습니다.

우리의 친구와 가족들에게:

모든 필로네와 채드윅 가족에게, 여러분의 사랑과 지원이 없었다면 대수학 첫 장도 집필하지 못했을 겁니다! 트레이시의 수학 교사 트레이시와 베슬리 부인, 부스 부인에게는 수학 포기자를 엔지니어로 만들어준 데 감사드립니다.

댄의 수학 교사인 레아히 형제, 크레아리, 쉐아 신부님, 뉴웰 부인께 :

예전에는 수학의 수자도 몰랐지만 이미 수년 전에 이 수학책의 불씨를 남겨주신 데 감사드립니다.

마지막으로 댄, 트레이시와 함께 작업했던 비니와 닉에게도 감사드립니다. 비니와 닉은 그동안 "아빠, 엄마 전화왔어"를 많이 들었습니다. 또한 미취학 아동을 둔 누구보다 많이 대수학을 배웠죠.

1 대수학이란?

미지수를 알아내는 방법...

와! 정말 좋아요! 그런데 이거 우리가 정말 살 수 있나요?

잘은 모르지만 그리 비싸지는 않는 것 같아요. 아까 판매원이 12개 값이 $22,400라고 하던데... 그리 안 비싼 것 같던데요.

더 잘 알았으면 할 때가 있지 않나요? 그럴 때 쓰는 게 바로 대수학입니다. **모르는 걸 알기 위한 것**이죠. 이번 장을 다 마치고 나면 X가 지도에서 보물이 묻힌 장소를 표시하는 용도 외에도 훨씬 중요하게 쓰이는 기호라는 생각이 들 겁니다. **방정식**이 뭔지, 방정식의 좌변과 우변을 **어떻게 맞추는지**도 알게 될 테고, **미지수를 알아내는 것**이 실은 대단한 게 아니라는 점도 깨닫게 될 겁니다. 머뭇거리지 말고 잽싸게 시작해봅시다!

게임기 세일이 시작됐어요!

조는 한동안 여러 게임기들을 주의 깊게 살펴봤습니다.
그리고 이제 어떤 게임기를 살지 마음을 정했습니다.
마침 이번 주부터 세일이 시작됐고, 지를 준비도 다 끝났습니다.
근데 정말 살 수 있을까요? 좀 도와줄까요?

게임기 진짜 가격이 대체 얼마죠?

뭔가 사다 보면 (특히 비싼 전자제품이라면 더더욱) 정신 똑바로 차리고 가격을 따져봐야 합니다.
부가세, 보증기간 연장권, 배송료 같은 걸 잘 따져봐야 하죠. 킬러X 시스템의 진짜 가격은
얼마일까요?

일단 세금부터 계산합시다.

게임기 기본 가격은 $199입니다. 하지만 세금이 5%
붙습니다. 세금을 얼마 내야 할까요?

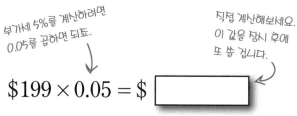

부가세 5%를 계산하려면
0.05를 곱하면 되죠.

직접 계산해보세요.
이 값을 잠시 후에
또 쓸 겁니다.

$$\$199 \times 0.05 = \$ \boxed{}$$

소수 계산은 부록ii를 보고 기억을 되살려봅시다.

킬러X 2.0 기본 세.
킬러X 2.0 신품 세트! 컨트
개 포함 (KILLX-112)

특판가

$199

광고에 이렇게
$199라고 써 있죠?

그리고 보증기간 연장권도 따져봅시다.

게임기 값으로 $199를 내야 하고, 보증기간 연장권 값으로 $20를 더 내야
합니다. 다 합쳐서 얼마를 내야 할까요?

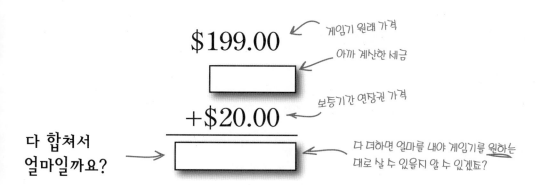

$$\$199.00$$

게임기 원래 가격

아까 계산한 세금

보증기간 연장권 가격

$$+\$20.00$$

**다 합쳐서
얼마일까요?**

다 더하면 얼마를 내야 게임기를 원하는
대로 살 수 있을지 알 수 있겠죠?

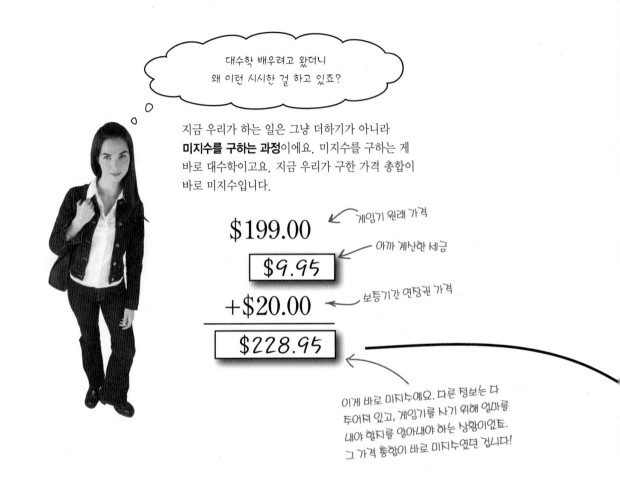

대수학 배우려고 왔더니
왜 이런 시시한 걸 하고 있죠?

지금 우리가 하는 일은 그냥 더하기가 아니라
미지수를 구하는 과정이에요. 미지수를 구하는 게
바로 대수학이고요. 지금 우리가 구한 가격 총합이
바로 미지수입니다.

$199.00 ← 게임기 원래 가격

$9.95 ← 아까 계산한 세금

+$20.00 ← 보통기간 연당권 가격

$228.95 ←

이게 바로 미지수예요. 다른 정보는 다
주어져 있고, 게임기를 사기 위해 얼마를
내야 할지를 알아내야 하는 상황이었죠.
그 가격 총합이 바로 미지수였던 겁니다!

대수학은 미지수를 알아내기 위한 것!

대수학은 주어진 정보를 가지고 **알려지지 않은 정보**를 찾아내기 위한 겁니다. 알려지지
않은 것, 즉 미지수는 자동차 대출금액일 수도 있고 필요한 탄산수 개수일 수도
있고 물풍선을 가장 높이 던질 수 있는 높이일 수도 있습니다. 모르는 값은 전부
미지수입니다.

대수학에서는 이 **미지수**를 알아내는 데 도움이 될 만한 이런저런 방법을 배우게
됩니다. 언제 뭔가를 곱할 수 있는지, 언제 식의 한 변에서 다른 변으로 뭔가를 옮길 수
있는지 등에 대한 규칙이 있지만, 결국은 모두 우리가 찾고 싶은 알려지지 않은 정보를
찾아내는 데 필요한 기술인 거죠.

미지수가 <u>더</u> 있어요!

게임기하고 보증기간 연장권을 다 사려면 얼마나 필요한지 알아냈습니다.
하지만 게임도 하나도 없고 컨트롤러는 하나뿐이고 헤드셋도 없습니다.

은행 잔고는 원래 $315.27였습니다. 게임기를 사고 나면 악세사리 값으로
얼마까지 쓸 수 있을까요? 우선 글로 써볼까요?

은행 잔고 − 게임기 값 = 악세사리 사는 데 쓸 수 있는 돈

이렇게 문제를 글로 **써보면** 도움이 됩니다. 아직 숫자는 신경쓰지 않아도 돼요.

게임기 사는 데 드는 돈($228.95)하고 원래 은행 잔고($315.27)는 이미 알고
있습니다. 나머지 빈 칸만 채우면 악세사리를 사는 데 얼마까지 쓸 수 있는지
알 수 있겠죠?

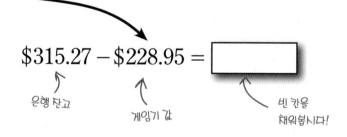

$$\$315.27 - \$228.95 = \boxed{}$$

은행 잔고   게임기 값   빈 칸을 채워봅시다!

악세사리 살 돈이 있으면 정말 행복하게 게임할 수 있을 텐데요...

게임기 가격 들여다 보기

방금 했던 걸 좀 더 자세히 살펴봅시다. 우선 미지수를 나타내는 빈 상자를 대수학에서
미지수를 표시할 때 쓰는 글자 x로 바꾸겠습니다.

x = 악세사리 사는 데 쓸 수 있는 금액

$$\$315.27 - \$228.95 = \$86.32 = x$$

은행 잔고

아까 구한 게임기 값

미지수

알파벳 X에 특별한 의미가
있는 건 아니고, 대수학에서
X를 가장 많이 쓸 뿐이에요.

$$\$86.32 = x$$

다음과 같이 바꿔 써도 됩니다.

왜 이렇게 왼쪽과 오른쪽을 바꿔도 되는지,
이 외에 어떤 걸 할 수 있는지 계속 배울
겁니다. 일단 지금 중요한 건 x가 왼쪽에 있든
오른쪽에 있든 이 둘이 같다는 겁니다.

$$x = \$86.32$$

문제를 이해하고 미지수, 즉 x를 구하는 게 바로 대수학 문제를 푸는 겁니다. 문제를
글로 적고 이것저것을 이리저리 옮기는 것은 모두 미지수를 알아내기 위한 일이죠.

우와! $86.32면
게임이랑 헤드셋 사고도
남겠는데?

**모르는 값을
구하는 것이 바로
대수학입니다.**

X는 ~~위치~~ 미지수를 표시하는 기호입니다

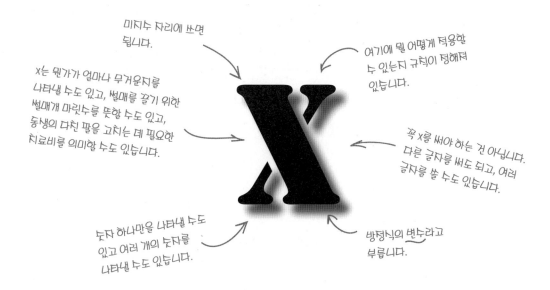

미지수 자리에 쓰면 됩니다.

여기에 뭘 어떻게 적용할 수 있는지 규칙이 정해져 있습니다.

x는 뭔가가 얼마나 무거운지를 나타낼 수도 있고, 썰매를 끌기 위한 썰매개 마릿수를 뜻할 수도 있고, 동생의 다친 팔을 고치는 데 필요한 치료비를 의미할 수도 있습니다.

꼭 x를 써야 하는 건 아닙니다. 다른 글자를 써도 되고, 여러 글자를 쓸 수도 있습니다.

숫자 하나만을 나타낼 수도 있고 여러 개의 숫자를 나타낼 수도 있습니다.

방정식의 변수라고 부릅니다.

앞에서 미지수를 표현하기 위해 사용했던 빈 상자를 편하게 표시하기 위해 x를 씁니다. 상자를 그리는 것보다는 x라고 적는 게 더 편하니까요. 방정식을 푸는 건 바로 x를 구하는 일이죠. 이런 미지수를 **변수**라고 부릅니다. 우리는 실생활에서 매일 여러 문제를 맞닥뜨리게 되고, 그런 문제를 수학 방정식으로 고쳐 써서 문제를 풀 수 있습니다.

바보 같은 질문이란 없습니다

Q: 미지수는 항상 x로 쓰나요?

A: 아니요. 수학을 많이 하다 보면 x, y, z도 많이 씁니다. 그런데 그것 말고 다른 글자로도 쓸 수 있어요.

Q: 38페이지를 보면 등호의 왼쪽과 오른쪽을 바꿨는데, 그래도 되나요?

A: 사실 같은 방정식을 다르게 쓴 것인데요, 이런 걸 '방정식을 조작한다'고 부릅니다. 방정식에 들어 있는 값을 바꾸지 않으면서 방정식을 조작하는 규칙이 정해져 있는데, 이 책 전반에 걸쳐서 자세히 살펴보겠습니다.

방정식은 수학으로 쓴 문장입니다

조가 악세사리를 사는 데 쓸 수 있는 금액을 구할 때 썼던 것과 같은 방정식은
수학에서 문장에 해당합니다. 수학에서 어떤 의미를 전달하는 방법인 것이죠. 조의
은행 잔고를 얘기할 때부터 이미 방정식을 쓰고 있던 겁니다.

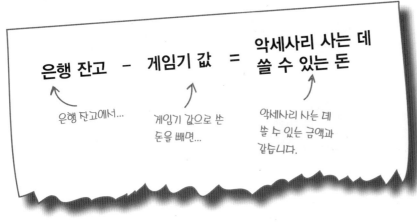

이 방정식은 "은행 잔고에서 게임기 값을 빼면 악세사리를 사는 데 쓸 수
있는 금액과 같다"라는 뜻입니다. 바꿔 말하자면 은행 잔고는 게임기 값과
악세사리를 사는 데 쓸 수 있는 금액을 합한 것과 같다고 얘기할 수 있죠.
이 문장을 방정식으로는 다음과 같이 쓸 수 있습니다.

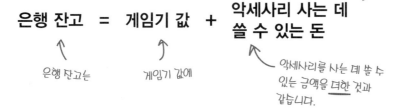

두 문장 모두 뜻은 같습니다. 서로 다르게 써놨을 뿐이죠. 앞으로 몇
페이지에 걸쳐서 그 값 자체는 그대로 유지하면서 수학 문장을 고쳐
쓰는 방법을 알아보겠습니다.

방정식도 일반 문장과
마찬가지로 재배치할
수 있습니다.

수학 자석

아래에 서술형 문제가 주어져 있습니다. 밑에 있는 수학 자석을 적당히 배치해서 문제와 같은 의미를 가지는 방정식을 완성해보세요. 방정식을 완성하고 나면 우리가 구해야 하는 미지수를 찾아 동그라미를 치고, 방정식을 다시 글로 풀어서 설명해보세요.

1. 조와 세 명의 형제가 라이브 사용권을 1인당 $12짜리 플래티넘 회원권으로 업그레이드할까 생각 중입니다. 그러려면 총 얼마가 들까요?

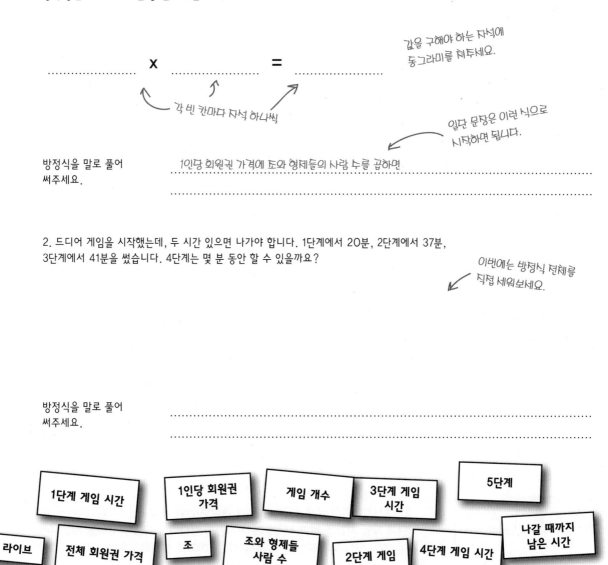

.... **x** .... **=** ....

값을 구해야 하는 자석에 동그라미를 쳐주세요.

각 빈 칸마다 자석 하나씩

일단 문장은 이런 식으로 시작하면 됩니다.

방정식을 말로 풀어 써주세요.

1인당 회원권 가격에 조와 형제들의 사람 수를 곱하면

2. 드디어 게임을 시작했는데, 두 시간 있으면 나가야 합니다. 1단계에서 20분, 2단계에서 37분, 3단계에서 41분을 썼습니다. 4단계는 몇 분 동안 할 수 있을까요?

이번에는 방정식 전체를 직접 세워보세요.

방정식을 말로 풀어 써주세요.

1단계 게임 시간

1인당 회원권 가격

게임 개수

3단계 게임 시간

5단계

라이브

전체 회원권 가격

조

조와 형제들 사람 수

2단계 게임 시간

4단계 게임 시간

나갈 때까지 남은 시간

수학 자석 정답

아래에 서술형 문제가 주어져 있습니다. 밑에 있는 수학 자석을 적당히 배치해서 문제와 같은 의미를 가지는 방정식을 완성해보세요. 방정식을 완성하고 나면 우리가 구해야 하는 미지수를 찾아 동그라미를 치고, 방정식을 다시 글로 풀어서 설명해보세요.

1. 조와 세 명의 형제가 라이브 사용권을 1인당 $12짜리 플래티넘 회원권으로 업그레이드할까 생각 중입니다. 그러려면 총 얼마가 들까요?

방정식을 말로 풀어 써주세요.

1인당 회원권 가격에 조와 형제들의 사람 수를 곱하면 라이브 회원권을 모두 업그레이드하는 데 필요한 전체 회원권 가격과 같습니다.

2. 드디어 게임을 시작했는데, 두 시간 있으면 나가야 합니다. 1단계에서 20분, 2단계에서 37분, 3단계에서 41분을 썼습니다. 4단계는 몇 분 동안 할 수 있을까요?

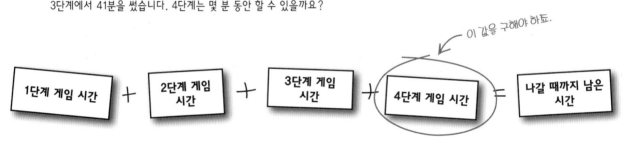

방정식을 말로 풀어 써주세요.

1단계 게임 시간과 2단계 게임 시간과 3단계 게임 시간과 4단계 게임 시간을 모두 더하면 나갈 때까지 남은 시간과 같습니다.

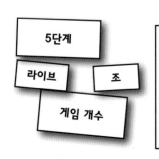

 ## 브레인 파워

'조가 나갈 때까지 남은 시간에 1단계 게임 시간을 빼고 2단계 게임 시간을 빼고 3단계 게임 시간을 빼면 4단계 게임 시간과 같습니다'라는 방정식을 세울 수도 있습니다. 어느 방정식이 더 나을까요? 그 이유를 설명해보세요.

방정식 세우기

이제 방정식을 직접 세워봅시다. 아까 썼던 '수학 문장'을 방정식으로 고쳐볼까요? 알려진 값은 숫자로 적고,
미지수는 x로 써주세요.

1. 조와 세 명의 형제가 라이브 사용권을 1인당 $12짜리 플래티넘 회원권으로 업그레이드할까
생각 중입니다. 그러려면 총 얼마가 들까요?

| 1인당 회원권 가격 | X | 조와 형제들 사람 수 | = | 전체 회원권 가격 |

문제에서 이 값을
찾아보세요.

x = x

우리가 구하고자 하는 값을 변수로
표시해야 돼요. X라고 씁니다.

곱셈 기호

이 문제도 마찬가지로
고쳐봅시다. 미지수를
X라고 써두세요.

2. 드디어 게임을 시작했는데, 두 시간 있으면 나가야 합니다. 1단계에서 20분, 2단계에서 37분,
3단계에서 41분을 썼습니다. 4단계는 몇 분 동안 할 수 있을까요?

단위가 시간인지
분인지 잘 따져보세요.

| 1단계 게임 시간 | + | 2단계 게임 시간 | + | 3단계 게임 시간 | + | 4단계 게임 시간 | = | 나갈 때까지 남은 시간 |

    +   +   +   =

        +   =

숫자들을 다 더해서 방정식을
간단하게 고쳐 써보세요.

방정식 세우기 풀이

이제 방정식을 직접 세워봅시다. 아까 썼던 '수학 문장'을 방정식으로 고쳐볼까요? 알려진 값은 숫자로 적고, 미지수는 x로 써주세요.

1. 조와 세 명의 형제가 라이브 사용권을 1인당 $12자리 플래티넘 회원권으로 업그레이드할까 생각 중입니다. 그러려면 총 얼마가 들까요?

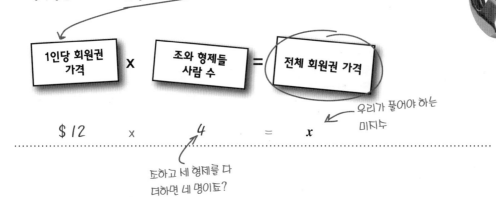

| 1인당 회원권 가격 | x | 조와 형제들 사람 수 | = | 전체 회원권 가격 |

우리가 풀어야 하는 미지수

$$\$12 \quad x \quad 4 \quad = \quad x$$

조하고 세 형제를 다 더하면 네 명이죠?

2. 드디어 게임을 시작했는데, 두 시간 있으면 나가야 합니다. 1단계에서 20분, 2단계에서 37분, 3단계에서 41분을 썼습니다. 4단계는 몇 분 동안 할 수 있을까요?

각 단계 게임 시간을 분 단위로 썼으니까 여기도 분 단위로 써야 되겠죠?

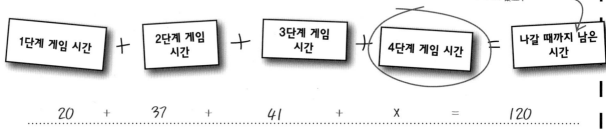

| 1단계 게임 시간 | + | 2단계 게임 시간 | + | 3단계 게임 시간 | + | 4단계 게임 시간 | = | 나갈 때까지 남은 시간 |

$$20 \quad + \quad 37 \quad + \quad 41 \quad + \quad x \quad = \quad 120$$

숫자를 다 더해서 간단하게 고쳤어요. 이렇게 하면 문제를 더 쉽게 풀 수 있죠.

$$98 \quad + \quad x \quad = \quad 120$$

이제 미지수를 풀어봅시다

조는 라이브 회원권이 정말 살 만한 것인지 따져보고 있습니다. 게임이 10개 있는데,
그 중 7개는 온라인 게임이 안 됩니다. 온라인 게임은 총 몇 개일까요?
이 정도면 라이브 회원권을 살 만한 걸까요?

게임 개수. 미지수

7개

10개

글로 쓰지 않고 바로 방정식을
써봅시다. 글로 쓰는 게 도움이
많이 된다면 써도 좋지만,
그렇지 않다면 머릿속에서
문장을 떠올리는 정도만으로도
충분합니다.

여기서 중요한 건 우리가 알아내고자 하는 게임 개수, 즉 x의 값입니다. 방정식의 왼쪽
변에 있는 일곱 개의 게임에는 별 관심이 없죠. 사실 방정식 **양 변**에 **똑같은 일**을 하기만
한다면 7을 없애버려도 됩니다.

등호(=)는 그 왼쪽과 오른쪽이 **같다**는 것을 뜻합니다. 따라서 한쪽에서 7을 없애면 등호
반대편에도 **똑같이 해야** 합니다.

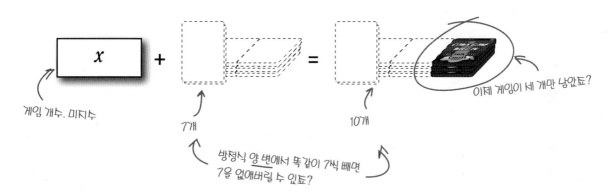

게임 개수. 미지수

7개

10개

이제 게임이 세 개만 남았죠?

방정식 양 변에서 똑같이 7씩 빼면
7을 없애버릴 수 있죠?

방정식 양 변에서 똑같이 7씩 빼면 7을 없애버릴 수 있죠?

즉, $x = 3$

온라인으로 할 게임이 세 개
뿐이네. 굳이 온라인용 라이브
회원에 가입할 필요는 없겠어.

그게 정말 도움이 돼요? 내가 풀어야 하는 문제를
전부 아까처럼 그림으로 그려야 되는 건가요?

대수학을 하기 위해 꼭 그림이 필요한 건 아닙니다.

이미 알고 있는 연산(더하기, 빼기, 곱하기, 나누기)을 써서 방정식을 푸는
방법을 익혀야 합니다.

여기서 중요한 건 등식을 유지해야 한다는 겁니다. 등식이란 등호 양쪽이
같다는 것을 뜻하죠. 등식의 한쪽 변에 뭔가를 할 때면 다른 변에도 똑같이
해야 합니다.

아까 그림으로 표현했던 것을 다음과 같이 쓸 수도 있습니다.

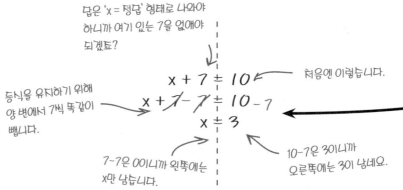

답은 'x = 정답' 형태로 나와야
하니까 여기 있는 7을 없애야
되겠죠?

등식을 유지하기 위해
양 변에서 7씩 똑같이
뺍니다.

$$x + 7 = 10$$
$$x + 7 - 7 = 10 - 7$$
$$x = 3$$

처음엔 이렇습니다.

7-7은 0이니까 왼쪽에는
x만 남습니다.

10-7은 3이니까
오른쪽에는 3이 남네요.

이렇게 한쪽 변에서 x를 제외한 것을 모두 없애면 x만 **남길 수 있습니다.**
방정식을 푸는 데 있어서 제일 중요한 부분이죠. 이렇게 변수만 남기면 변수를
제외한 나머지는 전부 등호 오른쪽으로 옮겨집니다. 이렇게 변수를 분리하고
나면 x = 3 같은 식으로 답이 나옵니다.

변수를 분리시키겠다는 목표를 가지고 왼 변에 있는 숫자들을 없애야 합니다.
x만 남겨두기 위해서는 10이 아니라 7을 반대편으로 넘겨야 되겠죠?

어떤 연산을 언제 쓰면 되나요?

덧셈의 반대는 뺄셈입니다. 한 변에 어떤 수가 더해지게 돼 있는데, 그 수를 반대 변으로
넘기고 싶다면 그 수를 양 변에서 빼면 됩니다. 이렇게 반대되는 연산을 수학에서는
역연산이라고 부릅니다.

가장 기본이 되는 사칙연산은 덧셈, 뺄셈, 곱셈, 나눗셈입니다. 역연산은 (빼고 나서 같은 수를
더하면 효과가 없어지는 것처럼) 어떤 연산의 효과를 없애는 연산입니다. 연역산을 이용하면
한 변에 있는 특정 수나 미지수를 없애고 다른 변으로 넘길 수 있습니다.

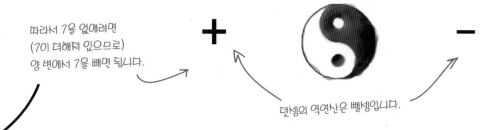

따라서 7을 없애려면
(7이 더해져 있으므로)
양 변에서 7을 빼면 됩니다.

덧셈의 역연산은 뺄셈입니다.

방정식은 다음과 같이 풀면 됩니다.

① **방정식을 살펴보고 어떤 수를 옮길지 정합니다.**
조가 풀었던 방정식의 경우 7을 없애야 했습니다. 변수인 x만 남겨야 했으니까요.

② **어떤 연산을 해야 하는지 확인합니다.**
제거할 수에 적용됐던 연산의 역연산을 써야 합니다. 뺄셈의 경우에는 덧셈을,
나눗셈에 대해서는 곱셈을 쓰는 식으로 말이죠.

③ **등식을 그대로 유지합니다.**
등호의 한쪽에 어떤 작업을 하든 반대편에도 똑같이 해야 합니다. 그래야 등식을
그대로 유지할 수 있으니까요.

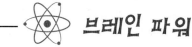 브레인 파워

다른 역연산도 있는데, 혹시 어떤 게 있는지 아시나요?

역연산, 그 정체를 밝히다

이번 주에 만난 사람 :

역연산은 대체 누구인가?

헤드 퍼스트: 안녕하세요, 한밤의 대수학입니다! 오늘의 초대손님은 역연산입니다. 안녕하세요, 항상 이렇게 쌍으로 다니세요?

역연산: 그럼요. 우리 둘이 같이 있어야 역연산이 완성되죠. 같이 있어야 균형이 잡히고요.

헤드 퍼스트: 아, 그렇죠. 그런데 항상 보면 덧셈은 뺄셈하고, 곱셈은 나눗셈하고 붙어 다니던데 왜 그런 건가요?

역연산: 서로 정반대끼리 끌리는 것 같아요. 곱셈은 나눗셈하고 정반대잖아요.

헤드 퍼스트: 뺄셈이 덧셈하고 끌리는 것과 마찬가지군요?

역연산: 그럼요. 서로 상대방이 한 걸 상쇄시키는 사이거든요.

헤드 퍼스트: 상쇄시킨다는 건 곱셈이 있을 때 나눠주면 곱셈이 사라져버리는 건가요?

역연산: 무조건 효과가 없어지는 건 아니에요. 우리가 하는 건 균형을 잡아주는 겁니다. 더 정확하게는 반대편으로 옮겨주는 거죠. 어떤 곱셈을 반대편으로 옮겨주고 싶을 때 등식 양 변을 같은 수로 나눠주면 곱셈의 효과를 없앨 수 있죠.

헤드 퍼스트: 아, 그렇군요. 이제 좀 알 것 같아요. 숫자를 등식의 한 변에서 다른 변으로 옮겨주는 거군요. 그럼 변수만 남기는 데 확실히 도움이 되겠어요!

역연산: 물론이죠! 그게 바로 저희가 제일 잘하는 겁니다. 여기 저기 더하고 곱하고 하다 보면 웬만한 변수는 다 분리시킬 수 있죠.

헤드 퍼스트: 멋져요! 마지막으로 혹시 하고 싶은 말씀 있나요?

역연산: 몇 가지 생각나는 것만 말씀 드릴께요. 등식은 항상 양쪽 균형을 잘 맞춰야 돼요. 그리고 저희 말고도 또 쌍쌍이 다니는 게 있는데, 조금 있으면 알 수 있을 거예요.

헤드 퍼스트: 이렇게 인터뷰를 할 수 있어서 정말 즐거웠습니다. 이렇게 들러 주셔서 고맙습니다. 다음에 뵐 때까지 꼭꼭 붙어 다니세요!

역연산은 변수를 분리해내는 데 필요합니다.

핵심정리

- 대수학은 **미지수**를 푸는 방법에 관한 겁니다.

- 문제에서 주어진 정보를 이용하여 미지수가 들어 있는 방정식을 세웁니다.

- 미지수를 **변수**라고 부릅니다.

- x 같은 변수의 값을 구하려면 **변수를 분리**해야 합니다.

- **역연산**을 써서 **방정식을 조작**하여 변수를 분리할 수 있습니다.

- **덧셈**의 역연산은 **뺄셈**이고, **곱셈**의 역연산은 **나눗셈** 입니다.

연필을 깎으며

방정식 양 변에 미지수와 숫자가 섞여 있는 방정식이 있습니다.
역연산을 써서 변수를 분리하여 방정식을 풀어보세요.

곱셈을 표시하는
또 다른 기호입니다.

x에 5를 곱했습니다.
어떤 역연산을 써야 할까요?

$$5 \cdot x = 125$$

$$5 \underline{\quad\quad} \cdot x = 125 \underline{\quad\quad}$$

양쪽 변에 모두
적용해야겠죠?

$$x = \underline{\quad\quad}$$

답이 나왔습니다!

$$x - 13 = 29$$

$$x - 13 \underline{\quad\quad} = 29 \underline{\quad\quad}$$

$$x = \underline{\quad\quad}$$

$$x \cdot 6 = 47 - 11$$

$$x \cdot 6 \underline{\quad\quad} = \underline{\quad\quad}$$

$$x = \underline{\quad\quad}$$

$$x + 22 = 25$$

$$x + 22 \underline{\quad\quad} = 25 \underline{\quad\quad}$$

$$x = \underline{\quad\quad}$$

3 곱하기 x를 이렇게도
쓸 수 있어요.

$$3\,(x) = 5$$

$$3\,(x) \underline{\quad\quad} = 5 \underline{\quad\quad}$$

$$x = \underline{\quad\quad}$$

왜 곱하기 표시 대신 점이나
괄호 같은 걸 쓰죠?

미지수를 x로 쓰기 시작한 사람은 아마도 곱하기 기호 ×하고
혼동될 거라고 생각하진 못한 모양입니다. 하지만 실제로
많은 사람들이 헷갈려 했죠.

결국 ×기호 대신 더 읽기 편한 다른 방법을 많이들 쓰게
됐습니다.

모두 곱하기를 뜻합니다.

가운뎃점: $5 \cdot x = 125$

괄호: $5\,(x) = 125$

기호 없음: $5x = 125$

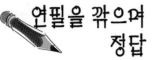

연필을 깎으며 정답

방정식 양 변에 미지수와 숫자가 섞여 있는 방정식이 있습니다.
역연산을 써서 변수를 분리하여 방정식을 풀어보세요.

x에 5를 곱했습니다.
어떤 역연산을 써야 할까요?

검산은 필수! 구한 답을 x 자리에 넣었을 때 등식이 성립하는지 반드시 확인해보세요!
5 × 25 = 125

$$5 \cdot x = 125$$

양쪽 변에 모두 적용해야겠죠?

$$5 \div 5 \cdot x = 125 \div 5$$

답이 나왔습니다!

$$x = \underline{25}$$

우변에 '-11'이 있긴 한데, '47-11'은 그냥 계산하면 되니까 다른 변으로 옮기지 않아도 됩니다.

검산
42 - 13 = 29

13을 없애야 하니까 역연산을 써서 양변에 13을 더해주면 됩니다.

$$x - 13 = 29$$

$$x \cdot 6 = 47 - 11$$

$$x - 13 \underline{+13} = 29 \underline{+13}$$

$$x \cdot 6 \underline{\div 6} = 36 \div 6$$

$$x = \underline{42}$$

$$x = \underline{6}$$

바로 이 6을 없애는 게 중요합니다. 양변을 6으로 나누면 없앨 수 있겠죠?

이것도 검산해봐야겠죠?
6 × 6 = 47 - 11

$$x + 22 = 25$$

$$3(x) = 5$$

나눗셈을 이렇게 써도 됩니다.

$$x + 22 \underline{-22} = 25 \underline{-22}$$

$$3(x) \underline{13} = 5 \underline{13}$$

마지막엔 반드시 검산!!!
3 + 22 = 25

$$x = \underline{3}$$

이번에도 답을 제대로 구했는지 검산해봐야겠죠?
5/3 × 3 = 5

$$x = \underline{5/3 \text{ 또는 } 1.6667}$$

나눗셈도 여러 방식으로 쓸 수 있어요!

지금까지 봐온 나눗셈 기호 말고 다른 기호도 있습니다.

슬래시: $125/x = 5$

분수 표기: $\dfrac{125}{x} = 5$

모두 나누기를 뜻합니다.

누가 무슨 일을 할까요?

왼쪽에는 이 장에서 배운 내용의 예 또는 설명이, 오른쪽에는 그 명칭이 적혀
있습니다. 서로 대응되는 것끼리 연결해주세요. 답이 **두 개**인 것도 있으니
주의하세요!

예/설명   ## 명칭

덧셈의 역연산
                                        나눗셈

곱셈의 역연산
                                        방정식

$7/3$
                                        방정식 조작

x
                                        변수

$2x = 10$
                                        뺄셈

$x \cdot 3 \underset{\div 3}{\rule{0pt}{0pt}} = 5 \underset{\div 3}{\rule{0pt}{0pt}}$

누가 무슨 일을 할까요? 정답

왼쪽에는 이 장에서 배운 내용의 예 또는 설명이, 오른쪽에는 그 명칭이 적혀 있습니다. 서로 대응되는 것끼리 연결해주세요. 답이 **두 개**인 것도 있으니 주의하세요!

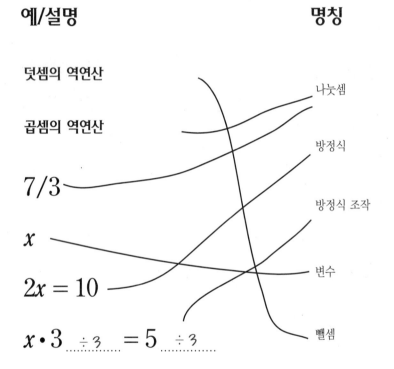

예/설명

덧셈의 역연산

곱셈의 역연산

$7/3$

x

$2x = 10$

$x \cdot 3 \underset{\div 3}{\ldots} = 5 \underset{\div 3}{\ldots}$

명칭

나눗셈

방정식

방정식 조작

변수

뺄셈

조, 악세사리를 사다!

계산해보니 조한테는 악세사리를 살 수
있는 돈이 $86.32 남아 있었습니다. 일단은
게임을 더 사고, 헤드셋은 나중에 사기로
했죠.

조는 게임을 몇 개 살 수 있을지 간단하게
계산해보기로 했어요.

특가로 나온 게임을
몇 개 사기로 했어요.

게임용 헤드셋
마이크 포함 헤드셋, 온라인 게임용
(HS-AL1-867)

특판가
$39

빅 백 세트
킬러X용 게임 모음
(HD-ISH-5309)

COWS GONE WILD IV
The Milk Man Cometh

COWS GONE WILD III

특판가
$49

계산해보니까

게임을 두 개 살 수 있을 것 같았어요.
근데 막상 사러 가니 돈이 부족하네요.
충분할 줄 알았는데 이게 웬 일이죠?

죠의 풀이

$$49x = 86.32$$

$$49x / 49 = 86.32 / 49$$

$$x = 2.007$$ ← 이렇게 계산해서 게임을
두 개 살 수 있겠다고
생각했습니다.

연필을 깎으며

조가 어디를 어떻게 틀렸는지 찾아서 고쳐주세요.

....

....

....

연필을 깎으며 정답

조가 어디를 어떻게 틀렸는지 찾아서 고쳐주세요.

$$49x = 86.32x$$

오른쪽 변을 계산할 때 실수를 했군요.
어떻게 하면 이런 실수를 방지할 수 있을까요?

$$49x/49 = 86.32/49$$

$$x = 1.76$$ 나눗셈을 잘못했었군요!

문제를 푼 후에는 반드시 ~~검산~~을 합시다!
검산

대수학을 배우다 보면 점점 더 어려운 문제를 풀게 될 거예요. 그러다 보면 실수할
가능성도 점점 높아지죠. 위에서 조는 나눗셈을 잘못해서 엉뚱한 답을 얻었죠.
내가 푼 문제를 다시 보기만 한다고 해서 문제를 제대로 풀었는지 확인할 수 있는
게 아닙니다. 구한 답을 원래의 식에 대입해서 **치환**해봐야 하죠.

답을 구한 다음 그 값을 원래 방정식에 대입해봅시다.

답을 제대로 구했는지 확인해보려면 원래 방정식의 변수 자리에 우리가 구한 답을
대입해보아야 합니다.

이런 치환 방법을 검산할 때만 쓰는 건 아닙니다. 아주 복잡한 방정식을 풀거나
변수가 두 개 이상인 방정식을 풀 때는 문제 풀이 과정에서 이와 유사하게 한 변수를
다른 변수로 치환하는 방법을 써야 할 수도 있습니다.

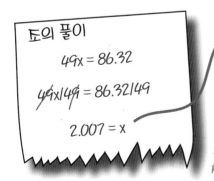

조의 풀이
$$49x = 86.32$$
$$49x/49 = 86.32/49$$
$$2.007 = x$$

조가 구한 답 검산 :

$$49x = 86.32$$
$$49(2.007) = 86.32?$$
$$89.343 \neq 86.32$$

원래 방정식의 변수를 조가 구한 답으로 치환해봅시다.

등호가 성립하지 않죠? 조가 구한 답이 틀렸다는 뜻입니다.

바보 같은 질문이란 없습니다

Q: 검산 말인데요...

A: 검산은 무조건 하세요! 간단하게 할 수 있고, **정답인지 바로 확인할 수 있는데** 안 할 이유가 없잖아요. $5 + x = 11$ 같은 방정식이 있는데 $x = 2$라는 답이 나왔으면 2를 x 자리에 집어넣으면 $5 + 2 = 11$이 돼야 하겠죠? 근데 이 식은 성립하지 않잖아요. 따라서 x는 2가 아닙니다. 일단 미지수를 구하고 나면 그게 맞았는지 틀렸는지 쉽게 확인할 수 있죠.

Q: 검산할 때 썼던 치환 방법은 또 언제 쓰나요?

A: 앞으로 계속 다시 볼 거예요. 검산을 할 때도 미지수를 우리가 구한 답으로 치환할 거고, 변수가 두 개인 문제를 풀 때도 치환을 많이 사용하죠. 직선 그래프를 그린다든가 부등식을 풀 때도 치환을 씁니다.

Q: 곱셈하고 나눗셈은 왜 그렇게 여러 방법으로 표현하는 거죠?

A: 기존 곱셈 나눗셈 표기법보다 편하고 덜 헷갈리니까요. 뒤로 갈수록 더 복잡한 방정식을 많이 볼 텐데, 나눗셈을 줄 하나로 표시하면 훨씬 편할 때가 많아요. 곱셈(특히 괄호로 표기하는 경우)도 그래요. 괄호 안에 들어가는 식도 엄청나게 복잡해질 수 있죠. 그리고 숫자에 변수를 곱하는 경우도 아주 많은데, 매번 숫자 쓰고 곱셈 기호 쓰고 변수를 적는 것보다는 그냥 숫자하고 변수를 붙여서 쓰는 쪽이 훨씬 덜 헷갈리죠.

Q: 괄호, 가운뎃점, 아무 기호도 안 쓰는 표기법은 각각 어떤 상황에서 쓰나요?

A: 어떤 방법을 쓰든 상관 없어요. 어떤 방법이 더 쉬운지, 어떻게 써야 더 깔끔해보이는지에 따라 결정하면 되죠. 어떤 수에 뭔가 복잡한 식을 곱한다면 괄호 표기법을 쓰는 게 좋겠죠? 자세한 건 2장에서 알아봅시다. 숫자랑 변수를 곱할 때는 그냥 숫자 뒤에 바로 변수를 쓰는 게 좋습니다. 가운뎃점은... 흠... 다른 표기법만 써서 좀 질렸을 때 한 번씩 써주면 좋겠네요. 나눗셈은 분수 형식으로 쓸 때가 많은데, 워드 프로세서나 이메일에서 수식을 입력할 때는 그렇게 쓰기가 힘드니까 슬래시 표기법을 많이 쓰는 편입니다.

Q: 덧셈과 뺄셈에도 다른 표기법이 있나요?

A: 아니요. 그 두 연산에는 다른 표기법이 없어요. 그냥 + 기호하고 − 기호만 있죠.

Q: 그냥 음수하고 양수를 빼는 것 사이에는 어떤 차이가 있나요?

A: 그냥 계산할 때는 별로 다를 게 없습니다. -4나 $+(-4)$나 그게 그거죠.

Q: 방정식을 풀 때는 여러 요소가 들어가는 것 같은데요, 어떻게 전부 다 챙길 수 있죠?

A: 복잡해보이지만 금방 익숙해질 거예요. 일단 방정식을 푸는 데 익숙해지면 아무렇지도 않게 역연산을 써서 숫자를 옮기고 방정식을 단순하게 정리하고 변수의 값을 구할 수 있을 겁니다. 정해진 단계를 밟아가면서 문제를 풀 텐데, 그런 단계는 방정식을 풀 때 일상적으로 하는 일에 불과합니다. 문제를 풀다 보면 깜빡하고 검산을 빼먹는 일이 종종 있는데, 그런 실수를 하지 않도록 주의합시다!

처음 세운 방정식에 새로 구한 값을 대입하는 것을 치환이라고 부릅니다.

게임이 필요해...

연습문제

조는 새 게임을 사고 남은 돈에 좀 더 보태서 게임 시스템을 제대로 만들어보고자
합니다. 우리도 좀 도와줄까요?

처음 게임을 사러 갔을 때, 헤드셋을 포기하고 게임만 샀습니다. 이제 $33.55
남았네요. 새 게임은 네트워크 게임이기 때문에 라이브 회원권($12)하고 헤드셋을 사면
좋겠네요. 이걸 전부 사려면 얼마나 돈을 모아야 할까요?

*다 풀고 나면 꼭
검산합시다!*

라이브 회원권 + 헤드셋 = 모아야 할 돈 + 통장 잔고

.....

.....

*방정식을 토닥해서
x 값을 구합시다.*

.....

검산!

.....

라이브에서 기존 게임의 새 레벨을 구입할까 합니다. 720포인트가 든다고 하네요.
60포인트에 $1입니다. 새 레벨을 구입하려면 얼마나 들까요?

60포인트 (금액) = 새 레벨 포인트

.....

.....

.....

.....

*구한 값을 원래
방정식의 x 자리에
대입해봅시다.*

모든 악세사리와 새 레벨을 구입하는 데 드는 돈을 다 합치면 총 얼마나 필요할까요?

이건 됩됴?

....

....

....

검산!

....

....

생각해보니 이미 끝판까지 깨서 더 이상 안 하는 게임을 중고로 팔면 돈을 좀 마련할 수 있을
것 같아요. 게임 한 개당 $8씩 받을 수 있다고 하네요. 사고 싶은 걸 사려면 게임을 몇 개
팔면 될까요?

....

....

....

....

....

연습문제 정답

조는 새 게임을 사고 남은 돈에 좀 더 보태서 게임 시스템을 제대로 만들어보고자 합니다. 우리도 좀 도와줄까요?

처음 게임을 사러 갔을 때, 헤드셋을 포기하고 게임만 샀습니다. 이제 $33.55 남았네요. 새 게임은 네트워크 게임이기 때문에 라이브 회원권($12)하고 헤드셋을 사면 좋겠네요. 이걸 전부 사려면 얼마나 돈을 모아야 할까요?

다 풀고 나면 꼭 검산합시다!

라이브 회원권 + 헤드셋 = 모아야 할 돈 + 통장 잔고

$$12 + 39 = x + 33.55$$

$$51 - 33.55 = x + 33.55 - 33.55$$

$$\$17.45 = x$$

검산!

$$12 + 39 = 17.45 + 33.55$$

원래 방정식의 x 자리에 17.45를 대입해서 등호가 성립하는지 확인합시다.

$$51 = 51 \checkmark$$

라이브에서 기존 게임의 새 레벨을 구입할까 합니다. 720포인트가 든다고 하네요. 60포인트에 $1입니다. 새 레벨을 구입하려면 얼마나 들까요?

60포인트 (금액) = 새 레벨 포인트

$$60x = 720$$

양변을 60으로 나눕니다.

$$\frac{60x}{60} = \frac{720}{60}$$

나눗셈을 나타내는 기호입니다.

구한 값을 원래 방정식의 x 자리에 대입해봅시다.

$$x = 12$$

$$60(12) = 720$$

$$720 = 720 \checkmark$$

모든 악세사리와 새 레벨을 구입하는 데 드는 돈을 다 합치면 총 얼마나 필요할까요?

이건 뭡죠?

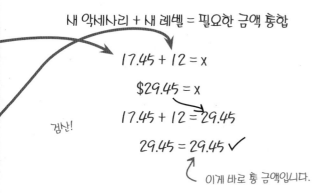

새 악세사리 + 새 레벨 = 필요한 금액 총합

$17.45 + 12 = x$

$\$29.45 = x$

검산!

$17.45 + 12 = 29.45$

$29.45 = 29.45 \checkmark$

↑ 이게 바로 총 금액입니다.

생각해보니 이미 끝판까지 깨서 더 이상 안 하는 게임을 중고로 팔면 돈을 좀 마련할 수 있을 것 같아요. 게임 한 개당 $8씩 받을 수 있다고 하네요. 사고 싶은 걸 사려면 게임을 몇 개 팔면 될까요?

$$\frac{\text{필요한 총 금액}}{\text{게임 하나당 받을 수 있는 돈}} = \text{팔 게임 수}$$

$$\frac{29.45}{8} = x$$

$$3.68125 = x$$

$$\frac{29.45}{8} = 3.68125$$

$$3.68125 = 3.68125$$

3점 몇이 남기긴 하지만 게임을 잘라서 팔 수는 없으니까 사고 싶은 걸 다 사려면 게임을 네 개 팔아야 되겠네요.

방정식 훈련

대수학을 써서 실생활의 문제를 풀어나가는 방법을 쭉
정리해볼까요?

② 문제를 풀기 위한 방정식을 세운다.
무엇을 구해야 하는지 다 이해했으면
대수적인 방법으로 방정식을 풀어써 봅니다.
미지수는 x 같은 문자로 표기합니다.

① 문제를 이해한다.
문제에는 힌트와 미지수가 들어 있습니다. 무엇을 구해야
하는지, 어떤 수가 도움이 될지 알아내야 하겠죠? 우선
문제를 말로 풀어서 설명해봅시다.

⑦ 답을 확인한다.
구한 값을 원래 문제의 미지수 자리에 대입해서 답이 맞는지
검산합니다.

⑥ 방정식을 미지수 = 값 형태로 고쳐쓴다.
왼쪽 변에 변수만 남겨두면 정답이 나옵니다.

$$x = \text{어떤 값}$$

③ 변수를 어떻게 끌라낼지 알아낸다.

역연산을 어떤 식으로 활용하여 방정식의 한쪽 변으로
변수를 몰아넣을 수 있을지 생각해봅니다.

곱셈의 역연산은
나눗셈입니다.

방정식을 더 간단하게 고쳐야
한다면 방정식 조작 기법을
반복해서 적용하면 됩니다.

④ 방정식을 조작한다.

지금까지 배운 기법으로 숫자를 이리저리 옮겨서
변수만 남깁니다. 항상 양쪽 변에 똑같은 연산을
적용해서 등식이 계속해서 성립하도록 합니다.

⑤ 방정식을 고쳐쓴다.

계산을 한 다음 방정식을 정리해보고 한쪽에 변수만
남았는지 봅니다. 아직 다 안 됐으면 변수만 남게 될 때까지
다른 기법도 적용해봅니다.

게임 시스템 완성!!!

게임을 네 개 팔고 헤드셋을 사고, 라이브 계정을 등록하고 새 레벨을
구입했습니다. 이제 게임을 즐길 준비가 다 됐어요!

죠가 사고 싶었던 시스템하고 여러
악세사리도 다 샀어요! 이제 준비가
끝났어요!

킬러X 2.0 기본 세트

킬러X 2.0 신품 세트!
컨트롤러 한 개 포함 (KILLX–112)

특가
판매중!

특판가

$199

모아뒀던 돈으로 이
시스템을 샀어요.

게임 몇 개를 샀고, 잘 안 하는
게임 몇 개를 팔아서 헤드셋을
사고 온라인 계정을 등록하는 데
보탰어요.

이제 한참 동안 새 게임을
할 수 있어요. 다음 번에
게임을 새로 살 때는 더
쉽게 계산할 수 있겠죠?

게임을 할 만반의
준비를 마친 죠!!!

낱말퀴즈

편하게 앉아서 우뇌를 좀 굴려볼까요? 정답은 모두 이번 장에서 배운 용어입니다.

1. 곱셈의 반대 OOO

2. 다른 연산의 효과를 상쇄시키는 연산을 O연산이라고 부릅니다.

3. x 같은 미지수를 OO라고 부릅니다.

4. 수학에서 문장에 해당하는 것을 OOO이라고 부릅니다.

5. 덧셈을 상쇄시키고 싶으면 OO 연산을 쓰면 됩니다.

6. 구한 값이 맞는지 확인하기 위해 미지수를 구한 값으로 OO합니다.

7. 대수학은 OOO를 구하는 것입니다.

8. OO을 하고 싶으면 구한 값을 미지수 자리에 집어넣으면 됩니다.

9. 방정식에서는 OO이 성립해야 합니다.

10. 답을 구하려면 변수를 OO해야 합니다.

11. 방정식을 풀기 위해 이리저리 바꾸는 것을 방정식 OO이라고 부릅니다.

대수학 도구상자에 들어갈 도구

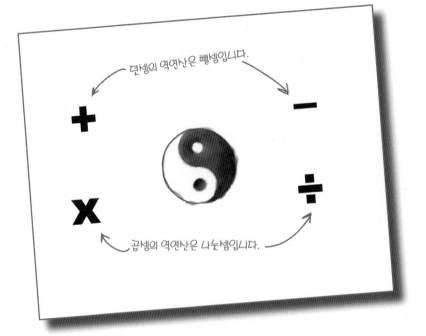

덧셈의 역연산은 뺄셈입니다.

$+$

$-$

$\times$

$\div$

곱셈의 역연산은 나눗셈입니다.

 핵심정리

- 대수학은 **미지수**를 구하는 분야입니다.
- 풀고자 하는 문제에서 주어진 정보를 이용하여 미지수가 들어 있는 방정식을 세웁니다.
- 미지수를 **변수**라고 부릅니다.
- 방정식의 해를 구하려면 **변수를 분리**해야 합니다.
- 역연산을 써서 **방정식을 조작**하여 변수를 분리할 수 있습니다.
- **덧셈**은 뺄셈의 역연산이고 **곱셈**은 **나눗셈**의 역연산입니다.

 # 낱말퀴즈 정답

1. 곱셈의 반대 <u>나눗셈</u>

2. 다른 연산의 효과를 상쇄시키는 연산을 <u>역연산</u>이라고 부릅니다.

3. x 같은 미지수를 <u>변수</u>라고 부릅니다.

4. 수학에서 문장에 해당하는 것을 <u>방정식</u>이라고 부릅니다.

5. 덧셈을 상쇄시키고 싶으면 <u>뺄셈</u> 연산을 쓰면 됩니다.

6. 구한 값이 맞는지 확인하기 위해 미지수를 구한 값으로 <u>치환</u>합니다.

7. 대수학은 <u>미지수</u>를 구하는 것입니다.

8. <u>검산</u>을 하고 싶으면 구한 값을 미지수 자리에 집어넣으면 됩니다.

9. 방정식에서는 <u>등식</u>이 성립해야 합니다.

10. 답을 구하려면 변수를 <u>분리</u>해야 합니다.

11. 방정식을 풀기 위해 이리저리 바꾸는 것을 방정식 <u>조작</u>이라고 부릅니다.

2 (더) 복잡한 방정식

대수학과 함께 떠나는 여행

원래 낯선 걸 많이 무서워하는 편이었는데, 이제 밥과 함께라면 어디든 갈 수 있어요...

우리가 모르는 게 두 개 이상이라면 어떨까요? 잘 상상이 안 되죠? 하지만 **미지수가 두 개 이상인** 문제도 있습니다. 그뿐 아니라 같은 **방정식에 한 미지수가 여러 번 나올 때**도 있죠. 하지만 걱정하지 마세요. 방정식을 조작하는 법을 배웠잖아요. 거기에 이번 장에서 배울 새로운 도구를 더하면 더 복잡한 식도 금세 풀어낼 수 있을 거예요.

폴은 '파자마 데스'를 사랑합니다

폴은 '파자마 데스'의 열렬한 팬입니다. 이번 주 플로리다에서 파자마 데스의 미국 순회 공연이 시작되는데, 폴은 그 공연에 가기로 마음먹었습니다. 이미 예금을 깨기로 하긴 했는데, 그 계좌에서 얼마를 뽑아야 하는지 아직 잘 모르겠다고 하네요.

폴을 도와줄까요?

폴의 예금 계좌에는 $1,330가 들어 있고, 그걸 전부 다 써도 상관 없다고 하네요. 실은 친구들도 데려가기로 했답니다. 하지만 친구를 몇 명이나 데려갈 수 있을까요? 콘서트 표 말고도 이래저래 돈 나갈 일은 많습니다.

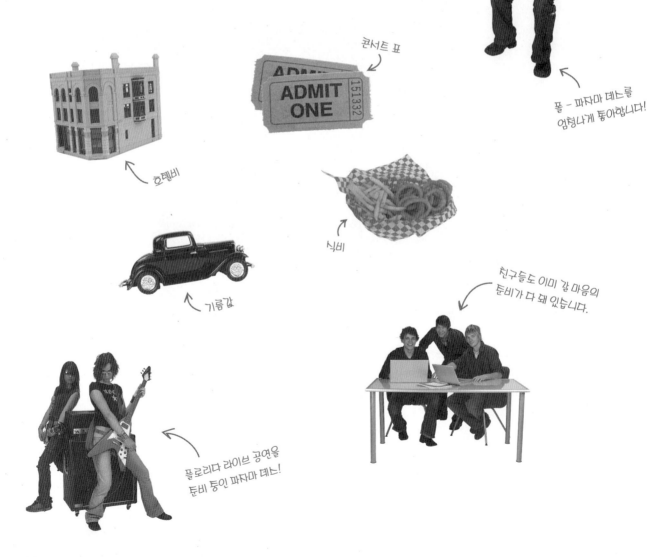

콘서트 표

ADMIT ONE 151332

폴 – 파자마 데스를 엄청나게 좋아합니다!

호텔비

식비

기름값

친구들도 이미 갈 마음의 준비가 다 돼 있습니다.

플로리다 라이브 공연을 준비 중인 파자마 데스!

이미 알고 있는 것부터 시작합니다

문제를 해결하는 가장 좋은 방법은 뭘 아는지, 뭘 모르는지 파악하는 겁니다. 이 문제에서는 폴이 친구를 몇 명 데리고 갈 수 있는지가 가장 중요한 미지수죠. 이 미지수를 *g*라고 써봅시다. 알고 있는 것 중에는 폴의 통장 잔액이 $1,330라는 점이 있네요. 폴이 여행가 있는 동안 쓸 수 있는 최대 금액입니다.

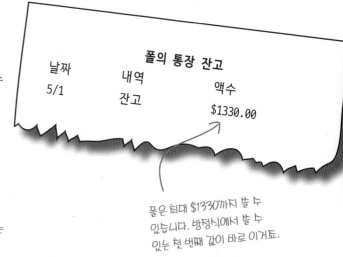

날짜	폴의 통장 잔고	
	내역	액수
5/1	잔고	$1330.00

폴은 최대 $1330까지 쓸 수 있습니다. 방정식에서 쓸 수 있는 첫 번째 값이 바로 이거죠.

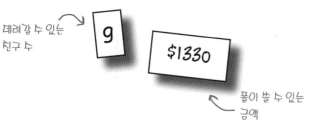

데려갈 수 있는 친구 수 → **g**

$1330

← 폴이 쓸 수 있는 금액

하지만 아직 빠진 게 많습니다. 이 둘을 그냥 같다고 놓는 건 전혀 말이 안 되죠?

g ≠ **$1330**

연필을 깎으며

총 여행 경비를 계산하는 방정식에 또 다른 어떤 값이 들어가야 할까요?
같이 갈 사람 수에 따라 달라지나요?

....
....
....

연필을 깎으며 정답

총 여행 경비를 계산하는 방정식에 또 다른 어떤 값이 들어가야 할까요?
같이 갈 사람 수에 따라 달라지나요?

기름값은 몇 명이 타든
똑같습니다.

이 세 가지는 사람 수에
따라 달라지죠?

여행 경비 자체를 제대로 따지지
못하고 있었죠?

경비: 기름값, 호텔비, 식비, 입장권 가격. 사람 수에 따라 달라지는 것도
있고 아닌 것도 있습니다.

1인당 드는 비용

플로리다까지 가려면 일단 기름값이 필요하겠죠? 하지만 식비, 공연 입장료,
호텔비도 필요합니다. 이 세 가지 비용은 사람 수에 따라 달라집니다(여기에는
폴도 포함되죠).

이제 기름값 같은 고정비를 파악한 다음 1인당 들어가는 비용을 따져봐야 합니다.
1인당 비용에 사람 수를 곱하고 고정비를 더하면 폴이 실제로 써야 할 돈이 총
얼마인지 알 수 있겠죠?

다음과 같은 식을 만들 수 있을 겁니다.

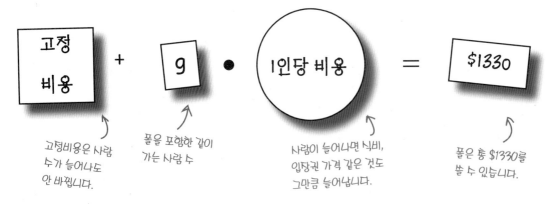

고정비용은 사람
수가 늘어나도
안 바뀝니다.

폴을 포함한 같이
가는 사람 수

사람이 늘어나면 식비,
입장권 가격 같은 것도
그만큼 늘어납니다.

폴은 총 $1330를
쓸 수 있습니다.

고정비용은 바뀌지 않지만 사람 수(g)가 늘어나면 총비용도 커집니다.
그러면 1인당 비용은 어떻게 알 수 있을까요?

수학 자석

방정식이 대충 어떻게 생겼는지 알았으니 이제 아래 있는 자석을 잘 옮겨붙여서 사람 수에 따라 여행 경비가 얼마가 되는지 계산해봅시다. 비용 중에는 사람 수대로 늘어나는 것도 있고 그렇지 않은 것도 있다는 것을 기억하세요.

$$ \underline{\qquad} + \underline{\qquad} \cdot (\underline{\qquad}) = \underline{\qquad} $$

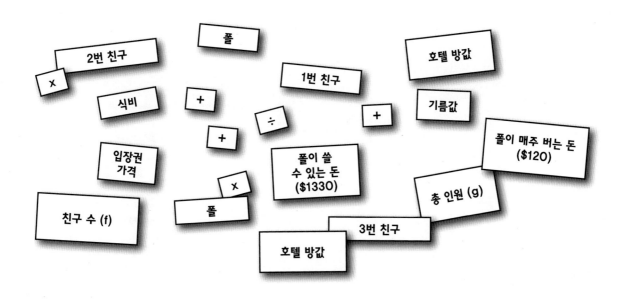

수학 자석 정답

방정식이 대충 어떻게 생겼는지 알았으니 이제 아래 있는 자석을 잘 옮겨붙여서 사람 수에 따라 여행 경비가 얼마가 되는지 계산해봅시다. 비용 중에는 사람 수대로 늘어나는 것도 있고 그렇지 않은 것도 있다는 것을 기억하세요.

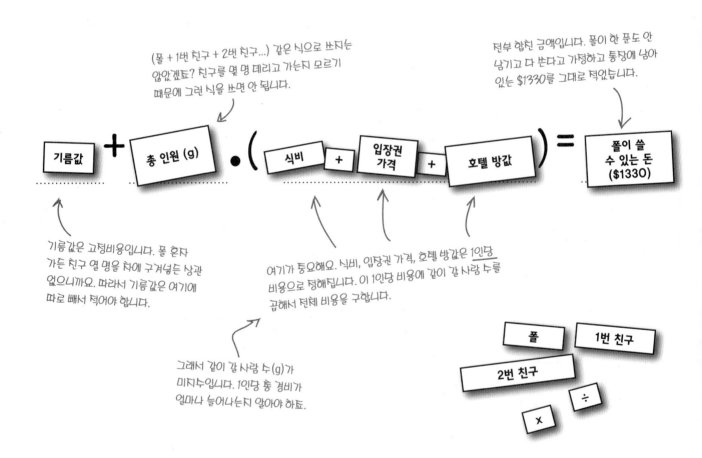

(폴 + 1번 친구 + 2번 친구...) 같은 식으로 쓰지는 않았겠죠? 친구를 몇 명 데리고 가는지 모르기 때문에 그런 식을 쓰면 안 됩니다.

전부 합친 금액입니다. 폴이 한 푼도 안 남기고 다 쓴다고 가정하고 통장에 남아 있는 $1330를 그대로 적었습니다.

| 기름값 | + | 총 인원 (g) | • (| 식비 | + | 입장권 가격 | + | 호텔 방값 |) = | 폴이 쓸 수 있는 돈 ($1330) |

기름값은 고정비용입니다. 폴 혼자 가든 친구 열 명을 차에 구겨넣든 상관 없으니까요. 따라서 기름값은 여기에 따로 빼서 적어야 합니다.

여기가 중요해요. 식비, 입장권 가격, 호텔 방값은 1인당 비용으로 정해집니다. 이 1인당 비용에 같이 갈 사람 수를 곱해서 전체 비용을 구합니다.

그래서 같이 갈 사람 수(g)가 미지수입니다. 1인당 총 경비가 얼마나 늘어나는지 알아야 하죠.

| 폴 | 1번 친구 |
| 2번 친구 |
| x | ÷ |

단어를 숫자로 바꿔봅시다

방정식을 세웠으니 숫자를 집어넣으면 되겠죠? 아래 있는 상자에 각
비용에 해당하는 숫자를 집어넣으면 됩니다.

연필을 깎으며

각 항목별로 실제 경비를 숫자로 넣어서 여행 경비를 계산합시다(방정식을 풀
필요는 없고 풀 수 있는 모양의 방정식을 만드는 것까지만 하면 됩니다).

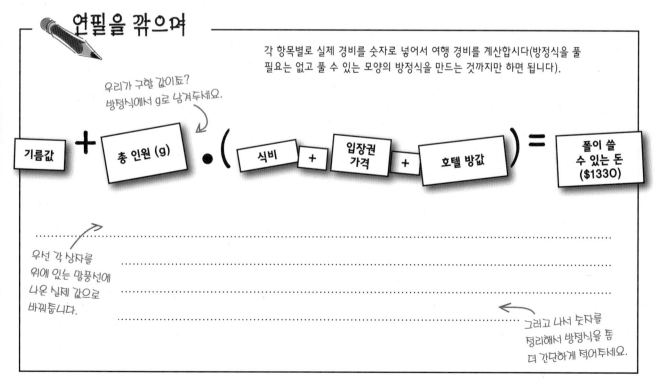

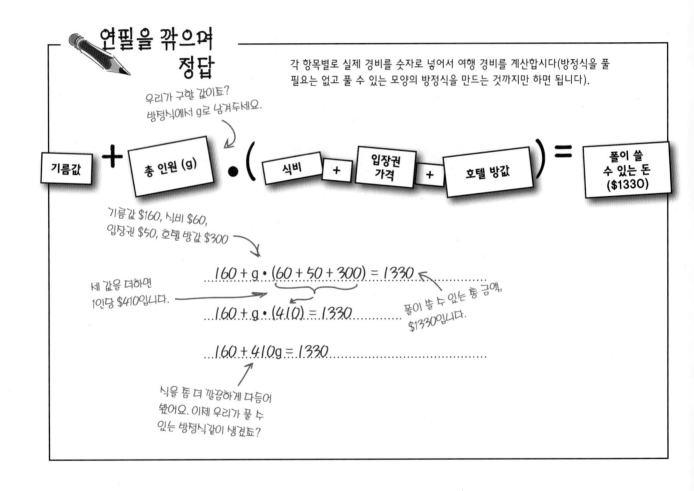

연필을 깎으며
정답

각 항목별로 실제 경비를 숫자로 넣어서 여행 경비를 계산합시다(방정식을 풀
필요는 없고 풀 수 있는 모양의 방정식을 만드는 것까지만 하면 됩니다).

우리가 구할 값이죠?
방정식에서 g로 남겨두세요.

| 기름값 | + | 총 인원 (g) | • (| 식비 | + | 입장권 가격 | + | 호텔 방값 |) | = | 풀이 쓸 수 있는 돈 (\$1330) |

기름값 \$160, 식비 \$60,
입장권 \$50, 호텔 방값 \$300

세 값을 더하면
1인당 \$410입니다.

풀이 쓸 수 있는 총 금액,
\$1330입니다.

$$160 + g \cdot (60 + 50 + 300) = 1330$$

$$160 + g \cdot (410) = 1330$$

$$160 + 410g = 1330$$

식을 좀 더 깔끔하게 다듬어
봤어요. 이제 우리가 풀 수
있는 방정식같이 생겼죠?

이제 g에 대해서 풀어봅시다. 한 단계씩 말이죠!

총 몇 명이 갈 수 있는지 구하기 위한 방정식(160 + 410g = 1330)을 세웠습니다. 1장에서 방정식의 **변수를 분리하는** 방법을 배웠죠? 여기에서는 변수가 **g**입니다. 역연산을 써서 **g**만 남기면 됩니다.

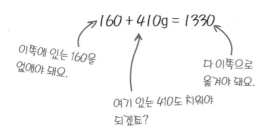

이쪽에 있는 160을
없애야 돼요.

여기 있는 410도 치워야
되겠죠?

다 이쪽으로
옮겨야 돼요.

$$160 + 410g = 1330$$

그리고 등식은 계속 성립하도록 해야 합니다

방정식에서 변수(**g**)만 남겨서 몇 명이 여행을 갈 수 있는지 알아내야 합니다. 근데 무엇부터 시작해야 할까요? 한 변에 **g**만 남기려면 두 가지를 해야 합니다. 왼쪽 변에서 410**g**에 더해져 있는 160을 없애야 하고, **g**에 곱해져 있는 410도 없애야 합니다. 그리고 그 과정에서 방정식의 양 변이 계속 같도록 유지해야 합니다.

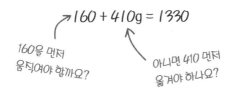

160을 먼저
움직여야 할까요?

아니면 410 먼저
옮겨야 하나요?

$$160 + 410g = 1330$$

 브레인 파워

이 방정식은 **다단계 방정식**입니다. 방정식을 g에 대해 풀기 위해서는 160하고 410을 모두 처리해야 됩니다. 어떤 걸 먼저 건드려야 할까요? 계산 순서가 바뀌면 답도 달라질까요? 어느 쪽이 맞을까요?

규칙만 잘 지키면 <u>언제나</u> 정답을 구할 수 있어요

방정식에서 가장 중요한 부분은 등식이 항상 성립되도록 유지하는 겁니다. 뺄셈으로 160을 먼저 없앨 수도 있고 나눗셈으로 410을 먼저 없앨 수도 있습니다. 중요한 건 어느 쪽이 **더 쉬울까** 하는 겁니다.

410을 먼저 없애려면 방정식의 양 변을 410으로 나눠야 합니다. 왼쪽 변에는 410**g**만 있는 게 아니기 때문에 다음과 같이 **모든 것**을 410으로 나눠야 됩니다.

대수학에서는 더 쉬운 방법을 골라도 아무 문제가 없어요.

모든 것을 410으로 나눠야 합니다.

$$\frac{160}{410} + \frac{410g}{410} = \frac{1330}{410}$$

숫자가 너무 지저분하죠?

$$0.3902 + g = 3.2439$$

$$-0.3902 + 0.3902 + g = 3.2439 - 0.3902$$

$$g = 2.8537$$

이제 양 변에서 0.3902를 뺍니다.

410을 먼저 없애도 되긴 하지만 지저분한 소수가 많이 나왔죠? 그래도 되긴 하지만 계산기 없이 풀기엔 너무 복잡합니다.

어떻게 풀든 답은 똑같지만 특정 방법으로 풀면 더 쉽게 답을 구할 수 있는 경우가 있습니다. 이번에는 양 변에서 160을 먼저 빼는 방식으로 풀어볼까요?

방정식을 풀 수 있는 방법이 두 가지 이상이면 가장 간단하게 풀 수 있는 방법을 찾아봅시다.

자연수가 계산하기 더 쉽죠

모든 수를 410으로 나누면 160/410 같은 걸 계산해야 해서 숫자가
너무 지저분해집니다. 다음과 같이 양 변에서 160을 빼는 걸 먼저
해볼까요?

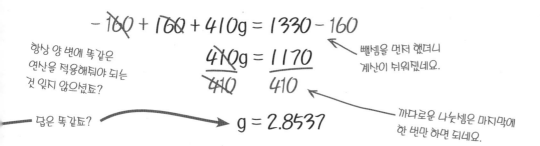

항상 양 변에 똑같은
연산을 적용해줘야 되는
것 잊지 않으셨죠?

$$-160 + 160 + 410g = 1330 - 160$$

빼셈을 먼저 했더니
계산이 쉬워졌네요.

$$\frac{410g}{410} = \frac{1170}{410}$$

답은 똑같죠?

까다로운 나눗셈은 마지막에
한 번만 하면 되네요.

$$g = 2.8537$$

빼셈을 먼저 하면 더 쉽게 풀 수 있으면서도 답은 똑같습니다. 더 쉬운 이유는 두
가지입니다. 맨 마지막에 가기 전까지는 소수점 밑으로 내려가지 않아도 되고,
방정식을 더 적은 단계만으로 풀 수 있기 때문이죠.

어느 단계를 먼저 푸는 게 쉬울지 결정하는 게 간단한 일은 아니지만, 다행스럽게도
가장 쉬운 방법을 택하지 못하더라도 여전히 정답을 구할 수 있긴 합니다. 규칙만
잘 지키면 어떤 순서로 문제를 풀든 답은 똑같이 구할 수 있어요.

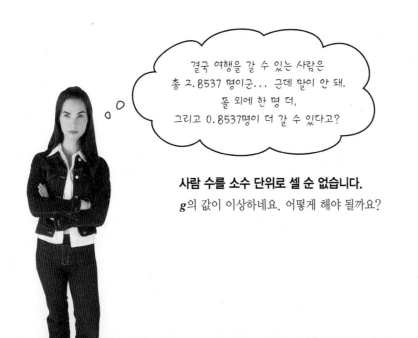

결국 여행을 갈 수 있는 사람은
총 2.8537명이군... 근데 말이 안 돼.
폴 외에 한 명 더,
그리고 0.8537명이 더 갈 수 있다고?

사람 수를 소수 단위로 셀 순 없습니다.

g의 값이 이상하네요. 어떻게 해야 될까요?

바보 같은 질문이란 없습니다

Q: 연산 순서는요? 곱셈과 나눗셈은 덧셈과 뺄셈보다 항상 먼저 해야 하지 않나요?

A: 덧셈, 뺄셈, 곱셈, 나눗셈이 잔뜩 섞여 있다면 당연히 연산 순서를 따라야 합니다. 하지만 지금 우리는 방정식을 조작하고 있습니다. 양 변에 똑같은 작업을 해서 등식을 계속 유지시키죠. 방정식을 조작할 때는 양 변에 똑같은 연산을 적용하기만 한다면 어떤 연산을 먼저 적용하는지는 중요하지 않습니다.

Q: 항상 방정식을 두 번씩 풀어야 하나요? 문제가 주어졌을 때 어떤 연산을 먼저 적용할지 어떻게 알 수 있어요?

A: 문제를 두 번 풀 필요는 없어요. 방금 전에는 어떤 식으로 풀든 답이 같다는 걸 보여주기 위해 그렇게 했을 뿐이죠. 다른 문제를 풀 때 어떤 연산을 먼저 적용할지는 그때그때 다릅니다. 덧셈이나 뺄셈으로 왼쪽 변에 있는 항을 오른쪽으로 옮길 수 있다면 보통은 그렇게 하는 편이 쉽습니다. 그러면 나중에 곱셈이나 나눗셈을 할 때 계산할 항 수를 줄일 수 있거든요.

Q: 더 복잡한 방정식도 있나요? 정말 많은 단계를 거쳐야 할 수도 있어요?

A: 아주 길고 복잡한 방정식도 있을 수 있고, 나중에 그런 문제도 풀어볼 겁니다. 하지만 기본 원칙은 똑같아요. 어떤 변수를 구해야 하는지 알아낸 다음 방정식을 조작해서 그 변수만 남기면 됩니다. 방정식 양 변에 같은 수를 곱하는 등의 역연산을 몇 번 적용하든 상관 없어요. 규칙만 잘 지키면 원하는 답을 구할 수 있습니다.

Q: 길고 복잡한 문제를 시작할 때도 항상 문제를 말로 풀어써야 하나요?

A: 꼭 그런 건 아닙니다. 사람마다 다를 수 있긴 하지만, 말로 쓰면 숫자가 복잡하게 엮여 있어도 종이 위에 문제를 펼쳐놓을 수 있습니다. 그리고 이렇게 문제를 말로 적어보면 잠시 한 발 물러서서 문제의 맥락에 대해 생각해볼 수도 있죠.

쉬는 시간 — 연산 순서

아직 연산 순서가 좀 헷갈려도 너무 걱정하진 마세요. 앞으로 이 책을 공부하면서 계속해서 연산 순서를 다시 공부하게 될 겁니다.
이 책을 다 마칠 무렵이면 연산 순서에 대해서는 전문가 수준이 될 거예요.

나 포함해서 2.8명이 갈 수 있군. 흠... 브라이언, 너 생물 전공이지? 0.8 명을 데려가는 것도 가능하냐?

g 값은 제대로 구했지만 2.8537이라는 값이 우리가 풀어야 할 문제의 정답인 것 같진 않군요. 사람 0.8명을 데리고 갈 수는 없으니 답은 (폴 포함) 두 명입니다. 세 명이 갈 수는 없으니까 (3은 2.85보다 크니까 폴이 가진 돈으로는 세 명이 못 가죠) 두 명, 즉 폴하고 다른 친구 한 명만 갈 수 있습니다.

대수 문제를 풀 때 방정식을 푸는 게 문제를 푸는 전부는 아닙니다. 실제 문제의 의미를 제대로 따라가는 것도 문제의 일부라고 할 수 있죠. 이걸 문제의 맥락, 또는 맥락이라고 합니다. 수학은 단지 방정식을 조작해서 숫자를 구하는 데서 끝나는 게 아닙니다. 실생활의 문제를 푸는 게 중요한 거죠.

어? 잠깐! 호텔비를 아끼면 더 많이 갈 수 있지 않을까? 한 방에 두 명씩 들어가도 되잖아.

 ## 브레인 파워

친구 말이 맞네요. 방정식을 세울 때 1인당 호텔비를 $300로 잡았습니다. 그러나 한 방에 두 명씩 들어갈 수도 있겠죠? 어떻게 고쳐야 할까요? 방정식 어느 부분을 고칠 수 있을까요? 1인당 비용을 전과 같이 계산해도 될까요?

한 변수가 한 방정식에서 두 번 이상 나올 수도 있어요

호텔비는 방 하나당 $300입니다. 지금은 같이 가는 사람 한 명마다 $300씩 계산하고 있죠.

$$160 + g \cdot (60 + 50 + 300) = 1330$$

여기 300을 더하고 사람 수를 곱했죠.
1인당 호텔비가 $300로 답혀 있습니다.

하지만 지금은 $300를 따로 빼서 분리해야 합니다. 두 명이 한 방에서 잘 수 있으니까 호텔비로 1인당 $300를 쓰지 않아도 됩니다. 그러니 일단 호텔비 $300는 밖으로 빼봅시다.

$$160 + g \cdot (60 + 50) + 300 = 1330$$

이제 $300에 사람 수를 곱하진 않습니다.
하지만 이 식도 맞는 건 아니죠. 호텔비
총액은 분명 사람 수에 따라 결정되니까요.

호텔비는 두 명당 $300입니다. 그러면 방값을 1인당 $150로 잡아서 다음과 같이 계산하면 되겠죠?

$$160 + g \cdot (60 + 50) + 150g = 1330$$

1인당 드는 비용이 절반이
됐으니 $300를 2로 나눈
값인 150을 쓰면 되겠죠?

그리고 g를 곱해서 전체
호텔비를 구합니다.

> 잠깐만요! 방정식에 g가 두 군데 들어가네요.
> 이런 건 어떻게 하죠? 이 두 g는 같은 건가요?

맞습니다! 한 방정식에 같은 변수가 두 번 이상 등장해도 그 변수의 값은 똑같아야 합니다. 변수는 방정식에 들어갈 어떤 수를 문자로 적어둔 것에 지나지 않으니까요. 여러 군데 들어가 있는 **g**의 값은 전부 같아야만 합니다.

사실 **g**가 항상 같은 값을 나타내기 때문에 **g**가 들어 있는 항을 전부 합칠 수 있습니다. 예를 들어 2**g** + 3**g** = 5**g** 같이 쓸 수 있죠. 이런 특성을 어떻게 활용할 수 있을지 알아봅시다.

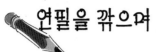

연필을 깎으며

여행 경비를 계산하기 위한 방정식을 새로 세웠습니다. 새 방정식으로부터 한 방에 두 명씩 들어가면 몇 명이 갈 수 있는지 알아봅시다. 여러 단계를 거쳐 계산하는 방정식인 데다가 g를 합치는 작업까지 해야 하니 주의하세요.

$$160 + g \cdot (60 + 50) + 150g = 1330$$

호텔비를 반으로 나눈 여행 경비 방정식입니다. 일단 식을 간단하게 고치는 것부터 시작해봅시다.

먼저 괄호 안에 있는 부분을 정리합니다.

비슷한 항들을 결합시킵니다.

변수를 갈라냅니다.

같이 갈 수 있는 사람 수를 구합니다.

정답이 맞나요? 몇 명이 같이 갈 수 있을까요?

브레인 바벨

같이 갈 사람 수가 짝수인지 홀수인지에 따라 뭔가가 조금 달라지죠? 왜 그런지 아시겠어요?

연필을 깎으며 정답

여행 경비를 계산하는 방정식을 새로 세웠습니다. 한 방에 둘씩 들어가는 경우에 몇 명이 갈 수 있는지 알아내야 합니다.

먼저 괄호 안에 있는 수를 더해서 괄호를 없앱니다.

$$160 + g \cdot (60 + 50) + 150g = 1330$$

$$160 + 110g + 150g = 1330$$

g가 곱해진 항을 합쳐줍니다. (110 + 150 = 260)

$$160 + 260g = 1330$$

$$-160 + 160 + 260g = 1330 - 160$$

양 변에서 160을 빼서 160을 없앱니다.

$$260g = 1170$$

$$\frac{260g}{260} = \frac{1170}{260}$$

양변을 260으로 나눠서 g만 남깁니다.

$$g = 4.5$$

새로 구한 답입니다.

정답이 맞나요? 몇 명이 같이 갈 수 있을까요?

g가 4.5로 나왔는데, 수학적으로는 맞지만 0.5명을 데리고 갈 수는 없겠죠? 하지만 이제 4명이 함께 갈 수 있습니다. 아까 계산할 때는 두 명만 갈 수 있었는데 말이죠.

우와! 훨씬 낫네요. 한 방에 둘씩 들어가면
네 명이 갈 수 있네요. 친구들한테 얘기하기 전에
정말 정답이 맞는지 확인해봐도 될까요?

검산은 필수!

확인해봐야죠! 별로 어렵지도 않습니다. **검산은 필수입니다.** 구한
값을 방정식의 변수 자리에 집어넣고 방정식의 양 변의 값이 같은지
확인해보면 됩니다.

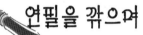

답을 방정식에 다시 대입해서 양변이 같은지 확인하여 답을 제대로 구했는지
확인해봅시다.

방정식에서 구했던 g의 값,
4.5를 집어넣어야겠죠?

$$160 + g \cdot (60 + 50) + 150g = 1330$$

연필을 깎으며 정답

답을 방정식에 다시 대입해서 양변이 같은지 확인하여 답을 제대로 구했는지 확인해봅시다.

$$160 + g \cdot (60 + 50) + 150g = 1330$$

$$160 + 4.5 \cdot (60 + 50) + 150(4.5) = 1330$$

방정식에 있는 g를 전부 4.5로 바꿔두세요.

$$160 + 4.5 \,(110) + 150(4.5) = 1330$$

$$160 + 495 + 675 = 1330$$

연산 순서를 잘 지키면서 나머지 부분을 계산합니다.

$$1330 = 1330$$

1330 = 1330 이라는 결과가 나왔네요. 완벽해요!

검산을 하여 답이 맞는지 확인할 수 있습니다

방정식을 *g*에 대해 풀어서 답을 구하고, 그 답을 원래 식에 다시 대입해서 검산을 하여 답이 맞는지 확인했습니다. 파자마 데스 공연을 보러 갈 수 있는 사람 수가 1인 1실로 계산할 때는 두 명이었는데 이제 두 배로 늘었어요!

이제 식비, 호텔비, 입장권 가격까지 다 준비됐으니까 여행을 떠날 준비가 다 된 거군요...

핵심정리

- 식의 일부분을 항이라고 부릅니다.
- 항이 아무리 많은 방정식을 풀려면 변수를 분리시켜야 합니다.
- 방정식을 조작하든 유사한 항을 결합하든 변수를 분리시키든 방정식을 풀 때는 연산 순서를 지켜야 합니다.

바보 같은 질문이란 없습니다

Q: 아까 문제의 정답이 4라고 했는데 왜 검산할 때는 g를 4.5로 치환했죠?

A: 방정식의 수치적인 답은 4.5입니다. 등식을 성립시키는 수니까요. 하지만 친구를 0.5명만 데리고 갈 수는 없는 노릇이니 문제의 답은 4가 맞습니다. 그런데 검산할 때는 수치적인 답인 4.5를 써야 식이 제대로 성립하는지 확인할 수 있습니다.

Q: 시간을 들여가면서 검산할 필요가 있을까요?

A: 물론입니다. 열심히 문제를 풀어서 답을 구했는데 그 답이 틀리면 얼마나 좌절스러울까요? 검산을 제대로 하면 그런 일이 일어나지 않습니다.

Q: 제가 푼 방식이랑 답으로 나온 거랑 좀 다른 것 같아요. 근데 정답은 맞고요. 제가 뭘 잘못한 거죠?

A: 잘못한 게 없어요. 대수학에서는 규칙만 일관성 있게 지키면 똑같은 답이 나옵니다. 우리는 앞에서 보여준 방식으로 문제를 풀었지만 그게 유일한 방법은 아닙니다.

Q: 변수를 독립시킬 때 나눗셈을 하기 전에 뺄셈을 해야 한다는 건 어떻게 알아요?

A: 나눗셈을 하기 전에 항 수를 최대한 줄이려고 했어요. 유사한 항을 합쳐서 항 수를 줄일 수 있으면 나중에 계산할 단계 수를 줄일 수 있죠. 처리할 항 수도 적어지고요. 양변에서 160을 빼면 160을 없앨 수 있고, 남은 항만 260으로 나누면 되죠.

Q: 항을 합치는 걸 빼먹으면 어떻게 되나요?

A: 별 문제가 되는 건 아니에요. 방정식을 조작할 때 규칙만 잘 지키면 정답을 구할 수 있습니다. 문제를 풀기가 좀 복잡해질 수는 있겠지만요. 뭔가 잘못됐다는 생각이 들 때는 꼭 그대로 문제를 풀지 않아도 됩니다. 앞으로 돌아가서 다시 풀어도 괜찮아요.

Q: 풀이 방법이 여러 가지라면 수학답지 않은 것 아니에요? 정답은 하나뿐이지 않나요?

A: 정답이 하나인 거랑 답을 구하는 방법이 하나인 것 사이에는 큰 차이가 있습니다. 문제를 풀어서 같은 정답을 구할 수 있는 방법이 여러 가지 있다는 것은 매우 중요한 수학의 특징입니다. 예를 들어 곱셈을 쓰지 않고 덧셈만 여러 번 쓸 수도 있어요. 하지만 곱셈을 써서 같은 답을 구할 수도 있죠. 문제에 따라 다른 기법이 필요할 수 있겠지만 문제를 풀고 나면 답은 같습니다.

대수학은 미지수를 풀어내기 위한 분야이지만 그 답을 구하기 위해 어떤 현명한 선택을 하는지도 매우 중요합니다.

문제를 읽고 방정식을 세우고 조작해봅시다.

파자마 데스 수익

이번 파자마 데스의 순회공연은 아주 중요합니다. 파자마 데스의 수입은 대부분 순회공연에서 나옵니다(음악 업계가 정말 힘들거든요). 파자마 데스는 순회공연에서 올린 매출액의 일정 부분을 지급받기로 음반사와 계약했습니다. 한 공연에서 $15,000를 벌려면 음반사로부터 매출의 최소 몇 퍼센트를 받아야 할까요?

순회공연 관련 매출액

1. 평균 식비 매출액 – $17,000/일

2. CD (공연장 판매) – 장당 $10, 매 공연마다 100장

3. 티셔츠 – 장당 $15, 매 공연마다 800장

4. 공연 입장권 – 장당 $50, 회당 4,000장

힌트: 방정식에서 구한 소수나 분수를 퍼센트 단위로 바꿔야 합니다. 그리고 모든 매출에 대해 같은 퍼센트로 수익을 계산해야 합니다.

파자마 데스 손해액

파자마 데스 공연 중에 사고가 좀 나서 공연장에서 $3,600를 청구했습니다. 각각의 사고 항목(선풍기 파손, 바텐더 사직 등)마다 같은 액수를 청구했는데, 밴드에서는 사고 항목당 얼마씩 청구됐는지 알고 싶습니다.

각 사고당 얼마씩 물어줘야 하는지 알아봅시다.

콘서트에서 발생한 사고

1. 천장 선풍기 네 개 파손

2. 기타 세 대 파손

3. 바텐더 두 명, 로드 매니저가 되려고 퇴사

문제를 읽고 방정식을 세우고 조작해봅시다.

순회공연 관련 매출액

1. 평균 식비 매출액 – $17,000/일
2. CD (공연장 판매) – 장당 $10, 매 공연마다 100장
3. 티셔츠 – 장당 $15, 매 공연마다 800장
4. 공연 입장권 – 장당 $50, 회당 4,000장

퍼센트를 'P'로 썼고, 각 매출 유형에 대해 모두 같은 비율의 누익금을 받기로 했기 때문에 모든 방정식에 같은 P가 들어갑니다.

위에 있는 각각의 매출에 대한 누익금

통 누익은 통 매출액에 누익률을 곱하면 구할 수 있습니다.

식비 수익 = 17,000 · P

CD 수익 = 10 · 100 · P

티셔츠 수익 = 15 · 800 · P

입장권 수익 = 50 · 4,000 · P

CD, 티셔츠, 입장권 누익을 계산할 때는 판매된 장누에 가격을 곱해서 매출액을 구합니다.

총 수익 = 식비 수익 + CD 수익 + 티셔츠 수익 + 입장권 수익

문제를 보면 $15,000 이상을 벌어야 된다고 나와 있습니다.

여기서 양 변을 1000으로 나눕니다. 왜 그럴까요? 계산하기가 쉬워지기 때문인데요, 이렇게 해도 괜찮습니다. 양변을 같은 누로 나누기만 하면 되어요.

$$15,000 = 17,000P + 1,000P + 12,000P + 200,000P$$

$$\frac{15,000}{1000} = \frac{17,000P}{1000} + \frac{1,000P}{1000} + \frac{12,000P}{1000} + \frac{200,000P}{1000}$$

$$15 = 17P + 1P + 12P + 200P$$

전부 'P'가 들어간 항이니까 유사한 항입니다.

$$15 = 230P$$

$$\frac{15}{230} = \frac{230P}{230}$$

230으로 나눠서 변누만 남깁니다.

$$\frac{15}{230} = P$$

$$0.0652 = P$$

$$6.52\% = P$$

노누로 변환한 다음 퍼센트로 바꿉니다.

쉬는 시간 이 문제는 여러 방법으로 풀 수 있습니다.

1000으로 나누지 않고 그냥 모든 항을 더해도 됩니다. 그래도 답은 똑같습니다.

파자마 데스 손해액

파자마 데스 공연 중에 사고가 좀 나서 공연장에서 $3,600를 청구했습니다.
각각의 사고 항목(선풍기 파손, 바텐더 사직 등)마다 같은 액수를 청구했는데,
밴드에서는 사고 항목당 얼마씩 청구됐는지 알고 싶습니다.

각 사고당 얼마씩 물어줘야 하는지 알아봅시다.

콘서트에서 발생한 사고

1. 천장 선풍기 네 개 파손

2. 기타 세 대 파손

3. 바텐더 두 명, 로드 매니저가 되려고 퇴사

천장 선풍기 네 대 기타 세 대 바텐더 두 명 총 청구액 $3,600

$$4x + 3x + 2x = 3600$$

각 항목당 청구액은 전부 같기 때문에 변수는 x 하나만 있으면 됩니다.

$$9x = 3600$$

변수가 다 같으니까 유사한 항을 하나로 묶으면 9x가 나옵니다.

$$\frac{9x}{9} = \frac{3600}{9}$$

그리고 양 변을 9로 나눕니다.

$$x = 400$$

그러면 각 사고당 $400라는 걸 알 수 있죠. 꽤 세네요.

답을 x 자리에 대입해서 검산을 합니다.

$$4(400) + 3(400) + 2(400) = 3600$$
$$1600 + 1200 + 800 = 3600$$
$$3600 = 3600$$

여행에 여자친구가 빠질 수는 없어요!

몇 명이 갈지 정하긴 했는데 여자친구는 어떡하죠? 폴이 가진 돈은 정해져 있기 때문에 여자친구를 데려가면 같이 갈 남자 수를 줄여야 합니다. 그리고 여자친구를 데려갈 때는 비용 계산법이 달라질 수도 있습니다.

여자친구를 데려갈 때는 방정식을 좀 고쳐야 합니다.

  – 남녀가 같은 방을 쓸 수는 없으니 호텔 방을 따로 잡아야 합니다.

  – 여자친구는 식비가 $30밖에 안 듭니다.

문제는 우리가 풀었던 방정식에서는 1인당 비용에 같이 가는 남자 수를 곱했다는 겁니다.

나도 갈래! 그리고 여자는 나 혼자만 가면 좀 그러니까 다른 친구도 데려가고 싶어...

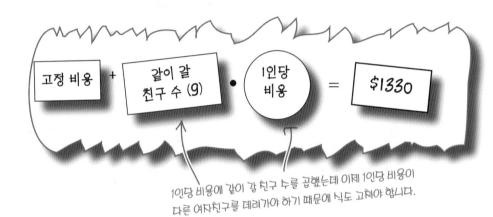

| 고정 비용 | + | 같이 갈 친구 수 (g) | · | 1인당 비용 | = | $1330 |

1인당 비용에 같이 갈 친구 수를 곱했는데 이제 1인당 비용이 다른 여자친구를 데려가야 하기 때문에 식도 고쳐야 합니다.

폴 여자친구, 아만다

다른 변수가 필요합니다

여자친구들은 경비가 다르게 들기 때문에 남자친구와 분리해서 다뤄야 합니다. 다른 변수가 필요하겠네요. 여자친구 수를 **r**로 써볼까요? 이제 방정식은 다음과 같이 쓸 수 있습니다.

| 고정 비용 | + | g | · | 1인당 비용 | + | r | · | 여자 친구 1인당 비용 | = | $1330 |

같이 갈 친구 수 (g)

같이 갈 여자친구 수 (r)

풀이 쓸 수 있는 돈

연필을 깎으며

남자 1인당 비용에 대한 정보와 여자 1인당 비용에 대한 정보를 활용하여
몇 명이 갈 수 있는지 알아내기 위한 방정식을 새로 세워봅시다.

식비 $60, 입장권 $50,
호텔비 $300

식비 $30, 입장권 $50,
호텔비 $300, 대신 방은
남자들하고 따로...

| 고정
비용 | + | g | · | 1인당
비용 | + | r | · | 여자
친구
1인당 비용 | = | $1330 |

같이 갈 친구 수 (g)

같이 갈
여자친구 수 (r)

풀이 쓸 수 있는 돈

호텔비를 계산할 때는 남녀 각각
2인 1실로 계산해야 합니다.

변수를 묶을 때 g는 g끼리만,
r은 r끼리만 묶어야 합니다.

연필을 깎으며
정답

남자 1인당 비용에 대한 정보와 여자 1인당 비용에 대한 정보를 활용하여
몇 명이 갈 수 있는지 알아내기 위한 방정식을 새로 세워봅시다.

이 항들은 아까 계산했습니다.
이 부분은 앞에 나온 것과 똑같죠?

여자친구에 대해서도 비슷한 식으로
계산하면 되지만 숫자가 좀 다르죠.

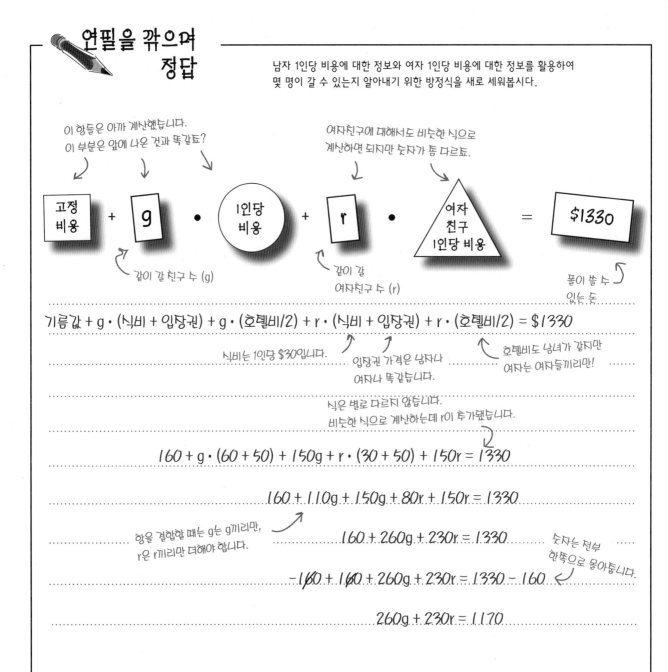

| 고정 비용 | + | g | · | 1인당 비용 | + | r | · | 여자 친구 1인당 비용 | = | $1330 |

같이 갈 친구 수 (g)

같이 갈
여자친구 수 (r)

풀이 볼 수
있는 돈

기름값 + g · (식비 + 입장권) + g · (호텔비/2) + r · (식비 + 입장권) + r · (호텔비/2) = $1330

식비는 1인당 $30입니다.

입장권 가격은 남자나
여자나 똑같습니다.

호텔비도 남녀가 같지만
여자는 여자들끼리만!

식은 별로 다르지 않습니다.
비슷한 식으로 계산하는데 r이 추가됐습니다.

$$160 + g \cdot (60 + 50) + 150g + r \cdot (30 + 50) + 150r = 1330$$

$$160 + 110g + 150g + 80r + 150r = 1330$$

항을 결합할 때는 g는 g끼리만,
r은 r끼리만 더해야 합니다.

$$160 + 260g + 230r = 1330$$

숫자는 전부
한쪽으로 몰아둡니다.

$$-160 + 160 + 260g + 230r = 1330 - 160$$

$$260g + 230r = 1170$$

이제 어떻게 하죠?
변수가 g, r, 두 개 있네요.

변수가 두 개 있지만 풀 수 있어요. 변수가 한 개뿐일 때 어떻게 했는지
생각해보세요. 방정식을 세우고 각 변수들이 어떤 식으로 연관되어 있는지
따져봅시다.

남자들**만 따질 때**는 여행경비를 남자 수, **g**가 들어간 항으로 풀었죠. 여행 경비의
각 부분도 마찬가지로 따졌습니다. 호텔비도 **g**의 식으로 계산했죠.

호 텔 비 톺 아 보 기

남자들 호텔비

→ 호텔비 = $150g$

← 남자 수, g의 식으로 표현됩니다.

호텔비는 남자 수**의 식으로** 표현됩니다. 호텔비는 1인당
$150이니까 남자 수가 늘어나면 150씩 늘어납니다.

흠... 앞에서 g와 r을 각각 묶은 거랑 이거랑
어떤 관계가 있는 것 같은데?

좋은 질문이에요.
이 질문에 답하기 위해 항이라는 게
정확하게 뭔지 알아봅시다.

대수학 방정식에서 각 조각을 항이라고 부릅니다

변수와 **항**이 어떻게 다른지 이해하고 넘어갑시다. 변수는 우리가 모르는 값을 나타내기 위한 글자입니다. 남자 수는 g, 여자 수는 r로 쓴 것처럼 말이죠. 항은 방정식의 한 조각을 뜻합니다. $6g + 10g = 32$라는 방정식에서 변수는 g 하나뿐이지만 항은 $6g$, $10g$, 32, 이렇게 총 세 개입니다. **유사한 항을 묶는다**는 것은 같은 변수가 들어 있는 항인 $6g$와 $10g$만 골라서 $6g + 10g = 16g$로 묶는 것을 뜻합니다.

방정식에 들어 있는 항의 수는 어떻게 알 수 있을까요? 한 항은 곱셈이나 나눗셈으로 엮입니다. $60b$는 한 항이지만 $60 + b$는 두 항이죠. $3(x+2)$는 어떨까요? 그것도 한 항입니다. 전체를 3으로 곱해놓았기 때문에 하나로 붙어 있는 거죠.

방정식에 변수가 여럿 있으면 '~의 식으로' 부분을 잘 봐야 합니다.

대수학에서는 변수가 여러 개 있는 식이 많이 나옵니다. 지금 여기에서는 g와 r이 들어 있는 식을 다루고 있는데, 보통은 x와 y의 식을 많이 다룰 겁니다.

다항방정식에서는 '~의 식으로'라는 표현이 중요해집니다. 변수가 두 개인 방정식에서는 다음과 같습니다.

- 한 변수를 다른 변수의 식으로 고쳐 쓰면 아주 쉽게 문제를 풀 수 있습니다. 이러면 **치환법**을 쓸 수 있죠.

- 한 방정식에 두 변수가 들어 있으면 두 변수 사이의 **비례관계**가 만들어집니다.

우리 문제에서 가장 핵심적인 부분입니다. 이 부분은 잠시 후에 다시 알아봅시다.

- 변수는 두 개인데 방정식은 하나뿐일 때는 **다른** 관계식이 **없으면** 문제를 풀지 못합니다.

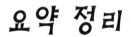

요약 정리

· 항

곱셈 또는 나눗셈으로 연결된 대수학 수식의 한 조각

$y=mx+b$

나는 누구일까요?

각 방정식과 그 방정식이 무엇의 **식**으로 표현되었는지 설명하는 내용을
연결해주세요. 어떤 방정식에 대해서는 정답이 두 개 있을 수도 있고,
한 가지 설명이 두 방정식에 연결될 수도 있습니다.

$$T = 15d - 45 + 2^2$$

변수 f를 변수 r의 식으로 표현한 형태로
고칠 수 있습니다.

$$h - e = a + 12 - \frac{5}{e}$$

변수 Q를 변수 x의 식으로 표현했습니다.

$$Q = \frac{\sqrt{x - 4}}{11}$$

변수 h를 변수 e의 식으로 표현했습니다.

$$f - r = \frac{(r - 6)^2}{8}$$

변수가 (아직) 정리되지 않았습니다.

$$h - 5 = 4 + 12 - \frac{5}{e}$$

변수 T를 변수 d의 식으로 표현했습니다.

나는 누구일까요? 정답

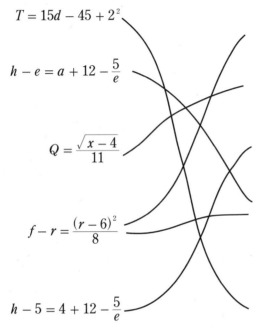

$$T = 15d - 45 + 2^2$$

변수 f를 변수 r의 식으로 표현한 형태로 고칠 수 있습니다.

$$h - e = a + 12 - \frac{5}{e}$$

변수 Q를 변수 x의 식으로 표현했습니다.

$$Q = \frac{\sqrt{x-4}}{11}$$

변수 h를 변수 e의 식으로 표현했습니다.

$$f - r = \frac{(r-6)^2}{8}$$

변수가 (아직) 정리되지 않았습니다.

$$h - 5 = 4 + 12 - \frac{5}{e}$$

변수 T를 변수 d의 식으로 표현했습니다.

 핵심정리

- 문제를 풀 때는 '~의 식으로'가 가장 중요합니다.
- 큰 문제는 여러 작은 문제로 쪼개서 더 쉽게 풀 수 있습니다.

- 뭔가를 하기 전에 일단 문제를 완전히 이해해야 합니다.
- 문제에 상수가 있으면 실제 숫자를 쓸 수도 있고, 그 상수를 나타내는 문자를 써도 됩니다. 어느 쪽이든 쉬운 방법을 쓰면 됩니다.

남자하고 여자 숫자가
같아야 될 것 같아요.

남자와 여자 사이의 관계?

다항방정식에 대해 배우고 나니 폴의 문제를 풀려면
남자와 여자(g와 r) 사이의 관계를 더 찾아내야 하겠군요.
공평성을 위해서 남자 숫자와 여자 숫자가 같아야 한다는
조건을 넣어볼까요? 다음과 같은 새로운 관계식이
만들어집니다.

남자 수와 여자 수가 같다면 $g = r$이라고 쓸 수 있습니다.
그러면 r이 나올 때마다 r을 g로 치환할 수 있습니다. 이제
방정식을 풀 수 있을 것 같네요.

연필을 깎으며

아까 세운 방정식을 g에 대해서 풀어봅시다. 그리고 r에 대해서도
풀어봅시다.

$$260g + 230r = 1170$$

g = r이니까 r이 있는 자리에
g를 집어넣을 수 있습니다.

나눗셈은 소수점 이하 첫째
자리까지만 하면 됩니다
(어차피 영점 몇 명을 데려갈
수는 없는 노릇이니까요).

연필을 깎으며 정답

아까 세운 방정식을 g에 대해서 풀고 r에 대해서도 풀어야 했죠?

$$260g + 230r = 1170$$

유사한 항을 묶습니다. ↗ $490g = 1170$

$$\frac{\cancel{490}g}{\cancel{490}} = \frac{1170}{490}$$

↪ g = 2.3 그리고 r = 2.3 ↩

소수점 이하 첫째 자리까지만 썼지만 원래 답은 2.387755102... 입니다.

새로 세운 g = r이라는 관계식에 의하면 r도 2.3입니다. g와 r을 더한 값이 여전히 4.6이니까 남자들끼리만 갈 때와 마찬가지로 총 네 명이 가네요.

바보 같은 질문이란 없습니다

Q: 왜 소수점 이하 값을 전부 안 쓰고 일부만 쓰나요?

A: 이 문제에서는 사람을 소수점 단위로 데려갈 수는 없기 때문입니다. 어차피 그 수 보다 작은 정수로 버림을 할 것이니까 소수점 이하 두 자리까지 적어도 상관 없지만 불필요한 혼동을 피하기 위해 한 자리까지만 적었습니다. 항상 문제의 맥락을 생각합시다. 수학적으로는 2.387755102명도 맞을 수 있겠지만 여기서 0.387755102명은 무의미하죠?

Q: 그냥 $g=r$이라고 해도 되나요?

A: 이 문제에서 주어진 두 번째 관계가 남녀 수가 같다는 것이니까 당연히 그렇게 쓸 수 있습니다. 문제에 그렇게 나와있고, 그 내용을 바탕으로 문제를 푼 거죠. $g = r$이라는 걸 알고 나면 원래 방정식의 r 자리에 g를 대입할 수 있고, 변수가 하나인 방정식을 풀면 되는 거죠.

Q: 수를 구하지 못해도 문제를 다 풀었다고 할 수 있나요? 두 변수의 식으로 표현된 방정식 한 개만 나오고 끝나면 어떡하죠?

A: 문제에 따라 그렇게 끝날 수도 있습니다. 방정식 자체가 아니라 문제 전체를 생각해봐야 하죠. 문제의 목표가 처음부터 특정한 값을 구하는 게 아니고 변수 사이의 관계를 구하는 것일 수도 있으니까요.

혁, 이제 가야 돼!
네 명이 갈 돈은 충분하니까 나,
오브라이언, 아만다, 그리고 아만다 절친,
이렇게 넷이 가면 되겠다.

여행을 떠나요!

대수학의 힘을 빌어 몇 명이 갈 수 있을지, 총 얼마가 들지 계산할 수 있었습니다. 이제 한 가지만 더 해결하면 됩니다.

안타깝게도 이건 대수학으로 해결할 수 있는 게 아니군요...

가는 동안에 무슨 음악을 들을까?
떠기 신곡은 어때?
정말 심오하던데...

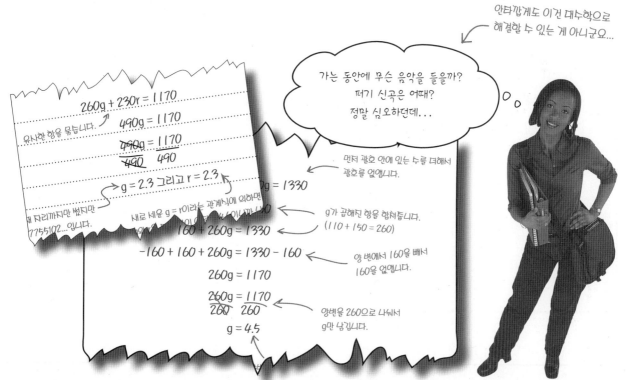

유사한 항을 묶습니다.

$$260g + 230r = 1170$$

$$490g = 1170$$

$$\frac{490g}{490} = \frac{1170}{490}$$

$g = 2.3$ 그리고 $r = 2.3$

째 자리까지만 썼지만 ... 7755102... 입니다.

새로 세운 $g = r$이라는 관계식에 의하면

먼저 괄호 안에 있는 수를 더해서 괄호를 없앱니다.

g가 곱해진 항을 합쳐줍니다.
$(110 + 150 = 260)$

$$2g = 1330$$

$$160 + 260g = 1330$$

$$-160 + 160 + 260g = 1330 - 160$$

양 변에서 160을 빼서 160을 없앱니다.

$$260g = 1170$$

$$\frac{260g}{260} = \frac{1170}{260}$$

양변을 260으로 나눠서 g만 남깁니다.

$$g = 4.5$$

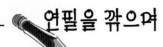 **연필을 깎으며**

아래 수식을 정리하여 유사한 항을 묶어주세요. 항은 곱셈이나 나눗셈으로만 하나로 엮을 수 있습니다.

연산 순서를 잘 따져두세요.

$$6 + 5x - 10y + 2y - 2x + 3y - 4$$

....

....

$$-3xy + 4y(x - 2) - \frac{12}{3}x$$

....

....

....

....

$$3(3b - g) + 3^2 - \frac{16}{(10 - 2)} + g - 10$$

....

....

....

....

$$2x(y - 1) + 4 - \frac{2x}{2}$$

....

....

....

$$\frac{(9 \cdot 3)}{x}xy - 4^2 + \frac{1}{2} - \frac{1}{4}x - 0.75x - 2y$$

요건 저희가 살짝 정리해봤어요.

$$\frac{(9 \cdot 3)}{x}xy - 4^2 + \frac{1}{2} - \frac{1}{4}x - \frac{3}{4}x - 2y$$

....

....

....

....

....

낱말퀴즈

편하게 앉아서 우뇌를 좀 굴려볼까요? 정답은 모두 이번 장에서 배운 용어입니다.

1. 변수가 두 개 이상인 방정식을 ○○ 방정식이라고 부릅니다.

2. 검산할 때는 변수를 값으로 ○○합니다.

3. 답을 변수 자리에 집어넣어서 ○○합니다.

4. 방정식은 어떤 관계를 어떤 변수○ ○○○ 표현합니다.

5. ○○ ○○을 자세히 보면 무엇을 구해야 하는지 알 수 있습니다.

6. 곱셈/나눗셈으로 연결된 대수학 수식의 한 조각을 ○이라고 합니다.

7. 문제를 풀 때는 항상 ○○을 생각해봐야 합니다.

8. 유사한 항은 ○○할 수 있습니다.

9. 방정식을 풀려면 변수를 ○○해야 합니다.

10. 절댓값 방정식의 해는 보통 ○개입니다.

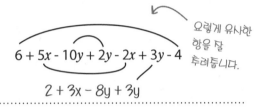

연필을 깎으며
정답

아래 수식을 정리하여 유사한 항을 묶어주세요. 항은 곱셈이나 나눗셈으로만
하나로 엮을 수 있습니다.

이렇게 유사한
항을 잘
추려둡니다.

$$6 + 5x - 10y + 2y - 2x + 3y - 4$$

$$2 + 3x - 8y + 3y$$

$$3 + 3x - 5y$$

$$2x(y-1) + 4 - \frac{2x}{2}$$

분배 법칙을 써서
곱을 풀어써둡니다. $2xy - 2x + 4 - \dfrac{2x}{2}$ 나눗셈도
계산해요.

$$2xy - 2x + 4 - x$$

$$2xy - 3x + 4$$

항에 y가 들어가 있기 때문에
x와 유사한 항이 아닙니다.

$$-3xy + 4y(x-2) - \frac{12}{3}x$$

분수도
정리했습니다.

$$-3xy + 4y(x-2) - 4x$$

$$-3xy + 4xy - 8y - 4x$$ 교환법칙 적용

$$-3xy + 4xy - 8y - 4x$$

$$xy - 8y - 4x$$

$$\frac{(9 \cdot 3)}{x}xy - 4^2 + \frac{1}{2} - \frac{1}{4}x - 0.75x - 2y$$

분수로 변환합니다.

$$\frac{(9 \cdot 3)}{x}xy - 4^2 + \frac{1}{2} - \frac{1}{4}x - \frac{3}{4}x - 2y$$

괄호 $\dfrac{(27)}{x}xy - 4^2 + \dfrac{1}{2} - \dfrac{1}{4}x - \dfrac{3}{4}x - 2y$

제곱

$$\frac{27}{x}xy - 16 + \frac{1}{2} - \frac{1}{4}x - \frac{3}{4}x - 2y$$

$$3(3b-g) + 3^2 - \frac{16}{(10-2)} + g - 10$$

괄호

$$3(3b-g) + 3^2 - \frac{16}{8} + g - 10$$

제곱

$$3(3b-g) + 9 - \frac{16}{8} + g - 10$$

곱셈 $(9b - 3g) + 9 - \dfrac{16}{8} + g - 10$ 2

$$9b - 2g - 3$$

나눗셈

$$27y - 16 + \frac{1}{2} - \frac{1}{4}x - \frac{3}{4}x - 2y$$

$$25y - 16 + \frac{1}{2} - 1x$$

표기법만
바꿨습니다.

$$25y - 16\frac{1}{2} - 1x$$

낱말퀴즈 정답

편하게 앉아서 우뇌를 좀 굴려볼까요? 정답은 모두 이번 장에서 배운 용어입니다.

1. 변수가 두 개 이상인 방정식을 <u>다항</u> 방정식이라고 부릅니다.

2. 검산할 때는 변수를 값으로 <u>치환</u>합니다.

3. 답을 변수 자리에 집어넣어서 <u>검산</u>합니다.

4. 방정식은 어떤 관계를 어떤 변수<u>의 식으로</u> 표현합니다.

5. <u>문제 내용</u>을 자세히 보면 무엇을 구해야 하는지 알 수 있습니다.

6. 곱셈/나눗셈으로 연결된 대수학 수식의 한 조각을 <u>항</u>이라고 합니다.

7. 문제를 풀 때는 항상 <u>맥락</u>을 생각해봐야 합니다.

8. 유사한 항은 <u>결합</u>할 수 있습니다.

9. 방정식을 풀려면 변수를 <u>분리</u>해야 합니다.

10. 절댓값 방정식의 해는 보통 <u>2</u>개입니다.

대수학 도구상자에 들어갈 도구

**이번 장에서는 더 복잡한 대수학 방정식을 푸는
방법을 공부했습니다.**

핵심정리

- 아무리 항이 많아도 변수만 따로 갈라내면 방정식을 풀 수
  있습니다.

- 여러 연산이 섞여 있을 때는 연산 순서에 맞춰 계산해야
  합니다.

- 방정식에서 답을 구하려면 변수 하나당 방정식이 한 개씩
  필요합니다.

- 방정식의 여러 부분을 묶을 때는 유사항끼리 묶어줘야 합니다.

- 문제에 상수가 있을 때는 실제 수를 쓸 수도 있고 그 수를
  나타내는 문자를 쓸 수도 있습니다. 어느 쪽이든 쉬운 쪽으로
  하면 됩니다.

- 곱셈이나 덧셈으로 엮여 있는 방정식의 각 부분을 항이라고
  부릅니다.

3 숫자 연산의 규칙

규칙을 지킵시다

곱셈을 먼저 하지 않으면 엄마가 무선조종 헬리콥터를 뺏어버린대요. 그러면 큰일나요...

때로는 맘에 안 들어도 규칙을 지켜야 합니다.

살다 보면 부모님이 집을 비울 때도 있을 겁니다. 방을 치우라고 잔소리를 하거나 숙제가 끝날 때까지 핸드폰을 뺏어가는 부모님이 집을 비우면 신나겠죠? 대수학에도 여러 규칙이 있는데, 이런 규칙은 **모두 좋은 규칙**입니다. 규칙을 잘 따르면 오답이 나오지 않거든요. 사실 많은 경우 규칙을 **잘 따르면 큰 힘을 들이지 않고 미지수를 구할 수 있습니다.** 이번 장에서는 근심 걱정을 내려놓고 몇 가지 간단한 규칙만 가지고 문제를 완벽하게 풀 수 있는 방법을 배워봅시다.

수학 겨루기!

전국을 강타하는 퀴즈 쇼, **'수학 겨루기!'**를 소개합니다. 이 퀴즈 쇼에서는 참가자 두
명이 수학 실력을 겨룹니다. 이 퀴즈 쇼에서는 두 참가자 외에 심판도 필요한데, 문제를
제대로 풀었는지 판단할 심사위원을 구하기가 쉽지 않네요. 여러분이 도와주세요.

바로 당신이 이번 주에 심사위원으로 뛰어야 합니다. 화이팅!

1번 문제:

지수를 잘 모르겠다면 부록을
참고하세요...

$$2 + (2 + 4) + (6 - 3)^2 - 5 - \left(\frac{2 + 3}{10}\right)$$

$11\frac{1}{2}$

$\frac{117}{10}$

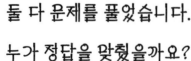

둘 다 문제를 풀었습니다.

누가 정답을 맞혔을까요?

케이트

잭

심사위원이 되어 봅시다

케이트와 잭이 문제를 제대로 풀었는지 심사를 해야 합니다.
각각 어떻게 답을 구했는지 문제 풀이 과정을 살펴볼까요?

문제로 주어진 식

$$2 + (2 + 4) + (6 - 3)^2 - 5 - \left(\frac{2 + 3}{10}\right)$$

$$2 + (2 + 4) + (6 - 3)^2 - 5 - \left(\frac{2 + 3}{10}\right)$$

케이트의 풀이

$$2 + (6) + (3)^2 - 5 - \left(\frac{5}{10}\right)$$

$$2 + (6) + (3)^2 - 5 - \left(\frac{1}{2}\right)$$

$$2 + (6) + 9 - 5 - \left(\frac{1}{2}\right)$$

$$8 + 9 - 5 - \left(\frac{1}{2}\right)$$

$$11\frac{1}{2}$$

잭의 풀이

$$4 + 4 + (6 - 3)^2 - 5 - \left(\frac{2 + 3}{10}\right)$$

$$8 + (6 - 3)^2 - 5 - \left(\frac{2 + 3}{10}\right)$$

$$14 - 3^2 - 5 - \left(\frac{2 + 3}{10}\right)$$

$$11^2 - 5 - \left(\frac{2 + 3}{10}\right)$$

$$121 - 5 - \left(\frac{2 + 3}{10}\right)$$

$$116 - \left(\frac{2 + 3}{10}\right)$$

$$\frac{114 + 3}{10} = \frac{117}{10}$$

케이트와 잭의 풀이를
확인해봅시다. 누가 어면
실수를 했나요?

누가 맞았나요?

(정답자 이름에
동그라미)

케이트

잭

심사위원이 되어 봅시다 정답

케이트와 잭이 문제를 제대로 풀었는지 심사를 해야 합니다.
각각 어떻게 답을 구했는지 문제 풀이 과정을 살펴볼까요?

문제로 투어진 식

$$2 + (2 + 4) + (6 - 3)^2 - 5 - \left(\frac{2+3}{10}\right)$$

케이트는 괄호 안을 먼저 계산했어요...

$$2 + (6) + (3)^2 - 5 - \left(\frac{5}{10}\right)$$

그러고 나서 분수를 정돈했어요.

$$2 + (6) + (3)^2 - 5 - \left(\frac{1}{2}\right)$$

제곱 항을 계산했습니다.

$$2 + (6) + 9 - 5 - \left(\frac{1}{2}\right)$$

2와 6을 더했네요.

$$8 + 9 - 5 - \left(\frac{1}{2}\right)$$

남은 걸 더하고 뺐군요.

$$11\frac{1}{2}$$

케이트는 괄호로 묶인 걸 먼저 계산한 다음 지수를 계산한 후에 덧셈과 뺄셈을 계산했습니다.

$$\boxed{2 + (2) + 4} + (6 - 3)^2 - 5 - \left(\frac{2+3}{10}\right)$$

$2+2 = 4$

$$4 + 4 + (6-3)^2 - 5 - \left(\frac{2+3}{10}\right)$$

잭은 제일 왼쪽부터 계산했습니다.

$$8 + (6 - 3)^2 - 5 - \left(\frac{2+3}{10}\right)$$

$$14 - 3^2 - 5 - \left(\frac{2+3}{10}\right)$$

14-3=11을 계산한 다음 제곱을 했네요.

$$11^2 - 5 - \left(\frac{2+3}{10}\right)$$

$$121 - 5 - \left(\frac{2+3}{10}\right)$$

잭은 처음부터 끝까지 왼쪽에서 오른쪽으로 순서대로 계산했네요.

$$116 - \left(\frac{2+3}{10}\right)$$

$116-2$

$$\frac{114 + 3}{10}$$

답이 이렇게 나왔어요.

$$\frac{117}{10}$$

누가 맞았나요?

(정답자 이름에 동그라미)

 ← 잭

왜 그런지 궁금한가요? 계속 읽어봅시다.

왜 케이트 답이 정답일까요?
잭이 푼 방식도 일리가 있는 것
같은데요?

케이트가 연산 규칙을 제대로 따랐기 때문에 케이트가 구한 값이 정답입니다.

케이트는 **연산 순서**를 제대로 지켰습니다. 그 순서를 정확하게 따랐기 때문에 정답을 구할 수 있었죠. 연산 순서는 무엇을 먼저 계산하는지에 대한 규칙입니다.

규칙을 안 지키면 일이 제대로
될 리가 없죠.

규칙을 안
지키면
혼나요.

잭은 규칙을 지키지 않았어요. 그래서 정답을 맞출 수 없었죠.

잭은 무조건 왼쪽에서 오른쪽으로 계산했습니다. 나름 일리가 있다고 할지 모르겠지만 대수학에서 모두 지키기로 한 약속을 따르지 않았기 때문에 문제의 답을 제대로 구할 수 없었습니다.

방정식이나 수식을 쓸 때는 계산 순서가 정해져 있습니다. 그 순서는 **누가 수식을 풀든 똑같아야** 합니다. 안 그러면 정답이 없는 혼돈 상태에 빠지고 맙니다.

문제를 제대로 풀려면 **연산 순서**를 배워서 잘 써먹어야 합니다. 이제부터 그걸 공부할 거예요. 잘 배워서 연산 순서를 꼭 지킵시다!

연산 순서만 잘 지키면 누가 계산하든
똑같은 결과가 나옵니다.

수식 계산에도 순서가 있습니다

수식을 풀 때 지켜야 하는 순서를 연산 순서라고 부릅니다. **연산 순서**를 항상 지키면 항상
남들과 같은 답이 나오게 됩니다. 순서는 다음과 같습니다.

연산 순서

제일 먼저...

괄호

괄호로 수식에 있는 무엇이든 묶을 수 있습니다.

아무거나 들어가도 돼요.

괄호 안에 있는 걸 먼저
계산해서 풀어 써둡시다.

케이트와 책이
풀었던 원래 식 → 전부 괄호 안에 있기 때문에 그 안에
있는 계산을 먼저 해줘야 해요.

$$2 + (2 + 4) + (6 - 3)^2 - 5 - \left(\frac{2 + 3}{10}\right)$$

그리고 나서...

지수

그다음으로는 지수(제곱근 포함) 계산을 해야 합니다.

이게 지수입니다. 괄호 안에 있는 부분을 정리한
후에는 지수를 계산합니다.

$$2 + (6) + (3)^2 - 5 - \left(\frac{1}{2}\right)$$

다음으로는...

곱셈과 나눗셈

곱셈과 나눗셈은 순서가 똑같기 때문에 왼쪽에서 오른쪽으로 계산하면 됩니다.

곱셈과 나눗셈은 서로 정반대
연산이기 때문에 이 둘은 같은
순서로 계산합니다.

이 문제에는 곱셈 나눗셈은 없기
때문에 바뀌는 건 없습니다.

$$2 + (6) + 9 - 5 - \left(\frac{1}{2}\right)$$

마지막으로...

덧셈과 뺄셈

덧셈과 뺄셈도 서로
정반대의 연산이죠.

덧셈하고 뺄셈도 순서가 같습니다. 왼쪽에서 오른쪽으로 덧셈 뺄셈을 쭉 해주면
됩니다. 다 하고 나면 식이 아주 간단하게 정리되죠.

$$2 + (6) + 9 - 5 - \left(\frac{1}{2}\right) = 11\frac{1}{2}$$

남은 숫자들을 왼쪽에서 오른쪽으로 계산합니다.

덧셈하고 뺄셈은 가장 약한
연산이기 때문에 마지막에
계산합니다.

수학 자석

심사위원 일을 좀 더 해야겠어요. 밑에 풀다 만 문제가 몇 개 있습니다.
다음으로 어떤 계산을 해야 할지 맞춰보세요.
연산 순서에 맞게 다음에 해야 할 계산에 해당하는 자석을 붙여주세요.

괄호 안에서 뭘 가장 먼저
해야 할까요?

$$\frac{(6 - 3 \cdot 2 + 4^2)}{2}$$

······· 다음 할 계산은? ·······

$$\frac{8}{12} - 1 - \frac{1}{3} - \left(\frac{2}{3}\right)$$

······· 다음 할 계산은? ·······

$$-1\left(\frac{5+3}{12}\right) - \frac{1}{3} - 2^3$$

$$-1\left(\frac{8}{12}\right) - \frac{1}{3} - 2^3$$

$$-1\left(\frac{8}{12}\right) - \frac{1}{3} - 8$$

제곱근도 지수의 일종이라는
걸 잊지 맙시다.

$$2 \cdot (-1) + \sqrt{4} - 3$$

············ **계산한 후에** ············

$$-0.4 + 0.1\left(6 + \sqrt{9}\right)^3$$

$$\frac{(12 + 13)^{1/2} + 7}{6}$$

이건 좀 어려워요.
찬찬히 풀어보세요.

$$\frac{(25)^{1/2} + 7}{6}$$

$$\frac{5 + 7}{6}$$

············ **계산한 후에** ············

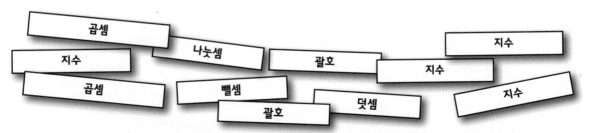

곱셈 · 나눗셈 · 지수 · 지수
지수 · 괄호 · 지수
곱셈 · 뺄셈 · 덧셈 · 지수
괄호

수학 자석 정답

다음으로 어떤 계산을 해야 할지 맞춰보세요.
연산 순서에 맞게 다음에 해야 할 계산에 해당하는 자석을 붙여주세요.

분모 부분을 계산해야 하는데, 괄호 안에 있는 것 등에
지수를 가장 먼저 계산해야 합니다.

$$\frac{(6 - 3 \cdot 2 + 4^2)}{2}$$ ↙

| 지수 |

$$\frac{8}{12} - 1 - \frac{1}{3} - \left(\frac{2}{3}\right)$$

| 뺄셈 |

괄호 부분을 먼저 정리한 후에
지수(제곱근)를 계산합니다.

$$2 \cdot (-1) + \sqrt{4} - 3$$

| 괄호 |

$$-1\left(\frac{5+3}{12}\right) - \frac{1}{3} - 2^3$$
$$-1\left(\frac{8}{12}\right) - \frac{1}{3} - 2^3$$
$$-1\left(\frac{8}{12}\right) - \frac{1}{3} - 8$$

괄호 안을 다 정리했기 때문에
다음으로는 곱셈을 해야겠죠?

| 곱셈 |

괄호 안을 전부 정리하려면 먼저 그 안에 있는 지수도 계산해야 합니다.
제곱근도 결국은 지수의 일종이라는 것 잊지 않았죠?

$$-0.4 + 0.1\left(6 + \sqrt{9}\right)^3$$

| 지수 | 계산한 후에 | 괄호 |

$$\frac{(12 + 13)^{1/2} + 7}{6}$$
$$\frac{(25)^{1/2} + 7}{6}$$
$$\frac{5 + 7}{6}$$ ↙

분수로 묶여 있기 때문에 덧셈을
먼저 해야 합니다.

| 덧셈 | 계산한 후에 | 나눗셈 |

이 자석은 남았네요. →

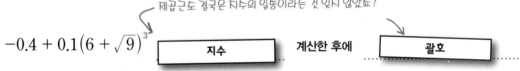

| 지수 | | 곱셈 |
지수

바보 같은 질문이란 없습니다

Q: 연산 순서는 어떻게 정해졌나요?

A: (재미삼아 대수학을 공부한) 옛날 수학자들이 서로 계산한 것을 비교하다 보니 자연스럽게 정해졌습니다. 순서가 정해지고 나서부터는 각자 계산한 값이 다 똑같이 나올 수 있게 되었으니 정말 대단한 일이었죠.

Q: 근데 연산 순서가 왜 이런 식으로 정해졌나요?

A: 강한 연산일수록 먼저 계산합니다. 괄호를 써주면 "이걸 먼저 계산해!"라고 말할 수 있죠. 그다음으로는 지수, 곱셈/나눗셈을 처리하고 마지막으로 덧셈/뺄셈을 처리합니다. 연산 순서가 같은 것끼리는 왼쪽에서 오른쪽으로 순서대로 계산합니다.

Q: 제곱근도 지수인가요?

A: 네. 따라서 연산 순서는 두 번째가 되죠. 자세한 내용은 이 책 맨 뒤에 있는 부록에서 찾아보세요. 제곱근, 세제곱근은 승수가 분수(각각 1/2, 1/3)인 지수를 다른 방법으로 표현한 겁니다.

Q: 역연산끼리는 항상 연산 순서가 같나요?

A: 맞습니다. 덧셈/뺄셈, 곱셈/나눗셈은 각각 연산 순서가 같죠.

Q: 이걸 다 외워야 하나요?

A: 네, 하지만 강한 연산부터 약한 연산 순으로 계산하면 된다는 것만 생각하시면 될 거예요.

Q: 분수는 항상 대분수 형태로 고쳐야 하나요??

A: 상황에 따라 적절한 방식을 쓰면 됩니다. 가분수를 그냥 둬도 되긴 해요.

Q: 분수는 나눗셈인가요? 그런 분수를 그대로 남겨 둬도 되나요?

A: 둘 다 맞습니다. 분수를 쓸 때는 (1/2과 0.5 같은 식으로) 수의 값은 똑같고 표현 방식만 다를 뿐이기 때문에 어느 방식으로 써도 괜찮습니다. 분자를 분모로 나눠서 0.5 같은 식으로 써도 되고 1/2 같은 분수를 그대로 남겨둬도 괜찮습니다.

Q: 괄호는 언제 없앨 수 있나요? 안에 있는 걸 전부 정리하고 나서도 그대로 둬야 해요?

A: 마음대로 하면 됩니다. 분수나 마찬가지로 말이죠. 괄호 안에 있던 걸 전부 정리해서 최대한 간단한 형식으로 만들기만 하면 됩니다. 상황에 따라 곱셈 계산을 표현하거나 지수를 분명하게 볼 수 있도록 괄호를 남겨두기도 하지만 꼭 그렇게 해야 하는 건 아니에요.

Q: 되게 여러 단계를 거쳐야 하는 것 같네요. 이런 규칙을 전부 제대로 따르려면 힘들지 않나요?

A: 그럴 수도 있습니다. 그래서 문제를 풀 때는 풀이 과정을 쭉 적어나가는 게 좋습니다. 사실 책이 어디서 실수를 했는지, 왜 그런 오답이 나왔는지 알 수 있었던 것도 다 풀이 과정을 잘 적어놨기 때문이었죠.

모든 계산 단계를 거치면서 수식을 어떻게 풀이하고 있는지 잘 적어두는 게 좋습니다. 어떻게 풀었는지 기록해두면 문제를 제대로 풀었는지 확인하는 데 좋습니다.

다시 '수학 겨루기!'로...

이제 2라운드를 시작합니다. 대회 규칙도 조금 달라졌네요. 이제부터는 정답을 맞추면 1점을 얻고 정답을 **먼저** 맞추는 사람은 1점을 더 얻습니다. 스피드가 중요해졌네요.

이제 케이트와 잭 모두 연산 순서를 알고 있는 상황에서 누가 잘하는지 볼까요?

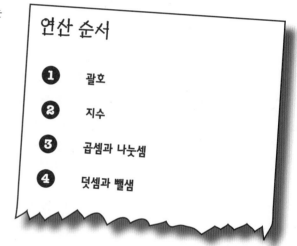

2번 문제

$$\left(\frac{1}{2}+0.6\right)+\frac{1}{5}+\left(\frac{1}{2}\cdot 8\right)+\frac{1}{2}$$

심사위원이 되어 봅시다

케이트와 잭이 문제를 제대로 풀었는지 심사를 해야 합니다.
각각 어떻게 답을 구했는지 문제 풀이 과정을 살펴볼까요?

케이트의 풀이

문제로 두어진 식

잭의 풀이

$$\left(\frac{1}{2} + 0.6\right) + \frac{1}{5} + \left(\frac{1}{2} \cdot 8\right) + \frac{1}{2}$$

$$\left(\frac{1}{2} + \frac{3}{5}\right) + \frac{1}{5} + \left(\frac{1}{2} \cdot 8\right) + \frac{1}{2}$$

$$\frac{1}{2} + \left(\frac{3}{5} + \frac{1}{5}\right) + 4 + \frac{1}{2}$$

$$\frac{1}{2} + \frac{1}{2} + \frac{4}{5} + 4$$

$$1 + 4 + \frac{4}{5}$$

$$5\frac{4}{5}$$

$$\left(\frac{1}{2} + 0.6\right) + \frac{1}{5} + \left(\frac{1}{2} \cdot 8\right) + \frac{1}{2}$$

$$\left(\frac{1}{2} + \frac{3}{5}\right) + \frac{1}{5} + \left(\frac{1}{2} \cdot 8\right) + \frac{1}{2}$$

$$\left(\frac{5}{10} + \frac{6}{10}\right) + \frac{1}{5} + \left(\frac{1}{2} \cdot 8\right) + \frac{1}{2}$$

$$\frac{11}{10} + \frac{2}{10} + 4 + \frac{1}{2}$$

$$\frac{11}{10} + \frac{2}{10} + \frac{40}{10} + \frac{5}{10}$$

$$\frac{13}{10} + \frac{45}{10}$$

$$\frac{58}{10}$$

$$5\frac{4}{5}$$

누가 맞았나요?

(정답자 이름에 동그라미)

케이트   잭   정답자 없음

누가 더 빨리 풀었나요?

(이름에 동그라미)

케이트   잭

쉬는 시간 부록에 분수에 대한 설명이 있습니다.

분수가 잘 기억이 안 난다고요? 부록을 보면서 기억을 되살려보세요.

심사위원이 되어 봅시다 정답

케이트와 잭이 문제를 제대로 풀었는지 심사를 해야 합니다.
각각 어떻게 답을 구했는지 문제 풀이 과정을 살펴볼까요?

케이트의 풀이

잭의 풀이

문제로 주어진 식

$$\left(\frac{1}{2}+0.6\right)+\frac{1}{5}+\left(\frac{1}{2}\cdot 8\right)+\frac{1}{2}$$

$$\left(\frac{1}{2}+0.6\right)+\frac{1}{5}+\left(\frac{1}{2}\cdot 8\right)+\frac{1}{2}$$

전부 분수로 바로
바꿨네요.

$$\left(\frac{1}{2}+\frac{3}{5}\right)+\frac{1}{5}+\left(\frac{1}{2}\cdot 8\right)+\frac{1}{2}$$

잭도 이제 제대로
풀고 있어요.
괄호 안을 먼저
계산하면서
분모가 같도록
통분하고
있습니다.

$$\left(\frac{1}{2}+\frac{3}{5}\right)+\frac{1}{5}+\left(\frac{1}{2}\cdot 8\right)+\frac{1}{2}$$

분모가 5인
것끼리 묶었네요.

$$\frac{1}{2}+\left(\frac{3}{5}+\frac{1}{5}\right)+4+\frac{1}{2}$$

$$\left(\frac{5}{10}+\frac{6}{10}\right)+\frac{1}{5}+\left(\frac{1}{2}\cdot 8\right)+\frac{1}{2}$$

그러고 나서는
계산하기 쉽게
남은 항의 순서를
바꿨습니다.

$$\frac{1}{2}+\frac{1}{2}+\frac{4}{5}+4$$

괄호를 벗겨낸 다음
다시 통분해서
계산하고 있습니다.

$$\frac{11}{10}+\frac{2}{10}+4+\frac{1}{2}$$

다시 한 번
순서를 바꿔서
금방 대분수
형태의 값을
구했어요.

$$1+4+\frac{4}{5}$$

$$\frac{11}{10}+\frac{2}{10}+\frac{40}{10}+\frac{5}{10}$$

$$5\frac{4}{5}$$

$$\frac{13}{10}+\frac{45}{10}$$

약분을 한 다음
대분수로 고쳐
썼습니다.

$$\frac{58}{10}$$

$$5\frac{4}{5}$$

누가 맞았나요?

 (정답자 이름에 동그라미)

둘 다 정답을
맞혔죠?

케이트   잭

정답자 없음

누가 더 빨리 풀었나요?

(이름에 동그라미)

케이트   잭

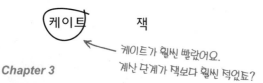

케이트가 훨씬 빨랐어요.
계산 단계가 잭보다 훨씬 적었죠?

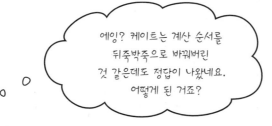

에잉? 케이트는 계산 순서를
뒤죽박죽으로 바꿔버린
것 같은데도 정답이 나왔네요.
어떻게 된 거죠?

결합법칙과 교환법칙

케이트는 연산 순서를 무시한 게 아닙니다. **결합법칙과
교환법칙을** 잘 활용하면서 연산 순서를 지켰을 뿐이죠.

결합법칙과 교환법칙도 연산 순서 규칙과 마찬가지라고 볼
수 있습니다. 연산 순서 규칙과 잘 섞어서 적용하면 됩니다.

 브레인 바벨

케이트가 문제를 푼 과정을 다시 한 번 살펴보세요.
결합법칙/교환법칙을 사용한 것으로 추정되는 부분에
동그라미를 쳐보세요. 케이트가 뭔가 특이하게 계산한 걸
모두 찾은 후에 다음 페이지로 넘어가세요.

방정식은 다시 묶을 수 있습니다

결합법칙을 이용하면 덧셈이나 곱셈을 할 때 묶는 순서를 조절할 수 있습니다. 여러 수를 더한다고 할 때, 여러 수를 다시 묶어서 원하는 것끼리 먼저 더해도 됩니다. 케이트가 문제를 풀 때 바로 그런 기술을 사용한 거죠.

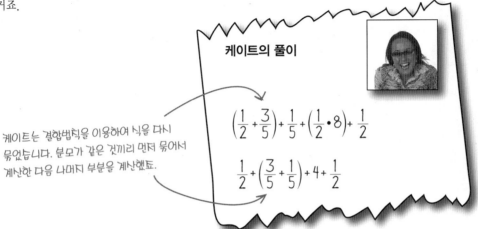

케이트의 풀이

케이트는 결합법칙을 이용하여 식을 다시 묶었습니다. 분모가 같은 것끼리 먼저 묶어서 계산한 다음 나머지 부분을 계산했죠.

$$\left(\frac{1}{2}+\frac{3}{5}\right)+\frac{1}{5}+\left(\frac{1}{2}\cdot 8\right)+\frac{1}{2}$$

$$\frac{1}{2}+\left(\frac{3}{5}+\frac{1}{5}\right)+4+\frac{1}{2}$$

무슨 일이 일어나고 있는 거죠? 여기에서는 모든 연산이 덧셈이기 때문에 괄호가 있든 없든 *결과는 달라지지 않습니다.* **결합법칙**이란, 덧셈이나 곱셈을 할 때 묶는 순서는 결과에 영향을 끼치지 않기 때문에 원하는 대로 다시 묶어도 된다는 법칙입니다.

예를 들어 $10\times(4.2\times0.225)$ 같은 문제를 푼다고 할 때, $(10\times4.2)\times0.225$로 다시 묶을 수 있습니다. 0.225로 곱하는 것보다는 10으로 곱하는 게 더 쉽기 때문에 묶는 순서를 바꿔서 푸는 게 낫죠.

요약 정리

· 결합법칙

더하거나 곱하는 수를 묶는 순서를 바꿔도 계산 결과는 달라지지 않는다.

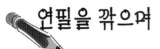 연필을 깎으며

결합법칙을 써먹어봅시다. 서로 다른 방식으로 묶여 있는 수식이 나란히 있는데
진짜 결과가 똑같은지 계산해볼까요?

묶는 순서를 바꿔 봤습니다. 두 식의 계산 결과가
정말 똑같은지 확인해보세요.

$$\left(\frac{1}{2} + \frac{3}{5}\right) + \frac{1}{5} \qquad \text{vs.} \qquad \frac{1}{2} + \left(\frac{3}{5} + \frac{1}{5}\right)$$

$$\frac{1}{3}(9 \cdot 2) \qquad \text{vs.} \qquad \left(\frac{1}{3} \cdot 9\right)2$$

....

....

....

....

답이 똑같은가요?

예   아니오

....

....

....

....

답이 똑같은가요?

예   아니오

$$12 - (5 - 3) \qquad \text{vs.} \qquad (12 - 5) - 3$$

$$12 \div (4 \div 2) \qquad \text{vs.} \qquad (12 \div 4) \div 2$$

....

....

....

....

답이 똑같은가요?

예   아니오

....

....

....

....

답이 똑같은가요?

예   아니오

왜 어떤 문제에서는 답이 같고 어떤 문제에서는 답이 다를까요?

연필을 깎으며 정답

결합법칙을 써먹어봅시다. 서로 다른 방식으로 묶여 있는 수식이 나란히 있는데 진짜 결과가 똑같은지 계산해볼까요?

얘네들은 다른 방식으로 묶어도 답이 똑같습니다.

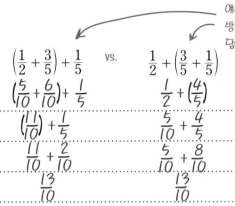

$$\left(\frac{1}{2} + \frac{3}{5}\right) + \frac{1}{5} \quad \text{vs.} \quad \frac{1}{2} + \left(\frac{3}{5} + \frac{1}{5}\right)$$

$$\left(\frac{5}{10} + \frac{6}{10}\right) + \frac{1}{5} \qquad \frac{1}{2} + \left(\frac{4}{5}\right)$$

$$\left(\frac{11}{10}\right) + \frac{1}{5} \qquad \frac{5}{10} + \frac{4}{5}$$

$$\frac{11}{10} + \frac{2}{10} \qquad \frac{5}{10} + \frac{8}{10}$$

$$\frac{13}{10} \qquad \frac{13}{10}$$

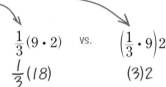

$$\frac{1}{3}(9 \cdot 2) \quad \text{vs.} \quad \left(\frac{1}{3} \cdot 9\right)2$$

$$\frac{1}{3}(18) \qquad (3)2$$

$$6 \qquad 6$$

답이 똑같은가요?

(예) ← 아니오   이 두 문제는 답이 똑같죠? 결합법칙이 성립하는군요.   → **답이 똑같은가요?** (예) 아니오

$$12 - (5 - 3) \quad \text{vs.} \quad (12 - 5) - 3$$

$$12 - (2) \qquad (7) - 3$$

얘네들은 다른 방식으로 묶었을 때 답이 달라집니다. 결합법칙이 통하질 않네요.

$$10 \qquad 4$$

둘이 달라요. 묶는 순서를 바꾸면 안 되나봐요.

$$12 \div (4 \div 2) \quad \text{vs.} \quad (12 \div 4) \div 2$$

$$12 \div (2) \qquad (3) \div 2$$

$$6 \qquad \frac{3}{2}$$

여기도 마찬가지네요. 결합법칙을 쓰는 데도 제한이 있나봐요.

답이 똑같은가요?

예   (아니오)

답이 똑같은가요?

예   (아니오)

왜 어떤 문제에서는 답이 같고 어떤 문제에서는 답이 다를까요?

덧셈이나 곱셈에서는 묶는 순서를 바꿀 수 있지만 뺄셈이나 나눗셈에서는 안 됩니다.

조심하세요!

결합법칙은 덧셈과 곱셈에만 쓸 수 있습니다. 뺄셈이나
나눗셈에는 쓸 수 없어요.

뺄셈이나 나눗셈에서 교환법칙처럼 하면 답이 달라집니다.
뺄셈이나 나눗셈은 **적혀 있는 대로** 풀어야 돼요.

바보 같은 질문이란 없습니다

Q: 그럼 연산 순서를 지켜야 되는 건가요
안 지켜도 되는 건가요?

A: 물론 계산을 할 때는 연산 순서(괄호, 지
수, 곱셈/나눗셈, 덧셈/뺄셈)를 지켜야 합니다.
결합법칙을 적용한다고 해서 연산 순서가 바
뀌는 건 **아닙니다.** 예를 들어 괄호 안에 있는
걸 먼저 계산하는 건 전과 다름이 없죠. 문제
의 특정 부분을 다른 쪽으로 옮길 뿐입니다.

Q: 그럼 결합법칙은 뭔가요? 결합 순서를
마음대로 바꿀 수 있으면 뭐가 달라지나요?

A: 결합법칙을 쓰면 수식을 가장 쉽고 빠
른 순서에 맞춰 계산할 수 있습니다. 다루기
쉬운 분수를 먼저 계산할 수 있도록 묶는 순
서를 바꿔주면 통분하는 데 걸리는 시간을 절
약할 수 있습니다. 소수에 대해서도 마찬가지
죠. 이런 특성은 어려운 문제를 풀 때도 크게
도움이 됩니다.

Q: 다른 법칙도 있나요?

A: 네. 앞으로 몇 페이지에 걸쳐 교환법칙과
분배법칙, 이렇게 두 가지 법칙을 더 배울 거예요.
교환법칙은 식에 있는 항의 순서를 바꿀 수
있는 법칙이고, 분배법칙은 곱셈과 나눗셈을
분배하는 방법에 관한 법칙입니다(한 항으로
묶을 때도 쓸 수 있는데 그건 나중에 알아보
도록 합시다).

Q: 결합법칙을 이용하면 숫자 순서를 바꿀
수 있다는 거죠?

A: 아닙니다. 결합법칙은 더하거나 곱하는 수
를 묶는 순서를 바꿀 수 있다는 특성을 얘기하
는 겁니다. 순서 자체를 바꾸거나 수를 한쪽에
서 다른 쪽으로 옮기는 것과는 상관없어요. 하지
만 수의 순서를 바꾸는 게 안 되는 건 아닙니다.
교환법칙을 이용하면 수의 순서를 바꿀 수 있어
요. 교환법칙까지 다 배우고 나면 수 순서도 바
꾸고 묶는 순서도 바꿀 수 있으니까 계속 진도
를 나가봅시다.

결합법칙은
덧셈이나 곱셈에서
묶는 순서를 바꿀 수
있는 특성에 관한
것으로, 뺄셈이나
나눗셈에는
적용되지 <u>않습니다.</u>

케이트는 다시 묶기만 한 건 아닌
것 같고 앞뒤 순서도 바꿨던 것 같아요.
이렇게 수의 위치를
바꿀 수 있는 법칙도 있나요?

**수를 다시 묶는 것 말고 순서를 바꿀 수도 있습니다.
교환법칙을 쓰면 되죠.**

교환법칙은 덧셈이나 곱셈에서 항의 순서를 바꾸는
것과 관련된 법칙입니다. 덧셈에서 더하는 수,
곱셈에서 곱하는 수는 **어떤 순서로** 계산하든 같은
결과가 나옵니다.

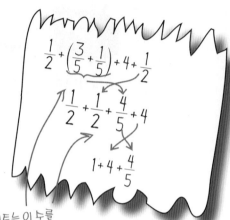

$$\frac{1}{2} + \left(\frac{3}{5} + \frac{1}{5}\right) + 4 + \frac{1}{2}$$

$$\frac{1}{2} + \frac{1}{2} + \frac{4}{5} + 4$$

$$1 + 4 + \frac{4}{5}$$

케이트는 이 수를
더할 때 눈서를
바꿨습니다.

연산 눈서는 여전히 지켜야
하므로 곱셈을 덧셈보다 먼저
해야 합니다.

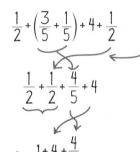

$$\frac{1}{2} + \left(\frac{3}{5} + \frac{1}{5}\right) + 4 + \frac{1}{2}$$

$$\frac{1}{2} + \frac{1}{2} + \frac{4}{5} + 4$$

$$1 + 4 + \frac{4}{5}$$

1/2을 앞으로 옮겨서
덧셈을 더 쉽게 계산할
수 있었습니다.

정수를 한 데로 몰아두면
복잡한 가분수 계산을
생략할 수 있죠.

요약 정리

· 교환법칙

덧셈 또는 곱셈에서는 눈서를 바꿔도 값은 같습니다.

$y=mx+b$

같은 값을 가지는 여러 다른 수식이 가장무도회에서 '나는 누구일까요?' 게임을 하고 있습니다. 주어진 힌트를 바탕으로 어떤 법칙을 사용하는지 알아맞춰보세요. 여러 수식은 모두 사실만 말합니다. 누가 누구인지 맞출 수 있도록 오른쪽에 있는 빈칸을 채워보세요.

가장 무도회 참가자:

지금까지 배운 모든 법칙이 다양하게 등장합니다. 여러 개가 섞여 있을 수도 있으니 주의하세요!

나는 누구일까요?

어떤 법칙을 썼을까요?

$(15 + 14) + 2$ 는 $15 + (14 + 2)$ 와 동치입니다.

....

$2 \cdot 8 \cdot 16$ 는 $8 \cdot 2 \cdot 16$ 와 값이 같습니다.

....

$(3 \cdot 4) + \left(\dfrac{1}{2} + \dfrac{1}{3}\right)$ 는 $\left(\dfrac{1}{2} + \dfrac{1}{3}\right) + (3 \cdot 4)$ 와 값이 같습니다.

....

$5(0.5 \cdot 0.12)$ 는 $(5 \cdot 0.5)0.12$ 와 값이 같습니다.

....

$127(16 \cdot 0.177) + 16 + (4 + 0.23)$

는

$0.177(16 \cdot 127) + (16 + 4) + 0.23$

와 값이 같습니다.

....

여러 법칙을 적용한 것도 있어요.

핵심정리

- 덧셈이나 곱셈에서 괄호로 묶는 방식을 바꿔도 답이 같은 성질을 **결합법칙**이라고 부릅니다.

- 덧셈이나 곱셈에서 앞뒤로 순서를 바꿔도 답이 같은 성질을 **교환법칙**이라고 부릅니다.

- 나눗셈이나 뺄셈에서는 결합법칙이나 교환법칙을 쓸 수 없습니다.

- 수식을 계산할 때는 반드시 연산 순서를 제대로 지켜야 합니다.

같은 값을 가지는 여러 다른 수식이 가장무도회에서 '나는 누구일까요?' 게임을 하고 있습니다. 주어진 힌트를 바탕으로 어떤 법칙을 사용하는지 알아맞춰보세요. 여러 수식은 모두 사실만 말합니다. 누가 누구인지 맞출 수 있도록 오른쪽에 있는 빈칸을 채워보세요.

가장 무도회 참가자:

지금까지 배운 모든 법칙이 다양하게 등장합니다. 여러 개가 섞여 있을 수도 있으니 주의하세요!

나는 누구일까요?

정답

어떤 법칙을 썼을까요?

괄호만 바뀌었으니까 결합법칙입니다.

$(15 + 14) + 2$ 는 $15 + (14 + 2)$ 와 동치입니다.

.... 결합법칙

앞뒤가 바뀌었으니까 교환법칙이죠.

$2 \cdot 8 \cdot 16$ 는 $8 \cdot 2 \cdot 16$ 와 값이 같습니다.

.... 교환법칙

이건 좀 까다롭네요. 양쪽 다 순서가 바뀌긴 했지만 괄호가 바뀐 건 아닙니다.

$(3 \cdot 4) + \left(\dfrac{1}{2} + \dfrac{1}{3}\right)$ 는 $\left(\dfrac{1}{2} + \dfrac{1}{3}\right) + (3 \cdot 4)$ 와 값이 같습니다.

.... 교환법칙

괄호만 움직이고 앞뒤가 바뀐 건 아니니까 결합법칙이죠.

$5(0.5 \cdot 0.12)$ 는 $(5 \cdot 0.5)0.12$ 와 값이 같습니다.

.... 결합법칙

$127(16 \cdot 0.177) + 16 + (4 + 0.23)$

는

괄호 묶는 게 바뀌었죠?

$0.177(16 \cdot 127) + (16 + 4) + 0.23$ 와 값이 같습니다.

근데 앞뒤 순서도 바뀌었네요.

.... 교환법칙과 결합법칙 모두 쓰임

결합법칙과 교환법칙을 말하다

이번 주에 만난 사람 :

결합법칙과 교환법칙을 모시고 심층 인터뷰를 진행해봅시다.

결합법칙: 안녕, 교환법칙? 뭔가 마구 뒤섞여 보이는데?

교환법칙: 허허, 그치? 뒤섞는 게 내 특기거든. 덧셈이나 곱셈이 있을 때 내가 나서면 앞뒤 순서를 바꿔도 아무 문제가 안 생기지!

결합법칙: 우와, 멋진데? 나도 덧셈이나 곱셈이 있을 때 주로 활동해. 하지만 나는 숫자들을 앞뒤로 바꿀 순 없어. 괄호만 건드리지.

교환법칙: 잠깐, 괄호는 연산 순서 중에서 최고 아니야?

결합법칙: 그렇지. 나는 그런 괄호를 건드릴 수 있다고. 물론 규칙을 지켜야 돼. 연산 순서를 뒤죽박죽으로 바꿀 순 없기 때문에 덧셈만 있는 부분, 곱셈만 있는 부분 안에서만 괄호를 바꿀 수 있어.

교환법칙: 흠... 나도 비슷해. 답이 바뀌면 안 되기 때문에 덧셈만 있는 부분, 곱셈만 있는 부분 안에서만 순서를 바꿀 수 있지. 너도 나눗셈이나 뺄셈은 못 건드리지?

결합법칙: 맞아. 뺄셈이나 나눗셈을 건드리면 답이 바뀌기 때문에 함부로 건드리면 안 돼.

교환법칙: 맞아, 나도 그래. 뺄셈하고 나눗셈에서는 순서가 정말 중요한가봐. 그래서 건드리면 안 돼.

결합법칙: 그나저나 우리 사이에는 정말 큰 공통점이 있는 것 같지 않아?

교환법칙: 뭔데?

결합법칙: 우리 두 법칙을 어떻게 적용하든 답이 바뀌지 않는다는 거지.

교환법칙: 그치, 맞아. 좀 헷갈릴 수도 있겠지만, 덧셈이나 곱셈에서 괄호를 앞뒤로 바꾸거나 숫자를 앞으로 바꾸거나 해도 답이 바뀌지 않아. 식을 정리할 때 정말 유용하지.

결합법칙: 그래. 우린 둘 다 정말 유용한 법칙이야.

지난 라운드에서는 책도 정답을 맞혔기 때문에 1점을 획득했지만 케이트는 같은 정답을 더 빨리 구해서 2점을 획득했습니다.

3 케이트 **1** 잭

수학 겨루기!

중요한 라운드입니다!

이번 라운드는 4점짜리입니다. 긴장되겠죠? 이번 라운드에서는 정말 심사를 잘 해야 합니다. 안 그랬다가는 오늘의 **수학 겨루기**가 격투기로 바뀔지도 몰라요.

이번에도 문제 자체는 1점이고 문제를 빨리 푸는 쪽은 보너스 점수 3점을 더 받을 수 있습니다. 지금은 잭과 케이트 모두 연산 순서와 결합법칙, 교환법칙을 다 알고 있기 때문에 더욱 팽팽한 대결이 될 것 같네요.

연산 순서

1 괄호

2 지수

3 곱셈과 나눗셈

4 덧셈과 뺄셈

교환법칙

덧셈이나 곱셈에서는 여러 항의 순서를 바꿔도 결과가 달라지지 않습니다.

결합법칙

덧셈이나 곱셈에서는 여러 항을 서로 다른 식으로 묶어도 결과가 달라지지 않습니다.

문제 #3 – 마지막 라운드

다음 식을 계산하시오.

$$12\left(\frac{1}{3} + \frac{5}{6} + \frac{11}{12}\right) + 3^2 - 15$$

심사위원이 되어 봅시다

케이트와 잭이 문제를 제대로 풀었는지 심사를 해야 합니다.
각각 어떻게 답을 구했는지 문제 풀이 과정을 살펴볼까요?

케이트의 풀이

$$12\left(\frac{1}{3} + \frac{5}{6} + \frac{11}{12}\right) + 3^2 - 15$$

$$\left(12\frac{1}{3} + 12\frac{5}{6} + 12\frac{11}{12}\right) + 3^2 - 15$$

$$(4 + 10 + 11) + 3^2 - 15$$

$$(25) + 3^2 - 15$$

$$25 + 9 - 15$$

$$19$$

시간: 45초

잭의 풀이

$$12\left(\frac{1}{3} + \frac{5}{6} + \frac{11}{12}\right) + 3^2 - 15$$

$$12\left(\frac{4}{12} + \frac{10}{12} + \frac{11}{12}\right) + 3^2 - 15$$

$$12\left(\frac{25}{12}\right) + 3^2 - 15$$

$$12\left(\frac{25}{12}\right) + 9 - 15$$

$$25 + 9 - 15 = 19$$

시간: 1분 20초

누가 맞았나요?
(정답자 이름에 동그라미)

케이트   잭   정답자 없음

누가 더 빨리 풀었나요?
(이름에 동그라미)

케이트   잭

이번에도 케이트가 이겼을까?

심사위원이 되어 봅시다 정답

케이트와 잭이 문제를 제대로 풀었는지 심사를 해야 합니다.
각각 어떻게 답을 구했는지 문제 풀이 과정을 살펴볼까요?

케이트의 풀이

$$12\left(\frac{1}{3} + \frac{5}{6} + \frac{11}{12}\right) + 3^2 - 15$$

케이트는 괄호 안의 수들을 먼저 더하지 않고 각 항에 12를 곱했네요.

분모를 약분하고 남은 값입니다.

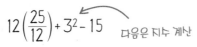

$$\left(12\frac{1}{3} + 12\frac{5}{6} + 12\frac{11}{12}\right) + 3^2 - 15$$

지수를 계산한 다음 덧셈하고 뺄셈만 하면 끝나네요.

$$(4 + 10 + 11) + 3^2 - 15$$
$$(25) + 3^2 - 15$$
$$25 + 9 - 15$$
$$19$$

시간: 45초

잭의 풀이

$$12\left(\frac{1}{3} + \frac{5}{6} + \frac{11}{12}\right) + 3^2 - 15$$

잭은 먼저 분수를 통분했습니다.

$$12\left(\frac{4}{12} + \frac{10}{12} + \frac{11}{12}\right) + 3^2 - 15$$

이 분수를 계산하다 보니 늦어지고 말았네요.

$$12\left(\frac{25}{12}\right) + 3^2 - 15$$

다음은 지수 계산

시간: 1분 20초

여기에 와서야 약분해서 분모를 없앴네요.

$$12\left(\frac{25}{12}\right) + 9 - 15$$

$$25 + 9 - 15 = 19$$

누가 맞았나요?
(정답자 이름에 동그라미)

     정답자 없음

누가 더 빨리 풀었나요?
(이름에 동그라미)

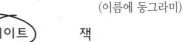   잭

어떻게 이런 수가 있죠??
케이트는 매 라운드마다 새로운 기교를
선보이는군요.

**분배법칙을 이용하면 여러 수에 한꺼번에 곱셈을 할 수 있어요
(사실 특별한 기교라고 할 만한 건 아닙니다).**

케이트는 **모든** 분수에 12를 곱해서 분모를 없애 정수로 만들었습니다.
괄호로 묶인 식 전체를 어떤 수로 곱할 때는 **분배법칙**을 쓸 수 있습니다.
케이트가 정확하게 어떻게 했는지 좀 더 자세히 살펴볼까요?
여러분도 할 수 있어요!

**케 이 트 계 산
톱 아 보 기**

케이트 계산을 좀 더 자세하게 살펴보겠습니다.
어떻게 풀었는지 잘 봅시다!

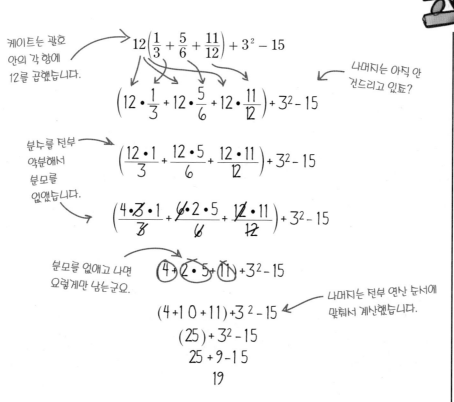

케이트는 괄호
안의 각 항에
12를 곱했습니다.

$$12\left(\frac{1}{3} + \frac{5}{6} + \frac{11}{12}\right) + 3^2 - 15$$

나머지는 아직 안
건드리고 있죠?

$$\left(12 \cdot \frac{1}{3} + 12 \cdot \frac{5}{6} + 12 \cdot \frac{11}{12}\right) + 3^2 - 15$$

분수를 전부
약분해서
분모를
없앴습니다.

$$\left(\frac{12 \cdot 1}{3} + \frac{12 \cdot 5}{6} + \frac{12 \cdot 11}{12}\right) + 3^2 - 15$$

$$\left(\frac{4 \cdot \cancel{3} \cdot 1}{\cancel{3}} + \frac{\cancel{6} \cdot 2 \cdot 5}{\cancel{6}} + \frac{\cancel{12} \cdot 11}{\cancel{12}}\right) + 3^2 - 15$$

분모를 없애고 나면
요렇게만 남는군요.

$$(4 + 2 \cdot 5 + 11) + 3^2 - 15$$

나머지는 전부 연산 눈서에
맞춰서 계산했습니다.

$$(4 + 1 0 + 11) + 3^2 - 15$$
$$(25) + 3^2 - 15$$
$$25 + 9 - 15$$
$$19$$

괄호에서 분배법칙을 적용해도 답은 바뀌지 않습니다

어떤 값을 괄호 전체에 곱할 때는 그 값이 배분됩니다. 괄호로 묶인 서로 다른 그룹을 곱할 때는 괄호 안을 먼저 정리한 다음에 곱해도 되고, 먼저 곱한 다음에 정리해도 됩니다.

케이트가 **분배법칙**을 적용한 부분은 다음과 같습니다.

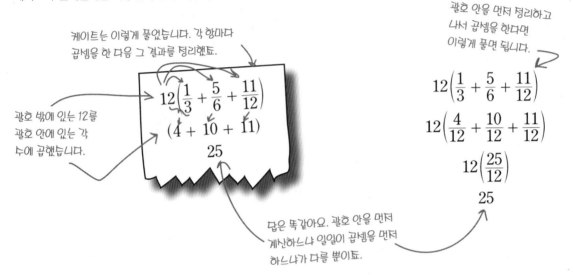

케이트는 이렇게 풀었습니다. 각 항마다 곱셈을 한 다음 그 결과를 정리했죠.

괄호 밖에 있는 12를 괄호 안에 있는 각 수에 곱했습니다.

$$12\left(\frac{1}{3} + \frac{5}{6} + \frac{11}{12}\right)$$

$$(4 + 10 + 11)$$

$$25$$

답은 똑같아요. 괄호 안을 먼저 계산하느냐 일일이 곱셈을 먼저 하느냐가 다를 뿐이죠.

괄호 안을 먼저 정리하고 나서 곱셈을 한다면 이렇게 풀면 됩니다.

$$12\left(\frac{1}{3} + \frac{5}{6} + \frac{11}{12}\right)$$

$$12\left(\frac{4}{12} + \frac{10}{12} + \frac{11}{12}\right)$$

$$12\left(\frac{25}{12}\right)$$

$$25$$

바보 같은 질문이란 없습니다

Q: 괄호보다 곱셈을 먼저 하면 안 되는 거 아닌가요?

A: 그렇게 해도 됩니다. 서로 다른 두 그룹을 곱할 때는 곱한 다음 정리를 해도 되고, 괄호 안을 먼저 정리한 후에 곱셈을 해도 됩니다.

Q: 분배법칙은 연산 순서를 무시하는 것 아닌가요?

A: 그렇지 않습니다. 연산 순서를 다른 방식으로 적용하는 방법일 뿐이죠. 결합법칙이나 교환법칙과 마찬가지로 문제를 더 간단하고 효율적으로 풀 수 있도록 도와주는 법칙입니다. 이런 법칙들은 모두 연산 순서를 지켜가면서 적용하게 됩니다.

Q: 괄호 안에 뺄셈이나 나눗셈이 있으면 어떡하죠?

A: 상관 없어요. 괄호 안에 있는 것을 배분하면서 안에 있는 연산자를 유지하기만 하면 됩니다. 괄호 안에서 어떤 수를 뺐다면 배분한 후에도 그 수는 빼는 식으로 말이죠.

Q: 그럼 괄호를 제일 먼저 처리하지 않아도 돼요?

A: 괄호 안에 있는 것을 어떤 수로 곱하는 경우에는 다르게 해도 됩니다. 밖에 있는 수를 괄호 안에 있는 각각에 곱해도 되는 거죠.

연필을 깎으며

분배법칙 연습을 해봅시다. 아래 식을 분배법칙을 쓰는 경우와 그렇지 않은 경우, 이렇게 두 가지 방식으로 계산해보세요. 각 문제별로 어떻게 푸는 게 더 나은지 생각해봅시다.

$2(4 - 2 + 11)$

분배법칙을 쓸 때   분배법칙을 안 쓸 때

....

....

....

어느 쪽이 빠른가요? 왜 그런가요?

....

....

....

....

$4\left(\dfrac{1}{20} + \dfrac{9}{20} + \dfrac{7}{20} + \dfrac{3}{20} \right)$

분배법칙을 쓸 때   분배법칙을 안 쓸 때

....

....

....

어느 쪽이 빠른가요? 왜 그런가요?

....

....

....

....

$24\left(\dfrac{3}{8} - \dfrac{1}{12} + \dfrac{5}{6} - \dfrac{3}{4} \right)$

분배법칙을 쓸 때   분배법칙을 안 쓸 때

....

....

....

어느 쪽이 빠른가요? 왜 그런가요?

....

....

....

....

$18(110 - 80 + 3 - 22 - 10)$

분배법칙을 쓸 때   분배법칙을 안 쓸 때

....

....

....

어느 쪽이 빠른가요? 왜 그런가요?

....

....

....

....

연필을 깎으며 정답

아래 식을 분배법칙을 쓰는 경우와 그렇지 않은 경우, 이렇게 두 가지 방식으로 계산해보는 문제였습니다. 각 문제별로 어떻게 푸는 게 더 빨랐나요?

$2(4 - 2 + 11)$

분배법칙을 쓸 때	분배법칙을 안 쓸 때
$2 \cdot 4 - 2 \cdot 2 + 2 \cdot 11$	$2(13)$
$8 - 4 + 22$	26
26	

어느 쪽이 빠른가요? 왜 그런가요?

분배법칙을 안 쓸 때 더 적은 계산만으로 답을 구할 수 있었습니다.

↑ 정답이 딱 정해져 있진 않습니다. 각자 편한 방식으로 계산하면 되죠.

$4\left(\dfrac{1}{20} + \dfrac{9}{20} + \dfrac{7}{20} + \dfrac{3}{20}\right)$

분배법칙을 쓸 때	분배법칙을 안 쓸 때
$4\left(\dfrac{1}{20}\right) + 4\left(\dfrac{9}{20}\right) + 4\left(\dfrac{7}{20}\right) + 4\left(\dfrac{3}{20}\right)$	$4\left(\dfrac{20}{20}\right)$
$\dfrac{1}{5} + \dfrac{9}{5} + \dfrac{7}{5} + \dfrac{3}{5}$	$4(1)$
$\dfrac{20}{5} = 4$	4

어느 쪽이 빠른가요? 왜 그런가요?

분배법칙을 안 쓰고 분수를 먼저 정리하는 쪽이 더 빨랐습니다.

↑ 분배법칙을 안 쓰는 게 더 빠를 수도 있습니다.

$24\left(\dfrac{3}{8} - \dfrac{1}{12} + \dfrac{5}{6} - \dfrac{3}{4}\right)$

분배법칙을 쓸 때	분배법칙을 안 쓸 때
$24\dfrac{3}{8} - 24\dfrac{1}{12} + 24\dfrac{5}{6} - 24\dfrac{3}{4}$	$24\left(\dfrac{9}{24} - \dfrac{2}{24} + \dfrac{20}{24} - \dfrac{18}{24}\right)$
$9 - 2 + 20 - 18$	$24\left(\dfrac{9}{24}\right)$
9	9

어느 쪽이 빠른가요? 왜 그런가요?

통분을 안 해도 되기 때문에 분배법칙을 쓰는 쪽이 더 빠른 것 같습니다.

$18(110 - 80 + 3 - 22 - 10)$

분배법칙을 쓸 때	분배법칙을 안 쓸 때
$(1980 - 1440 + 54 - 396 - 180)$	$18(1)$
18	18

어느 쪽이 빠른가요? 왜 그런가요?

괄호 안에 있는 숫자를 먼저 정리하는 게 더 편하기 때문에 분배법칙을 안 쓰는 쪽이 더 편합니다.

↑ 하지만 괄호 안에 있는 숫자들이 아주 컸다면 분배법칙을 적용하는 쪽이 더 나았을 수도 있겠죠.

교환법칙

덧셈이나 곱셈에서는 더하는 수의
순서를 바꿔도 답이 똑같습니다.

분배법칙

괄호로 묶인 식에 어떤 수를 곱할 때는
괄호 안을 먼저 계산한 다음 곱하든 각
항마다 곱셈을 먼저 한 후에 남은 계산을
하든 답이 똑같습니다.

결합법칙

덧셈이나 곱셈에서는 괄호로 묶는 순서를 바꿔도
답이 똑같습니다.

이걸 어떻게 다 외우죠? 연산 순서를 기껏 외웠더니
또 뭔가 다른 법칙들이 있어서 연산 순서가 바뀔 수도 있네요.
전부 그냥 달달 외워야 하나요?

**몇 가지 일반적인 수식만 외우면 문장을 달달
외울 필요는 없습니다.**

각 법칙마다 그 문장을 통째로 외우려면
힘들겠죠? 지금 우리가 공부하는 건 작문이 아니라
수학입니다. 다행히도 이런 규칙들은 몇 가지
간단한 수식 형태로 바꿀 수 있습니다.

하지만 수식 형태로 배우기 전에 수를 표현하는
방법이 있어야 할 것 같습니다. **상수**라는 걸
배워야 해요. 상수란 대체 뭘까요?

상수는 일반적인 수 대신 쓸 수 있습니다

방정식에서 바뀌지 않는 수를 나타내기 위해 사용하는 것을 상수라고
부릅니다. 즉, 어떤 방정식에 'a'라는 글자가 들어 있다면, 그 'a'는
어디에서든 똑같은 값을 가져야 합니다. 어떤 수가 들어갈 자리에
상수를 대신 쓰는 거죠.

이렇게 정해진 숫자 대신 어떤 문자를 이용하면 문제를 더 일반적인
형태로 표현할 수 있습니다. 예를 들면 이렇게 말이죠.

외우기 힘들죠?

교환법칙

덧셈이나 곱셈에서는 더하는 수의
순서를 바꿔도 답이 똑같습니다.

딱 투어진 숫자에 대해서만 쓸 수 있는
식입니다. 외우기도 힘들죠.

$2 \cdot 8 \cdot 16$ 은 $8 \cdot 2 \cdot 16$ 과 같습니다.

2는 'a'로 적어둡시다.

16은 'c'로 적어둡시다.

8은 'b'로...

이제 어떤 숫자에 대해서든 쓸 수 있는
일반적인 식으로 바뀌었습니다. 훨씬
기억하기가 되죠?

$$a \cdot b \cdot c = b \cdot a \cdot c$$

이렇게 해 놓으면 곱셈을 할 때 항의 순서를
바꿔도 된다는 것을 쉽게 기억할 수 있겠죠?
교환법칙은 이런 식으로 써서 외울 수
있습니다.

얼핏 보면 이런 글자들을 쓴 식이 일반
문장만큼이나 기억하기 어려울 수도 있습니다.
하지만 다음과 같이 더 간단하게 쓸 수도 있어요.

곱셈에서의 교환법칙

$$a \cdot b = b \cdot a$$
$$a + b = b + a$$

덧셈에서의 교환법칙

특정 상황에서 어떤 수를
집어넣어도 적용할 수 있는
규칙을 외울 때는 이렇게
일반적인 방정식 표기를
활용하면 편합니다.

누가 무슨 일을 할까요?

지금쯤이면 생각보다 많은 걸 알고 있을 겁니다. 직접 각각의 법칙을 오른쪽에 있는 법칙 이름과 연결해보세요. 법칙 중에 여러 번 등장하는 것도 있습니다.

$$a(b + c) = ab + ac$$

$$a + (b + c) = (a + b) + c$$ 교환법칙

$$a \cdot b = b \cdot a$$ 분배법칙

$$a + b = b + a$$ 결합법칙

$$a(b \cdot c) = (a \cdot b)c$$

왼쪽에 있는 법칙을 나타내는 공식을 오른쪽의 제목과 이어주세요.
두 번 이상 쓰인 법칙도 있습니다.

법칙을 나타내는 공식　　　　법칙 이름

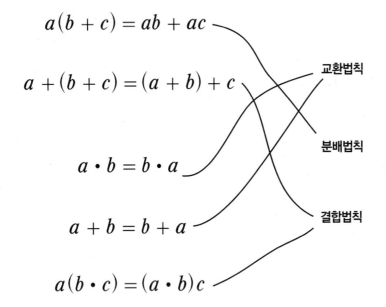

$$a(b + c) = ab + ac$$

$$a + (b + c) = (a + b) + c$$

교환법칙

$$a \cdot b = b \cdot a$$

분배법칙

$$a + b = b + a$$

결합법칙

$$a(b \cdot c) = (a \cdot b)c$$

교환법칙

덧셈이나 곱셈에서는 더하는 수의
순서를 바꿔도 답이 똑같습니다.

교환법칙

곱셈
$$a \cdot b = b \cdot a$$

덧셈
$$a + b = b + a$$

결합법칙

덧셈이나 곱셈에서는 괄호로 묶는 순서를
바꿔도 답이 똑같습니다.

결합법칙

곱셈
$$a(b \cdot c) = (a \cdot b)c$$

덧셈
$$a + (b + c) = (a + b) + c$$

분배법칙

괄호로 묶인 식에 어떤 수를 곱할 때는
괄호 안을 먼저 계산한 다음 곱하든 각
항마다 곱셈을 먼저 한 후에 남은 계산을
하든 답이 똑같습니다.

분배법칙

$$a(b + c) = ab + ac$$

퀴즈 쇼가 끝나고 난 뒤...

케이트는 모든 문제의 정답을 맞췄고, 항상 더 빨리
풀었습니다.

① 첫 번째 문제를 풀 때는 연산 순서를 제대로 지켜서 이길 수
있었습니다.
잭이 지는 걸 보면서 아무 순서로나 계산하면 안 되고 연산
순서를 지켜는 게 중요하다는 걸 배웠습니다.

② 두 번째 문제를 풀 때는 연산 순서를 적용하기 전에 결합법칙과
교환법칙을 적용했습니다.
문제를 더 빠르고 똑똑하게 풀 수 있었죠. 분수 계산도 훨씬
편하게 했고요.

③ 세 번째 문제를 풀 때는 분배법칙을 먼저 적용한 후에
연산 순서를 활용하여 더 빠르게 정답을 구했습니다.
분산법칙을 이용해서 분수를 훨씬 쉽게 계산했죠.

잭이 2등을 했습니다. 첫 번째 문제에서 연산 순서를 배우긴 했지만 몇 가지 법칙을 모르다
보니 케이트를 이기긴 역부족이었습니다.

① 첫 번째 문제를 풀 때는 연산 순서를 제대로 지키지 않았기 때문에
정답을 구하지 못했습니다.
연산 순서와는 무관하게 계산하기 쉬운 곳부터 계산하다 보니 오답을
구하고 말았죠.

② 두 번째 문제에서는 연산 순서를 이용해서 정답을 맞췄습니다.
하지만 결합법칙이나 교환법칙을 쓰지 않다 보니 케이트보다 문제를
푸는 데 시간이 오래 걸렸습니다.

③ 세 번째 문제도 정답을 맞추긴 했는데 여전히 늦게 풀었죠.
연산 순서를 지켰기 때문에 정답을 구하긴 했는데 시간이 오래 걸렸습니다.

언제 또 심사위원으로 뛰어야 할지 모르니

심사하는 감을 잃지 않도록 종종 연습해주세요.

낱말퀴즈

편하게 앉아서 지금까지 배운 규칙들을 다시 한 번 정리해봅시다.
퀴즈를 풀듯이 풀어보세요. 정답은 모두 이번 장에서 배운 내용 중에 있습니다.

1. x, y, z 같은 걸 ○○라고 부릅니다.

2. 어떤 수를 여러 번 곱하는 것을 ○○라고 합니다.

3. 제곱하여 a가 되는 값을 a의 ○○○이라고 합니다.

4. 묶는 순서를 바꿔도 계산 결과가 같은 것을 ○○법칙이라고 부릅니다.

5. ○○ ○○는 어떤 것부터 계산해야 하는지 알려주는 규칙입니다.

6. 덧셈이나 곱셈에서 항의 순서를 바꿔도 계산 결과가 같은 것을 ○○법칙
   이라고 부릅니다.

7. 식 전체에서 같은 값을 가지는 것을 a, b, c 같은 문자로 표현하는데 이를
   ○○라고 합니다.

8. 곱셈의 교환법칙을 식으로 표현하면 AB = ○○입니다.

9. 결합법칙은 덧셈과 ○○에만 적용할 수 있습니다.

10. ○○법칙에 의하면 괄호로 묶인 부분을 먼저 계산한 다음 통째로 곱셈한
    값과 각 항마다 곱셈을 먼저 한 다음 나머지를 계산한 값이 같습니다.

11. 다른 식으로 표현되어 있지만 값이 같으면 ○○입니다.

낱말퀴즈 정답

1. x, y, z 같은 걸 <u>변수</u>라고 부릅니다.

2. 어떤 수를 여러 번 곱하는 것을 <u>지수</u>라고 합니다.

3. 제곱하여 a가 되는 값을 a의 <u>제곱근</u>이라고 합니다.

4. 묶는 순서를 바꿔도 계산 결과가 같은 것을 <u>결합법칙</u>이라고 부릅니다.

5. <u>연산 순서</u>는 어떤 것부터 계산해야 하는지 알려주는 규칙입니다.

6. 덧셈이나 곱셈에서 항의 순서를 바꿔도 계산 결과가 같은 것을
   <u>교환법칙</u>이라고 부릅니다.

7. 식 전체에서 같은 값을 가지는 것을 a, b, c 같은 문자로 표현하는데 이를
   <u>상수</u>라고 합니다.

8. 곱셈의 교환법칙을 식으로 표현하면 A<u>B</u> = <u>BA</u>입니다.

9. 결합법칙은 덧셈과 <u>곱셈</u>에만 적용할 수 있습니다.

10. <u>분배</u>법칙에 의하면 괄호로 묶인 부분을 먼저 계산한 다음 통째로 곱셈한
    값과 각 항마다 곱셈을 먼저 한 다음 나머지를 계산한 값이 같습니다.

11. 다른 식으로 표현되어 있지만 값이 같으면 <u>동치</u>입니다.

대수학 도구상자에 들어갈 도구

이번 장에서는 방정식을 계산하는 데 중요한 계산 방법에 대해서 배웠습니다.

CHAPTER 3

핵심정리

- **결합법칙**은 묶는 순서와 관련되어 있습니다.

- **교환법칙**은 항의 순서에 관한 법칙입니다.

- **분배법칙**은 괄호로 묶인 식에 어떤 수를 곱할 때 쓰입니다.

- **연산 순서**를 지켜야 수식을 올바르게 계산할 수 있습니다.

- **변수**는 문제의 상황에 따라서 값이 바뀔 수 있는 미지수를 뜻합니다.

- **상수**는 알려진 값, 또는 알려지지 않은 값을 표시하는 데 쓸 수 있으며 바뀌지 않는 값을 뜻합니다.

연산 순서

① 괄호

② 지수

③ 곱셈과 나눗셈

④ 덧셈과 뺄셈

결합법칙

$$a + (b + c) = (a + b) + c$$
$$a(b \cdot c) = (a \cdot b)c$$

교환법칙

$$a \cdot b = b \cdot a$$
$$a + b = b + a$$

이 법칙은 다른 수나 미지수에 대해서도 성립합니다.

분배법칙

$$a(b + c) = ab + ac$$

4 지수 연산

전염병처럼 퍼져 나가는 팟캐스트
(좋은 뜻이랍니다)

> 아이튠즈 때문에 팟캐스트에 쏙 빠져버리고 말았어. 이제 TV는 로스트 본방 볼 때 빼면 아예 켜지도 않게 됐네.

다시 곱해볼래? 다시 곱해볼래?

곱셈을 여러 번 반복하는 것을 간단하게 표기하는 방법이 있습니다. **지수**를 이용하면 **곱셈을 반복**할 수 있지요. 그뿐이 아닙니다. 생각보다 작은 수를 쓸 수도 있어요(분수뿐만이 아닙니다). 이번 장에서는 **밑**, **제곱근**, **근호** 같은 것을 다시 한 번 훑어보도록 하죠. 이번에도 0과 1에는 뭔가 특별한 게 있을 거예요. 본격적으로 뛰어들어볼까요?

애디의 팟캐스트

팟캐스트를 직접 만들고 있는데요,
뭔가 더 좋은 장비가 필요한데 새 장비는
너무 비싸요!

끝내주는 팟캐스트
제작자, 애디입니다.

흠... '독특한'이 낫겠네요.

애디는 괴상한 스타들에 대한 팟캐스트를 운영하고 있습니다.

최근 들어 애디의 팟캐스트 청취자가 확 늘었어요. 애디는 팟캐스트의
수준을 한 단계 더 높일 만한 방법을 찾다가 더 나은 장비를 써야 되겠다고
생각했어요. 하지만 그러기에는 돈이 모자랐어요.

애디는 자신의 팟캐스트를 호스팅하는 웹 사이트를 운영하고 있었는데,
자기 사이트에 광고를 실어서 새 장비를 구입할 돈을 모아보기로 했습니다.
후원사를 몇 군데 알아보긴 했는데 애디 사이트에 트래픽이 어느 정도
된다는 걸 보이기 전까지는 후원을 해주지 않을 것 같네요.

애디가 쓰는 컴퓨터.
대체 언제적
물건인지도 모르겠네요.

● 지난 2주간 웹 사이트 방문자를 날짜별로 추적하고...

● 2주 내에 **5백만 히트**를 달성할 수 있다는 것을
증명해야 합니다.

허걱. 5백만이라니!

애디의 청취자들을 움직여봅시다

애디에게는 열혈 팬이 많습니다. 가장 열성적인 청취자 **세 명**에게 보낼
편지를 써 봤어요.

3대 청취자분께,

안녕하세요. 요즘 새 장비를 구입하기 위해 후원사를 알아보고
있습니다. 광고회사에서 앞으로 2주간 제 웹 사이트 방문객수를
추적할 거예요. 하루에 5백만 히트를 달성해야만 합니다.
오늘 중으로 사이트를 방문해주시고 이 이메일을 친구 세 명한테
보내주실 수 있을까요? 이렇게 14일 동안 사이트를 방문하고 새로운
친구 세 명한테 이메일을 보내주시면 목표를 달성할 수 있을 것
같아요.

감사합니다!

스타톡 팟캐스트, 애디.

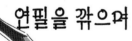 연필을 깎으며

3대 청취자가 매일 각각 세 명씩 새로운 친구들을 불러모은다면 14일 후에는 히트 수가
얼마나 될지 계산하는 식을 만들어주세요. 식을 지금 풀 필요는 없습니다.

....

....

연필을 깎으며 정답

3대 청취자가 매일 각각 세 명씩 새로운 친구들을 불러모은다면
14일 후에는 히트 수가 얼마나 될지 계산하는 식을 만들어야 합니다.

매일 한 명이 세 명씩을 더 불러올 테니 매일 3씩 곱합니다.

히트 수 = 3을 매일 한 번씩 곱하니까 총 *14번* 곱함

3이 정말 많죠? 이래서는 곤란하겠어요.

히트 수 = 3·3·3·3·3·3·3·3·3·3·3·3·3·3

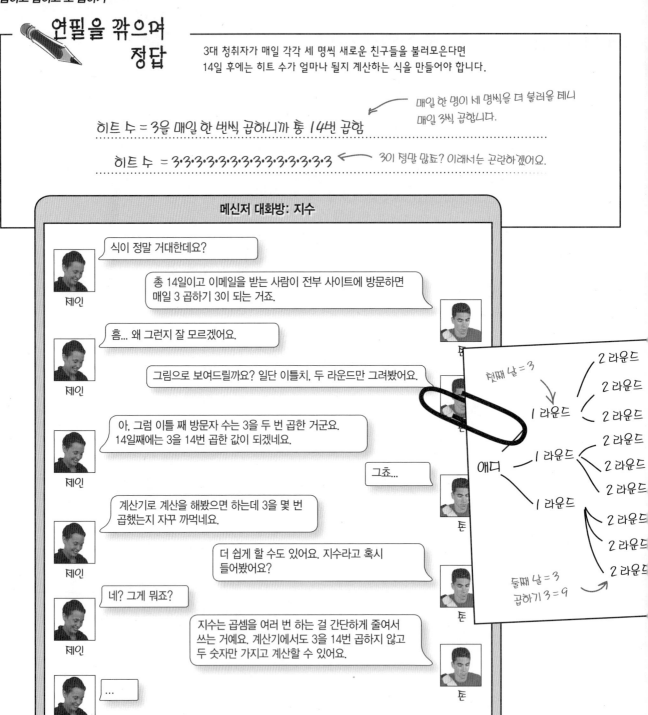

메신저 대화방: 지수

제인: 식이 정말 거대한데요?

톤: 총 14일이고 이메일을 받는 사람이 전부 사이트에 방문하면 매일 3 곱하기 3이 되는 거죠.

제인: 흠... 왜 그런지 잘 모르겠어요.

톤: 그림으로 보여드릴까요? 일단 이틀치, 두 라운드만 그려봤어요.

제인: 아, 그럼 이틀 째 방문자 수는 3을 두 번 곱한 거군요. 14일째에는 3을 14번 곱한 값이 되겠네요.

톤: 그쵸...

제인: 계산기로 계산을 해봤으면 하는데 3을 몇 번 곱했는지 자꾸 까먹네요.

톤: 더 쉽게 할 수도 있어요. 지수라고 혹시 들어봤어요?

제인: 네? 그게 뭐죠?

톤: 지수는 곱셈을 여러 번 하는 걸 간단하게 줄여서 쓰는 거예요. 계산기에서도 3을 14번 곱하지 않고 두 숫자만 가지고 계산할 수 있어요.

제인: ...

에구... 무슨 소린지 모르겠어요.

지수 톺아보기

지수는 곱셈을 반복하는 것을 표현하는 특별한 표기법입니다. 이걸 쓰면 3의 개수를 꼼꼼히 세지 않고도 애디가 구해야 하는 값을 표시할 수 있죠. 3을 여러 번 반복해서 곱한 값을 표시할 수 있는 방법이니까요.

지수가 달린 수는 다음과 같이 표현합니다.

지수

$$x^a = x \cdot x \cdot x ... \cdot x$$

밑

x를 'a'번 곱한다는 뜻입니다.

곱할 수(애디의 경우에는 3)를 밑이라고 하고, 곱할 회수(애디의 경우에는 14)를 지수라고 합니다. 계산기에 이 두 수만 입력하면 원하는 답을 얻을 수 있습니다.

식을 세웁시다

애디가 썼던 식을 지수 표기법을 써서 다시 써보고 그 값을 구해볼까요(실제값을 구할 때는 계산기를 써보세요)?

애디 웹사이트 방문자 수를 구하는 식입니다.

히트 = 3·3·3·3·3·3·3·3·3·3·3·3·3·3

식을 세웁시다 정답

지수 표기법으로 애디의 식을 간단하게 고치고 그 답을 구하는 문제였죠?

3이 14개!

히트 = 3·3·3·3·3·3·3·3·3·3·3·3·3·3

곱할 수는 3이니까
3이 밑입니다.

3을 14번 곱할 거니까 지수는 14입니다.

히트 = 3^{14}

14일이면 4백만 히트가 넘네요.
대단하긴 한데 아직 부족해요.

히트 = 3^{14} = 4,782,969

이걸로는 부족해요.
광고를 따려면 5백만 히트는 필요해요.
어떻게 해야 하나...

내가 좀 도와줄까?
너도 알다시피 내가
친구가 많잖아. 내 페이스북
페이지 봤어?

애디 오빠, 알렉스

애디와 알렉스는 히트 수를 채울 수 있을까요?

알렉스도 애디를 위해 이메일을 돌려보기로 했습니다. 5백만 히트를 달성하기 위해
알렉스도 친구 세 명한테 이메일을 보내보기로 했죠.

전체 히트 수를 구하려면 양쪽 그룹 수를 더해야 합니다. 2장에서 폴의 여행 계획을 짤
때도 비슷한 항을 더해본 적이 있죠? 여기서도 비슷합니다. 2장에서 배웠듯이 곱셈이나
나눗셈으로 묶여 있는 식을 **항**이라고 부릅니다. 지수는 곱셈을 간단하게 줄여쓴
것이니까 **밑과 지수가 각각 같은 지수 항은 비슷한 항임을 알 수 있습니다.**

지수를 이용하면 밑이 같은 항을 합칠 수 있습니다. 한 번 직접 해볼까요?

수학 자석

애디와 알렉스가 만들어낼 히트 수를 모두 합한 값을 식으로 써봅시다.

이번에는 5백만 히트를 달성할 수 있을까요?

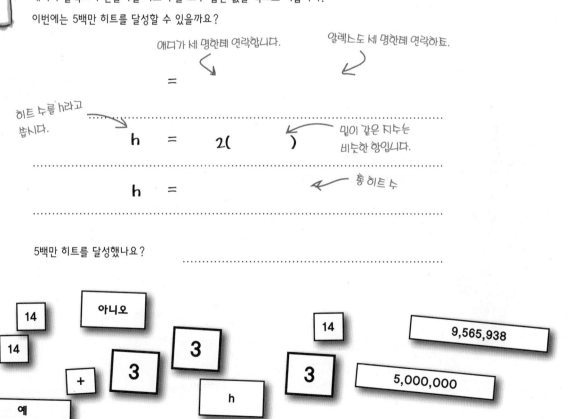

수학 자석 정답

애디와 알렉스가 만들어낼 히트 수를 모두 합한 값을 식으로 써봅시다.

이번에는 5백만 히트를 달성할 수 있을까요?

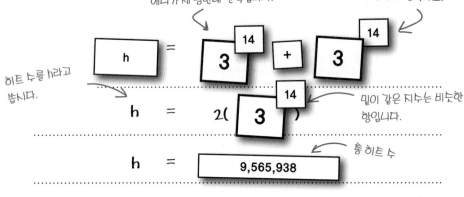

애디가 세 명한테 연락합니다.

알렉스도 세 명한테 연락하죠.

히트 수를 h라고 씁시다.

$$h = 3^{14} + 3^{14}$$

$$h = 2(3^{14})$$

밑이 같은 지수는 비슷한 항입니다.

총 히트 수

$$h = 9{,}565{,}938$$

5백만 히트를 달성했나요?   예

5,000,000

아니오

으잉? 왜 $(3^{14})^2$ 가 아니고 $2(3^{14})$죠?

$(3^{14})^2$ 은 덧셈이 아니라 곱셈이니까요.

한 항은 곱셈으로 이어져 있어야 하기 때문에 지수 항 전체는 한 덩어리로 취급해야 합니다.

비슷한 항 두 개를 묶는 것은 그 둘을 더하는 겁니다. 하지만 두 항을 묶을 때 $(3^{14})^2$ 같은 식으로 지수를 이용한다면 그 둘을 곱하게 되는 것이므로 엉뚱한 결과가 나옵니다. 한 번 볼까요?

3^{14}은 두 항이 아니라 한 항입니다.

지수는 곱하기입니다.

$$3^{14} + 3^{14} = 2(3^{14})$$

$$(3^{14})^2 = 3^{14} \cdot 3^{14}$$

이 항하고   이 항을 더하면   이렇게 같은 항이 두 개 있는 거죠.

3^{14}을 두 번 곱했다는 뜻입니다.

아, 그래서 $(3^{14})^2$이라고 하면 안 되는군요.
근데 $(3^{14})^2$ 같은 건 어떻게 계산하죠?
3을 그냥 쭉 다 적어주는 방법 밖에는 잘 모르겠어요.

그렇게 해도 돼요. 근데 3을 정말 많이 적어야 되죠.

이렇게 여러 번 곱하는 걸 일일이 손으로 적어주는 것도 틀린 건 아니지만 엄청 불편하죠.

식이 얼마나 길어질지 한 번 볼까요?

3이 정말 많네요...

$$(3^{14})^2 = 3^{14} \cdot 3^{14}$$
$$=(3 \cdot 3 \cdot 3 \cdot 3 \cdot 3 \cdot 3 \cdot 3 \cdot 3 \cdot 3 \cdot 3 \cdot 3 \cdot 3 \cdot 3 \cdot 3)(3 \cdot 3 \cdot 3 \cdot 3 \cdot 3 \cdot 3 \cdot 3 \cdot 3 \cdot 3 \cdot 3 \cdot 3 \cdot 3 \cdot 3 \cdot 3)$$
$$=3^{\boxed{}}$$

여기 지수에는 어떤 수가 들어갈까요?
3 개수를 다 세 보고 답을 적어보세요.

어? 근데 패턴이 있네요? 이렇게 하면 되겠어요.

$$\left(x^a\right)^b = x^{a \cdot b}$$

2랑 14랑 곱하면 3이 몇 개 있는지
일일이 센 것과 같은 답이 나오죠?

밑이 같은 항을 더하는 방법은 앞에서 배웠는데요,
밑이 같은 항을 가지고 또 어떤 걸 할 수 있나요?

밑이 같은 지수도 비슷한 항입니다.

더하거나 빼거나 곱하거나 나눌 수 있다는 뜻이죠.

나눗셈을 해볼까요?

$$\frac{3^{14}}{3^{12}} = \frac{3 \cdot 3 \cdot 3 \cdot 3 \cdot 3 \cdot 3 \cdot 3 \cdot 3 \cdot 3 \cdot 3 \cdot 3 \cdot 3 \cdot 3 \cdot 3}{3 \cdot 3 \cdot 3 \cdot 3 \cdot 3 \cdot 3 \cdot 3 \cdot 3 \cdot 3 \cdot 3 \cdot 3 \cdot 3}$$
$$=3 \cdot 3$$

이렇게 풀어서 써보면 몇 개를
상쇄시킬 수 있는지 확인할 수
있어요.

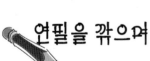 **연필을 깎으며**

비슷한 항을 결합하여 일반항을 만들어보세요.
첫 번째 문제는 저희가 미리 풀어놨습니다.

$$3^{14} + 3^{14} = x^a + x^a = 2x^a$$

$$\frac{3^{14}}{3^{12}} = \underline{} =$$

$$(3^{14})^2 = =$$

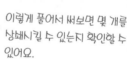 $$3^{14} \cdot 3^2 = x^a \cdot x^b =$$

필요하면 전부 풀어서 써보세요.
하지만 풀어쓰지 않아도 풀 수 있을 거예요.

연필을 깎으며 정답

비슷한 항을 결합하는 문제였죠?

나눗셈을 할 때는 분자의 지수에서 분모의 지수를 빼기만 하면 돼요 (뭘로 나누는지만 잘 보면 되겠죠?).

$$3^{14} + 3^{14} = x^a + x^a = 2x^a$$

$$\frac{3^{14}}{3^{12}} = \frac{x^a}{x^b} = x^{a-b}$$

$$(3^{14})^2 = (x^a)^b = x^{ab}$$

$$3^{14} \cdot 3^2 = x^a \cdot x^b = x^{a+b}$$

두 지수를 곱하면 되죠.

3·3·3·3·3·3·3·3·3·3·3·3·3·3·3·3

일단 이렇게 길게 다 적어볼까요? 3이 16개 있네요.

알렉스의 삽질

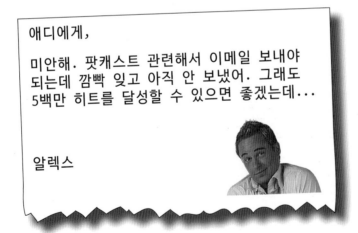

애디에게,

미안해. 팟캐스트 관련해서 이메일 보내야 되는데 깜빡 잊고 아직 안 보냈어. 그래도 5백만 히트를 달성할 수 있으면 좋겠는데…

알렉스

셋째 날이 됐는데, 알렉스가 까먹고 이메일을 안 보냈다고 하네요. 이제 12일 밖에 안 남았습니다. 그래도 5백만 히트를 달성할 수 있을까요?

연필을 깎으며

지금 상황에서도 해낼 수 있을까요? 알렉스의 이메일이 14일이 아닌 12일 동안만 퍼져나간다고 할 때 어떻게 되는지 계산해봅시다.

식을 새로 세워서 풀어봅시다.

....

....

....

....

이 식을 일반항 형태로 쓰면 어떻게 될까요?

밑은 x, y로, 지수는 a, b로 써보세요.

....

....

지수 항의 밑이 같은가요?

정답에 동그라미

예   **아니오**

애디는 여전히 5백만 히트를 달성할 수 있을까요?

예   **아니오**

연필을 깎으며 정답

지금 상황에서도 해낼 수 있을까요? 알렉스의 이메일이 14일이 아닌 12일 동안만 퍼져나간다고 할 때 어떻게 되는지 계산해봅시다.

식을 새로 세워서 풀어봅시다.

↙ 알렉스는 이틀이 빠졌으니까 12승이죠?

$$h = 3^{14} + 3^{12}$$

애디한테서 시작한 메일 수는 똑같습니다.

$$h = 4,782,969 + 531,441$$

$$h = 5,314,410$$

이 식을 일반항 형태로 쓰면 어떻게 될까요?

$$h = x^a + x^b$$

밑은 x, y로, 지수는 a, b로 써보세요.

이건 쉽게 결합할 수가 없어요. 지수가 다르기 때문에 비슷한 항이 아니니까요.

지수 항의 밑이 같은가요?

(예)   아니오

그런데 가까스로 314,410 히트를 넘기네요. 큰일날 뻔했어요.

애디는 여전히 5백만 히트를 달성할 수 있을까요?

(예)   아니오

> 휴... 그래도 망한 건 아니네요. 이제 5백만 히트가 나올 때까지 기다리면 되겠어요. 광고 회사에서 2주 안에 결과를 확인하고 나면 저도 이제 괜찮은 기기를 갖출 수 있을 것 같아요. 기다려라 애플스토어!!!

바보 같은 질문이란 없습니다

Q: 왜 그냥 곱하지 않고 지수를 쓰나요?

A: 지수를 쓰면 편하니까요. 곱하기를 여러 번 반복하기 위해서 같은 숫자를 계속 적으면 힘도 들고 실수할 가능성도 높아지잖아요. 그리고 (아까 14승 한 것처럼) 수가 정말 커지면 지수를 쓰는 것 외에는 딱히 방법이 없죠.

Q: 더하거나 뺄 때는 왜 밑과 지수가 다 똑같아야 하나요?

A: 비슷한 항이어야 하기 때문입니다. 지수는 곱셈을 줄여 쓴 거라고 했었죠? 연산 우선순위를 생각하면 두 곱셈식을 더할 때는 일단 곱셈을 다 해야 합니다. 단, 비슷한 항인 경우에는 다른 방법이 있죠. 두 식이 비슷한 항이라면 한 항으로 묶을 수 있습니다. 밑과 지수가 모두 같은 지수항을 더하는 게 바로 그런 경우에 해당하죠.

Q: 연산 우선순위에서 지수는 어디쯤에 있나요?

A: 두 번째입니다. 지수는 좀 더 강력한 곱셈인 셈이어서 곱셈보다 앞에 갑니다. 따라서 괄호, 지수 다음에 곱셈과 나눗셈이 오게 되죠.

Q: 밑이 다른 지수는 어떻게 해야 하죠?

A: 이따가 배울 거예요. 하지만 미리 말씀 드리자면 밑이 다른 지수를 딱히 간단하게 처리할 수 있는 방법은 없습니다. 밑이 두 개라면 곱하거나 나눌 게 두 개 있는 거죠. 각각의 밑을 따로 처리해야 하기 때문에 그런 항이 여러 개 있을 때 하나로 묶는 묘수 같은 건 잘 없습니다.

Q: 지수 항의 나눗셈을 해서 지수가 음수가 되면 어떻게 되죠?

A: 좋은 질문입니다. 지수 항을 나눌 때는 지수를 빼게 되죠? 이러다 보면 지수가 음수가 될 수도 있어요. 다행히도 별로 어려운 건 아니에요. 음수 지수는 양수 지수가 분모로 들어가고 분자는 1인 수라고 생각하면 됩니다. 예를 들면 이렇죠.

2^{-1} 은 1/2

x^{-25} 은 $1/x^{25}$

악당의 등장...

무비 팟캐스트에서 애디가 가입자를 늘리려 한다는 소식을
입수했습니다. 문제는 애디가 확보하고자 하는 광고주가 바로 무비
팟캐스트를 후원하는 광고주라는 거죠. 무비 팟캐스트에서 반격을
시작했습니다.

무비 팟캐스트 열혈 애청자 **네 분**께 드리는 글

스타톡 팟캐스트에서 우리 광고주를 뺏어가려고 합니다. 앞으로 열흘
안에 5백만 히트를 달성하면 저희는 광고를 잃어버리고 말 겁니다.

우리도 반격을 해야 합니다. 스타톡 페이지에 가지 마세요. 그리고
각자 스타톡 청취자 네 명씩에게 연락해서 홍보를 막아주세요. 모두
네 명씩한테 연락을 하면 스타톡이 우리 광고를 뺏어가는 걸 막을 수
있습니다.

감사합니다.

무비 팟캐스트

애디는 이 이메일이
나가기 며칠 전부터
홍보를 시작했죠.

무비 팟캐스트 페이지에 방문하는 사람들이 많아지면서
스타톡 팟캐스트 페이지 히트 수도 줄어들게 생겼습니다.
광고를 따려는 애디의 계획에는 어떤 영향을 미치게
될까요?

식을 세웁시다

무비 팟캐스트에서 히트 수를 뺏어가고 있어요. 이제 히트 수가 어떻게 달라지게 될까요?
그래도 목표를 달성할 수 있을까요?

식을 새로 세우고 풀어보세요.

*애디하고 알렉스가 지금까지
만들어낸 히트누도
포함시켜야 되겠죠?*

....

....

....

애디가 5백만 히트를 달성할 수 있을까요?

예   **아니오**

*정답에
동그라미*

불가능하다면 몇 명이 더 방문해야 5백만
히트가 가능할까요?

....

식을 일반적인 형태로 써보세요.

....

....

....

서로 다른 밑이 몇 개 있나요?   **1**   **2**   **3**

서로 다른 지수가 몇 개 있나요?   **1**   **2**   **3**

식을 세웁시다 정답

무비 팟캐스트에서 히트 수를 뺏어가고 있어요. 이제 히트 수가 어떻게 달라지게 될까요?
그래도 목표를 달성할 수 있을까요?

식을 새로 세우고 풀어보세요.

원래 히트 수 →   알렉스 이메일(이틀 늦음) →

무비 팟캐스트 이메일:
하루에 네 통씩 열흘 →

$$h = 3^{14} + 3^{12} - 4^{10}$$

헉, 무비 팟캐스트의
반격 때문에 5백만
히트가 안 되네요. →

$$h = 4,782,969 + 531,441 - 1,048,576$$

$$h = 4,265,834$$

애디가 5백만 히트를 달성할 수 있을까요?   **예**   (아니오)

불가능하다면 몇 명이 더 방문해야 5백만
히트가 가능할까요?

필요한 히트 수 →   현재 예상 히트 수 →

$$5,000,000 - 4,265,834 = 734,166 ←$$

70만 히트가 넘게
모자라네요.

식을 일반적인 형태로 써보세요.

$$h = 3^{14} + 3^{12} - 4^{10}$$

$$h = x^a + x^b - y^c$$

이 항은 밑도 다르고
지수도 다르네요.

여기까지는 아까랑 똑같죠.
밑은 같고 지수만 다릅니다.

서로 다른 밑이 몇 개 있나요?   **1**   (2) ←   **3**

애디와 알렉스는 똑같이 세 명씩한테 이메일을 보내기
때문에 밑이 같습니다. 무비 팟캐스트에서는 시간이
없어서 네 명씩 이메일을 보내죠.

서로 다른 지수가 몇 개 있나요?   **1**   **2**   (3) ←

지수는 셋 다 다릅니다.
이렇다 보니 쉽게 합칠 수가 없네요.

항마다 밑이 다르니까
그냥 변수로 합칠 수가 없는 건가요?

밑이 다르다 = 비슷한 항이 <u>아니다</u>.

밑이 다른 항은 (지수가 같든 다르든) 비슷한 항이 아닙니다. 비슷한 구석이
없어요. 곱하는 회수와 무관하게, 서로 다른 수를 여러 번 곱하는 거니까요.

앞에서 배웠듯이, 밑과
지수가 모두 같아야만
비슷한 항이 됩니다.

밑이 다른 지수는 더할 수 없습니다.

왼쪽에서 본 식에서 뒤쪽 두 항만 가져와 볼까요?

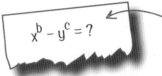

$$x^b - y^c = ?$$

아까 본 식의
뒷부분이죠?

이 두 항은 더하거나 뺄 수 없습니다. 비슷한 항이 아니기 때문이죠. 이 두 항을
곱하거나 나누는 것도 별로 간단하게 되진 않습니다. 지수 항들을 곱해도 다음과
같이 붙여 쓸 수 있을 뿐이죠.

$$x^b \left(y^c \right) = x^b \cdot y^c = x^b y^c$$

셋 다 똑같은 식입니다.
식을 쓰는 방법만 다를
뿐이죠. 더 간단하게 묶을
수가 없어요.

그냥 $(xy)^{bc}$ 같은 식으로 다
섞어버리면 안 되나요?

지금 여기예요 ▶   **159**

연산 우선순위상 지수를 <u>먼저</u> 계산해야 합니다

아무렇게나 밑을 가르고 서로 다른 지수를 결합할 수는 없습니다. 밑과 그 지수는 항상 붙어다녀야
하기 때문이죠. 연산 우선순위상 지수는 곱셈보다 더 앞에 있습니다. 즉, 다른 것과 결합시키기 전에
지수를 먼저 다 **정리**해야 하는 거죠.

괜찮습니다.

$$x^b\left(y^c\right) = x^b \cdot y^c = x^b y^c$$

밑하고 지수가 잘 붙어
다니니까 괜찮아요.

이건 <u>안</u> 돼요.

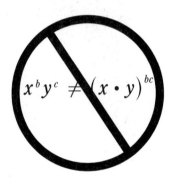

$$x^b y^c \neq (x \cdot y)^{bc}$$

 브레인 파워

실제 수를 가지고 테스트해봅시다. 예를 들어 3^2하고 4^3으로 해볼까요? 일일이
계산해보지 **않고도** $(3^2)(4^3)$이 $((3)(4))^{(2)(3)}$하고 다르다는 걸 보일 수 있을까요?

바보 같은 질문이란 없습니다

Q: 여기 나와 있는 지수 관련 규칙을 전부 달달 외워야 하나요?

A: 그렇진 않아요. 각 항을 따로 계산하면 식을 전부 풀 수
있으니까요. 하지만 이 규칙을 다 기억할 수 있다면 비슷한 항을
묶을 수도 있고 식을 더 빨리 계산할 수도 있겠죠. 항을 결합한 후에
한 번에 계산하면 훨씬 쉽습니다. 수많은 항을 따로따로 계산하는
것보다 훨씬 낫죠. 특히 비슷한 항이라서 결합시킬 수 있는 경우라면
더욱 더 그렇고요.

Q: 밑은 다르지만 지수는 같은 경우에는 어떤가요?

A: 조금 낫긴 합니다. 지수가 같으면 각각의 항을 같은 회수만큼
곱하는 거니까 $x^a \cdot y^a = (xy)^a$ 같은 식으로 합칠 수 있어요. 교환
법칙과 결합법칙 때문에 이렇게 할 수 있는 거죠. 전부 곱셈으로
이어지는 식이기 때문에 가능한 겁니다.

Q: 아까 브레인 파워에 나와있는 건 어떻게 풀어요?
계산해보지 않고 다르다는 걸 보일 수 있나요?

A: 변수를 쓰면 좀 더 쉬워요. 3하고 4 대신 x, y를 써보면 $x^2 y^3 = x \cdot x \cdot y \cdot y \cdot y$ 이고, $(xy)^{(2)(3)} = (xy)^6 = xy \cdot xy \cdot xy \cdot xy \cdot xy \cdot xy = x \cdot x \cdot x \cdot x \cdot x \cdot x \cdot y \cdot y \cdot y \cdot y \cdot y \cdot y$이죠. 이 둘은 분명히 서로
다르죠?

그런데 어떻게 5백만 히트를 채울 수 있으려나...
아직 734,166 히트가 더 필요한데 9일 밖에 안
남았어요. 광고를 못 따내면 청취자 수가
뚝 줄어들 것 같은데 큰일이네요.

이메일을 한 번 더 돌려야 합니다.

그런데 몇 통이나 더 보내야 할까요? 이제 9일 밖에 안 남은 걸
감안해서 무비 팟캐스트의 캠페인으로 까먹은 히트 수를 되찾을
방법을 강구해야 합니다.

지수를 '거꾸로' 계산해야 합니다.

애디의 식을 다시 살펴봅시다. 이번에는 주어진 정보가 달라졌어요.
달성해야 할 히트 수와 남은 날 수를 가지고 필요한 값을 구해야
합니다.

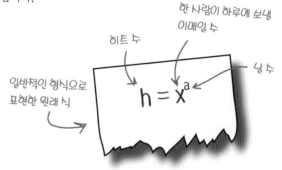

한 사람이 하루에 보낼
이메일 수

히트 수

날 수

일반적인 형식으로
표현한 원래 식

$$h = x^a$$

우리가 아는 값을 넣어봅시다.

734,166

$h = x^a$ 9일 남았죠?

$$734,166 = x^9$$

이제 x에 대해 풀어야 합니다.

이런 건 어떻게 해야 하죠?
밑은 어떻게 구해야 하나요?

제곱근과 지수

지수를 뒤집을 수 있는 연산이 필요합니다. 지수를 알고 있을 때 식을 만족시킬 수 있는
밑을 구하려면 말이죠. 그걸 바로 거듭제곱근, 혹은 **제곱근**이라고 부릅니다. 뭔가의
제곱근을 찾는다는 것은 **어떤 수를 여러 번 곱하여** (거듭제곱하여) 최종적인 값이 나오는
그 '어떤 수'를 구한다는 것이죠.

애디의 경우에는 9승 제곱근(9승근)를 계산해야 합니다. 그러면 x를 구할 수 있는 거죠.

애디가 세운 식

$$734{,}166 = x^9$$

9승 제곱근을 구해야 합니다.

우선 이 식으로 시작합니다.

$$734{,}166 = x^9$$

양변의 9승 제곱근을 취합니다. 이렇게 하면 오른쪽에 있는 지수 9가 없어지죠.

$$\sqrt[9]{734{,}166} = \sqrt[9]{x^9}$$

$$\sqrt[9]{734{,}166} = x$$

제곱근과 지수는 서로 마찬가지여서 서로 상쇄되기 때문에 오른쪽에는 x만 남습니다.

> 아니, 어떻게 이런 이상한
> 제곱근을 생각해낸 거죠?
> 천재인가요?

제곱근 톺아보기

이제 계산기를 써봅시다. 자세히 보면 임의의 수에 대한 임의의 제곱근을 계산할 수 있어요.
거의 모든 계산기에 (9, 3 같은) 원하는 승수의 제곱근을 구할 수 있는 버튼이 있습니다.

좀 더 자세히 알아볼까요?

잘 모르겠으면 선생님께 질문하거나 계산기 매뉴얼을 찾아보세요.

*이 **조그만 수**는 몇 승에 대한 제곱근을 구하는지를 나타냅니다. (여기서는 2승)*

이 기호는 근호(radical)라고 부릅니다. 제곱근을 찾으라는 뜻이죠.

$$\sqrt[2]{9} = 3$$

$3^2 = 9$ (어떤 관계인지 이해가 되나요?)

제곱근 값입니다.

위 식은 '9의 2제곱근은 3이다' 또는 '9의 2승 **제곱근**은 3이다'라고 읽습니다. 이 식의 제곱근,
즉 근은 3인데, 이는 3을 두 번 곱하면 근호 안에 있는 수가 된다는 뜻입니다. 애디가 구해야
하는 9승 제곱근을 찾고 싶다면 마찬가지 방식으로 계산기로 계산하면 됩니다.

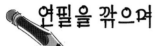 연필을 깎으며

답을 구해봅시다. 애디는 이메일을 몇 통 더 보내야 할까요?

애디가 이 일을 해낼 수 있을까요?

애디의 거듭제곱근 문제를 풀어봅시다. ....

....

....

애디는 이메일을 몇 통 보내야 할까요? ....

....

해낼 수 있을까요?　　　　　　　　　**예**　　　　　　　　　**아니오**

이유를 설명해보세요. ....

연필을 깎으며 정답

답을 구해봅시다. 애디는 이메일을 몇 통 더 보내야 할까요?

애디가 이 일을 해낼 수 있을까요?

계산기에 입력하면
답이 나올 겁니다.

애디의 거듭제곱근 문제를 풀어봅시다. .... $\sqrt[9]{734,166} = x$

$4.4849 = x$

이 숫자가 나오죠? 하지만 이
숫자로 끝나는 건 아닙니다.

애디는 이메일을 몇 통 보내야 할까요? .... **다섯 통을 보내야 합니다.**

여기서도 문제의 맥락을 파악해야
합니다. 이메일을 4.4849 통
보낼 수는 없으니까요.

4.4 통보다 많이 보내야 하니까 다섯 통을 보내야 합니다.

해낼 수 있을까요?　　　　　　　　　　　（예）　　　　　　　　　　**아니오**

정 안 되면 오빠 친구를 며
동원할 수도 있을 겁니다.

이유를 설명해보세요. **설마 아는 사람이 다섯 명은 며 있겠죠.**

다섯 명? 그 정도는 껌이지.
바로 이메일 보내야겠다.

9일 후...

애디가 광고를 따냈습니다!

별 문제 없이 5백만 히트를 달성했어요. 광고도 따내고 구독자
수도 크게 늘었습니다. **애플스토어**에서 새 장비도 사 왔어요.
이제 유튜브에서 동영상 캠페인을 시작할 수 있습니다.

바보 같은 질문이란 없습니다

Q: 계산기로 답을 구하는 것 말고 다른 방법은 없나요?

A: 어떤 수의 **제곱근**은 여러 가지 방법으로 구할 수 있습니다. 제곱근 표를 찾아볼 수도 있고 나눗셈 비슷한 식으로 손으로 계산할 수도 있죠. 하지만 다 구식 방법이긴 합니다. 웬만하면 계산기를 쓰는 게 좋습니다. (2×2=4, 3×3=9 같은) 완전제곱수를 미리 외워두는 것도 좋습니다. 그러면 대강이나마 제곱근이 얼마일지 짐작하는 데 도움이 됩니다.

Q: 지수의 역연산은 뭔가요? 근호인가요?

A: 아닙니다. 근호는 근(제곱근)을 구하라는 뜻을 가진 기호에 불과합니다. 곱셈을 점으로 표기하는 것처럼 일종의 표기법인 거죠.

Q: 숫자가 없는 근호는 뭔가요?

A: 숫자가 없으면 2가 생략되어 있는 겁니다. 제곱근이죠. 제곱근은 숫자가 없는 근호로 표기하는 게 관행입니다.

Q: 지수가 분수일 수도 있나요?

A: 예. 그렇게 되면 밑의 제곱근을 취하게 됩니다. 예를 들어 지수가 1/2이면 제곱근, 1/3이면 세제곱근이죠.

Q: 제 계산기에는 9승 제곱근 버튼이 없는데 어떻게 해야 하죠?

A: 제곱근을 분수 지수로 표현할 수도 있습니다. 9승 **제곱근**은 $\sqrt[9]{734,166}$ 으로 쓸 수도 있고 $734,166^{(1/9)}$로 쓸 수도 있습니다. 대부분 계산기에는 지수 버튼이 있으니까 지수로 1/9을 입력하면 같은 답을 구할 수 있습니다.

Q: 밑이 아니고 지수를 구해야 하는 경우도 있나요?

A: 그렇긴 한데 당장은 필요하지 않을 거예요. 이런 유형의 문제를 푸는 방법이 있긴 하지만 이 책에서 다룰 내용은 아니에요. 일단 지금은 걱정하지 않아도 됩니다. :)

Q: 지수가 0인 경우는 어떻게 되나요?

A: 어떤 수든 0승을 하면 1이 됩니다. 왜냐고요? 지수끼리 나눌 때, 분모의 지수를 분자의 지수에서 빼죠? 분자하고 분모가 같으면 어떨까요? 그러면 밑의 0승이 되겠죠? 그 값은 항상 1이니까 어떤 수든 0승을 하면 1이 됩니다.

Q: 지수가 1인 경우는요?

A: 어떤 수든 1승을 하면 그 수 자신이 됩니다. 즉 어떤 수나 변수든 1승을 한 게 기본인 거죠. 이걸 잘 기억해두면 종종 쓸모가 있습니다.

Q: 지수가 음수일 수도 있나요?

A: 예. 그런 경우에는 지수가 분모로 들어가게 됩니다. 즉 $X^{-2} = \frac{1}{X^2}$ 입니다. 이것도 지수의 뺄셈하고 연관되어 있습니다. 분자에는 지수가 없으니까 음의 지수가 되는 거죠.

Q: 음의 지수를 이용하면 분수를 안 쓸 수도 있나요?

A: 네. 분모가 들어 있는 식이 있다면 분모에 들어 있는 수를 음의 지수를 가지는 수 형태로 고쳐 쓸 수 있습니다. 분수를 쓰는 것보다 지수를 쓰는 게 쉬운 경우에 꽤 유용하죠. 취향에 따라 그렇게 쓰는 걸 선호할 수도 있고, 그렇게 써도 전혀 문제가 없습니다. 반대의 경우도 있습니다. 분수로 쓰는 게 더 편하다면 음수 지수를 빼내서 분수 형태로 고쳐 써도 됩니다.

Q: 양의 근이라는 용어는 뭔가요?

A: 근, 또는 제곱근을 찾는다고 할 때는 보통 **양의 근**을 찾는다는 것을 뜻합니다. 근 중에서 양수인 근을 뜻하는 거죠. 근은 여러 개가 있을 수도 있어요. **음의 근**도 있죠. 예를 들어 9의 양의 제곱근은 3이지만 −3도 9의 근이긴 합니다. (−3)(−3)=9 니까요.

낱말퀴즈

지수와 관련하여 이번 장에서 배운 용어를 다시 한 번 정리해볼까요?

1. 밑과 지수가 모두 같은 지수 항은 OOO O입니다.

2. 지수가 음이면 그 지수 항을 분수의 OO로 쓸 수 있습니다.

3. 지수를 OOOO이라고도 부릅니다.

4. 밑을 거듭해서 곱할 회수를 OO라고 합니다.

5. 분수 지수는 OOO과 같습니다.

6. 지수는 OO을 줄여서 쓰는 형식입니다.

7. 어떤 수든 1승을 하면 OO이 됩니다.

8. 어떤 수든 0승을 하면 값이 O이 됩니다.

9. 지수항에서 여러 번 곱할 값을 O이라고 부릅니다.

10. 지수의 밑을 구할 때는 OOO을 이용합니다.

누가 무슨 일을 할까요?

일반적인 변수를 가지고 지수 연산을 표기해보았습니다.
각 식을 간단하게 정리한 형식의 식하고 연결해보세요.

기본 문제	정리한 형식

$x^a \cdot x^b$

$$x^{a \cdot b}$$

$(x^a)^b$

$$2x^a$$

$x^a - x^b$

$$x^{a+b}$$

$\dfrac{x^a}{x^b}$

$$x^a$$

$x^a + x^b$

$$x^{a-b}$$

$2x^a - x^a$

더 이상 간단하게 할 수 없음

$\dfrac{x^a}{y^b}$

누가 무슨 일을 할까요? 정답

일반적인 변수를 가지고 지수 연산을 표기해보았습니다.
각 식을 간단하게 정리한 형식의 식하고 연결해보세요.

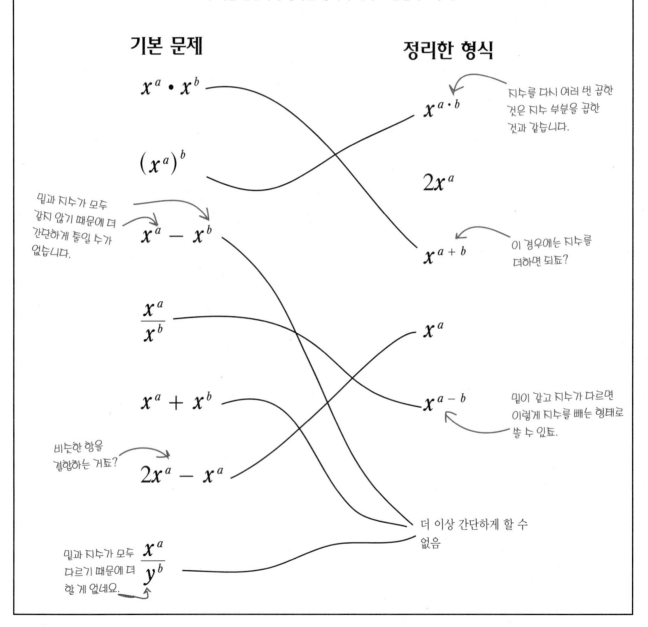

기본 문제

$$x^a \cdot x^b$$

$$(x^a)^b$$

밑과 지수가 모두 같지 않기 때문에 더 간단하게 풀일 수가 없습니다.

$$x^a - x^b$$

$$\frac{x^a}{x^b}$$

$$x^a + x^b$$

비슷한 항을 결합하는 거죠?

$$2x^a - x^a$$

밑과 지수가 모두 다르기 때문에 더 할 게 없네요.

$$\frac{x^a}{y^b}$$

정리한 형식

$$x^{a \cdot b}$$

지수를 다시 여러 번 곱한 것은 지수 부분을 곱한 것과 같습니다.

$$2x^a$$

$$x^{a+b}$$

이 경우에는 지수를 더하면 되죠?

$$x^a$$

$$x^{a-b}$$

밑이 같고 지수가 다르면 이렇게 지수를 빼는 형태로 쓸 수 있죠.

더 이상 간단하게 할 수 없음

계산기가 되어 봅시다

스스로 계산기가 되어 숫자를 계산해봅시다. 여기서 배운 음의 지수나 0승 같은 것들을 실전에 활용해 봅시다. 스스로 계산기가 되는 거니까 계산기를 쓰면 안 되겠죠?

지수가 0인 경우, 1인 경우 어떤 결과가 나오는지 기억나죠?

$$1467^0 + 1856^1 = \dots\dots\dots\dots$$

....

....

여러 단계를 거쳐야 할 수도 있으니 필요하면 등호를 여러 번 써도 돼요.

$$2^2 + 2^3 = \dots\dots\dots\dots$$

....

$$2^2 \cdot 2^3 = \dots\dots\dots\dots$$

이 문제는 두 가지 방식으로 풀 수 있을 것 같네요. 두 방법 모두 보여줄 수 있을까요?

$$\frac{5^7}{5^9} = \dots\dots\dots\dots$$
$$= \dots\dots\dots\dots$$

이 문제도 여러 방식으로 풀 수 있겠어요. 가능하면 두 가지 이상의 방법으로 풀어보세요.

$$\frac{1}{3^3} + \frac{1}{3^3} = \dots\dots\dots\dots$$

$$= \dots\dots\dots\dots$$

$$= \dots\dots\dots\dots$$

계산기가 되어봅시다

스스로 계산기가 되어 숫자를 계산해봅시다. 여기서 배운 음의 지수나 0승 같은 것들을 실전에 활용해 봅시다. 스스로 계산기가 되는 거니까 계산기를 쓰면 안 되겠죠?

지수가 0인 경우, 1인 경우 어떤 결과가 나오는지 기억나죠?

$$1467^0 + 1856^1 = \ ?$$
$$1 + 1856 = \quad 1857$$

밑과 지수가 전부 같진 않기 때문에 그대로 더할 수 없습니다.

그냥 거듭제곱을 계산한 후에 더하는 수밖에 없어요.

$$2^2 + 2^3 = \qquad 2\cdot2 + 2\cdot2\cdot2 = 4 + 8 = 12$$

이 두 항은 밑은 같고 지수가 다른데, 곱할 때는 이것도 괜찮습니다.

지수끼리 곱할 때는 이렇게 지수들을 더할 수 있습니다.

$$2^2 \cdot 2^3 = \qquad 2^{2+3} = 2^5 = 32$$

지수끼리 뺄셈을 하는 게 중요합니다.

꼭 이렇게 해야 하는 건 아니지만 몇 가지 방법을 보여드리자면 이렇습니다.

$$\frac{5^7}{5^9} = \qquad 5^{7-9} = \frac{1}{5^2} = \frac{1}{25}$$

지수가 음수라면 분모로 보내면 됩니다(분수 형태로 써도 되고 소수점 밑으로 내려가도 돼요).

$$= \qquad 5^{7-9} = 5^{-2} = 0.04$$

음의 지수가 나오죠?

분수를 음의 지수가 음인 거듭제곱 형태로 썼습니다. 밑과 지수가 모두 같으니 비슷한 항이죠?

이 문제도 여러 방식으로 풀 수 있겠어요.

$$\frac{1}{3^3} + \frac{1}{3^3} = \qquad 3^{-3} + 3^{-3} = 2(3^{-3}) = 2\left(\frac{1}{3^3}\right) = \frac{2}{27}$$

분수 형태의 비슷한 항으로 보고 더한 다음 정리해도 되겠죠?

$$= \qquad \frac{2}{3^3} = \frac{2}{27}$$

먼저 1/27 같은 식으로 고쳐쓴 다음 더해도 괜찮습니다.

$$= \qquad \frac{1}{27} + \frac{1}{27} = \frac{2}{27}$$

 # 낱말퀴즈 정답

1. 밑과 지수가 모두 같은 지수 항은 <u>비슷한 항</u>입니다.

2. 지수가 음이면 그 지수 항을 분수의 <u>분모</u>로 쓸 수 있습니다.

3. 지수를 <u>거듭제곱</u>이라고도 부릅니다.

4. 밑을 거듭해서 곱할 회수를 <u>지수</u>라고 합니다.

5. 분수 지수는 <u>제곱근</u>과 같습니다.

6. 지수는 <u>곱셈</u>을 줄여서 쓰는 형식입니다.

7. 어떤 수든 1승을 하면 <u>자신</u>이 됩니다.

8. 어떤 수든 0승을 하면 값이 <u>1</u>이 됩니다.

9. 지수항에서 여러 번 곱할 값을 <u>밑</u>이라고 부릅니다.

10. 지수의 밑을 구할 때는 <u>제곱근</u>을 이용합니다.

대수학 도구상자에 들어갈 도구

이번 장에서는 식을 다룰 때 반드시 이해해둬야 할
수의 성질에 대해서 살펴보았습니다.

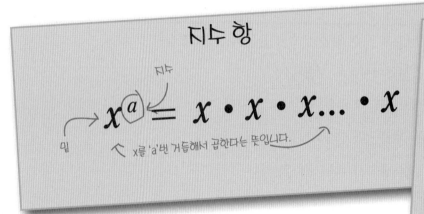

지수 항

지수

밑 $x^{\boxed{a}} = x \cdot x \cdot x \dots \cdot x$

x를 'a'번 거듭해서 곱한다는 뜻입니다.

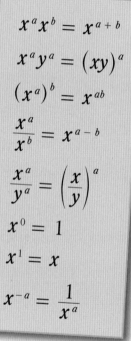

$$x^a x^b = x^{a+b}$$

$$x^a y^a = (xy)^a$$

$$(x^a)^b = x^{ab}$$

$$\frac{x^a}{x^b} = x^{a-b}$$

$$\frac{x^a}{y^a} = \left(\frac{x}{y}\right)^a$$

$$x^0 = 1$$

$$x^1 = x$$

$$x^{-a} = \frac{1}{x^a}$$

밑이 같은 경우, 다른 경우의 일반적인
지수 계산 방법입니다.

핵심정리

- 지수는 곱셈을 **여러 번 반복**하는 것을 줄여 쓴
  식입니다.

- 곱할 수를 **밑**이라고 부릅니다.

- 밑을 곱할 회수를 **지수**라고 부릅니다.

- **지수** 항을 **더하거나 뺄 때**는 **밑**과 지수가 모두 **같아야**
  합니다.

- 밑과 지수가 모두 같은 항을 더하거나 뺄 때는 비슷한
  항을 결합하는 것과 **같은 방법**으로 합니다.

- 밑이 같은 지수 항을 **곱할 때**는 **지수끼리 더해주면**
  됩니다.

- 밑이 같은 지수 항을 **나눌 때**는 **지수끼리 빼주면**
  됩니다.

- 지수 항을 **다시 거듭제곱**할 때는 (지수의 지수)
  지수끼리 곱해주면 됩니다.

- 지수를 다루는 규칙은 **수**든 **변수**든 똑같이 적용됩니다.

5 그래프 그리기

백문이 불여일견

이 사진 한 장으로 미소만 찍는 게 아니죠. 어떤 게 나오는지 한 번 보세요.

때로는 식만 가지고는 부족할 수도 있습니다.

식을 보고는 '그나저나 이 식이 무슨 의미가 있다는 거지?'라는 생각을 한 적이 있나요? 그럴 때는 식을 **시각적**으로 표현해봐야 할 수도 있습니다. 그래프가 바로 이런 데 쓰라고 있는 거죠. **그래프**를 그려보면 식을 그냥 읽는 게 아니고 **볼** 수 있으니까요. 그래프를 보고 돈이 언제 떨어질지, 새 차를 살 돈을 모으는 데 얼마나 걸릴지 같은 **중요한 점**을 파악할 수 있습니다. 그래프의 힘을 빌리면 식을 바탕으로 **중요한 결정**을 내릴 수 있습니다.

에드워드의 잔디깎이 사업을 도와줍시다

에드워드는 몇 년 전부터 잔디를 깎고 나무를 다듬는 사업을 하고 있습니다.

지금은 이런 식으로 사업을 하고 있습니다.

✳ **잔디밭 한 군데당 $12씩 받습니다.**

✳ **현재 매주 일곱 곳의 잔디를 깎습니다.**

✳ **각 잔디밭은 매주 한 번씩 깎습니다.**

✳ **대금은 매주 받습니다.**

에드워드

⦚⦚⦚⦚⦚⦚ 에드워드 잔디깎이 서비스 ⦚⦚⦚⦚⦚⦚

에드워드는 장기적으로 사업을 확장하기 위해 필요한 장비 목록을 적어보았습니다. 언제쯤이면 각 장비를 살 수 있을지 알고 싶어 하네요.

✿ 날 갈이: $336

✿ 원예용 재단기: $168

✿ 자루 담기 옵션: $504

에드워드는 더 좋은 장비를 갖추고 싶어서 안달이 났습니다.

> 혹시 도와줄 수 있나요? 계획을
> 세워야 하는데 어떻게 해야 하는지
> 모르겠어요.

에드워드는 미래에 재무 상태가 어떻게 될지 '보고' 싶습니다.

언제쯤이면 장비를 구매할 수 있을지 계획을 세우고, 고객을
얼마나 많이 확보해야 할지, 재무를 어떻게 정리할지 결정하도록
우리가 도와줘야 할 것 같습니다.

현재 소득, 고객 수, 사고 싶은 물건 등에 대한 정보는 이미
확보했습니다. 이제 식만 세우면 되겠네요.

브레인 바벨

에드워드의 애칭이죠!

에드가 알려준 정보를 가지고 앞으로 몇 주, 몇 달 동안
예상되는 소득을 일반 식으로 표현해볼까요?

현금 자산은 'C'로,
투 두는 't'로 적어주세요.

....

....

....

....

일단 여기서 할 수 있는 데까지 한
후에 다음 페이지로 넘어가세요.

브레인 바벨 정답

에드가 알려준 정보를 가지고 앞으로 몇 주, 몇 달 동안
예상되는 소득을 일반 식으로 표현해볼까요?

에드가 일정 기간 동안 번 돈을
'C'라고 해봅시다.

이 부분이 바뀔 수 있습니다.
여기에서는 't'라고 해보죠.

↳ 에드가 가진 현금 = 매주 깎는 잔디밭 수 곱하기 잔디밭 한 군데당 받는 돈 곱하기 주 수

정해진 값이죠? 잔디밭 한
군데당 $12씩 받고, 일곱 개의
잔디밭을 관리하고 있습니다.

$$C = (7 \cdot 12)t$$

$$C = 84t$$

이제 언제든 현금이 얼마 있는지 알 수 있습니다.

방금 만든 일반 방정식에는 변수가 두 개 있기 때문에 두 가지 방식으로 활용할
수 있습니다. 시간이 주어져 있을 때 얼마를 벌었을지 알고 싶다면 시간(주 수)
을 t 자리에 넣고 C를 구하면 됩니다. 반대로 액수가 주어졌을 때 시간이 얼마나
걸릴지 알고 싶다면 C 값을 넣은 다음 t를 구하면 됩니다.

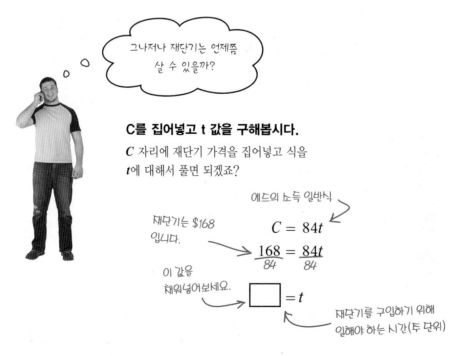

그나저나 재단기는 언제쯤
살 수 있을까?

C를 집어넣고 t 값을 구해봅시다.

C 자리에 재단기 가격을 집어넣고 식을
t에 대해서 풀면 되겠죠?

에드의 소득 일반식

$$C = 84t$$

재단기는 $168
입니다.

$$\frac{168}{84} = \frac{84t}{84}$$

이 값을
해워넣어보세요.

$$\boxed{} = t$$

재단기를 구입하기 위해
일해야 하는 시간(주 단위)

정답: 2

우와. 좋군요. 근데 날 갈이랑 자루 담기 옵션은 어떡하죠? 언제쯤이면 그런 걸 사서 쓸 수 있을지도 알고 싶어요.

연필을 깎으며

날 갈이하고 자루 담기 옵션을 몇 주 일한 돈을 모으면 살 수 있을지 알 수 있도록 식을 세워봅시다. 에드가 계획을 세우는 데 도움이 될 거예요.

날 갈이:

....

....

....

....

자루 담기 옵션:

....

....

....

....

연필을 깎으며
정답

날 갈이하고 자루 담기 옵션을 몇 주 일한 돈을 모으면 살 수 있을지 알 수
있도록 식을 세워봅시다. 에드가 계획을 세우는 데 도움이 될 거예요.

날 갈이:　　　날 갈이는 $336이니까 C에 336을 대입하면 됩니다.

$$C = 84t$$

앞에서 한 거랑 똑같이 하면 되죠?
에드가 모아야 하는 현금 액수를 대입
하고 두 수, t에 대해서 풀면 됩니다.

$$\frac{336}{84} = \frac{84t}{84}$$

4주 동안 돈을 모으면 날
갈이를 살 수 있겠네요.

$$4 = t$$

자루 담기 옵션:　　　자루 담기 옵션은 비싸네요. $504입니다.

여기서도 마찬가지로 C에 504를 대입합니다.

$$C = 84t$$

$$\frac{504}{84} = \frac{84t}{84}$$

자루 담기 옵션은 $504로 제일
비싼 만큼 제일 오래 걸리네요.

$$6 = t$$

와, 멋져요? 답이 다 나왔네요. 모서리 다듬는 기계나 새 날
등등등 다른 걸 사야 할 때 다 똑같은 식으로 풀면 되겠네요.
근데 이런 걸 매번 반복해야만 하나요?

답을 바로 '보여줄' 수는 없을까요?

어떤 악세사리 가격을 찾아보기만 하면 그 액수에 해당하는 t 값을 바로 확인할 수 있는 방법은 없을까요? 이렇게 식이 주어졌을 때 '이 값에 대한 결과' 같은 걸 바로바로 보여줄 수 있는 방법이 있습니다. **그래프**를 쓰면 어떤 식이 있을 때 가능한 모든 점을 그려놓고 필요할 때마다 각각의 점들을 바로 확인할 수 있습니다.

그러면 시간이 얼마 지나면 에드가 얼마를 모을 수 있는지, 어떤 물건을 사려면 얼마 동안 돈을 모아야 하는지 같은 정보를 바로바로 확인할 수 있죠. 방정식을 매번 새로 풀지 않고도 말입니다. 우리가 알고 있는 정보를 가지고 모눈종이 위에 그래프를 그려볼까요?

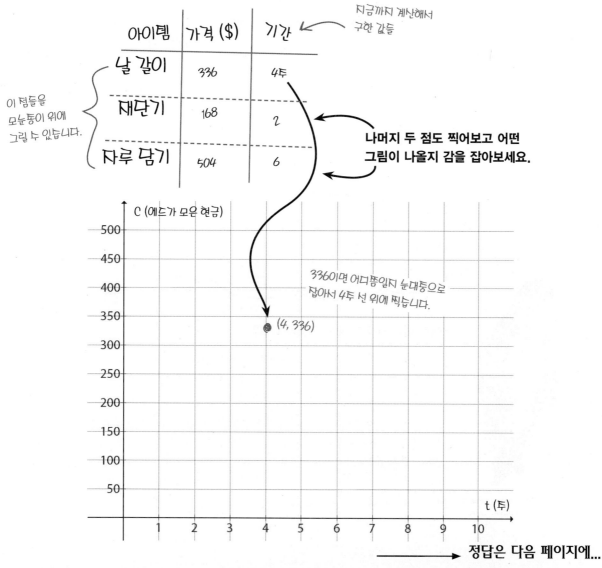

지금까지 계산해서 구한 값들

아이템	가격 ($)	기간
날 갈이	336	4투
재단기	168	2
자루 담기	504	6

이 점들을 모눈종이 위에 그릴 수 있습니다.

나머지 두 점도 찍어보고 어떤 그림이 나올지 감을 잡아보세요.

C (에드가 모은 현금)

336이면 어디쯤일지 눈대중으로 잡아서 4투 선 위에 찍습니다.

(4, 336)

t (투)

정답은 다음 페이지에...

點을 이어봅시다

이제 에드의 현금 패턴을 눈으로 <u>볼 수</u> 있습니다

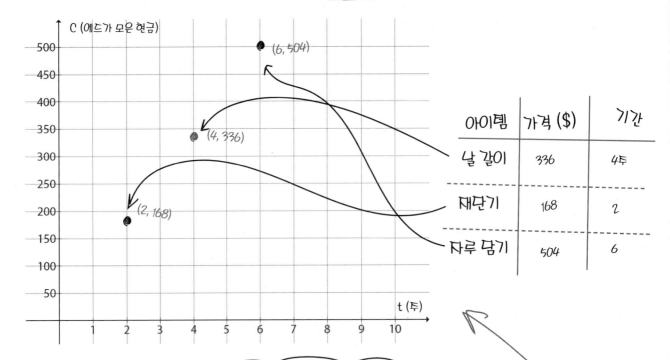

아이템	가격 ($)	기간
날 갈이	336	4투
재단기	168	2
자루 담기	504	6

이렇게 점을 찍는 게 어떻게 도움이 되는 거죠?
예를 들어 에드가 $245짜리 물건을 사려면 얼마 동안 돈을
모아야 할지 어떻게 알 수 있죠?

아직 점이 안 찍힌 곳은 어떻게 하죠?

모눈종이 위에 점을 찍지 않은 곳의 값도 구해야 합니다. 지금까지 찍은 점들을 보면 뭔가 한 직선을 이룰 것 같아 보이지 않나요? 이 점들을 선으로 이어주면 다른 *C*와 *t* 값을 알아낼 수 있을 겁니다.

에드가 사고 싶어 하는 $245짜리 노이즈 캔슬링 이어폰을 사려면 얼마 동안 돈을 모아야 할지 알고 싶다면 선을 그은 다음 그 선이 $245를 지나는 점을 찾아보면 되겠죠?

점을 모두 잇는 선을
똑 그어보세요.

그래프는 전체적인 관계를 보여줍니다

앞에서 점만 찍은 그림 위에 선을 그어주면 **C** (에드가 모은 현금)와 **t** (돈을 모은 기간) 사이의 관계를 볼 수 있습니다.

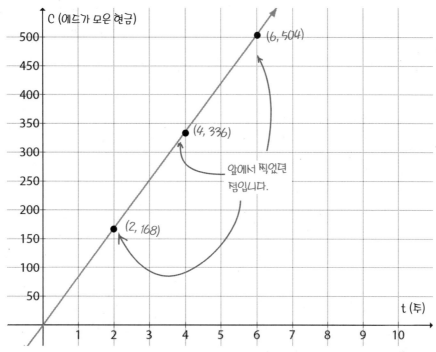

전체 관계를 다루기 위해 추가로 필요한 게 있습니다.

C와 **t** 사이의 관계를 나타내는 방정식도 있습니다.

$$C = 84t$$

위에 그려놓은 것을 **방정식의 그래프**라고 부릅니다. 방정식을 보여주고 **C**와 **t** 사이에 어떤 관계가 있는지 살펴볼 수 있게 해주죠.

이 그래프는 방정식의 **추세**를 보여주는 역할도 합니다. 관계가 일반적으로 어떻게 진행되는지 보여주는 거죠. 에드의 그래프는 올라가는 추세를 가집니다. 잔디 깎는 돈을 모으는 기간이 길어질수록 돈이 더 많이 모이는 거죠.

이제 에드는 뭔가를 사고 싶을 때 필요한 **C** 값만 살펴보면 됩니다. 그러면 몇 주 동안 일해서 돈을 모아야 할지 바로 찾아볼 수 있죠.

계획을 세워봅시다

재무 계획을 세워주는 사람이 되어볼까요? 에드의 현금 흐름 그래프를 가지고 언제쯤 원하는 물건을 살 수 있을지 알아내는 겁니다. 이번에는 계산을 안 해도 됩니다. 그래프만 보면 답을 알 수 있으니까요.

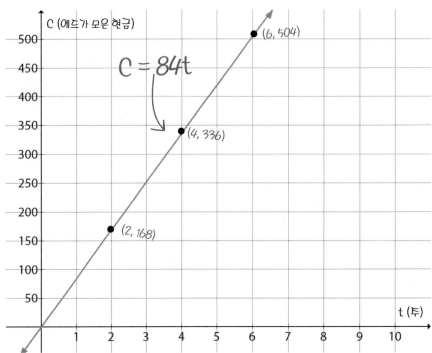

$245짜리 노이즈 캔슬링 이어폰을 사려면 얼마 동안 돈을 모아야 할까요?

정확한 눈자를 구할 필요는 없습니다.
제일 가까운 눈자를 찾아보세요.

....

에드는 잔디깎기 날을 새로 살까 생각 중입니다. $375인데 얼마나 걸릴까요?

....

....

182 *Chapter 5*

바보 같은 질문이란 없습니다

Q: 방정식의 그래프는 선인가요 아니면 점인가요?

A: 둘 다입니다. 선은 무한히 많은 점으로 이루어집니다. 에드를 위해서 계산했던 점들은 방정식의 변수 사이의 관계 가운데 몇 가지를 보여주는 것이었죠. 선을 다 그려주면 전체 방정식의 그래프가 됩니다.
방정식과 그래프는 모두 변수 사이의 관계를 보여줍니다. 이 경우에는 C와 t가 변수죠. 그래프와 방정식은 같은 것을 다른 식으로 보여준 거라고 할 수 있습니다.

Q: 모눈종이에서 정확한 점 위에 올라가지 않는 경우에 점을 어떻게 찍어야 할까요?

A: 너무 스트레스 받을 필요는 없습니다. 축(그래프에서 모눈종이의 어떤 선이 어떤 값인지를 보여주는 숫자가 적혀 있는 선) 위에 있는 숫자를 보고 찍고자 하는 점이 어떤 위치에 있어야 할지 어림잡아서 찍으면 됩니다. 일관성만 잘 지켜준다면 쓸 만한 그래프를 그릴 수 있습니다.
그리고 모든 그래프가 에드의 그래프처럼 커야 하는 건 아닙니다. 에드는 꽤 장기 계획을 세웠기 때문에 그래프도 크게 그렸지만, 예를 들어 0에서 10까지만 그리면 된다면 작은 치역 안에서 더 정확하게 그릴 수도 있습니다.

Q: 추세에 대해서 좀 더 설명해주실래요?

A: 추세는 그냥 선이 가는 일반적인 방향이라고 보면 됩니다. 그래프가 위쪽으로 올라가면, 한 변수가 커지면 다른 변수도 커진다는 뜻이죠. 선이 아래로 내려가면 한 변수가 커질 때 다른 변수가 작아지는 겁니다.

Q: 가로축하고 세로축을 보고 어느 쪽에 어떤 값을 적어야 할지 어떻게 알 수 있죠?

A: 보통 각각의 축에 '시간', '주 수', '에드가 모은 현금 액수' 같은 레이블을 붙입니다. 그걸 보고 어느 값을 어느 축 쪽에 찍어야 할지 알 수 있죠.
레이블이 없다면 직접 붙이면 됩니다. 방정식이 x, y라는 변수로 되어 있다면 x는 가로축, y는 세로축으로 잡으면 됩니다. 변수가 다를 수도 있는데, 일단 이 책을 조금 더 읽어보세요. 선형 방정식의 구조를 파악하는 방법을 배울 텐데, 그러고 나면 어떤 변수가 x 역할을 하는지, 즉 가로축으로 가야 할지 파악할 수 있을 겁니다.

Q: 어떤 변수를 쓰든 그래프로 보여줄 수 있나요?

A: 방정식의 경우와 마찬가지로 어떤 변수든 쓸 수 있습니다. x와 y를 주로 많이 사용하고, x는 가로축, y는 세로축에 표시하는 경우가 대부분입니다. 하지만 어떤 변수든 마음대로 써도 괜찮습니다.

Q: 항상 점을 먼저 찍어야 하나요? 아니면 바로 선을 그을 수도 있나요?

A: 항상 점을 먼저 찍어야 하는 건 아닙니다. 계산을 전혀 하지 않고도 그래프를 그리는 방법을 배울 겁니다. 식만 보고 바로 그래프를 그릴 수도 있습니다. 하지만 그 전에 몇 가지 정보를 더 파악해야 합니다.

그래프와 방정식은 두 변수 사이의 관계를
바라보는 서로 다른 방법에 불과합니다.

계획을 세워봅시다 정답

재무 계획을 세워주는 사람이 되어볼까요? 에드의 현금 흐름 그래프를 가지고 언제쯤 원하는 물건을 살 수 있을지 알아내는 겁니다. 이번에는 계산을 안 해도 됩니다. 그래프만 보면 답을 알 수 있으니까요.

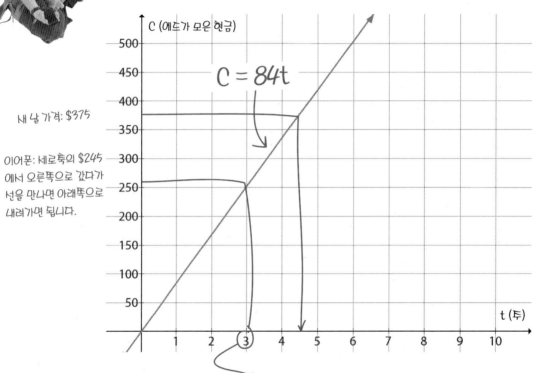

새 날 가격: $375

이어폰: 세로축의 $245 에서 오른쪽으로 갔다가 선을 만나면 아래쪽으로 내려가면 됩니다.

$245짜리 노이즈 캔슬링 이어폰을 사려면 얼마 동안 돈을 모아야 할까요?

3주

에드는 잔디깎기 날을 새로 살까 생각중입니다. $375인데 얼마나 걸릴까요?

4주-5주 사이. 실제로는 5주 정도 후에 살 수 있을 것으로 보입니다.

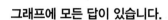

와, 좋아요. 이제 미래를
예측하고 사업 확장 계획을
세워볼 수 있겠어요.

그래프에 모든 답이 있습니다.

이제 그래프만 보면 언제쯤 뭘 살 수 있을지 알 수 있습니다.
본격적으로 잔디 깎는 철이 시작되면 돈을 모아서 새로운
장비를 살 수 있겠어요.

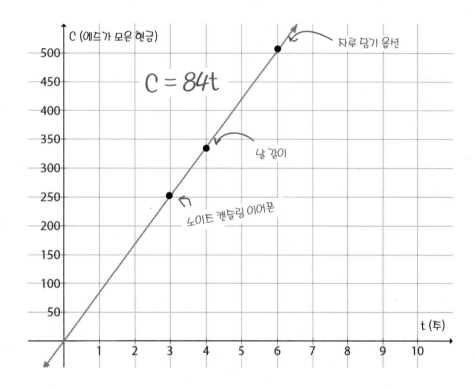

그런데 상황이 바뀔 수도 있습니다. 이상한 잡초를

깎다가 다리를 다친다든가 하는 식으로 말이죠...

달려가다가 구멍에 발이 빠져서 다리가 부러졌어요. 기브스를 풀려면 10주는 걸린다네요. 하지만 그래도 잔디는 깎아야 돼요.

하청을 줘야만 합니다.

아직 여름이 한참 남았는데 고객을 전부 잃을 수는 없습니다. 이제 3주 일했는데 10주 동안 일을 못 하게 됐어요. 다행히도 형이 잔디밭 하나당 $19에 깎아주기로 했습니다.

상황이 급한 걸 알아서 그런지 비싸게 부르네요.

에드가 받는 돈은 잔디밭 하나당 $12 밖에 안 되지만 워낙 다급한 상황이기 때문에 자기 돈을 들여서라도 그냥 하청을 주기로 했습니다.

지금은 3주 정도 버틸 돈이 있습니다.

새로운 상황, 새로운 방정식

지금 은행에 얼마나 있는지, 형한테 얼마 동안 하청을 줄 수 있을지 따져봐야 합니다. 잔디밭 하나당 에드는 $12, 형은 $19씩 받으니까 깁스를 풀 때까지 매주 잔디밭 하나당 $7씩 들어갑니다.

● **형한테 돈을 주고 대신 고객들을 계속 붙잡아둘 수 있을까요?**

10주 동안 돈을 벌기는 커녕 돈을 더 써야만 하는 새로운 상황에 맞는 그래프를 새로 그려주세요.

● **깁스를 풀기 전에 돈이 바닥나지 않을까요?**

10주만 버티면 되지만 돈이 아주 많은 게 아닙니다. 10주 후에는 얼마나 남아 있을까요?

연습문제

에드가 회복할 동안 버티기 위한 계획을 세워봅시다. 에드가 가지고 있는 돈, 형한테 대신 일을 시키기 위해 필요한 금액, 에드가 10주 동안 버틸 수 있는지 등을 알아봐야 합니다.

에드의 은행 잔고를 방정식으로 세워보세요.
잔고 = 모아둔 돈 + 누입 - 형한테 줄 돈

잔고는 C로 쓰면 됩니다. 그 외에
에드가 모아뒀던 금액, 그리고 앞으로
쓰게 될 돈 등을 알아야 합니다.

에드는 얼마 동안 버틸 수 있을까요?

C=0이 되면 돈이 바닥나겠죠?

10주 동안 버틸 수 있을까요?   **예**   **아니오**

깁스를 풀기 전까지 버틸 수 없다면, 깁스를 풀 무렵이면 빚이 얼마나 될까요?

그냥 생각해보세요. 정확한 값을 제시할 필요는 없습니다.

연습문제
정답

에드가 회복할 동안 버티기 위한 계획을 세워봅시다. 에드가 가지고 있는 돈,
형한테 대신 일을 시키기 위해 필요한 금액, 에드가 10주 동안 버틸 수 있는지 등을 알아봐야 합니다.

에드의 은행 잔고를 방정식으로 세워보세요.

잔고 = 모아둔 돈 + 수입 - 형한테 줄 돈

잔고는 C

3주 동안 $7·12만큼
벌었으니까 3·7·12=252입니다.

84t

형한테 줄 돈 = 19·7=133
매주 133t씩 나갑니다.

이 값은 전에 구한 걸 그대로 씁니다.

$$C = 252 + 84t - 133t$$

$$C = 252 - 49t$$

에드는 얼마 동안 버틸 수 있을까요?

$$0 = 252 - 49t$$

C=0으로 놓고 이 방정식을 풀었을
때 t 값을 구하면 됩니다.

$$49t + 0 = 252 - 49t + 49t$$

소수점 밑으로 계속 가긴 하지만 그리
중요하진 않습니다. 몇 주 정도 필요한지만
알면 되니까 5라고 답해도 충분합니다.

$$\frac{49t}{49} = \frac{252}{49}$$

$$t = 5.142\ldots$$

10주 동안 버틸 수 있을까요?

예

아니오 ← 깁스를 풀기까지는 10주가 걸리니까 절반
정도밖에는 버틸 수가 없습니다.

깁스를 풀기 전까지 버틸 수 없다면, 깁스를 풀 무렵이면 빚이 얼마나 될까요?

아직 정답을 맞출 수 없어도 괜찮습니다. 그냥 생각해보세요.

대체 빚이 얼마나 될지 어떻게 알 수 있을까요?
혹시 그래프를 새로 그려줄 수 있나요?

그래프를
그려주세요!

새 방정식으로 그래프를 그려봅시다.

$$C = 252 - 49t$$
만약 $C = 0$이면 $t = 5.142$

선을 그으려면 점이 하나 더 필요합니다. 계산하기 쉽게 $t=0$으로 해볼까요?
일단 두 점을 찍고 나면 직선을 긋기만 하면 이 방정식의 그래프가 완성됩니다.

← 여기에 계산 및 풀이를
덕어두세요.

....

....

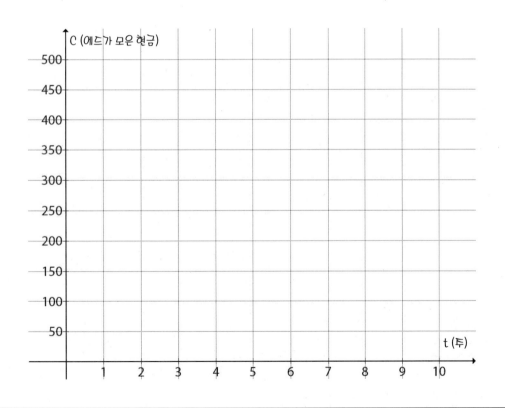

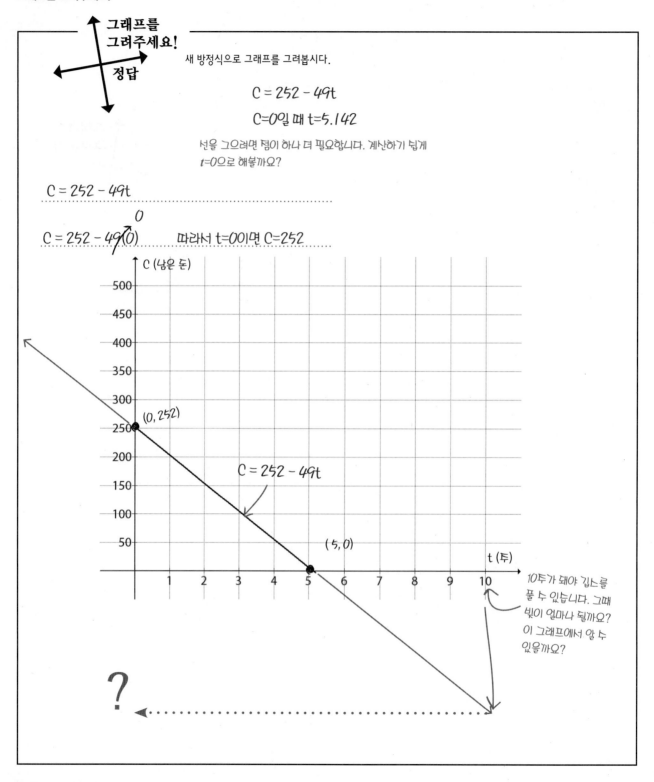

그래프를 그려주세요! 정답

새 방정식으로 그래프를 그려봅시다.

$$C = 252 - 49t$$

$$C=0일\ 때\ t=5.142$$

선을 그으려면 점이 하나 더 필요합니다. 계산하기 쉽게 $t=0$으로 해볼까요?

$C = 252 - 49t$

$C = 252 - 49(0)$ 따라서 $t=0$이면 $C=252$

C (남은 돈)

(0, 252)

$C = 252 - 49t$

(5, 0)

t (투)

10투가 돼야 깁스를 풀 수 있습니다. 그때 빚이 얼마나 될까요? 이 그래프에서 알 수 있을까요?

?

> 그래프를 확장해서 빚이 얼마나 될지 알아야 되죠?
> 지금은 빚을 지게 되는 상황이니까 C가 0보다
> 작아지겠네요.

데카르트 평면에서는 음수도 쓸 수 있습니다.

그래프를 그리다 보면 음수를 써야 할 때도 많습니다. 수학에서는 **데카르트 평면**을 거의 표준처럼 사용합니다. 데카르트 평면을 쓸 때는 가로축 세로축 모두 음수를 쓸 수 있습니다.

데카르트 평면은 아래와 같이 생겼습니다.

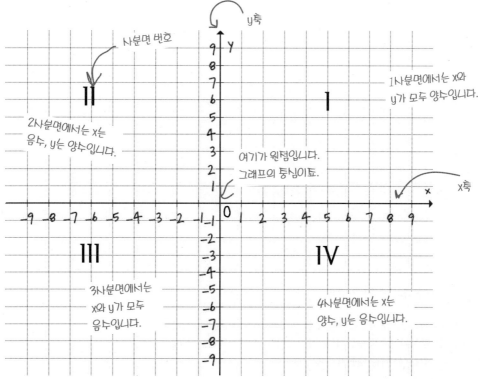

사분면 번호

y축

1사분면에서는 x와 y가 모두 양수입니다.

2사분면에서는 x는 음수, y는 양수입니다.

여기가 원점입니다. 그래프의 중심이죠.

x축

3사분면에서는 x와 y가 모두 음수입니다.

4사분면에서는 x는 양수, y는 음수입니다.

에드가 빚을 지는 상황에서는 음수가 필요합니다.

방정식을 데카르트 평면 위에 그려봅시다

처음에는 그래프를 **C**가 양수인 부분에서만 그렸지만 더 넓게 그릴 수도 있습니다. 에드의 그래프를 데카르트 평면 위에 그리면 필요한 모든 값을 읽을 수 있기 때문에 에드가 빚을 얼마나 지게 될지도 알 수 있습니다.

처음에 그래프를 그릴 때는 격자를 그리고 그 위에 아는 점을 찍었습니다. 각 점은 **순서쌍 형태**로 주어집니다. 한 숫자 뒤에 다음 숫자가 있는 형식이죠. 각 점을 (0, 252) 같은 식으로 쓰는 겁니다. 첫 번째 수는 수평 방향, 두 번째 수는 수직 방향 값을 나타내고, 괄호로 감싸서 그 두 수가 서로 연결되어 있다는 것을 표시합니다. 따라서 이 그래프에서 각 점은 (**t**, **C**)로 쓸 수 있습니다. 여기에서 **t**는 시간, **C**는 잔고를 나타내죠.

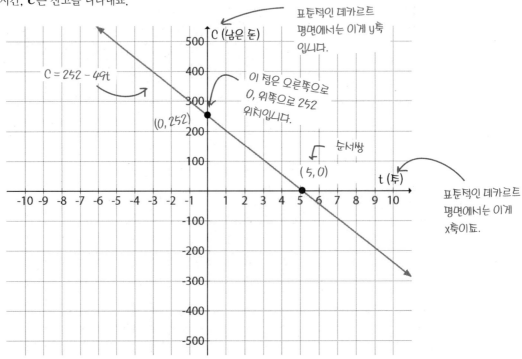

이 그래프에는 절편이 두 개 있습니다.

여기에 있는 에드의 잔고와 시간 사이의 관계와 같은 식으로 두 변수 사이의 관계를 표현하는 방정식을 **선형 방정식**이라고 부릅니다. 선형 방정식을 나타내는 직선에는 **x**축, **y**축과 만나는 점이 있는데, 이를 **절편**이라고 부릅니다.

C=0인 지점은 **t**절편입니다. 직선이 **t**축과 만나는 지점이죠. **t**=0인 점은 **C**절편입니다. 직선이 **C**축과 만나는 점이라서 이렇게 부릅니다. 보통 수평축과 수직축을 각각 **x**축, **y**축으로 부르기 때문에 **x**절편, **y**절편이라는 표현을 많이 볼 수 있습니다.

저렇게 다른 사분면까지 쭉 직선을 이어버려도 되나요? 그쪽에는 점을 찍어본 적도 없는데 말이죠.

직선은 끝없이 이어집니다.

방정식에서 두 점을 잡고 나면 그 두 점을 잇는 직선을 그을 수 있고, 선형 방정식의 그래프를 완성할 수 있습니다. 하지만 직선에는 끝이 없습니다. 다른 조건이 바뀌지 않는다면 영원히 갑니다. 무한히 말이죠.

두 점이 있으면 직선이 결정된다는 건 당연해보이긴 한데, 왜 그럴까요? 어떤 직선이 정해지기 위해서는 한 점과 방향이 정해져야 하기 때문이죠. 한 점만 있다면 그 점을 지나가는 직선을 무한히 많이 그릴 수 있습니다. 두 번째 점이 있으면 두 번째 점으로 가기 위한 방향까지 결정되죠.

직선의 그래프를 그리는 방법:

1 방정식을 만족시키는 점을 두 개 찍는다.

2 두 점을 지나가는 곧은 선을 그린다.

직선은 두 방향으로 무한히 뻗어가기 때문에 앞에서 찍은 두 점을 지나서 계속 뻗어가야 합니다.

3 직선의 양 끝에 화살표를 그린다.

그 직선이 그어진 부분뿐 아니라 무한히 뻗어나간다는 것을 표시하기 위해 화살표를 그립니다.

선형 방정식에 대하여...

선형 방정식이란 직선을 정의하는 방정식을 뜻합니다. 이 범주에 속하는 모든 방정식은 그래프를 그렸을 때 직선이 나오죠. 식을 보면 선형 방정식인지 아닌지 알 수 있는데, 우선 변수가 한 개 또는 두 개 있고, 변수의 지수는 1이며 모든 항은 상수이거나 상수와 변수 하나를 곱한 형식입니다.

방정식을 보고 그 식이 선형이라고 판단이 되면 두 점을 찍은 다음 직선을 그어주면 됩니다. 한 변수를 0으로 놓고 다른 변수 값을 구하면 한 점을 알 수 있습니다. 반대로 다른 변수를 0으로 놓은 다음 나머지 변수 값을 구해서 다른 점을 찾을 수 있죠. 이렇게 하면 두 절편을 찾을 수 있습니다. 이 두 절편을 잇는 직선을 그리면 그래프가 완성됩니다.

에드의 방정식도 선형입니다.

$$C = 252 - 49t$$

각각이 두 변수에 어떤 상수를 곱한 항이거나 그냥 상수 항입니다.

바보 같은 질문이란 없습니다

Q: 절편이 왜 그렇게 중요한가요?

A: 쉽거든요. 변수에 0을 집어넣으면 식을 계산하기가 쉽죠? x절편과 y절편은 모두 식의 한 변수에 0을 집어넣고 나머지 변수의 값을 계산하면 얻을 수 있는 값입니다. 그래프를 그리기 위한 점을 손쉽게 찍을 수 있죠.

Q: '값의 표'라는 용어를 종종 들었는데, 그게 뭔가요?

A: 그래프를 그리기 위한 점을 구하는 방정식을 푼 것을 정리한 게 바로 값의 표입니다. 보통 x 값의 열, y 값의 열이 있는 표와 방정식을 준비합니다. 적당한 x 값을 집어넣고 y 값을 구하거나 반대로 구하는 식으로 점을 결정합니다. 에드의 방정식을 가지고 그래프를 그릴 때 했던 것과 비슷한데 좀 더 정형화된 방식으로 하는 거죠.

값의 표를 사용하는 방식과 그냥 절편만 구하는 방식은 속도에서 차이가 납니다. 절편을 찾는 방법은 간단한 식 두 개만 풀면 되기 때문에 꽤 빠른 편이죠.

Q: 변수가 세 개인 방정식은 어떻게 되나요?

A: 3차원 그래프가 됩니다. 여기에서는 3차원 그래프는 다루지 않을 거예요. 대수학에서는 그런 유형의 그래프는 별로 신경 쓰지 않아도 됩니다.

Q: 그래프를 제대로 그렸는지 간단하게 확인하는 방법이 있나요?

A: 그럼요. 제일 쉬운 방법은 다른 점을 계산해보고 그 점이 직선 위에 있는지 확인해보는 거죠. 예를 들어 $x = -1$로 놓고 y 값을 구한 다음 그 y 값이 직선의 $x = -1$ 인 점의 값과 같은지 맞춰보면 됩니다. 안 맞으면 뭔가 잘못된 거겠죠?

Q: 격자를 왜 데카르트 평면이라고 부르는 거죠?

A: 이런 표준적인 형식의 격자는 1637년에 르네 데카르트라는 사람이 대수학과 기하학을 하나로 묶으면서 처음 만들었습니다. 대수학의 방정식으로 기술할 수 있는 (직선 같은) 도형을 만들 때 아주 유용하죠.

Q: 아까 사분면을 로마숫자(I, II, III, IV)로 적어놓았던데 왜 그런가요?

A: 그냥 수학자들이 그래프를 설명할 때 표준적으로 사분면은 로마 숫자로 쓰는 관행이 있어서 그렇습니다.

Q: 각 축을 나타내는 변수가 정해져 있나요?

A: 네. 보통 수평 방향 축을 x축이라고 하고, 수직 방향 축을 y축이라고 합니다. 하지만 꼭 x, y를 써야 하는 건 아닙니다. 에드의 방정식에서는 C와 t를 썼는데, 그렇게 써도 문제는 없어요.

데카르트 평면은 두 변수 사이의 관계를 보여주는 방법이 불과합니다. 방정식에서 변수를 x, y로 바꿔도 되고 그래프의 축의 레이블을 바꿔도 괜찮습니다.

핵심정리

- 그래프에서 일반적으로 수평 축은 x로, 수직 축은 y로 씁니다.

- 그래프에서 x축을 가로지르는 지점인 $(x, 0)$을 x절편이라고 부릅니다.

- x절편을 구하고 싶다면 $y = 0$으로 놓은 다음 x에 대해서 풀면 됩니다.

- 그래프에서 y축을 가로지르는 지점인 $(0, y)$를 y절편이라고 부릅니다.

- y절편을 구하고 싶다면 $x = 0$으로 놓은 다음 y에 대해서 풀면 됩니다.

- 순서쌍은 (x, y) 형태로 씁니다. 수평 축 값이 앞에 있고 수직 축 값이 뒤에 있습니다.

- 직선은 두 점으로 정의되며 무한히 이어집니다.

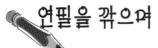 연필을 깎으며

데카르트 평면 전체에 그린 에드의 그래프를 보고 앞으로 10주 후에 에드가 질 빚이 얼마일지 예상해봅시다.

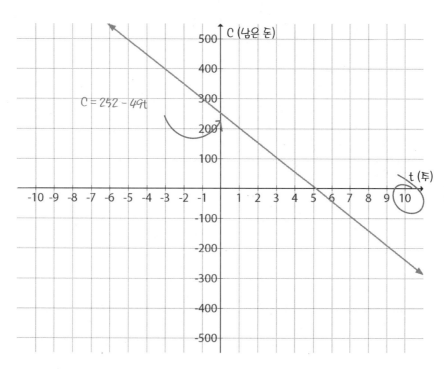

에드는 빚을 얼마나 지게 될까요?

$\hookleftarrow$ 그래프에서 바로 구해보세요.
···· 숫자를 아주 정확하게 구할 필요는 없어요. ·····

깁스를 풀고 나면 다시 매주 \$84씩 벌 수 있습니다. 빚을 다 갚는 데 얼마나 걸릴까요?

이 문제를 풀려면 에드의 원래 방정식,
$C = 84t$를 다시 써먹어야 합니다.

연필을 깎으며
정답

데카르트 평면 전체에 그린 에드의 그래프를 보고 앞으로 10주 후에 에드가 질 빚이
얼마일지 예상해봅시다.

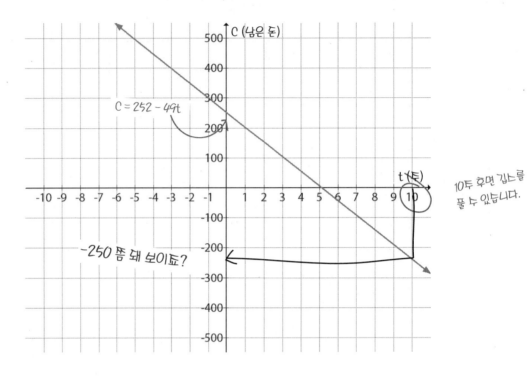

$C = 252 - 49t$

10주 후면 깁스를
풀 수 있습니다.

−250쯤 돼 보이죠?

에드는 빚을 얼마나 지게 될까요?

약 $250 정도 빚을 질 것으로 보입니다.

$C = 84t$

깁스를 풀고 나면 다시 매주 $84씩 벌 수 있습니다. 빚을 다 갚는 데 얼마나 걸릴까요?

$250 = 84t$

이번에는 $250를 모으는 데 걸리는 기간을
구해야 합니다. 전에 했던 것처럼 위 식에
$C=250$을 대입하고 방정식을 풀면 됩니다.

$$\frac{250}{84} = \frac{\cancel{84}t}{\cancel{84}}$$

3주 정도 되네요. 단단깎이 시튼을
시작하고 나서 (깁스를 하고 있던 시간을
합해서) 16주가 지나야 다시 본전을 찾을
수 있는 셈입니다.

$2.97\ldots = t$

3주면 그리 나쁘진 않네요. 이제 깁스도 풀었으니 손님도 더 많이 끌어모으고 못 번 걸 보충해야겠어요.

신규 고객을 유치해야 합니다.

에드는 그동안 못 번 걸 보충해야 합니다. 이제 6월로 접어들었고, 몸도 괜찮아졌으니 빚도 갚고 돈도 모아야죠. 새 고객에게 견적을 낼 때 쓸 견적서 양식도 새로 만들었습니다.

이제부터는 잔디밭 경사도에 초점을 맞추기 시작했습니다. 잔디밭이 많이 기울어져 있을수록 더 많이 받기로 했죠. 새로 만든 견적서 양식은 다음과 같습니다.

에드워드 잔디깎이 서비스
신규 고객 견적서

고객
이름 및
주소 _____

경사도는 어떻게 알 수 있을까요?

경사도

	가격
경사도 = 0	$12
경사도 > 0	$20
경사도 < 0	$15

총 비용 _____

에드는 잔디밭의 기울기를 알아내야 합니다

잔디밭의 가파른 정도를 일관성 있게 판단하기 위해서 측정 방식을 만들었습니다. 길가에서 시작해서 잔디밭의 몇 가지 주요 특징을 재보기로 했습니다. 그리고 그 값을 가지고 잔디밭의 **기울기**를 숫자로 표현해보기로 했습니다.

다음과 같은 식을 만들었습니다.

길가 기준으로 잰 높이 차이

$$\text{에드가 정한 기울기} = \frac{\text{높이 차}}{\text{수평 거리}}$$

수평 방향 거리

아래 그림에 있는 잔디밭의 기울기:
$$\text{기울기} = \frac{\text{높이 차}}{\text{수평 거리}} = \frac{\text{위로 } 10\,ft}{\text{옆으로 } 5\,ft} = 2$$

0보다 크기 때문에 새로운 가격 책정 방식에 따르면 $20입니다.

∿∿∿∿∿ 에드워드 잔디깎이 서비스 ∿∿∿∿∿
신규 고객 견적서

고객 이름 및 주소 _____

경사도		가격
	경사도 = 0	$12
	경사도 > 0	$20
	경사도 < 0	$15
	총 비용	$20

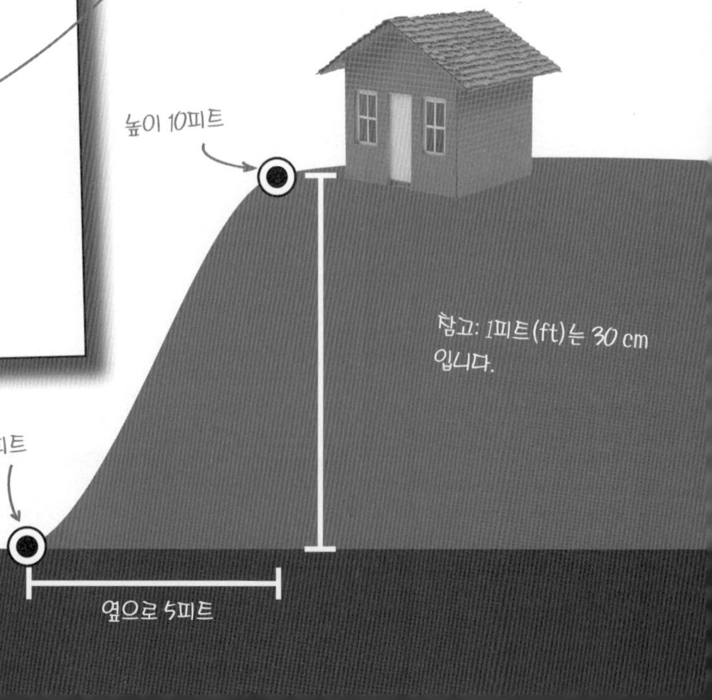

높이 10피트

참고: 1피트(ft)는 30 cm 입니다.

여기가 기준점인 길가입니다.

높이 0피트

옆으로 5피트

기울기를 구해봅시다

새 고객의 잔디밭의 기울기를 알아보고 가격을 어떻게 잡을지 알아봅시다.
기울기 = 높이 차를 수평 거리로 나눈 값입니다.

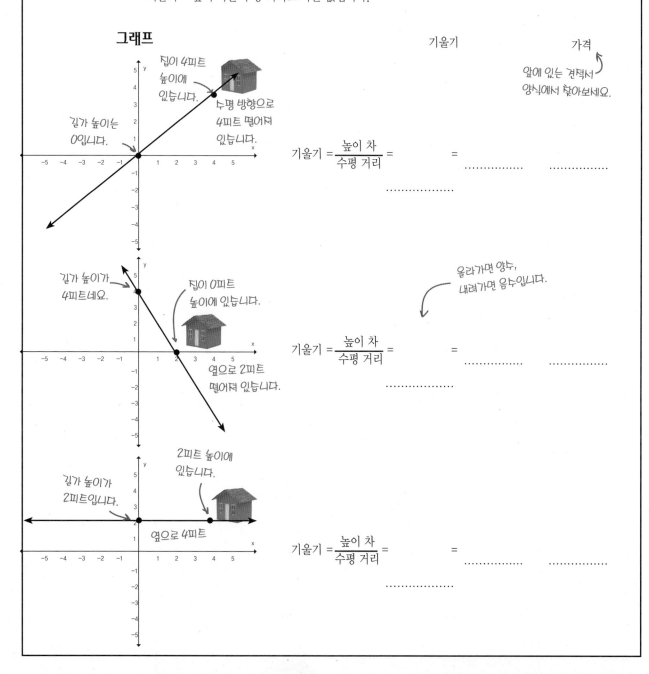

그래프

집이 4피트 높이에 있습니다.

길가 높이는 0입니다.

수평 방향으로 4피트 떨어져 있습니다.

기울기

기울기 $= \dfrac{높이\ 차}{수평\ 거리} =$ .... $=$ ....

....

가격

앞에 있는 견적서 양식에서 찾아보세요.

길가 높이가 4피트네요.

집이 0피트 높이에 있습니다.

옆으로 2피트 떨어져 있습니다.

올라가면 양수, 내려가면 음수입니다.

기울기 $= \dfrac{높이\ 차}{수평\ 거리} =$ .... $=$ ....

....

2피트 높이에 있습니다.

길가 높이가 2피트입니다.

옆으로 4피트

기울기 $= \dfrac{높이\ 차}{수평\ 거리} =$ .... $=$ ....

....

기울기를 구해봅시다 정답

새 고객의 잔디밭의 기울기를 알아보고 가격을 어떻게 잡을지 알아봅시다.
기울기 = 높이 차를 수평 거리로 나눈 값입니다.

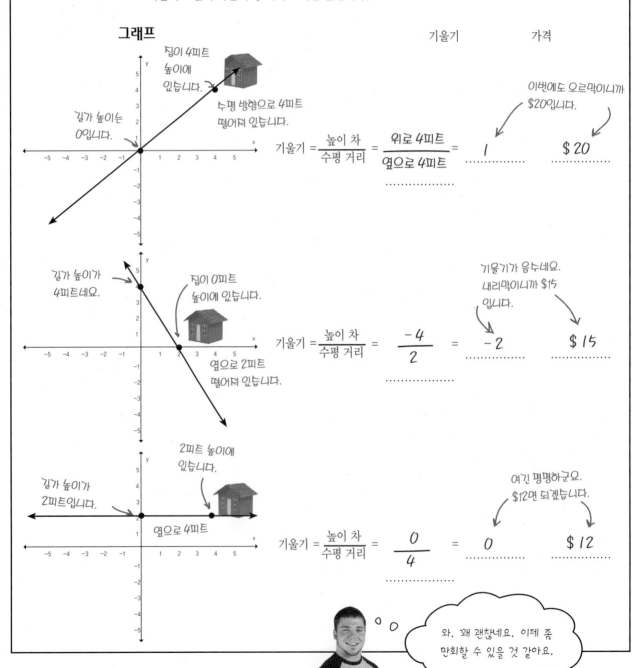

그래프   기울기   가격

집이 4피트 높이에 있습니다.

수평 방향으로 4피트 떨어져 있습니다.

길가 높이는 0입니다.

이번에도 오르막이니까 $20입니다.

$$기울기 = \frac{높이\ 차}{수평\ 거리} = \frac{위로\ 4피트}{옆으로\ 4피트} = \quad 1 \qquad\qquad \$\ 20$$

길가 높이가 4피트네요.

집이 0피트 높이에 있습니다.

옆으로 2피트 떨어져 있습니다.

기울기가 음수네요. 내리막이니까 $15 입니다.

$$기울기 = \frac{높이\ 차}{수평\ 거리} = \quad \frac{-4}{2} \quad = \quad -2 \qquad\qquad \$\ 15$$

2피트 높이에 있습니다.

길가 높이가 2피트입니다.

옆으로 4피트

여기 평평하군요. $12면 되겠습니다.

$$기울기 = \frac{높이\ 차}{수평\ 거리} = \quad \frac{0}{4} \quad = \quad 0 \qquad\qquad \$\ 12$$

와. 꽤 괜찮네요. 이제 좀 만회할 수 있을 것 같아요.

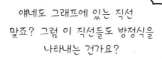

얘네도 그래프에 있는 직선
맞죠? 그럼 이 직선들도 방정식을
나타내는 건가요?

**그래프에 있는 직선은 항상 어떤 방정식을
나타냅니다.**

사실 직선 위의 한 점을 알고 그 직선의
기울기를 알면 그 직선의 방정식을 쓸 수
있습니다.

어떻게 그래요?
너무 쉬워 보이네요...

**방정식은 여러 가지 다른 형식으로 쓸 수 있습니다.
상황에 따라 제일 편한 형식을 쓰면 돼요.**

선형 방정식은 여러 다른 방법으로, 즉 서로 다른 형식으로
쓸 수 있습니다. **형식**에 따라 변수, 상수 연산자를 적는
순서가 달라집니다. 점 두 개를 기준으로 하는 형식도 있고
절편과 기울기를 기준으로 하는 형식도 있습니다.

하지만 선형 방정식을 어떤 형식으로 쓰든 모든 직선에는
기울기, 절편이 있고 **지수는 1보다 크지 않으며, 변수는 두
개**여야 합니다. 형식을 이해한다는 것은 방정식을 해석하는
방법을 알고, 서로 다른 방식으로 쓸 수 있다는 것을
뜻합니다.

점-기울기 형식의 선형 방정식

선형 방정식의 **점-기울기 형식**은 방정식을 **직선 위의 한 점**과 **직선의
기울기**로 표현하는 방식입니다. 따라서 직선의 기울기하고 직선 위의 한
점을 알면 바로 이 형식을 이용할 수 있습니다.

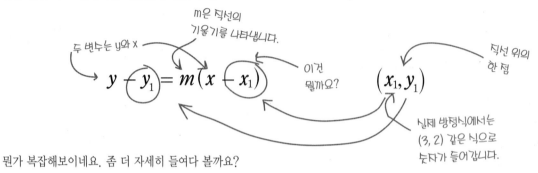

뭔가 복잡해보이네요. 좀 더 자세히 들여다 볼까요?

점-기울기 형식
톺아보기

점-기울기 방정식

$$y - y_1 = m(x - x_1)$$

좀 이상하게 생겼죠? 뭐가 변수고 뭐가 상수인지도 헷갈리고 말이죠. 이 조그만
숫자는 또 뭘까요?

오른쪽 아래 붙어있는 조그만 1 같은 것을 아래 **첨자**라고 부릅니다. 특정한 *x*, *y* 값이라는 걸
표시해주는 건데, 아래 첨자가 같으면 그 *x*와 *y*가 같이 붙어 다닌다는 뜻입니다. 순서쌍으로는
다음과 같이 쓸 수 있습니다.

$$\left(x_1, y_1 \right)$$

위 순서쌍은 직선 위의 한 점입니다. 절편일 수도 있겠지만 꼭 절편이어야 하는 것은 아닙니다.
어떤 점이든 직선 위에 있는 한 점을 알면 식을 쓸 수 있습니다.

그리고 이 점은 직선 위에 있는 정해진 점이기 때문에 변수가 아니고 상수로 표시됩니다. 이렇게
점-기울기 형식에서는 직선 위의 한 점을 나타내는 순서쌍의 두 수를 양 변에 집어넣는 식으로
식을 씁니다.

점과 기울기를 알면 어떻게 직선이 정해지나요?

기울기를 구하는 방법은 앞에서 이미 봤죠? 수직 변화량과 수평 변화량을 가지고 잔디밭의 경사도를 구한 것과 같은 방식입니다.

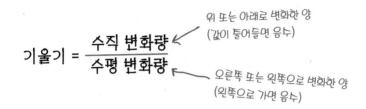

직선 위의 한 점을 이미 알고 있기 때문에 다음과 같이 직선을 그릴 수 있습니다.

1 **점 찍기**

점-기울기 방정식에 있는 한 점, (x_1, y_1)을 찍으면 됩니다.

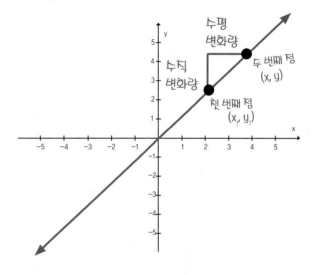

2 **기울기로부터 두 번째 점을 구해서 찍기**

수평 변화량, 수직 변화량을 가지고 다음 한 점 위치를 구해서 점을 찍을 수 있습니다.

3 **두 점을 이어서 직선 만들기**

Q: (x_1, y_1)은 아무 점이나 잡아도 되나요?

A: 네 직선 위에만 있으면 아무 점이나 잡을 수 있습니다. 에드는 잔디밭에 있는 두 점을 알기 때문에 둘 중에 한 점을 적당히 잡아서 점-기울기 형식의 방정식을 만들 수 있습니다.

Q: 기울기가 왜 그리 중요한가요?

A: 어떤 직선이든 기울기가 있습니다. x가 커질 때 y는 기울기가 음이라면 작아지고 양이라면 커진다는 것을 알 수 있습니다. 이런 성질은 변수를 다르게 써도 마찬가지입니다. 예를 들어 에드워드는 시간(t)이 지날수록 돈(C)을 더 많이 모을 수 있습니다. 그 방정식은 기울기가 양인 거죠.

Q: 점-기울기 형식의 방정식을 외워야 하나요?

A: 네. 외우기도 어렵지 않아요. 점-기울기 방정식은 기울기의 정의에서 바로 유도할 수 있습니다.

m은 기울기를 나타냅니다.

$$\text{기울기} = \frac{\text{수직 변화량}}{\text{수평 변화량}}$$

수직 변화량은 두 y 좌표 사이의 차입니다.

$$m = \frac{y - y_1}{x - x_1}$$

수평 변화량은 두 x 좌표 사이의 차입니다.

식을 고쳐 쓰면 다음과 같습니다.

$$y - y_1 = m(x - x_1)$$

조심하세요!

x_1, y_1은 부호가 반대입니다.

이 방정식에서 제일 까다로운 부분은 x_1, y_1을 빼야 한다는 겁니다. 즉 점-기울기 방정식에 더하기 기호가 있다면 점의 좌표값은 양수가 아니라 음수라는 거죠.

연필을 깎으며

점-기울기 방정식에 대해 배운 내용을 바탕으로 그래프를 그려보세요.

$$y + 1 = \frac{1}{2}(x + 8)$$

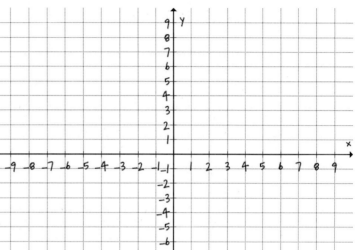

....
....
....
....
....
....

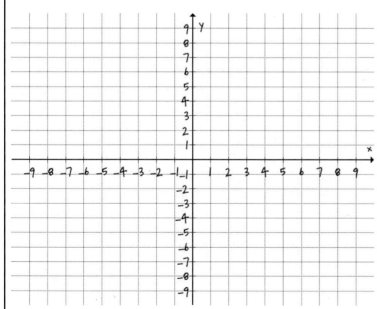

$$y - 3 = -\frac{2}{3}(x + 5)$$

....
....
....
....

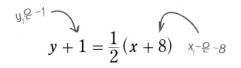

연필을 깎으며
정답

점-기울기 방정식에 대해 배운 내용을 바탕으로 그래프를 그려보세요.

y_1은 -1

$$y + 1 = \frac{1}{2}(x + 8)$$

x_1은 -8

위 식에서 주어진 점의 좌표는 $(-8, -1)$
입니다.

둘 다 방정식에서 더해져
있으니까 음수여야 합니다.

기울기는 $\frac{1}{2}$입니다.

$(x+8)$ 앞에 곱해진
값이 m입니다.

기울기는 위로 1, 오른쪽으로 2여야 합니다.

위로 한 칸,
오른쪽으로 두 칸

$(-6, 0)$

$(-8, -1)$

$y + 1 = \frac{1}{2}(x + 8)$

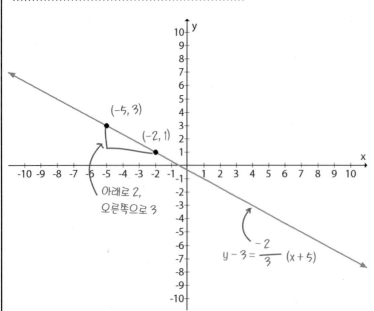

$(-5, 3)$

$(-2, 1)$

아래로 2,
오른쪽으로 3

$y - 3 = \frac{-2}{3}(x + 5)$

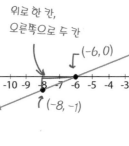

$x_1 = -5$

$$y - 3 = -\frac{2}{3}(x + 5)$$

$y_1 = 3$

위 식에서 주어진 점의 좌표는 $(-5, 3)$
입니다.

x 좌표는 더해져
있으니까 음수입니다.

기울기는 $\frac{-2}{3}$입니다.

즉 아래로 2, 오른쪽으로 3 기울어져 있는
거죠.

에드가 깎을 잔디요, 이제 방정식으로 만들 수 있나요?

물론이죠!

한 점과 기울기를 아니까 잔디밭의 방정식을
만들 수 있습니다.

식을 세워볼까요?

점–기울기 형식을 써볼까요?

지금 알고 있는 정보만 가지고도 별 계산 **없이** 잔디밭에 대한 방정식을 세울 수 있습니다.

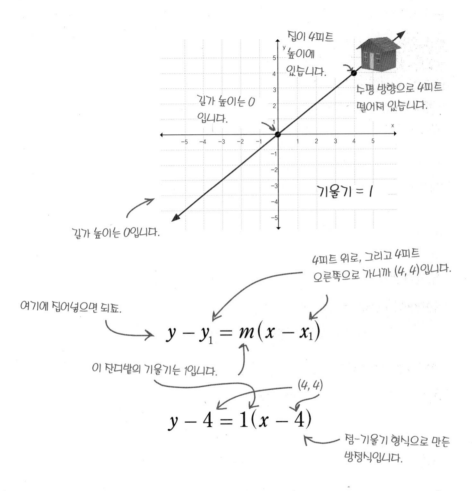

점과 기울기를 안다면 위와 같이 식을 세울 수 있습니다. 점–기울기 방정식 일반식으로 시작해서 m, x_1, y_1 을 대입하면 직선의 방정식이 나옵니다.

부호에 주의하세요. x_1이나 y_1이 음수면 음수를 일단 대입한 다음 식을 정리하면 됩니다. 그러면 식에서는 더해진 형태로 보이게 되겠죠?

연습문제 나머지 두 잔디밭에 대해서도 점-기울기 형식으로 직선의 방정식을 세워주세요.

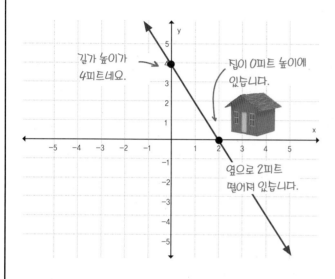

길가 높이가 4피트네요.

집이 0피트 높이에 있습니다.

옆으로 2피트 떨어져 있습니다.

사용할 점: ( )
....

기울기 = -2
....

점-기울기
방정식 일반형: $y - y_1 = m(x - x_1)$

잔디밭의 점-
기울기 방정식: ....

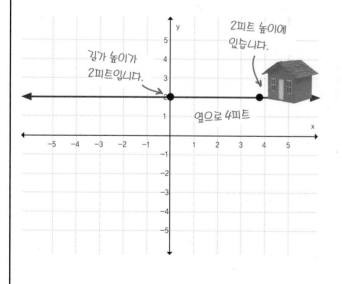

길가 높이가 2피트입니다.

2피트 높이에 있습니다.

옆으로 4피트

사용할 점: ( )
....

기울기 = 0
....

점-기울기
방정식 일반형: $y - y_1 = m(x - x_1)$

잔디밭의 점-
기울기 방정식: ....

나머지 두 잔디밭에 대해서도 점-기울기 형식으로 직선의 방정식을 세워주세요.

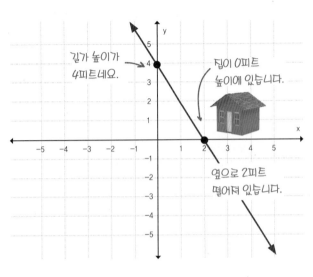

길가 높이가
4피트네요.

집이 0피트
높이에 있습니다.

옆으로 2피트
떨어져 있습니다.

길가에 있는 그래프 시작점입니다.

사용할 점: $(\; (0, 4) \;)$

기울기 = -2

점-기울기
방정식 일반형: $y - y_1 = m(x - x_1)$

잔디밭의 점-
기울기 방정식: $y - 4 = -2(x - 0)$

이 식을 단순화하면
$y - 4 = -2x$ 가 됩니다.

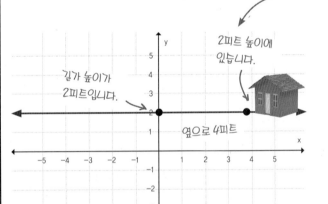

2피트 높이에
있습니다.

길가 높이가
2피트입니다.

옆으로 4피트

집이 있는
위치입니다.

사용할 점: $(\; 4, 2 \;)$

기울기 = 0

점-기울기
방정식 일반형: $y - y_1 = m(x - x_1)$

잔디밭의 점-
기울기 방정식: $y - 2 = 0(x - 4)$

어? 처음 보는 모양이네요.
뭔가 다른 방식으로 해야 할까요?

이제 어떻게 하죠? 기울기가 0이면 다 엉망이 되는 것 같아요.

기울기가 0이면 뭔가 이상해집니다.

기울기가 0인 경우처럼 점-기울기 형식으로는 직선을 제대로 표현할 수 없는 경우도 있습니다.

앞 페이지의 마지막 잔디밭도 분명히 직선이긴 한데, 이 직선을 식으로 표현할 수 있을까요? 이 방정식도 어떻게든 x와 y의 식으로 써야 할 텐데 기울기는 어떻게 될까요? 그냥 기울기가 0이어도 괜찮을까요?

수평선에 대해서는 다른 형식이 필요합니다.

평평한 잔디밭이 있습니다. 직선의 수직 변화량이 0이기 때문에 수평 변화량과는 상관 없이 기울기는 무조건 0이죠.

이런 수평 방향의 직선의 방정식은 사실 되게 쉽습니다. y 값이 (여기에서는 2로) 항상 일정하기 때문에 그냥 **다음과 같이 쓰면 됩니다.**

수평방향 직선은 기울기가 항상 0입니다.

$$y =$$

....

여기에 y 값을 적어두세요.

기울기가 0이면 x는 어떻게 되죠? 그냥 0인 건 아니잖아요?

x가 있긴 한데 계수가 0입니다. 어떤 변수의 계수가 0이면 그 변수는 없어지겠죠? 이 방정식은 다음과 같이 쓸 수도 있습니다.

$$y - 2 = 0x$$

여전히 이상하게 생겼죠? 다행히도 이런 경우에 더 잘 써먹을 수 있는 형식이 있습니다.

정답: 2

표준 형식의 방정식도 있습니다

선형 방정식의 형식 중에 **표준 형식**, 또는 **표준형**이라고 부르는 게 있습니다. 수평 방향 직선은 점-기울기 형식으로 쓰기는 좀 안 좋지만 대신 표준형 방정식을 쓸 수 있습니다. 표준형에는 **y**와 **x**가 모두 들어가고 직선의 기울기가 0이어도 문제 없이 쓸 수 있습니다.

$$ax + by = c$$

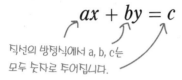

직선의 방정식에서 a, b, c는
모두 숫자로 투어집니다.

직선의 방정식이 y = 2 인 경우에 a와 b가
각각 얼마일까요?

이 형식에는 **m**이 없습니다. 즉 여기에 있는 문자 중에는 기울기가 없습니다. 그리고 **a**, **b**, **c** 모두 그래프와 직접적으로 연관되어 있지 않습니다. 따라서 이 형식은 그래프로 그리기가 쉽지 않습니다. 하지만 이 방정식에는 **어떤 유형의 직선**이든 처리할 수 있다는 장점이 있습니다.

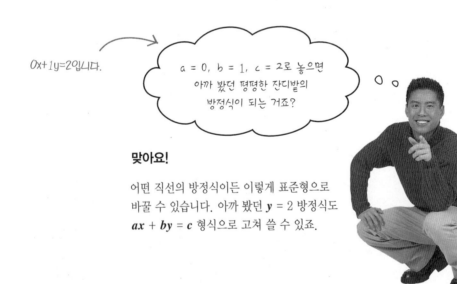

0x+1y=2입니다.

a = 0, b = 1, c = 2로 놓으면
아까 봤던 평평한 잔디밭의
방정식이 되는 거죠?

맞아요!

어떤 직선의 방정식이든 이렇게 표준형으로 바꿀 수 있습니다. 아까 봤던 **y** = 2 방정식도 **ax** + **by** = **c** 형식으로 고쳐 쓸 수 있죠.

이거 말고 또 다른 형식도 있나요?

하나 더 있습니다. 이 형식은 그래프 그릴 때 정말 좋아요.

마지막으로 남은 형식은 점-기울기 형식하고 비슷합니다. 여기에서도 한 점과 기울기를 사용합니다.

대신 이 형식에서는 y절편을 쓰기 때문에 **기울기-절편** 형식이라고 부릅니다.

기울기-절편 형식은 그래프를 그리기에 <u>좋습니다</u>

그리고 점-기울기 형식과 마찬가지로 기울기를 *m*이라는 상수로 표현합니다. 변수로는 여전히 *x*, *y*를 씁니다. 다른 부분은 절편인데, 기울기-절편 형식은 다음과 같이 생겼습니다.

전과 마찬가지로 m은 기울기를 나타냅니다.

여기에서도 기울기는 수평 변화량분의 수직 변화량입니다.

$$y = mx + b$$

y절편은 (0, b)이니까 직선과 y축이 만나는 부분의 y 값은 b입니다.

이 직선을 그릴 때는 (0, b)에 **y**절편을 찍고 앞에서 한 것과 마찬가지로 기울기 *m*을 가지고 두 번째 점을 구하면 됩니다.

요약 정리

· 기울기-절편 방정식

y = mx + b 형식의 선형 방정식. m은 직선의 기울기이고 b는 y절편의 y 좌표 값입니다.

y=mx+b

지금 여기예요 ▶ **213**

선형 방정식 톺아보기

점-기울기 형식

이 형식은 다용도로 쓰일 수 있습니다. 우선 찍을 점을 바로 확인할 수 있고 기울기도 별 계산 없이 알 수 있기 때문에 직선을 쉽게 그릴 수 있습니다.

하지만 이 식을 가지고 뭔가 계산할 때는 분배 법칙과 괄호식을 많이 써야 합니다. 상수들도 좀 복잡하게 들어가 있죠.

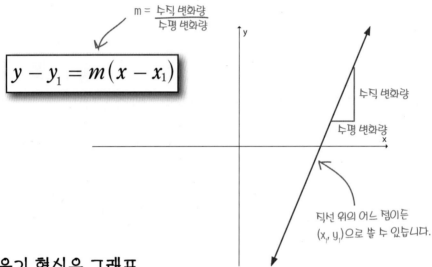

$$m = \frac{\text{수직 변화량}}{\text{수평 변화량}}$$

$$y - y_1 = m(x - x_1)$$

수직 변화량

수평 변화량

직선 위의 어느 점이든
(x_1, y_1)으로 뽑 수 있습니다.

점-기울기 형식은 그래프 그리기에는 좋지만 일반적인 계산을 하기에는 좀 불편합니다.

표준 형식

표준 형식은 x, y에 각각 계수가 붙어 있고 그 외에 상수가 하나 더 있는 간단한 형식입니다. 어떤 직선에도 적용할 수 있고 식을 계산하기도 쉬운 편이죠.

기울기나 직선 위의 한 점의 좌표를 바로 구할 수는 없기 때문에 표준 형식을 가지고 그래프를 그리는 건 좀 까다롭습니다. 이 형식으로 그래프를 그리려면 두 점에 대해서 방정식을 풀어서 점을 찍은 다음에 직선을 그려야 합니다.

기울기-절편 형식

이 형식에서는 **y**절편과 기울기가 주어지기 때문에 직선을 쉽게 그릴 수 있습니다.

기울기-절편 형식은 점-기울기 형식과 표준형의 중간쯤 된다고 볼 수 있습니다. 식을 계산하기도 편하고 한 점의 위치도 바로 파악할 수 있죠. 하지만 그래프의 **y**절편이 너무 크거나 작으면 그래프를 그리기 어렵다는 단점이 있습니다.

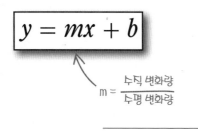

$$y = mx + b$$

$$m = \frac{\text{수직 변화량}}{\text{수평 변화량}}$$

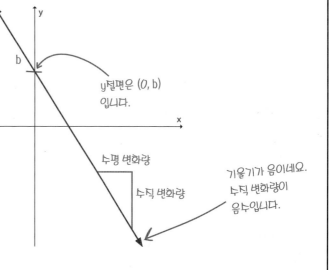

b

y절편은 (0, b)
입니다.

수평 변화량

수직 변화량

기울기가 음이네요.
수직 변화량이
음수입니다.

기울기-절편 형식은 원점 근처에서
y축을 지나는 직선의 그래프를
그리기에 편하고 계산하기도 좋은
형식입니다.

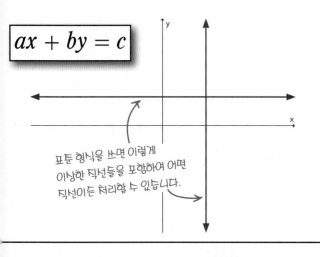

$$ax + by = c$$

표툰 형식을 쓰면 이렇게
이상한 직선들을 포함하여 어떤
직선이든 처리할 수 있습니다.

표준 형식은 식을 다루기에는
편하지만 그래프를 그리기는
불편합니다.

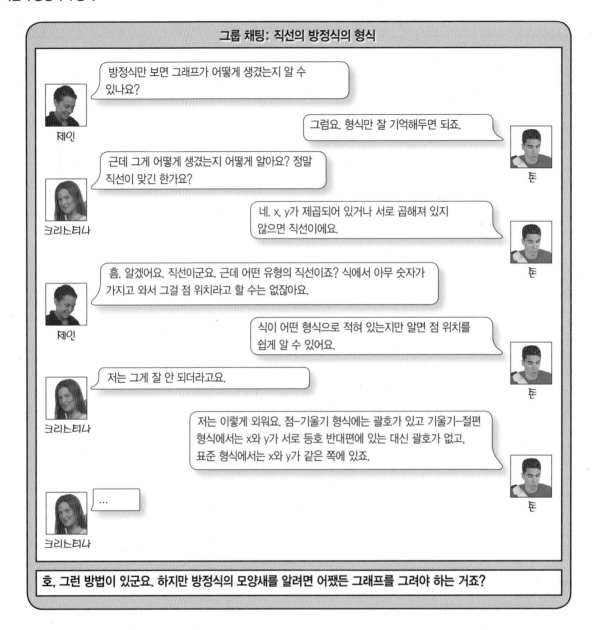

그룹 채팅: 직선의 방정식의 형식

제인: 방정식만 보면 그래프가 어떻게 생겼는지 알 수 있나요?

톤: 그럼요. 형식만 잘 기억해두면 되죠.

크리스티나: 근데 그게 어떻게 생겼는지 어떻게 알아요? 정말 직선이 맞긴 한가요?

톤: 네. x, y가 제곱되어 있거나 서로 곱해져 있지 않으면 직선이에요.

제인: 흠. 알겠어요. 직선이군요. 근데 어떤 유형의 직선이죠? 식에서 아무 숫자가 가지고 와서 그걸 점 위치라고 할 수는 없잖아요.

톤: 식이 어떤 형식으로 적혀 있는지만 알면 점 위치를 쉽게 알 수 있어요.

크리스티나: 저는 그게 잘 안 되더라고요.

톤: 저는 이렇게 외워요. 점–기울기 형식에는 괄호가 있고 기울기–절편 형식에서는 x와 y가 서로 등호 반대편에 있는 대신 괄호가 없고, 표준 형식에서는 x와 y가 같은 쪽에 있죠.

크리스티나: ...

호, 그런 방법이 있군요. 하지만 방정식의 모양새를 알려면 어쨌든 그래프를 그려야 하는 거죠?

방정식의 형식을 활용해봅시다.

이제 점–기울기 또는 기울기–절편 형식의 방정식은 손쉽게 그래프로 그릴 수 있을 겁니다. 표준 형식이면 (y=0, x=0인 경우를 푼다든가 하는 식으로) 두 점의 좌표를 구한 다음 직선을 그으면 됩니다.

즉 어떤 경우에든 아주 복잡한 계산을 하지 않아도 쉽게 그래프를 그릴 수 있습니다.

형식을 잘 익혀두면 방정식을 보기만 해도 그래프를 그릴 수 있습니다.

그래프를 그려주세요!

이제 방정식이 있으면 손쉽게 그래프를 그릴 수 있겠죠? 몇 가지 다른 형식으로
연습문제를 만들었습니다. 각각의 그래프를 그려주세요.

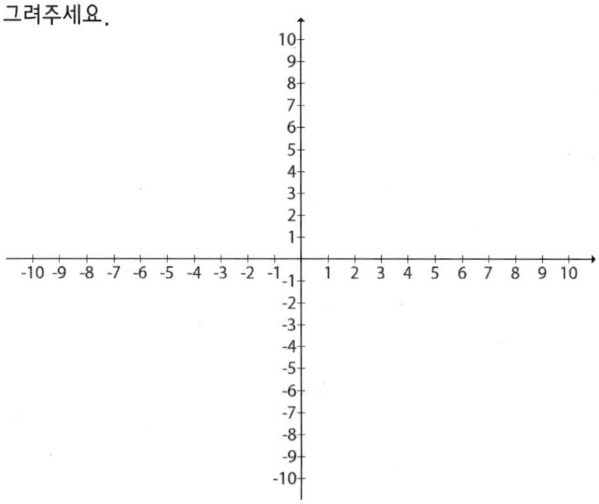

방정식: .... $y = 3x - 2$ ....

....

이 방정식의 형식은? ....

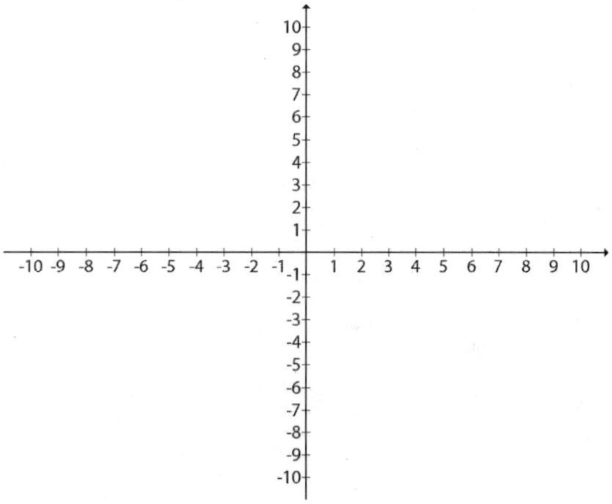

방정식: .... $1x + 0y = 7$ ....

....

....

이 방정식의 형식은? ....

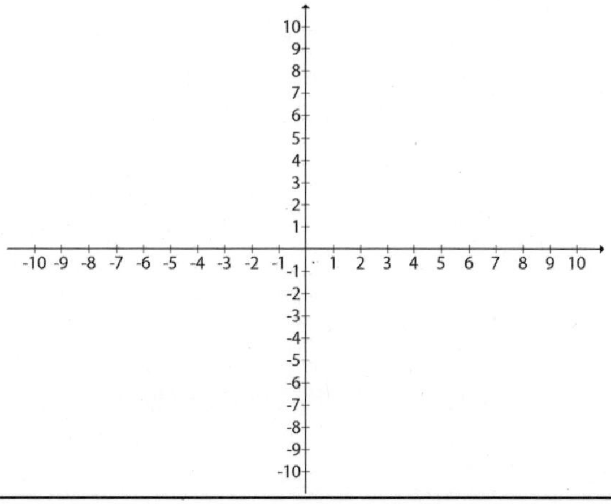

방정식: .... $y + 2 = -\dfrac{1}{2}(x - 1)$ ....

....

....

이 방정식의 형식은? ....

그래프를 그려주세요!

정답

이제 방정식이 있으면 손쉽게 그래프를 그릴 수 있겠죠? 몇 가지 다른 형식으로 연습문제를 만들었습니다. 각각의 그래프를 그려주세요.

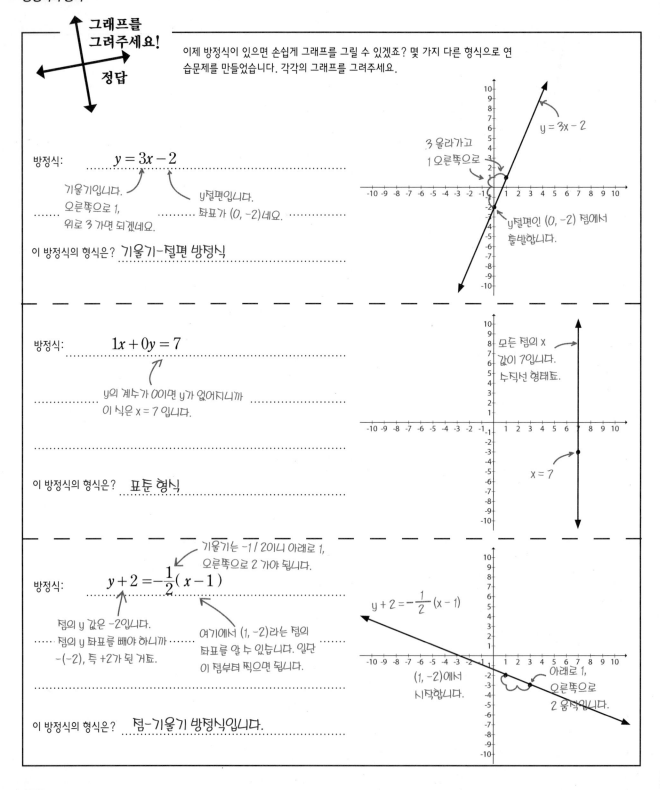

방정식: $y = 3x - 2$

기울기입니다.
오른쪽으로 1,
위로 3 가면 되겠네요.

y절편입니다.
좌표가 (0, -2)네요.

이 방정식의 형식은? 기울기-절편 방정식

3 올라가고
1 오른쪽으로

$y = 3x - 2$

y절편인 (0, -2) 점에서
출발합니다.

방정식: $1x + 0y = 7$

y의 계수가 0이면 y가 없어지니까
이 식은 x = 7 입니다.

이 방정식의 형식은? 표준 형식

모든 점의 x
값이 7입니다.
수직선 형태죠.

x = 7

기울기는 -1/2이니 아래로 1,
오른쪽으로 2 가야 됩니다.

방정식: $y + 2 = -\dfrac{1}{2}(x - 1)$

점의 y 값은 -2입니다.
점의 y 좌표를 빼야 하니까
-(-2), 즉 +2가 될 거죠.

여기에서 (1, -2)라는 점의
좌표를 알 수 있습니다. 일단
이 점부터 찍으면 됩니다.

이 방정식의 형식은? 점-기울기 방정식입니다.

$y + 2 = -\dfrac{1}{2}(x - 1)$

(1, -2)에서
시작합니다.

아래로 1,
오른쪽으로
2 움직입니다.

바보 같은 질문이란 없습니다

Q: 기울기는 왜 m으로 쓰나요?

A: 아무도 몰라요. 데카르트 평면을 처음으로 만든 데카르트는 기울기를 m으로 쓰지 않았습니다. 'modulus'에서 m을 따왔다는 얘기도 있고 알파벳 한가운데 있는 글자라서 m을 쓴다는 얘기도 있습니다. 어쨌든 다들 m을 씁니다.

Q: y절편은 왜 'b'로 쓰나요?

A: 기울기를 m으로 쓰는 것과 마찬가지로 이유를 잘 모릅니다. 나라에 따라 y절편을 k, n, h 같은 다른 문자로 표기하기도 합니다.

Q: x와 y가 등호 기준으로 같은 편에 둔 채로 기울기-절편 형태로 식을 쓸 수는 없나요?

A: 그래도 되지만 식을 $y = mx + b$ 형식으로 고치려면 계산을 좀 해야 할 겁니다. 상수가 음수라면 부호가 다를 수 있겠죠?

Q: 왜 x, y는 변수고 m, b는 상수죠? 어떤 변수가 상수가 아니고 변수라는 걸 어떻게 아나요?

A: 상수는 보통 숫자로 적습니다. 기울기-절편 형식과 같은 방정식 형식의 일반식을 배울 때는 m과 b 같은 것은 방정식 안에서 항상 같은 값을 가지기 때문에 상수라는 걸 알 수 있습니다. 처음 보는 방정식의 좌표 평면이 x, y 기반이라면 그 둘을 변수로 사용한다는 점을 생각하면 쉽습니다. x, y 같은 변수에는 수없이 많은 값이 들어갈 수 있지만 m, b는 그 값이 고정되어 있습니다.

Q: m이 정수라면 '수평 변화량 분의 수직 변화량'에서 '수평 변화량'은 어떤 값이어야 하나요?

A: 분수를 잘 생각해보세요. 정수는 분모가 1인 분수와 같습니다. 따라서 기울기가 5라면 수평 변화량 1에 수직 변화량 5, 1분의 5 같은 식으로 생각할 수 있는 거죠.

Q: 계속 '형식'이 중요하다고 강조하고 있는데요, 형식이 대체 뭔가요?

A: 방정식의 형식은 변수와 상수를 배치하는 형태라고 생각하면 됩니다. 예를 들어 점-기울기 방정식에서는 y가 왼쪽 변에 따로 있고 x 항은 오른쪽에 점-기울기 형식에 맞게 적어야 합니다.

Q: $y = x$ 같은 식은 어떤가요? 그것도 어떤 형식에 속하나요?

A: 물론이죠. $y = x$는 $y = 1x + 0$하고 똑같고, 이는 기울기-절편 형식이죠. 여기에서 m = 1이고 b = 0입니다. m과 b가 있으니 그래프를 바로 그릴 수 있겠죠?

Q: 그래프를 먼저 그리고 방정식을 나중에 세우는 경우도 있나요?

A: 사실 그런 경우가 꽤 많습니다. 실제 데이터(재무 데이터나 실험 데이터 등)로 만든 그래프가 있고, 주어진 결과를 일반화하여 직선을 만들어야 하는 상황이라면 그래프가 먼저 주어진 상태에서 방정식을 구하는 거죠.

Q: 기울기와 절편을 구하고 방정식을 세우면 되는 건가요?

A: 형식을 잘 익혀 두면 이런 게 편하죠. 기울기-절편 형식에서 x 항의 계수는 기울기이고 뒤쪽에 있는 상수는 y절편의 y 좌표값이니까요.

기울기가 정수라면 수평 변화량은 1로 하고 수직 변화량이 그 기울기 수치가 되도록 하면 됩니다.

아까 그 세 잔디밭을 깎기 시작한지 2주째 됐어요.
견적 요청도 계속 들어오고 있는데 혼자 다 하기가
힘들어서 형이 도와주기로 했어요.

**에드와 형이 힘을 합치기로 했습니다. 초기에 형이
돈을 좀 많이 벌어간 걸 감안해서 이번 시즌을
마무리할 때까지는 형이 공짜로 해주기로 했어요.**

에드는 잔디밭 그림을 그려놓고 그 기울기에 따라 잔디
깎는 비용을 산출했는데, 에드의 형은 좀 더 창의적인
방법을 도입하기로 했습니다.

형이 '새로운 시스템'을 도입했는데, 형이 에드한테
보내는 새 양식에는 잔디밭의 그림이 아니라 방정식이
들어 있습니다.

너무 어려워요. 저는 그림으로 보지
않으면 견적을 못 내겠어요.

각각의 방정식을 그래프를 그릴 수 있는 형식으로 변환해봅시다.
그리고 에드가 견적을 낼 수 있도록 각 방정식의 그래프를
그려봅시다.

에드워드 잔디깎이 서비스

신규 고객 견적서

에드 형은 잔디밭 그림 없이
방정식만 적어놨습니다.

에드는 그림을 봐야 견적을
낼 수 있다고 합니다. 여기에
그림을 그려야 합니다.

잔디밭 정보:

$$y = -\frac{3}{2}x + 7$$

· ·

· ·

· ·

$$7x + 3y = 15$$

· ·

· ·

· ·

스미스 씨 댁 잔디밭

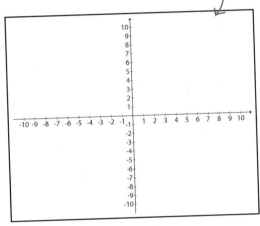

채드윅 씨 댁 잔디밭

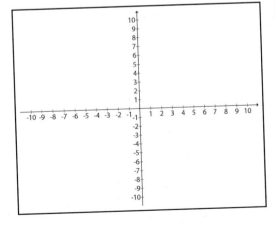

각각의 방정식을 그래프를 그릴 수 있는 형식으로 변환해봅시다.
그리고 에드가 견적을 낼 수 있도록 각 방정식의 그래프를
그려봅시다.

에드워드 잔디깎이 서비스

신규 고객 견적서

잔디밭 정보:

$$y = -\frac{3}{2}x + 7$$

이 방정식은 기울기-절편 형식이네요.

절편은 $(0, 7)$이고 기울기는 $\frac{3}{2}$ 입니다.

수직 변화량은 -3, 수평 변화량은 2표.

스미스 씨 댁 잔디밭

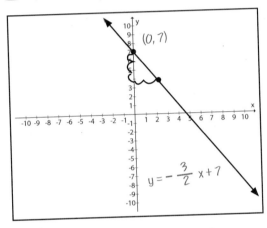

7x + 3y = 15

이 방정식은 표준형이기 때문에 두 점의
좌표를 계산해서 알아내야 합니다.

$$7(\overset{0}{\cancel{x}}) + 3y = \frac{15}{3}$$
$$\frac{\cancel{3}y}{\cancel{3}} = \frac{15}{3}$$

$$\frac{7x}{7} + 3(\overset{0}{\cancel{y}}) = 15$$
$$\frac{x}{} = \frac{15}{7}$$

$$y = 5$$
$$(0, 5)$$

$$x = \frac{15}{7}$$
$$\left(\frac{15}{7}, 0\right)$$

2 표금 넘네요. 그죠?

헤드윅 씨 댁 잔디밭

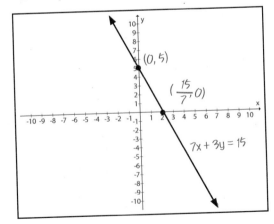

이 잔디밭까지 전부 맡고 나면 얼마나 벌 수 있을까요?

에드 형제는 바쁜 여름을 보내고 있습니다. 나쁜 일도 있었죠. 처음에는 일이 잘 되는 것 같더니 다리를 다치고 고객을 붙잡으려 하다 보니 형한테 돈을 엄청 줘야 했습니다. 하지만 이제는 일이 잘 풀려서 고객이 많이 늘었습니다. 지금까지 진행상황을 정리하면 이렇습니다.

❶ 첫 3주 동안은 잔디밭 하나당 일주일에 $12씩, 일곱 곳의 잔디를 깎았습니다.

❷ 다리가 부러져서 10주 동안 깁스를 해야 했습니다. 일곱 명의 고객한테서는 여전히 $12씩 받았지만 에드 형한테 일을 부탁하면서 형한테 한 군데당 $19씩 줘야 했죠. 빚만 $250가 됐습니다.

❸ 2주 동안 원래 깎던 일곱 군데는 여전히 $12씩에 깎았고, 신규 고객을 확보하여 한 군데는 $20, 한 군데는 $15, 한 군데는 $12를 받았습니다.

❹ 형이 $15씩 받는 고객 두 명을 새로 데리고 왔습니다. 앞으로 6주가 남았는데, 그 잔디밭은 형이 그냥 대신 깎아주기로 했습니다.

총 얼마를 벌 수 있을까요?

조금 어려우면 페이지를 넘겨서 힌트를 구해보세요.

긴 연습문제

에드가 이 시즌이 끝날 때까지 얼마나 벌 수 있을지 알아봅시다. 잔디깎이 시즌이 마무리될 때까지 총 21주간 수입을 보여주는 그래프를 그려주세요.

우선 아래 표부터 완성해볼까요?

투차	잔디밭 누	잔디밭 하나당 수입	수입	누적 수입
1-3		$ 12		$ 252
4-14 다리 부러짐				-
15-16	10	$12 8군데, $15 1군데, $20 1군데	$131씩 2투 = $262	
17-22		14-15투 잔디밭에 $15 2 군데 투가	투당 $131 + $30 = 투당 $161	방정식을 세우고 그래프를 그려서 이 값을 구합시다.

시즌이 끝날 때 총 누적 수입이 얼마가 될지 식을 세워봅시다.

....

....

....

새 방정식을 여기에 그리세요.

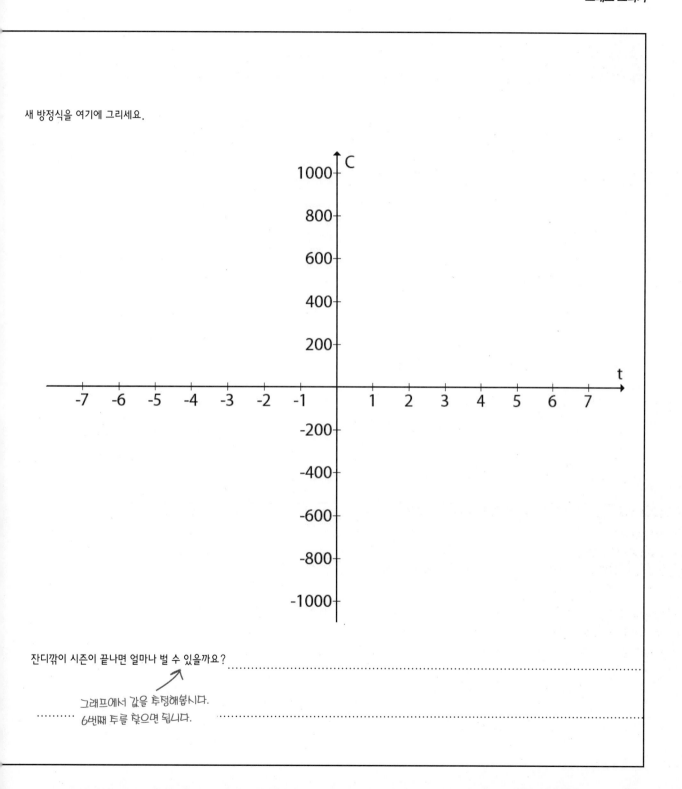

잔디깎이 시즌이 끝나면 얼마나 벌 수 있을까요? ....

그래프에서 값을 추정해봅시다.
.... 6번째 주를 찾으면 됩니다. ....

긴 연습문제

에드가 이 시즌이 끝날 때까지 얼마나 벌 수 있을지 알아봅시다. 잔디깎이 시즌이 마무리될 때까지 총 21주간 수입을 보여주는 그래프를 그려주세요.

우선 아래 표부터 완성해볼까요?

투차	잔디밭 누	잔디밭 하나당 수입	수입	누적 누입
1-3	7	$12	$84씩 3투 = $252	$252
4-14 다리 부러짐	7	하나당 $12, 하지만 하나당 $19씩 지출 = 투당 -$7	-$49씩 10투 = -$490	-$238
15-16	10	$12 8군데, $15 1군데, $20 1군데	$131씩 2투 = $262	$24
17-22	12	14-15투 잔디밭에 $15 2군데 추가	투당 $131 + $30 = 투당 $161	방정식을 세우고 그래프를 그려서 이 값을 구합시다.

시즌이 끝날 때 총 누적 수입이 얼마가 될지 식을 세워봅시다.

누적 누입 = 투당 $161 곱하기 투 누

처음에 만들었던 식하고 비슷한데 투당
누입이 그때보다 많이 늘었죠?

$$C = 161t$$

$y = mx + b$ 형식이니까 쉽게 그래프를 그릴 수 있습니다.

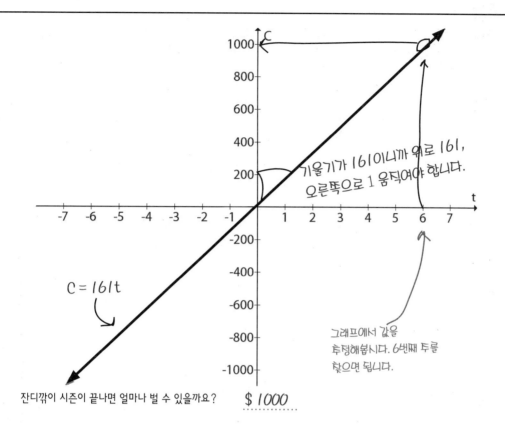

기울기가 161이니까 위로 161, 오른쪽으로 1 움직여야 합니다.

$C = 161t$

그래프에서 값을 특정해봅시다. 6번째 투를 찾으면 됩니다.

잔디깎이 시즌이 끝나면 얼마나 벌 수 있을까요?　$1000

$1000! 와, 다리가 부러졌었는데도 꽤 괜찮은데요? 방금 그려준 그래프를 가지고 계획을 세워봐야겠어요.

백문이 불여일견입니다.

방정식만 가지고도 미래에 관해 많은 것을 알 수 있습니다. 돈을 얼마나 모을 수 있을지, 잔디밭을 몇 개 깎아야 할지, 어떤 잔디밭이 제일 수익성이 좋을지 같은 것을 알 수도 있을 겁니다.

하지만 문자와 숫자만으로 모자랄 수도 있습니다. 그럴 때는 그래프를 그리면 방정식을 직접 볼 수 있고, 그걸 바탕으로 현명한 결정을 내릴 수 있죠.

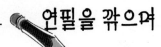 연필을 깎으며

직선의 방정식이 주어졌으면 그래프를 그리고, 그래프가 주어졌으면 직선의 방정식을 구해보세요.

$$y + 3 = -\frac{3}{5}x$$

....

....

....

첫 번째 점 : (........) ....

....

....

....

두 번째 점 : (........) ....

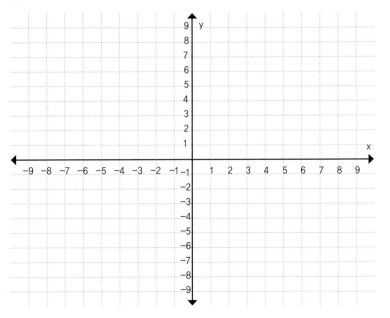

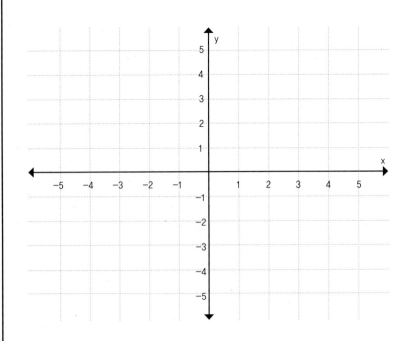

$$y = \frac{1}{2}x + 3$$

기울기 = ...

y절편 = ...

그래프의
직선의
방정식을
적어보세요.

기울기 = ...

y절편 = ...

$y =$ .... $x +$ ....

$m = \dfrac{1}{6}$ 점: $(-3, 4)$

....

....

....

....

....

....

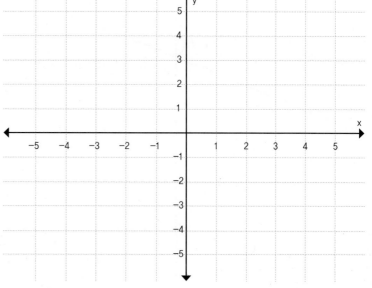

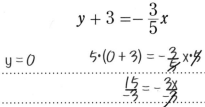

연필을 깎으며
정답

직선의 방정식이 주어졌으면 그래프를 그리고, 그래프가 주어졌으면 직선의 방정식을 구해보세요.

$$y + 3 = -\frac{3}{5}x$$

$y = 0$ $5 \cdot (0 + 3) = -\frac{3}{5}x \cdot \cancel{5}$

$\frac{15}{-3} = -\frac{3x}{-3}$

첫 번째 점: $(-5, 0)$ $-5 = x$

$x = 0$ $y + 3 = -\frac{3}{5}(0)$

$\cancel{y} + \cancel{3} - 3 = 0 - 3$

두 번째 점: $(0, -3)$ $y = -3$

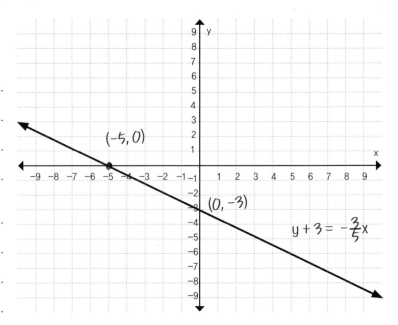

$(-5, 0)$
$(0, -3)$
$y + 3 = -\frac{3}{5}x$

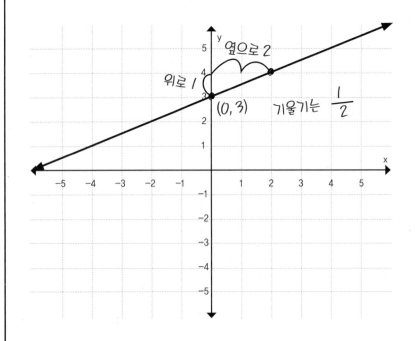

옆으로 2
위로 1
$(0, 3)$
기울기는 $\frac{1}{2}$

$y = mx + b$
기울기   y절편

$$y = \frac{1}{2}x + 3$$

기울기 = $\frac{1}{2}$

y절편 = $(0, 3)$

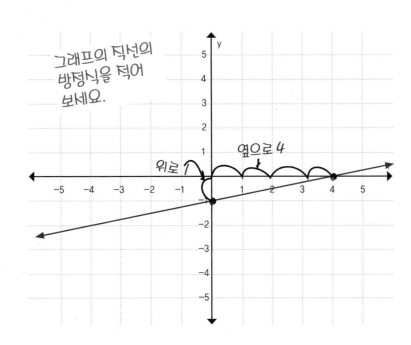

그래프의 직선의
방정식을 적어
보세요.

위로 1

옆으로 4

기울기 = $\dfrac{1}{4}$

y절편 = $(0, -1)$

$y = \dfrac{1}{4} x + -1$

$\dfrac{\text{수직 변화량}}{\text{수평 변화량}} = \dfrac{1}{4} = m$

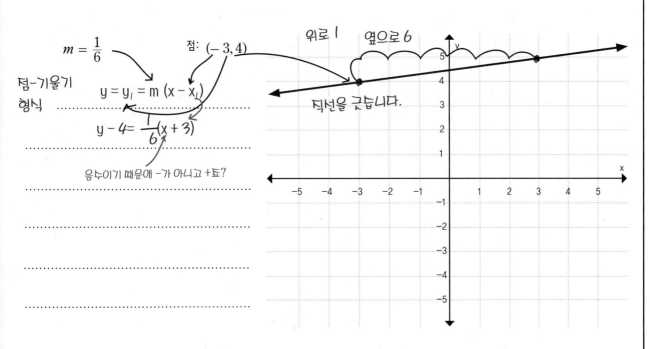

$m = \dfrac{1}{6}$

점: $(-3, 4)$

위로 1   옆으로 6

점-기울기
형식

$y = y_1 = m (x - x_1)$

$y - 4 = \dfrac{1}{6}(x + 3)$

음수이기 때문에 −가 아니고 +죠?

직선을 긋습니다.

대수학 도구상자에 들어갈 도구

이번 장에서는 방정식의 그래프에 대해 배웠습니다.

핵심정리

- 모든 직선에는 **기울기**, m이 있습니다.

- 기울기는 **수평 변화량 분의 수직 변화량**으로 정의합니다.

- 수평선이나 수직선을 제외한 직선에는 x와 y절편이 있습니다.

- **선형 방정식**에는 변수가 두 개 있으며, 두 변수 모두 지수가 1보다 크지 않습니다.

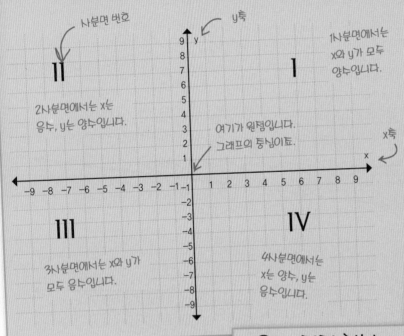

데카르트 평면

사분면 번호

y축

1사분면에서는 x와 y가 모두 양수입니다.

2사분면에서는 x는 음수, y는 양수입니다.

여기가 원점입니다. 그래프의 중심이죠.

x축

3사분면에서는 x와 y가 모두 음수입니다.

4사분면에서는 x는 양수, y는 음수입니다.

표준 형식

$$ax + by = c$$

점-기울기 형식

$$m = \frac{\text{수직 변화량}}{\text{수평 변화량}}$$

$$y - y_1 = m(x - x_1)$$

기울기-절편 형식

$$y = mx + b$$

$$m = \frac{\text{수직 변화량}}{\text{수평 변화량}}$$

6 부등식

아직도 부족한가요?

아, 부족해. 그 정도면 충분할 줄 알았는데 모자라다니...

때로는 충분할 수도 있고 때로는 모자랄 수도 있습니다.

'조금만 **더** 있으면 되는데...'라고 생각했는데 누군가가 필요한 것보다 **더** 많이 보태준 경험이 있나요? 그러면 **필요한 것보다 더** 많아지게 되죠. 하지만 어느 쪽이든 세상은 그럭저럭 괜찮게 돌아갈 겁니다. 이번 장에서는 대수학에서 '조금 더 주세요. 조금 더...' 같은 걸 **표현하는 방법**을 알아보겠습니다. 부등식이 있으면 딱 정해진 값이 아니라 **더 많이**, 또는 **더 작은** 경우까지 다룰 수 있습니다.

캐슬린은 풋볼 열혈 팬입니다

캐슬린이 판타지 풋볼팀을 본격적으로 만들려고 하는데, 우리 도움이
필요합니다. 팀마다 선수 연봉 총합이 $1,000,000를 넘지 않아야
한다는 제한이 걸려 있습니다. 캐슬린이 이 조건에 맞게 팀을 꾸릴 수
있도록 도와줄까요?

> 팀마다 $1,000,000까지 쓸 수 있는데, 수비수,
> 공격수, 쿼터백에 적당히 분산하고 싶어요.

캐슬린 팀 매니저로서 각
포지션에 얼마씩 쓸지를
정해야 합니다.

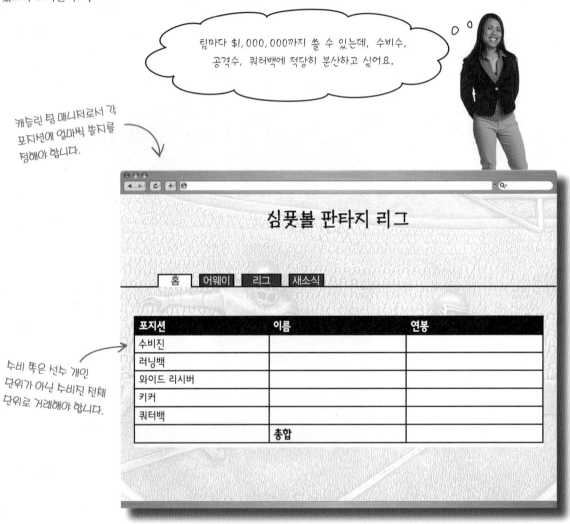

심풋볼 판타지 리그

| 홈 | 어웨이 | 리그 | 새소식 |

포지션	이름	연봉
수비진		
러닝백		
와이드 리시버		
키커		
쿼터백		
	총합	

누비 쪽은 선수 개인
단위가 아닌 수비진 전체
단위로 거래해야 합니다.

모든 선수의 연봉 총합은 $1,000,000를 넘기면 안 됩니다

총 비용이 $1,000,000를 넘기지 않도록 팀을 구성해야 합니다. 캐슬린은 다음과 같은 후보 중에서 선택해야 합니다.

수비진

이름	비용
브롱코스	$300,000
이글즈	$200,000
스틸러즈	$333,000
레이븐즈	$250,000

러닝백

이름	비용
마이크 앤타	$197,000
바비 헐	$202,187
릭 티머	$185,200
에드 베이븐즈	$209,115

와이드 리시버

이름	비용
벤 타피	$195,289
에릭 프리더	$212,000
론 주퍼	$185,200
마크 마튼	$165,950

키커

이름	비용
조 앰텐	$183,500
릭 뷰버	$155,000
피트 호크	$203,200
맷 이튼즈	$209,100

쿼터백

이름	비용
토니 제이글렌	$208,200
에릭 헤멀	$175,000
팻 브럼즈	$199,950
댄 드리터	$202,400

여기에 나와있는 팀 및 선수 등에서 선택하여 캐슬린의 팀을 꾸려야 합니다.

연필을 깎으며

가격 방정식이 아래와 같다고 할 때 이 식을 만족시키는 팀을 만들 수 있을까요? 불가능하다면 왜 그럴까요? 방정식에 문제가 있나요?

수비진 비용 + 러닝백 비용 + 와이드 리시버 비용 + 키커 비용 + 쿼터백 비용 = 1,000,000

....
....
....
....
....
....

연필을 깎으며 정답

가격 방정식이 아래와 같다고 할 때 이 식을 만족시키는 팀을 만들 수 있을까요? 불가능하다면 왜 그럴까요? 방정식에 문제가 있나요?

수비진 비용 + 러닝백 비용 + 와이드 리시버 비용 + 키커 비용 + 쿼터백 비용 = 1,000,000

방정식에서 등호를 썼는데, 정확하게 1,000,000이 나오는 조합을 만들 수가 없다는 문제가 있습니다. 정확하게 $1,000,000를 맞출 필요는 없습니다. 비용이 백만 달러를 넘어가지만 않으면 됩니다.

비교를 해야 하는 상황입니다.

여기에서는 등식이 필요하지 않습니다. 전체 팀 구성 비용이 $1,000,000 **이하**라는 조건만 맞으면 됩니다. 비용이 그 액수 이하, 즉 그 액수보다 크지 않다는 것만 표현할 수 있으면 됩니다.

비교할 때는 등호와는 다른 걸 씁니다. 보다 작은 걸 표시할 때는 < 기호를, 보다 큰 걸 표시할 때는 > 기호를 쓰죠.

'같거나 작은', 특 '이하'를 뜻합니다.

수비진 비용 + 러닝백 비용 + 와이드 리시버 비용 + 키커 비용 + 쿼터백 비용 $\leq$ 1,000,000

모든 선수들한테 들어가는
비용의 총합

쓸 수 있는 최대 액수

< 기호는 방정식의 한 변을
다른 변하고 비교할 때 쓰는 거죠?

더 작다, 더 크다라는 말은 비교 결과를 나타내는 용어입니다. 앞으로 계속해서 보게 될 거에요.

<, >, ≤, ≥는 비교에 쓰이는 기호입니다.

첫 번째 기호인 < 기호는 그 기호 왼쪽에 있는 것이 오른쪽에 있는 것보다 작다는 것을 뜻합니다. > 기호는 왼쪽에 있는 것이 오른쪽에 있는 것보다 크다는 걸 뜻하죠. 뒤에 있는 두 기호는 각각 이하, 이상을 뜻합니다. 이런 비교 기호를 이용하는 수식은 양변이 같지 **않기** 때문에 **부등식**이라고 부릅니다.

부등식 톺아보기

= 기호는 이미 잘 알고 있다시피 '같다'는 뜻을 가집니다. 식의 양 변이 똑같다는 것을 나타내죠.

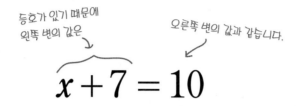

등호가 있기 때문에 왼쪽 변의 값은

오른쪽 변의 값과 같습니다.

$$x + 7 = 10$$

캐슬린의 문제에서는 **부등식**을 다뤄야 합니다. 즉 양 변이 같은 건 아니지만 어떤 관계가 있는 거죠. 부등식은 네 기호(부등호) 중 하나로 쓸 수 있습니다. 각각 뜻이 다른데, 크다(초과), 작다(미만), 같거나 크다(이상), 같거나 작다(이하), 이렇게 네 가지 관계를 나타낼 수 있습니다. 부등호는 식에서 등호가 들어가는 위치에 들어갈 수 있습니다.

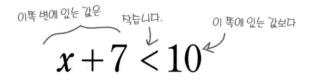

이쪽 변에 있는 값은

작습니다.

이 쪽에 있는 값보다

$$x + 7 < 10$$

연필을 깎으며

아래 부등식 중에는 맞는 것도 있고 틀린 것도 있습니다.
각각 참인지 거짓인지 적어주세요.

$5 < 10$ ....

$8 > 4$ ....

$4 < 8$ ....

$10 \leq 10$ ....

$1.23 > 3.2$ ....

$1234 \geq 1233$ ....

$101 \leq 101.5$ ....

$-3 > 6$ ....

$-10 < 10$ ....

$-8 < -4$ ....

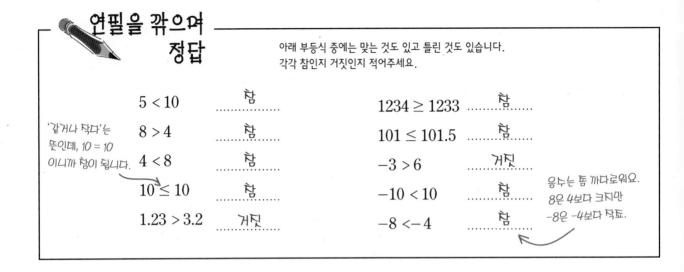

아래 부등식 중에는 맞는 것도 있고 틀린 것도 있습니다.
각각 참인지 거짓인지 적어주세요.

$5 < 10$ .... 참

'같거나 작다'는 뜻인데, $10 = 10$ 이니까 참이 됩니다. $8 > 4$ .... 참

$4 < 8$ .... 참

$10 \leq 10$ .... 참

$1.23 > 3.2$ .... 거짓

$1234 \geq 1233$ .... 참

$101 \leq 101.5$ .... 참

$-3 > 6$ .... 거짓

$-10 < 10$ .... 참

$-8 < -4$ .... 참

음수는 좀 까다로워요. 8은 4보다 크지만 -8은 -4보다 작죠.

부등식은 비교에 관한 식입니다

부등호를 이용하면 두 수를 비교할 수 있습니다. 수 사이의 관계를 쉽게 파악할
수 있는 수직선을 한번 볼까요? 수직선에서는 왼쪽으로 갈수록 작고 오른쪽으로
갈수록 큽니다.

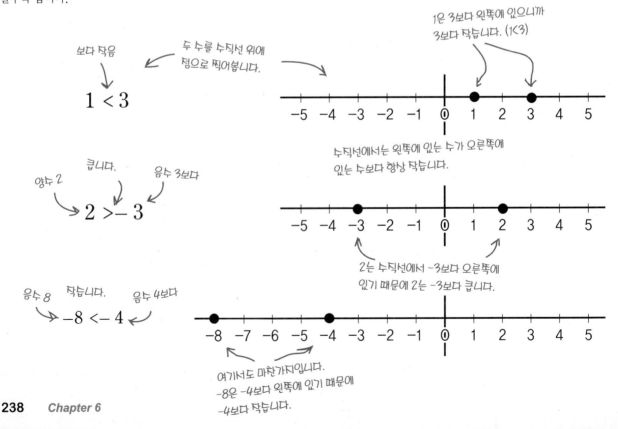

우리 팀은 어떻게 되고 있어요? 다른 포지션은 다 정했는데 쿼터백은 아직 못 정했어요.

심풋볼 판타지 리그

홈　어웨이　리그　새소식

포지션	이름	연봉
수비진	스틸러즈	$ 333,000
러닝백	마이크 앤타	$ 197,000
와이드 리시버	에릭 프리더	$ 212,000
키커	릭 뷰버	$ 155,000
쿼터백		
	총합	$ 897,000

총액이 $1,000,000를 넘으면 안 된다고 했었죠?

연필을 깎으며

캐슬린이 지금까지 정한 포지션들을 기준으로 부등식을 세워서 쿼터백한테 얼마까지 쓸 수 있는지 알아봅시다.

....

....

....

일반 방정식과 마찬가지로 역연산을 적용하면 변수를 골라낼 수 있습니다.

연필을 깎으며 정답

캐슬린이 지금까지 정한 포지션들을 기준으로 부등식을 세워서 쿼터백한테 얼마까지 쓸 수 있는지 알아봅시다.

수비진 + 러닝백 + 와이드 리시버 + 키커 + 쿼터백 $\leq 1,000,000$

$$333,000 + 197,000 + 212,000 + 155,000 + q \leq 1,000,000$$

쿼터백한테 쓸 수 있는 비용을 q라고 해봅시다.

$$897,000 + q \leq 1,000,000$$

$$-897,000 + 897,000 + q \leq 1,000,000 - 897,000$$

$$q \leq 103,000$$

> 잘 이해가 안 돼요. 등호가 들어가 있는 일반 방정식을 풀 때랑 똑같은 식으로 풀었잖아요? 왜 부등식에서도 이렇게 하는 거죠?

일반 방정식과 부등식의 가장 큰 차이점은 답의 의미가 다르다른 데 있습니다.

위에 있는 부등식의 답을 보면 캐슬린이 쿼터백한테 최대 \$103,000를 쓸 수 있다는 것을 알 수 있습니다. 이때 중요한 건 캐슬린이 정확하게 그 액수만큼 써야 하는 게 아니라는 점입니다. \$94,000짜리 쿼터백이 있다면 그냥 그 액수만 지불해도 부등식은 여전히 참입니다. ($94,000 \leq $103,000$)

부등식의 답을 읽어보면 그 의미를 좀 더 잘 이해할 수 있습니다. 위 답의 경우에는 "q는 103,000 이하이다"라고 읽을 수 있습니다. 부등식에서는 답이 한 개의 수로 정해지지 않습니다. 부등식을 만족시키는 답들을 '**해집합**'이라고 부릅니다.

어떤 식을 만족시키는 모든 값의 집합을 해집합이라고 부릅니다. 캐슬린의 경우에는 103,000 이하인 모든 수의 집합이 해집합입니다.

바보 같은 질문이란 없습니다

Q: 부등식이 왜 필요한가요?

A: 많은 경우에 부등식이 훨씬 더 현실적일 수 있습니다. 예를 들어 기름통에 기름이 충분히 들어 있는지 알아야 하는 경우라면 필요한 양 이상이기만 하면 얼마든 괜찮겠죠? 그럴 때 부등식을 쓸 수 있습니다. 캐슬린은 여러 조합으로 $1,000,000를 쓸 수 있습니다. 정확하게 1,000,000이 되지 않아도 그 이하라면 상관 없는 거죠.

Q: '미만(~보다 작다)'하고 '이하(~보다 작거나 같다)'하고 어떻게 다른가요?

A: '미만'이면 부등호 반대편에 있는 값보다 작지만 그 값과 같으면 안 됩니다. 그 값은 포함되지 않는 거죠. $x < 6$이라면 x는 6보다 작은 어떤 수든 상관 없습니다. 예를 들어 5.999999999999 같은 값도 괜찮습니다. 하지만 6은 안 되죠. 식을 $x \le 6$으로 바꾼다면 6도 괜찮습니다.

Q: '초과(~보다 크다)'와 '이상(~보다 크거나 같다)'도 마찬가지인가요?

A: 네. 더 큰 것을 제외하면 마찬가지입니다. $x > 6$이라는 부등식이 있다면 6보다 큰 모든 수가 해집합이 됩니다. 6.00000000001도 해집합에 들어가죠.

Q: 부등호 양쪽에 역연산을 수행했는데요, 등호의 경우하고 똑같은 식으로 그냥 역연산을 적용하면 되나요?

A: 항상 그런 것은 아닙니다. 자세한 내용은 잠시 후에 다시 알아볼 텐데요, 일단 덧셈과 뺄셈에서는 부등식이나 등식이나 똑같이 하면 됩니다.

Q: 항상 그렇지 않다는 건 무슨 뜻인가요?

A: 음수를 곱하거나 나눌 때 조심해야 합니다. 그런 경우에는 부등호 방향이 반대로 바뀌거든요. 몇 페이지 후에 자세히 알아보겠습니다.

Q: 부등식이 정말 도움이 되나요? 해집합이 크다는 건 별로 정확하지 않은 것 같은데 말이죠.

A: 아닙니다. 실제 상황에서 도움이 될 만한 답을 찾아낸다는 게 중요합니다. 답이라는 게 꼭 한 값으로 정확해야 하는 건 아니죠. 식을 만족시키는 모든 수를 구할 수 있어야 하는 거죠. 대수학에서는 단순한 계산을 하는 경우보다 훨씬 복잡한 상황을 처리할 수 있습니다. 대수학에서 식을 조작하여 답을 구하는 것이 중요하긴 하지만 그렇게 구한 해가 실제로 말이 되는지 확인하는 것도 중요합니다.

Q: 수직선은 언제 써먹나요?

A: 비교하는데 뭔가 헷갈리거나 답을 분석해볼 때 언제든 쓸 수 있습니다. 전체 해집합을 수직선으로 표현하는 방법도 나중에 배우게 될 겁니다.

Q: 방정식에는 보통 해의 개수가 정해져 있죠? 부등식에서는 해의 개수가 어떻게 되나요?

A: 부등식에는 해가 무한히 많습니다. 대신 가능한 가장 작은 수 또는 큰 수, 즉 경계를 찾아야 합니다. 그리고 수학적으로 옳은 답은 무한히 많지만, 현실에서는 그 모든 답이 합당하진 않을 수도 있습니다. 예를 들어, $102,999,999와 $103,000.00 사이에는 무한히 많은 수가 있지만 캐슬린 입장에서 본다면 별 차이가 없겠죠. 돈이라는 관점에서 생각하면 $102,999,999는 기본적으로 $103,000.00하고 마찬가지입니다.

Q: 부등식에서는 양쪽이 똑같은데요, 부등식에서는 똑같지 않은 건가요?

A: 일반적으로 그렇습니다. 식에 들어 있는 부등식 기호를 보면 양 변 사이의 관계를 정확하게 파악할 수 있습니다.

Q: 수학 책에서 ≠ 기호를 본 적이 있는데요, 이것도 부등식인가요?

A: 이 기호는 '같지 않다'를 뜻하는 기호입니다. 예를 들면 이렇게 쓸 수 있죠.

$$4 \ne 6$$

기호만 보면 그다지 많은 정보를 주는 건 아닙니다. 하지만 부등식 기호가 맞긴 합니다.

부등식에 음수 연산을 적용할 때는 주의해야 할 게 있습니다

캐슬린은 여전히 좋은 쿼터백이 필요하긴 하지만, 조금 다른 방법을 쓸 수도 있습니다. 캐슬린이 속한 판타지 풋볼 리그에서는 게임 전에 '벌점'을 구입해서 상대 팀에 핸디캡을 줄 수 있습니다. 벌점을 구입하면 상대 팀은 공격할 때 벌점 하나당 10야드씩 손해를 보게 됩니다.

> 다음 경기는 우리 오빠랑 하는 경기니까 뭔가 안전망이 있었으면 좋겠어요. 상대팀한테서 적어도 50야드를 뺏어왔으면 해요.

이 내용을 등식으로 만들려면 캐슬린이 했던 말을 어떻게 고칠 수 있을까요?

캐슬린은 **적어도** 50야드를 뺏어오고 싶습니다. 부등식을 만들 수 있겠어요. 구입해야 할 벌점을 **g**라고 하면 다음과 같은 부등식을 쓸 수 있습니다.

$$-10g \leq -50$$

식을 좀 더 자세히 볼까요? 벌점 하나(**g**)당 상대방이 10야드씩 손해 (−10)를 봅니다. 캐슬린은 오빠한테서 최소 50야드를 뺏어오고 싶어 합니다.

이 문제를 풀려면 양변을 −10으로 나눠야 합니다.

$$\frac{-10g}{-10} \leq \frac{-50}{-10}$$

$$g \leq 5...???$$

어? 답이 이상하죠? 뭔가 잘못된 것 같아요.

> 말이 안 돼요. 어디서부터 잘못됐는지도 모르겠어요. 우선 캐슬린이 '적어도 50야드'라고 했을 때 −10g가 −50 이하가 돼야 하는 이유도 잘 이해가 안 돼요. 그리고 답이 g ≤ 5라고요? g = 5일 때는 말이 되지만 그보다 작은 값이면 전혀 안 맞잖아요. g가 4라면 −40야드가 나오는데 그러면 −50야드 **이하**가 아닌 거잖아요.

음수가 들어 있는 부등식에는 특별한 규칙이 필요합니다.

자세히 살펴봅시다.

음수가 붙은 부등식은 뒤집어줘야 합니다

우선 '최소 얼마' 부분을 살펴볼까요? 캐슬린은 상대방 공격진한테서 최소 50야드를 뺏어오고자
합니다. 51야드나 52 야드, 60야드 모두 괜찮습니다. 하지만 40야드로는 모자라죠. 상대방
입장에서는 음수로 생각해야 하기 때문에 −50야드, −60야드는 괜찮지만 −40야드는 안 됩니다.

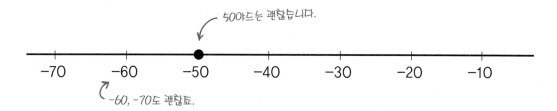

수직선에서 왼쪽에 있는 수는 오른쪽에 있는 수보다 **작기** 때문에, '−50보다 작다'
는 부등식을 풀어야 합니다. 식을 이렇게 쓸 수 있겠죠.

$$-10g \leq -50$$

부등식 왼쪽에 있는 값은 어찌 됐든 −50과 **같거나 그보다 작아야** 합니다.

부등식에서는 음수를 곱하거나 음수로 나눌 때 문제가 생길 수 있습니다.

이제 앞에서 부등식을 **g**에 대해서 풀 때 어떤 문제가 있었는지 알아봅시다. 음수에
대해서 부등식이 이상하게 돌아간 이유는 간단합니다. 음수에서의 **대소 관계**
때문이죠. 예를 들어 −10은 −2보다 작습니다. 양수인 10이 2보다 큰 것과는
정반대죠.

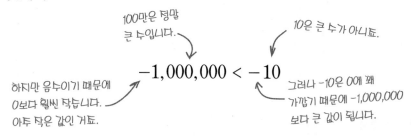

결과적으로 음수를 곱하거나 음수로 나눌 때는 부등식으로 표현한 관계가 **뒤바뀌게**
됩니다. 0을 기준으로 하는 관계의 방향을 바꾸는 것이기 때문이죠.

그럼 이렇게 뒤집히는 건 어떻게 처리해야 할까요?

음수를 곱하거나
음수로 나눌 때는
부등식의 방향이
바뀝니다.

음수로 곱하거나 나눌 때는 부등호 방향을 뒤집어줍니다

음수의 값은 그 값의 크기만큼 0보다 작은 값이기 때문에 부등식에서는 그
관계가 뒤집힙니다. 예를 들어 양 변에 −2를 곱해볼까요?

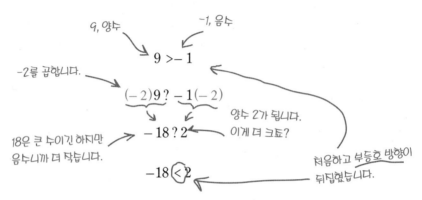

처음에는 왼쪽에 더 큰 값이 있는 부등식이었는데 −2를 곱하고 나서는
오른쪽에 더 큰 값이 있습니다. 전하고 반대로 됐죠? 규칙은 간단합니다.
음수로 곱하거나 나눌 때는 부등호를 반대로 뒤집어주면 됩니다.

수직선 위에 그려볼까요?

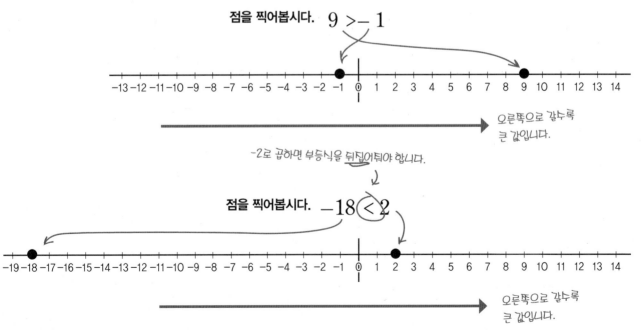

부등식에서 음수를 곱하거나 음수로 나눌 때는...

1 **제대로 된 부등식에서 시작합니다.**

부등식에는 숫자나 알려지지 않은 값이 들어 있을 수도 있습니다. 참이기만 하면 상관 없습니다(수직선을 가지고 검산을 할 수 있으면 됩니다).

2 **음수로 곱하거나 나누지만 않는다면 그냥 방정식을 푸는 것과 똑같은 식으로 하면 됩니다.**

3 **양 변에 음수 곱셈이나 나눗셈을 하는 경우**

음수를 곱하거나 음수로 나눌 때, 반드시 양 변에 같은 곱셈이나 나눗셈을 적용해야 합니다. 하지만 그걸로 끝나는 게 아닙니다. 음수 곱셈이나 나눗셈을 할 때는...

4 **부등식의 부등호 방향을 뒤집어줍니다.**

바로 뒤집어줘야 합니다. >는 <로, ≤는 ≥로 바꾸는 것처럼 말이죠. 음수 곱셈이나 나눗셈을 할 때는 반드시 이렇게 부호를 뒤집어야 합니다.

수직선을 이용하면 수의 위치를 손쉽게 확인할 수 있고, 부등식에서 대소관계가 어떻게 바뀌는지 파악할 수 있습니다. 부등호는 방정식에서 크고 작은 관계를 표현하는 기호입니다. 식을 풀면서 관계가 제대로 표현될 수 있도록 부등호 방향을 잘 맞춰줘야 합니다.

별로 어렵진 않습니다. 음수를 곱하거나 음수로 나눌 때 부등호 방향만 바꿔주면 됩니다. 식이 바뀐다기보다는 식으로 표시하는 대소관계를 제대로 유지한다고 생각하면 됩니다.

음수는 0에 <u>가까워질수록</u> <u>더 큰</u> 값이 됩니다.

바보 같은 질문이란 없습니다

Q: 그냥 부등호 방향을 바꿔도 되는 건가요? 그러면 식이 완전히 달라지는 것 아닌가요?

A: 사실 부등호 방향을 바꾸는 것은 식을 **원래대로 유지하기** 위함입니다. 수직선을 생각해보면 음수를 곱하거나 음수로 나눌 때 식의 양 변 사이의 관계가 뒤집히는 걸 알 수 있습니다. 부등호는 어느 쪽이 더 큰지 표현하기 위한 기호입니다. 음수는 숫자가 클수록 그 값은 작아집니다.

Q: ≤는 어떻게 뒤집나요?

A: 등호가 포함된 부등호의 경우에는 등호 부분은 그대로 두고 부등호 부분만 뒤집으면 됩니다. '이상'은 '이하'로, '이하'는 '이상'으로 뒤집으면 되는 거죠.

Q: 해집합에 대해서 다시 설명해주실 수 있을까요?

A: 부등식의 해집합은 부등호가 참이 되게 하는 모든 수가 포함된 집합입니다.

Q: 부등호를 여러 번 뒤집는 경우도 있나요?

A: 그것도 가능하죠. 양 변을 두 번 이상 음수로 곱하거나 나누게 된다면 부등호를 여러 번 뒤집게 될 겁니다. 몇 번이든 음수로 곱하거나 나눌 때 항상 부등호를 뒤집으면 됩니다. 방정식을 풀 때와 마찬가지로 규칙만 제대로 적용하면 항상 똑같은 정답을 구할 수 있습니다.

Q: 분수나 소수로 곱하거나 나눌 때는 어떤가요? 그때도 부등호를 뒤집나요?

A: 그 분수나 소수가 음수인 경우에만 뒤집습니다. 어떻게 생긴 음수든 음수로 곱하거나 나누면 부등호를 뒤집어줍니다.

Q: 음수를 더하거나 뺄 때는 어떤가요?

A: 뒤집지 않습니다. 방향이 바뀌지 않기 때문이죠. 양 변에 음수를 더하면 부등식 양 변이 똑같은 거리만큼 수직선 위에서 왼쪽으로 움직입니다. 부등식의 양 변 사이의 대소관계는 이전과 똑같죠. 양 변의 대소관계만 잘 따져주면 된다는 걸 기억해두세요. 대소관계가 바뀌지 않는 이상 부등호를 바꿀 필요는 없습니다.

Q: 부등식을 정리하면서 부등식 한쪽에서만 음수 곱셈을 할 때는 어떤가요? $(-3)(2) > -10$ 같은 식으로요.

A: 그런 경우에는 부등식에서 음수를 반대편으로 넘겨주는 게 아니기 때문에 부등호 방향이 바뀌지 않습니다. 위 식의 경우 단순히 $-6 > -10$, 즉 참인 부등식일 뿐입니다.

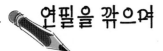

연필을 깎으며

이제 음수가 들어간 부등식을 푸는 방법도 배웠으니 캐슬린의 벌점 문제도 풀 수 있을 겁니다. 물론 다른 부등식도 풀 수 있을 거고요. 몇 가지 문제를 풀어봅시다. 밑에 있는 수직선으로 검산도 해보세요.

"다음 경기는 우리 오빠네 팀이랑 하는데 미리 대비해두고 싶어요. 상대 팀한테서 넉넉하게 최소 50야드 이상을 뺐었으면 좋겠어요." 캐슬린이 벌점을 얼마 사야 하는지 구해봅시다.

....
....
....
....

이 리그에서는 이길 때마다 40점을 딸 수 있습니다. 시즌을 마무리했을 때 점수가 260점을 넘어가면 그 팀의 쿼터백은 하이스만 트로피를 받을 수 있어요. 캐슬린 팀 쿼터백이 하이스만 트로피를 따려면 몇 경기를 이겨야 할까요?

....
....
....
....

리그 규정에 따르면 한 시즌에 벌칙을 10번 넘게 받으면 그 팀은 실격됩니다. 캐슬린은 16 경기에 골고루 벌칙을 분산시키고 싶습니다. 실격당하지 않는 치역 안에서 매 경기당 몇 번까지 벌칙을 받을 수 있을까요?

....
....
....
....

-18 -17 -16 -15 -14 -13 -12 -11 -10 -9 -8 -7 -6 -5 -4 -3 -2 -1 0 1 2 3 4 5 6 7 8 9 10 11 12 13 14 15 16 17 18 19

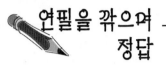

연필을 깎으며 정답

이제 음수가 들어간 부등식을 푸는 방법도 배웠으니 캐슬린의 벌점 문제도 풀 수 있을 겁니다. 물론 다른 부등식도 풀 수 있을 거고요. 몇 가지 문제를 풀어봅시다. 밑에 있는 수직선으로 검산도 해보세요.

"다음 경기는 우리 오빠네 팀이랑 하는데 미리 대비해두고 싶어요. 상대 팀한테서 넉넉하게 최소 50야드 이상을 뺏었으면 좋겠어요." 캐슬린이 벌점을 얼마 사야 하는지 구해봅시다.

$$-10g \leq -50$$

$$\frac{-10g}{-10} ? \frac{-50}{-10}$$

-10으로 나눌 때 부등호 방향 뒤집는 것 잊지 마세요!

$$g \geq 5$$

벌점을 5점 이상 사야 합니다.

이 리그에서는 이길 때마다 40점을 딸 수 있습니다. 시즌을 마무리했을 때 점수가 260점을 넘어가면 그 팀의 쿼터백은 하이스만 트로피를 받을 수 있어요. 캐슬린 팀 쿼터백이 하이스만 트로피를 따려면 몇 경기를 이겨야 할까요?

$$40w > 260$$

$$\frac{40w}{40} > \frac{260}{40}$$

여기서는 양수로 나누는 거니까 부등호 방향을 뒤집지 않아도 됩니다.

$$w > 6.5$$

6.5 경기보다 많이 이겨야 하지만 반 경기 이기는 건 없으니까 7 경기 이상 이겨야 합니다.

리그 규정에 따르면 한 시즌에 벌칙을 10번 넘게 받으면 그 팀은 실격됩니다. 캐슬린은 16 경기에 골고루 벌칙을 분산시키고 싶습니다. 실격당하지 않는 치역 안에서 매 경기당 몇 번까지 벌칙을 받을 수 있을까요?

$$16p \leq 10$$

$$\frac{16p}{16} \leq \frac{10}{16}$$

$$p \leq 0.625$$

수학적으로만 매 경기마다 0.625번 이하 벌칙을 받으면 된다고 할 수 있지만, 벌칙은 1개 단위로 세야 하기 때문에 모든 경기에서 똑같은 횟수만큼씩 벌칙을 받는 건 불가능합니다. 벌칙을 써야 할 만한 경기, 날날 해도 될 만한 경기를 잘 파악해서 경기를 운영해야 되겠네요.

수학 자석

밑에 있는 자석 조각을 옮겨서 빈 칸을 채워봅시다.

$$12 > 2x - 4x + 16$$

$$-16 + 12 > 2x - 4x + 16 \dots$$

$$\dots > \dots$$

$$\dots > -2x$$

$$\frac{-4}{-2} \dots \frac{-2}{-2}x$$

$$\dots x$$

검산:

부등식을 만족시킬 만한 수를 적당히 집어넣어 봅시다.

$$12 > 2(5) - 4(5) + 16$$

$$12 > \dots$$

$$12 > \dots$$

검산할 때는 계산하기 좋은 값을 잘 고르는 것도 중요합니다.

$$15 - 3y > -9y + 18$$

$$-18 + 15 - 3y > -9y + 18 \dots$$

$$>$$

$$\dots$$

$$3y \cdot \quad\quad > -9y + 3y$$

$$-3 > -6y$$

$$\frac{-3}{-6} \dots \frac{-6}{-6}y$$

$$y$$

$$\dots$$

검산:

$$15 - 3(3) > -9(3) + 18$$

$$\dots > \dots$$

$$>$$

$$\dots \quad \dots$$

답을 원래 방정식에 집어넣어서 문제를 제대로 풀었는지 확인해봅시다.

자석 조각들:

<	2

-18 $\frac{1}{2}$ -9   2x-4x   -4   -4   -2x

?   >   15-9   -3-3y   ?   -16   -3-3y

-27+18   <   -9y   6   6   10-20+16

수학 자석 정답

빈 칸을 채워서 부등식을 푸는 문제였습니다.

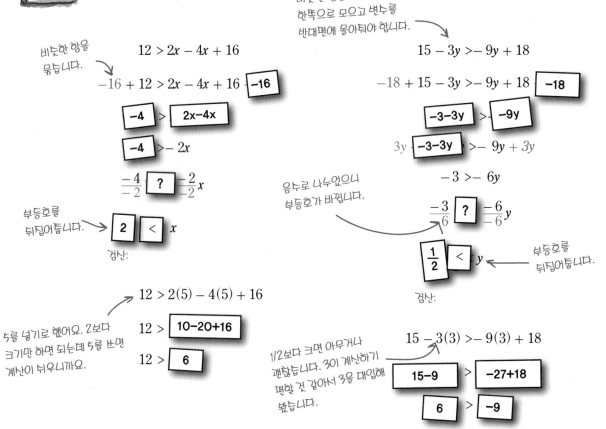

비슷한 항을
묶습니다.

$$12 > 2x - 4x + 16$$

$$-16 + 12 > 2x - 4x + 16 \quad \boxed{-16}$$

$$\boxed{-4} > \boxed{2x-4x}$$

$$\boxed{-4} > -2x$$

$$\frac{-4}{-2} \ \boxed{?} \ \frac{-2}{-2}x$$

부등호를
뒤집어줍니다.

$$\boxed{2} \ \boxed{<} \ x$$

검산:

비슷한 항을 묶으려면 눗자를
한쪽으로 모으고 변수를
반대편에 몰아둬야 합니다.

$$15 - 3y > -9y + 18$$

$$-18 + 15 - 3y > -9y + 18 \quad \boxed{-18}$$

$$\boxed{-3-3y} > \boxed{-9y}$$

$$3y \ \boxed{-3-3y} > -9y + 3y$$

$$-3 > -6y$$

음수로 나누었으니
부등호가 바뀝니다.

$$\frac{-3}{-6} \ \boxed{?} \ \frac{-6}{-6}y$$

$$\boxed{\frac{1}{2}} \ \boxed{<} \ y$$

부등호를
뒤집어줍니다.

검산:

5를 넣기로 했어요. 2보다
크기만 하면 되는데 5를 쓰면
계산이 뉘우니까요.

$$12 > 2(5) - 4(5) + 16$$

$$12 > \boxed{10-20+16}$$

$$12 > \boxed{6}$$

1/2보다 크면 아무거나
괜찮습니다. 3이 계산하기
편할 것 같아서 3을 대입해
봤습니다.

$$15 - 3(3) > -9(3) + 18$$

$$\boxed{15-9} > \boxed{-27+18}$$

$$\boxed{6} > \boxed{-9}$$

$$\boxed{-2x}$$

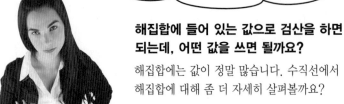

부등식은 정답이 집합 형태로
나오는 걸로 알고 있는데요, 어떻게 한 값만
집어넣고 검산할 수 있나요?

**해집합에 들어 있는 값으로 검산을 하면
되는데, 어떤 값을 쓰면 될까요?**

해집합에는 값이 정말 많습니다. 수직선에서
해집합에 대해 좀 더 자세히 살펴볼까요?

해집합을 수직선 위에서 시각화할 수 있습니다

수직선을 이용하면 해집합을 시각화할 수 있습니다. 수직선에서 점을 찍어보긴
했지만 일정 **치역**에 속하는 점, 또는 **전체 해집합**은 어떻게 표시할 수 있을까요? 이게
가능하면 검산할 때 쓸 숫자도 쉽게 고를 수 있고 어떤 값이 부등식을 만족시키는지
이해하는 데도 도움이 될 겁니다.

다음과 같이 해봅시다.

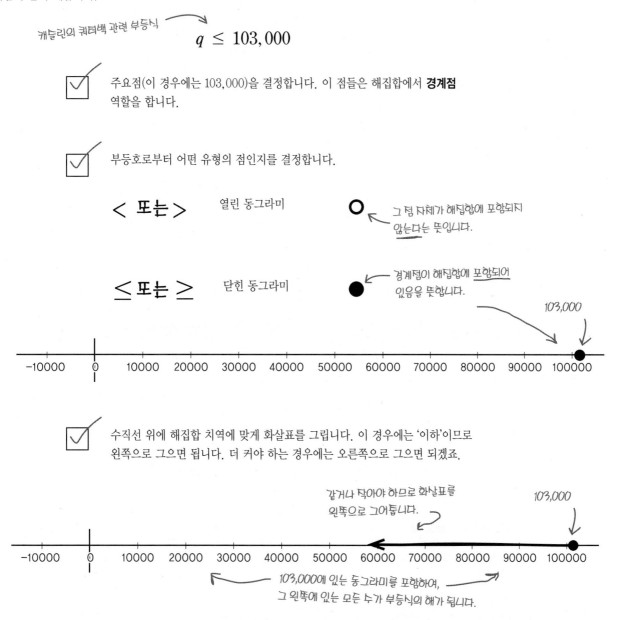

캐들린의 쿼터백 관련 부등식

$$q \leq 103,000$$

✓ 주요점(이 경우에는 103,000)을 결정합니다. 이 점들은 해집합에서 **경계점**
역할을 합니다.

✓ 부등호로부터 어떤 유형의 점인지를 결정합니다.

< 또는 >   열린 동그라미   ○ ← 그 점 자체가 해집합에 포함되지
                                    않는다는 뜻입니다.

≤ 또는 ≥   닫힌 동그라미   ● ← 경계점이 해집합에 포함되어
                                    있음을 뜻합니다.

103,000

-10000   0   10000   20000   30000   40000   50000   60000   70000   80000   90000   100000

✓ 수직선 위에 해집합 치역에 맞게 화살표를 그립니다. 이 경우에는 '이하'이므로
왼쪽으로 그으면 됩니다. 더 커야 하는 경우에는 오른쪽으로 그으면 되겠죠.

같거나 작아야 하므로 화살표를
왼쪽으로 그어둡니다.

103,000

-10000   0   10000   20000   30000   40000   50000   60000   70000   80000   90000   100000

103,000에 있는 동그라미를 포함하여,
그 왼쪽에 있는 모든 수가 부등식의 해가 됩니다.

바보 같은 질문이란 없습니다

Q: 왜 굳이 수직선을 그려야 하나요?

A: 수직선은 해집합을 이해하는 데 꽤 유용한 도구입니다. 해에 어떤 수가 포함되는지 잘 이해가 안 된다면 부등식을 수직선 위에 그려보면 도움이 됩니다.

Q: 수직선은 아이들이나 그리는 것 아닌가요?

A: 전혀 그렇지 않아요. 답을 구하는 데 도움이 되므로 그런 생각을 할 필요가 없죠. 부등식, 수 사이의 관계, 해집합 등을 이해하는 데 도움이 되기만 한다면 뭐든 쓸 수 있어야 합니다. 어렸을 때 배운 도구라고 해서 지금은 별 쓸모가 없다고 생각할 필요는 없습니다. 특히 수직선은 정수나 부등식을 다룰 때 굉장히 도움이 됩니다. 양수와 음수에서 왔다갔다 하다 보면 어느 쪽이 더 큰지 헷갈릴 수 있으니까요.

Q: 아주 큰 수가 나와서 그 큰 수까지 수직선을 그릴 수 없으면 어쩌죠?

A: 수직선에서 수 사이의 간격을 적절히 조절해야 합니다. 앞에서 쿼터백 월급을 표시할 때는 눈금을 10,000마다 표시했습니다. 그 전에는 보통 1이나 10 단위로 눈금을 그렸죠. 눈금 간격은 문제와 주어진 상황에 따라 달라질 수 있습니다. 해집합은 언제든 수직선 위에 그릴 수 있습니다. 보여주는 척도가 달라질 수는 있지만 말이죠.

수직선 위에 있는 수의 값은 그대로 둔 채로 수직선의 척도를 바꿀 수 있습니다. 지금 풀고 있는 부등식에 맞게 척도를 조절해서 수직선을 그려주기만 하면 됩니다.

 핵심정리

- 수직선은 검산을 하거나 해를 시각화하는 데 매우 유용한 도구입니다.
- ≤나 ≥는 ●로 표시합니다.
- <나 >는 ○로 표시합니다.
- 수직선 위에 치역의 방향을 표시하기만 하면 됩니다. 모든 치역을 칠할 필요는 없습니다.

연습문제

아래 문제를 풀고 해집합을 수직선 위에 그래프로 그려보세요.

고등학교 야구 리그에서 MVP를 선정하기 위해 시즌 성적을 검토하고 있습니다. MVP가 되기 위해서는 평균 타율이 0.320을 넘어야 합니다. 시즌 평균 타율은 시즌 전체 안타 수를 타수로 나눈 값입니다. 한 시즌에 12 경기를 하며, 각 선수는 한 경기당 네 번씩 타석에 섭니다.

MVP 경쟁에 들어가기 위해서는 안타를 몇 개 쳐야 할까요?

....

....

....

....

-18 -17 -16 -15 -14 -13 -12 -11 -10 -9 -8 -7 -6 -5 -4 -3 -2 -1 0 1 2 3 4 5 6 7 8 9 10 11 12 13 14 15 16 17 18 19

조와 샘이 다트 시합의 마지막 라운드를 즐기고 있습니다. 현재 점수는 조가 18점, 샘이 12점입니다. 조가 던진 뒤에 더 높은 점수를 기록하는 사람이 이기게 됩니다. 다트로 상대방의 귀를 맞추면 자동으로 3점이 감점됩니다. 그런데 샘이 조금 전에 조가 키우는 강아지 흉을 봐서, 조는 시합을 비기거나 이기는 치역 안에서 샘의 귀를 몇 번 맞춰도 되는지 알고 싶습니다.

....

....

....

....

-18 -17 -16 -15 -14 -13 -12 -11 -10 -9 -8 -7 -6 -5 -4 -3 -2 -1 0 1 2 3 4 5 6 7 8 9 10 11 12 13 14 15 16 17 18 19

연습문제 정답

아래 문제를 풀고 해집합을 수직선 위에 그래프로 그려보세요.

고등학교 야구 리그에서 MVP를 선정하기 위해 시즌 성적을 검토하고 있습니다. MVP가 되기 위해서는 평균 타율이 0.320을 넘어야 합니다. 시즌 평균 타율은 시즌 전체 안타 수를 타수로 나눈 값입니다. 한 시즌에 12 경기를 하며, 각 선수는 한 경기당 네 번씩 타석에 섭니다.

MVP 경쟁에 들어가기 위해서는 안타를 몇 개 쳐야 할까요?

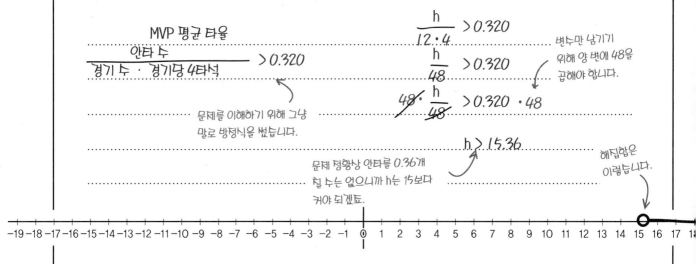

$$\text{MVP 평균 타율}$$

$$\frac{\text{안타 수}}{\text{경기 수} \cdot \text{경기당 4타석}} > 0.320$$

문제를 이해하기 위해 그냥 말로 방정식을 썼습니다.

$$\frac{h}{12 \cdot 4} > 0.320$$

$$\frac{h}{48} > 0.320$$

변수만 남기기 위해 양 변에 48을 곱해야 합니다.

$$48 \cdot \frac{h}{48} > 0.320 \cdot 48$$

$$h > 15.36$$

문제 정황상 안타를 0.36개 칠 수는 없으니까 h는 15보다 커야 되겠죠.

해집합은 이렇습니다.

-19 -18 -17 -16 -15 -14 -13 -12 -11 -10 -9 -8 -7 -6 -5 -4 -3 -2 -1 0 1 2 3 4 5 6 7 8 9 10 11 12 13 14 15 16 17 18

조와 샘이 다트 시합의 마지막 라운드를 즐기고 있습니다. 현재 점수는 조가 18점, 샘이 12점입니다. 조가 던진 뒤에 더 높은 점수를 기록하는 사람이 이기게 됩니다. 다트로 상대방의 귀를 맞추면 자동으로 3점이 감점됩니다. 그런데 샘이 조금 전에 조가 키우는 강아지 흉을 봐서, 조는 시합을 비기거나 이기는 치역 안에서 샘의 귀를 몇 번 맞춰도 되는지 알고 싶어 합니다.

조의 최종 점수 ≥ 샘의 현재 점수

조의 현재 점수 - 감점된 점수 ≥ 샘의 현재 점수

이 점수 이상이면 됩니다.

귀를 맞추는 회수는 E로 적었습니다.

$$18 - 3(E) \geq 12$$

$$-18 + 18 - 3(E) \geq 12 - 18$$

$$-3(E) \geq -6$$

음수로 나눌 때는 부등호 방향이 어떻게 된다고 했죠?

$$\frac{-3(E)}{-3} \ ? \ \frac{-6}{-3}$$

부등호 방향을 뒤집습니다.

$$E \leq 2$$

샘 귀를 두 번 명중시켜도 여전히 비길 수 있습니다.

-19 -18 -17 -16 -15 -14 -13 -12 -11 -10 -9 -8 -7 -6 -5 -4 -3 -2 -1 0 1 2 3 4 5 6 7 8 9 10 11 12 13 14 15 16 17 18

보통 부등식의 해집합 전체는 무한히 뻗어가지만 이 문제에서는 0까지만 갑니다. 귀를 맞추는 회수를 따지는 데 많이 음수일 수는 없을 테니까요.

부등식에 변수가 <u>두 개</u> 있을 수도 있습니다

캐슬린이 다른 수비진을 골라보려고 합니다. 그렇게 아낀 돈으로 다른 쿼터백을 골라보려고 하는데, 그러면 미지수가 **두 개**입니다.

> 도와주세요... $103,000로는 괜찮은 쿼터백을 데려올 수가 없어요.

심풋볼 판타지 리그

홈 | 어웨이 | 리그 | 새소식

캐슬린이 전에 뽑았던 수비진을 지웠습니다. 현금을 좀 더 확보하고 싶어 하네요.

포지션	이름	연봉
수비진		
러닝백	마이크 앤타	$ 197,000
와이드 리시버	에릭 프리더	$ 212,000
키커	릭 뷰버	$ 155,000
쿼터백		
	총합	$ 564,000

캐슬린은 최대 $1,000,000까지만 쓸 수 있습니다.

✏️ 연필을 깎으며

위에 있는 정보를 가지고 두 개의 미지수(수비진과 쿼터백)가 포함된 부등식을 새로 세워봅시다.

....

....

....

....

....

....

연필을 깎으며 정답

수비진과 쿼터백 연봉에 대한 부등식을 세우는 문제였죠?

수비진+러닝백+와이드 리시버+키커+쿼터백 ≤ 1,000,000

$$333{,}000 + 197{,}000 + 212{,}000 + 155{,}000 + q \leq 1{,}000{,}000$$

캐슬린이 이 부분을
취소했습니다.

$$d + 197{,}000 + 212{,}000 + 155{,}000 + q \leq 1{,}000{,}000$$

d로 쓰겠습니다.

$$d + 564{,}000 + q \leq 1{,}000{,}000$$

$$-564{,}000 + d + 564{,}000 + q \leq 1{,}000{,}000 - 564{,}000$$

부등식은 이렇게
쓸 수 있습니다.

$$d + q \leq 436{,}000$$

이걸로 문제를
어떻게 풀죠? 숫자를
대입하면 되나요?

**많은 경우에 일단
대입해보는 게 좋습니다.**

예를 들어 연봉이 $185,000
인 쿼터백을 찾았다고
해보죠. 부등식에 그 값을
대입하면 수비진의 연봉, **d**를
구할 수 있는 부등식을 만들
수 있습니다.

q 자리에
185,000을
대입합니다.

$$d + 185{,}000 \leq 436{,}000$$

$$-185{,}000 + d + 185{,}000 \leq 436{,}000 - 185{,}000$$

그냥 뺄셈이니까 부등호
방향은 바뀌지 않습니다.

$$d \leq 251{,}000$$

이제 수비진 연봉으로
얼마나 쓸 수 있는지
알 수 있습니다.

매번 이렇게 시행착오를 거쳐야 하나요? 너무 비효율적인 것 같아요. 다른 방법은 없어요?

그래프 그리는 것 기억 나나요? (변수가 두 개인) 방정식에서는 그래프를 그리면 직선 전체가 해가 될 수 있습니다. 따라서 그래프를 이용하면 방정식의 해를 볼 수 있죠.

기초적인 부등식의 그래프를 그려봅시다. 몇 가지 기억해둬야 할 점이 있습니다.

시작하는 데 필요한 몇 가지 힌트일 뿐이에요. 자세한 건 뒤에서 더 알아보겠습니다.

1 **부등식의 그래프를 그릴 때는 직선에서 시작합니다.**
방정식을 그릴 때와 똑같은 식으로 그래프를 그립니다.

2 **부등식의 해집합이 어느 영역에 속하는지 알아냅니다.**
어떤 답이 그 직선 위에 있는지 아니면 아래에 있는지 확인합니다. 수직선에 그래프를 그릴 때와 비슷하게 답과 선 사이의 관계를 파악하면 됩니다.

3 **답이 있는 쪽을 표시합니다.**
직선이나 점선, 음영 등을 가지고 원하는 대로 표시해주면 됩니다.

연필을 깎으며

부등식의 그래프를 그려봅시다.

$$y > 3x + 2$$

필요하다면 이 아래 빈 공간에서 계산을 해보세요.

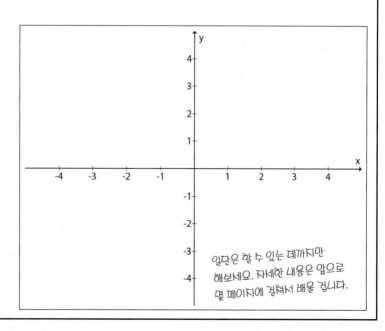

일단은 할 수 있는 데까지만 해보세요. 자세한 내용은 앞으로 몇 페이지에 걸쳐서 배울 겁니다.

연필을 깎으며 정답

부등식의 그래프를 그리는 문제였습니다. 어떻게 풀었나요?
저희는 이렇게 했습니다.

점-기울기
형식이네요.

$$y > 3x + 2 \qquad b \,(y절편)$$

m (기울기)

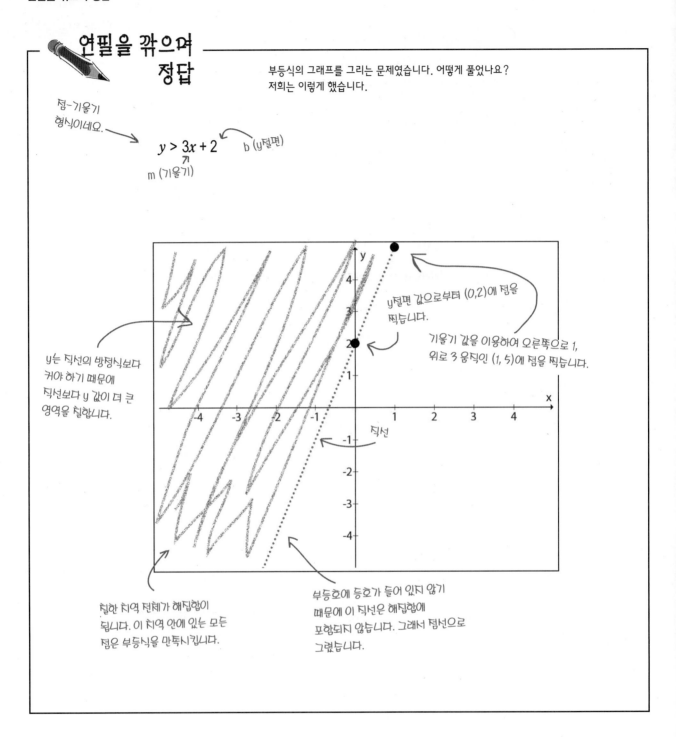

y절편 값으로부터 (0,2)에 점을
찍습니다.

기울기 값을 이용하여 오른쪽으로 1,
위로 3 움직인 (1, 5)에 점을 찍습니다.

y는 직선의 방정식보다
커야 하기 때문에
직선보다 y 값이 더 큰
영역을 칠합니다.

직선

칠한 치역 전체가 해집합이
됩니다. 이 치역 안에 있는 모든
점은 부등식을 만족시킵니다.

부등호에 등호가 들어 있지 않기
때문에 이 직선은 해집합에
포함되지 않습니다. 그래서 점선으로
그렸습니다.

그래프로 부등식의 해를 시각화합니다

변수가 두 개인 부등식의 그래프를 그리는 일은 방정식의 그래프를 그리는 것과 거의 똑같습니다. 색칠을 좀 더 해야 하는 게 다르긴 하죠(부등식을 푸는 게 방정식을 푸는 것과 유사한 것처럼요). 부등식이 있을 때 해집합은 다음과 같은 방식으로 그래프로 표시할 수 있습니다.

① 변수가 두 개인 부등식에서 시작합니다. 수직 축(보통 y) 변수를 분리시킵니다.

② 직선을 어떻게 그릴지 결정합니다.

$< \text{또는} >$ 　점선으로 그립니다.　　- - - - -

> 수직선에서 열린 동그라미와 닫힌 동그라미를 쓰는 것과 마찬가지입니다.

$\leq \text{또는} \geq$ 　실선으로 그립니다.　　————

③ 방정식의 경우와 마찬가지 방법으로 직선을 그립니다. 부등식 종류에 따라 점선으로 그릴지 실선으로 그릴지가 다를 뿐입니다.

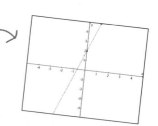

④ 직선 위를 칠할지 직선 아래를 칠할지 결정합니다.

$y > \text{또는} \geq$ 　y 값이 큰 쪽을 칠합니다.

$y < \text{또는} \leq$ 　y 값이 작은 쪽을 칠합니다.

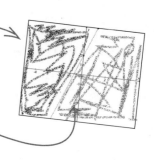

⑤ 그래프를 칠합니다.

브레인 파워

칠한 영역은 실제로 무엇을 나타낼까요?

답 칠하기

앞에 있는 예제의 그래프를 그려봅시다.
색칠한 부분이 무엇을 나타내는지 이해할 수 있나요?

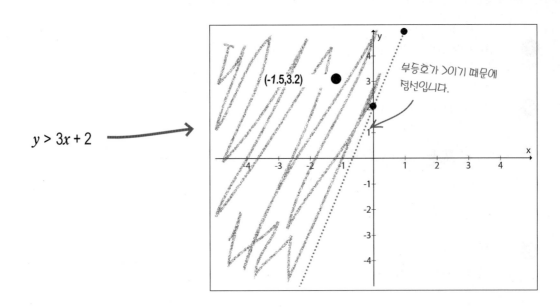

$y > 3x + 2$

(-1.5, 3.2)

부등호가 $>$이기 때문에
점선입니다.

색칠한 부분은 <u>가능한 해를</u> 보여줍니다.

색칠한 부분에 있는 순서쌍들은 부등식을 만족시킵니다. 모든 순서쌍이
답이 되는 거죠. 이 그래프를 이용하면 예전처럼 시행착오를 반복할 필요가
없습니다. x를 -1.5로 놓는다면 그래프에서 그 직선보다 위쪽에 있으면서
식을 만족시키는 모든 y 값을 쓸 수 있습니다.

한 번 직접 해보세요. 두 값을 모두 대입해보면 부등식이 성립하는 걸
확인할 수 있습니다.

색칠한 영역에 있는
모든 순서쌍은 부등식을
만족시킵니다.

그래프에서 색칠한
부분 안에 있는 한
점의 순서쌍입니다.

(-1.5, 3.2)

$$y > 3x + 2$$
$$3.2 > 3(-1.5) + 2$$
$$3.2 > -4.5 + 2$$
$$3.2 > -2.5$$

보시는 것처럼
부등호가 여전히
그대로입니다!

누가 무슨 일을 할까요?

각 부등식을 맞는 그래프와 연결해보세요.
맞는 그래프가 없는 부등식도 있으니 주의합시다.

부등식	그래프

부등식

$t > 2(d - 0.5)$

$y - 3 > x - 7$

$y \geq -\dfrac{x}{2} - 3$

$y > 2(x - 0.5)$

$y \leq -\dfrac{x}{2} - 3$

$y - 3 \geq x - 7$

그래프

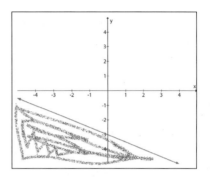

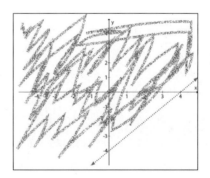

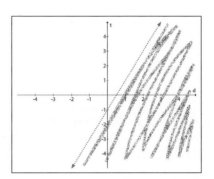

누가 무슨 일을 할까요? 정답

각 부등식을 맞는 그래프와 연결해보세요.
맞는 그래프가 없는 부등식도 있으니 주의합시다.

부등식   **그래프**

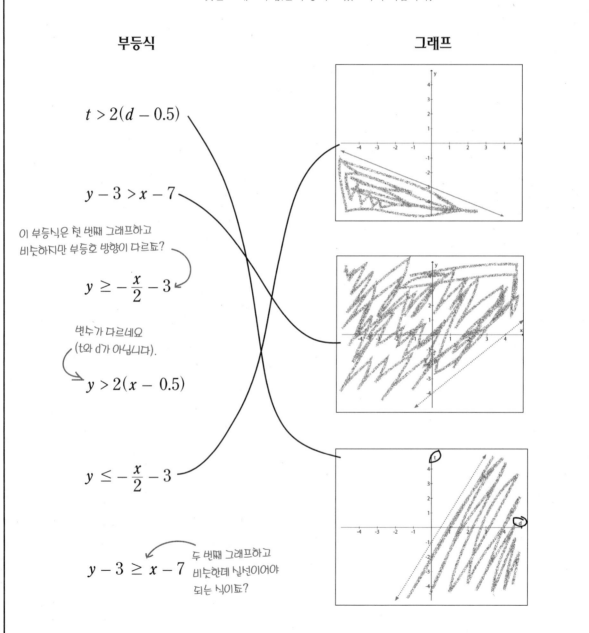

$t > 2(d - 0.5)$

$y - 3 > x - 7$

이 부등식은 첫 번째 그래프하고
비슷하지만 부등호 방향이 다르죠?

$y \geq -\dfrac{x}{2} - 3$

변수가 다르네요
(t와 d가 아닙니다).

$y > 2(x - 0.5)$

$y \leq -\dfrac{x}{2} - 3$

$y - 3 \geq x - 7$ 두 번째 그래프하고
비슷한데 실선이어야
되는 식이죠?

아직 정하지 않은 선수들로 그래프를 그린 다음 명단을
보고 어떤 선수를 고를 수 있는지 찾아보면 되겠네요.

연필을 깎으며

앞에서 세운 식 $d + q \leq 436,000$

앞에서 캐슬린을 위해 세운 식을 그래프로 그려봅시다.
우선 d를 q의 식으로 나타내야 합니다. 이 문제에 적합
하도록 눈금을 미리 표시해놨으니 잘 맞춰서 그려주세요.

....

....

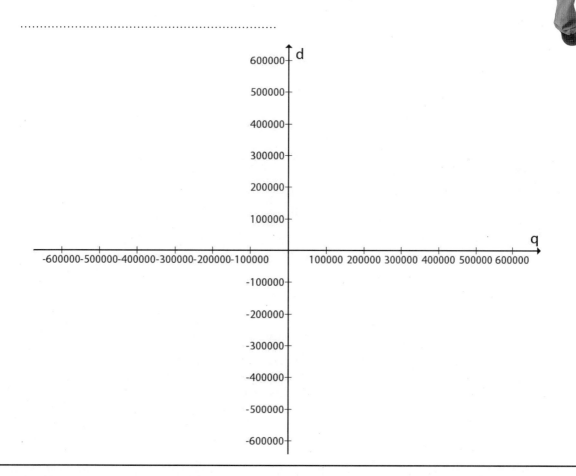

연필을 깎으며
정답

앞에서 캐슬린을 위해 세운 식을 그래프로 그려봅시다.
우선 **d**를 **q**의 식으로 나타내야 합니다. 이 문제에 적합하
도록 눈금을 미리 표시해 놨으니 잘 맞춰서 그려주세요.

$$d + q \leq 436{,}000$$

$$-q + d + q \leq 436{,}000 - q$$

$$d \leq 436{,}000 - q \qquad \leftarrow \text{기울기가 } -1\text{이군요.}$$

'd' 절편은 436,000
입니다.

이 문제에서는 양수만 답이 될 수
있을 겁니다(선수한테 돈을 받을
수는 없잖아요!).

부등식 자체로만 보면 색칠한
부분 전체가 정답입니다.

색칠한 부분 어디든 해집합에 속합니다.

풋볼을 즐겨볼까요?

그래프를 활용해서 선수를 고르는 일을
도와줍시다. 수비진을 고른 다음 어떤
쿼터백을 고를 수 있는지 찾아보면 됩니다.
우선 수비진을 선택하고, 그래프에서
d 축 위에서 그 값을 찾고, 수평 방향으로
움직이면서 가능한 q 값을 찾으면 됩니다.

캐슬린이 쓸 수 있는 돈에 최대한 가까운
답을 찾아봅시다.

수비진

이름	비용
브롱코스	$300,000
이글즈	$200,000
스틸러즈	$333,000
레이븐즈	$250,000

쿼터백

이름	비용
토니 제이글렌	$208,200
에릭 헤멀	$175,000
팻 브럼즈	$199,950
댄 드리터	$202,400

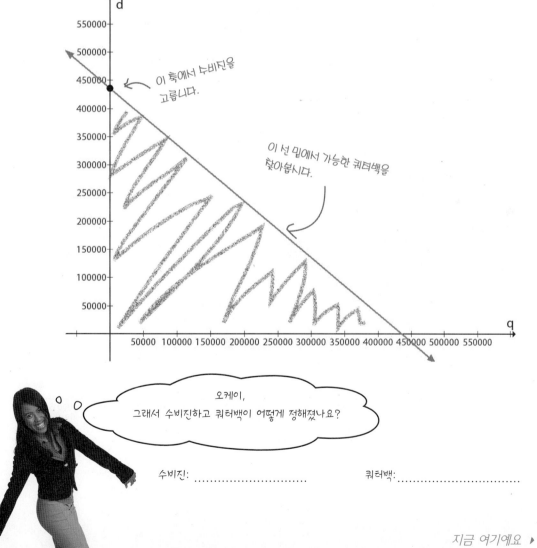

이 축에서 수비진을 고릅니다.

이 선 밑에서 가능한 쿼터백을 찾아봅시다.

오케이,
그래서 수비진하고 쿼터백이 어떻게 정해졌나요?

수비진: ....

쿼터백: ....

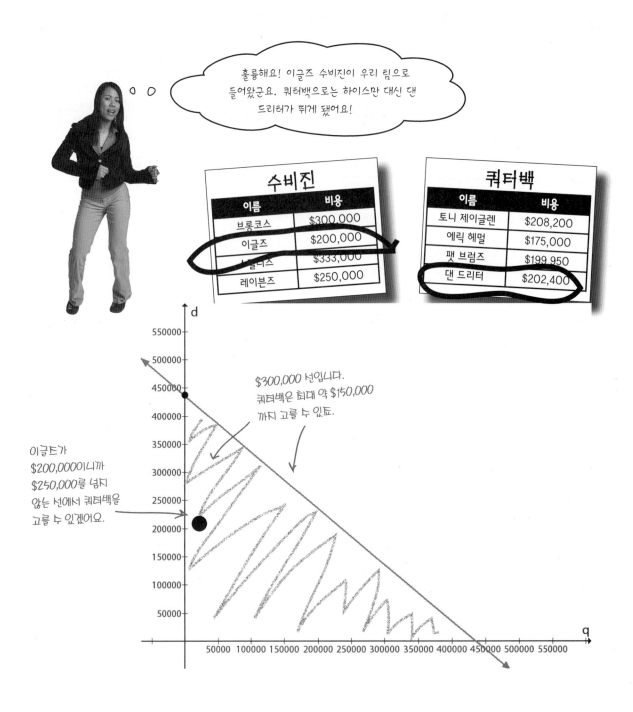

낱말퀴즈

일이 대충 끝났네요. 시즌이 시작될 때까지 낱말퀴즈나 풀면서 기다려 볼까요?

1. 등식은 둘이 같다는 것을 나타내는 식이고 부등식은 둘을 ○○하는 식입니다.

2. 부등식의 답의 개수는 ○○합니다.

3. 부등식 양 변을 음수로 곱하거나 나누면 부등식을 ○○○○ 합니다.

4. 부등식에 따라 부등호 방향을 ○○ ○ 뒤집어야 할 수도 있습니다.

5. 부등식의 그래프에서 색칠한 부분은 ○○○을 나타냅니다.

6. 부등식의 해는 문제의 ○○에 맞게 해석해야 합니다.

7. 해집합에 경계가 포함되어 있지 않다면 그래프에서 직선을 ○○으로 그려야 합니다.

8. 해집합에 경계가 포함되어 있으면 수직선에서 ○○ 동그라미로 표시해야 합니다.

9. 부등식이 $y >, y \geq$ 형태로 표시된다면 직선 ○○을 칠해야 합니다.

10. 부등식을 ○○○ 위에 표시하여 대소관계를 시각화할 수 있습니다.

11. 부등식을 만족시키는 가장 큰 값 또는 가장 작은 값을 ○○라고 부릅니다.

12. 음수는 0에 가까울수록 더 ○○○.

13. 큰 음수는 작은 양수보다 더 ○○○○.

14. 부등식의 그래프에서는 ○○○ 부분이 해집합입니다.

 # 낱말퀴즈 정답

1. 등식은 둘이 같다는 것을 나타내는 식이고 부등식은 둘을 비교하는 식입니다.

2. 부등식의 답의 개수는 무한합니다.

3. 부등식 양 변을 음수로 곱하거나 나누면 부등식을 뒤집어야 합니다.

4. 부등식에 따라 부등호 방향을 여러 번 뒤집어야 할 수도 있습니다.

5. 부등식의 그래프에서 색칠한 부분은 해집합을 나타냅니다.

6. 부등식의 해는 문제의 맥락에 맞게 해석해야 합니다.

7. 해집합에 경계가 포함되어 있지 않다면 그래프에서 직선을 점선으로 그려야 합니다.

8. 해집합에 경계가 포함되어 있으면 수직선에서 닫힌 동그라미로 표시해야 합니다.

9. 부등식이 $y >, y \geq$ 형태로 표시된다면 직선 위쪽을 칠해야 합니다.

10. 부등식을 수직선 위에 표시하여 대소관계를 시각화할 수 있습니다.

11. 부등식을 만족시키는 가장 큰 값 또는 가장 작은 값을 경계라고 부릅니다.

12. 음수는 0에 가까울수록 더 큽니다.

13. 큰 음수는 작은 양수보다 더 작습니다.

14. 부등식의 그래프에서는 색칠한 부분이 해집합입니다.

대수학 도구상자에 들어갈 도구

이번 장에서는 대수학의 부등식에 대해 배웠습니다.

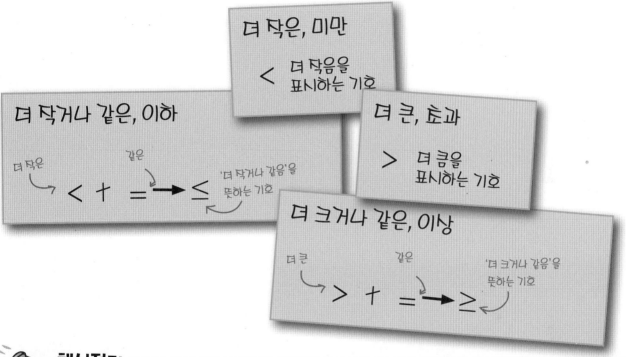

핵심정리

- 변수가 한 개인 부등식의 해는 수직선으로 시각화할 수 있습니다.

- ≤이나 ≥은 ●으로 표시합니다.

- <이나 >은 ○으로 표시합니다.

- 수직선 위에서 영역의 방향은 화살표로 표시합니다.

- 변수가 두 개인 부등식의 해는 데카르트 평면에서 시각화할 수 있습니다.

- '이상' 또는 '이하'를 나타내는 부등식은 데카르트 평면에서 실선으로 표시합니다.

- '초과' 또는 '미만'을 나타내는 부등식은 데카르트 평면에서 점선으로 나타냅니다.

- 직선을 그린 후에는 부등호 방향에 따라 직선의 위 또는 아래를 칠합니다.

- 부등식을 풀면 정답이 어떤 치역 형태로 나오며, 그 치역를 해집합이라고 부릅니다.

- 부등식을 풀 때는 등식으로 된 방정식을 풀 때와 같은 방법으로 식을 조작합니다. 단, 양 변을 음수로 곱하거나 나눌 때는 주의해야 합니다.

- 양 변을 음수로 곱하거나 나눌 때는 부등호 방향을 바꿔야 합니다.

7 연립방정식

몰랐던 것 알아내기

당신도 모른다는 건 이해하겠어요. 하지만 당신이 모르는 것에 대해 또 뭘 얘기해줄 수 있나요? 네, 그래요... 정말 중요한 거예요. 당신이 모르는 것에 대해 뭘 알고 있는지 알아야 한단 말이에요.

미지수가 두 개인 방정식의 그래프를 그리는 건 배웠죠?
근데 그 문제를 풀 수도 있을까요?

지금까지 C, t, x, y를 비롯해 다양한 변수가 들어가 있는 식으로 여러 그래프를 그려 봤습니다. 하지만 변수가 **두 개**인 방정식을 실제로 푸는 건 어떨까요? 방정식 한 개만 가지고는 안 될 것 같네요. 사실 모르는 미지수 하나당 방정식이 한 개 있어야 합니다. 식이 주어지면 어떻게 해를 구할 수 있을까요? 변수가 두 개인 **방정식**을 풀고 싶다면 **대입**을 좀 해준다거나 그래프를 그려서 두 선이 **만나는 점의 위치**를 알아내면 됩니다.

재크와 함께 하는 송년회
오후 9시 ~ 오전 1시
음악과 춤이 함께 합니다!

Music!

Dancing!

12월 31일입니다. 재크네 집에 손님들이 몰려올 텐데 <u>한 시간 밖에</u> 남지 않았네요. 문제는... 아직 음료를 준비하지 못했다는 겁니다.

원래는 여자친구가 만들기로 했는데 여자친구도 올 준비를 하고 있대요. 저는 펀치 만드는 법을 전혀 몰라요. 여자친구가 52% 탄산 펀치를 만들어야 한다고 했는데 그것 말고는 아는 게 없어요. 52%라는 것만 알고 있는 상태에서 뭘 어떻게 해야 할지 모르겠어요.

재크 →

100% + 40% = 52%

100% 탄산
사과 토스

40% 탄산
파인애플 토스

어떻게 해야 52% 탄산
펀치를 만들 수 있을까요?

5리터 들이
펀치 볼

재크를 도와줍시다. 사과 주스와 파인애플 주스를 각각 얼마씩 섞으면 52% 탄산 펀치를
만들 수 있는지 알아내기 위한 식을 세워야 해요.

그냥 리터 단위로 전체 부피에 대한 식을 세우면 됩니다.

← 그냥 리터 단위로 전체 부피에
대한 식을 세우면 됩니다.

단위는 리터입니다.

어떤 형식의 선형 방정식을 만들었나요? (동그라미 쳐주세요)

표준 형식   **점-기울기 형식**   **기울기-절편 형식**

방정식의 그래프를
그려보세요.

축도 잊지 말고
표시해두세요.

이쪽 축도요.

절편은?

이 식의 의미는?

재크를 도와줍시다. 사과 주스와 파인애플 주스를 각각 얼마씩 섞으면 52% 탄산 펀치를
만들 수 있는지 알아내기 위한 식을 세워야 해요.

얼마씩 섞어야 할지 알아내기 위한 방정식을 세워보세요.

펀치 볼에 5리터가 들어가니까 전체 양은 5리터입니다.

사과 주스 부피 + 파인애플 주스 부피 = 5리터 ⟶ $c + p = 5$

← 선형 방정식입니다. 기울기도 있고 절편도 있고 지수가 1보다 큰 변수가 없으니까요.

어떤 형식의 선형 방정식을 만들었나요? (동그라미 쳐주세요)

(표준 형식) **점-기울기 형식** **기울기-절편 형식**

그래프를 그리려면 식을 풀어서 절편을 구할 수도 있고, 방정식을 조작해서 기울기-절편 형식으로 바꿀 수도 있습니다.

$$c + p = 5$$
$$-p + c + p = 5 - p$$
$$c = 5 - p$$
$$c = -p + 5$$

y=mx+b 형식으로 바꾸었습니다.

↰ m = -1 = 기울기

절편은?

c 자리에 0을 대입합니다.

$$c + p = 5$$
↳ $0 + p = 5$

$p = 0$ x절편은 (5,0)입니다.

p=0으로 해보죠.
↳ $c + 0 = 5$ y절편은 (0,5)입니다.

두 절편은 (5,0)과 (0,5)입니다.

이 식의 의미는? $c=0$이면 파인애플 주스만 들어가는 것이고, $p=0$이면 사과 주스만 들어가는 겁니다.

방정식의 그래프를 그려보세요.

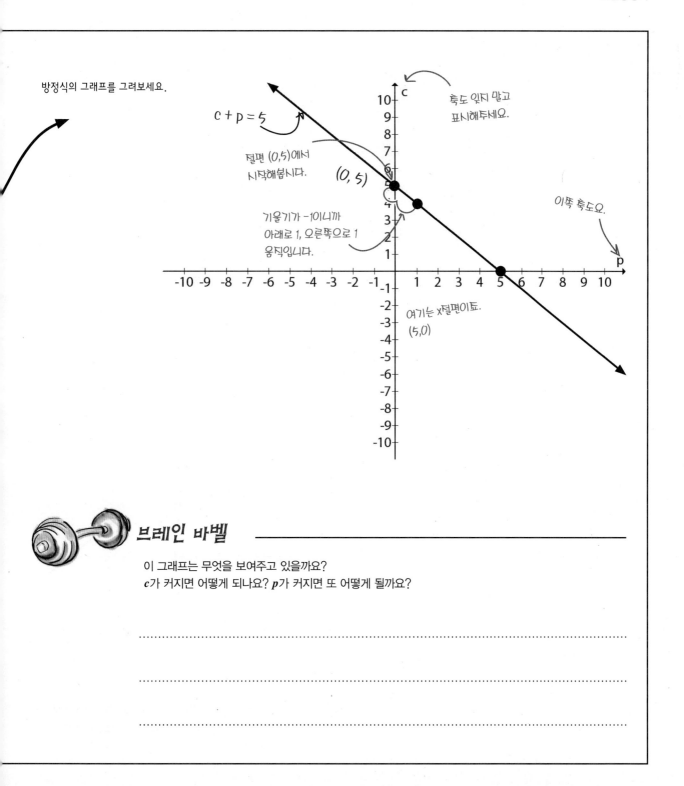

$c + p = 5$

절편 (0,5)에서 시작해봅시다.

(0, 5)

기울기가 -1이니까 아래로 1, 오른쪽으로 1 움직입니다.

축도 잊지 말고 표시해두세요.

이쪽 축도요.

여기는 x절편이죠. (5,0)

브레인 바벨

이 그래프는 무엇을 보여주고 있을까요?
c가 커지면 어떻게 되나요? p가 커지면 또 어떻게 될까요?

브레인 바벨 정답

이 그래프는 무엇을 보여주고 있을까요?
*c*가 커지면 어떻게 되나요? *p*가 커지면 또 어떻게 될까요?

이 그래프는 c가 올라가면 p는 내려간다는 것을 보여주고 있습니다.

따라서 사과 주스가 많이 들어가면 그만큼 파인애플 주스는 적게 들어갑니다.

그뿐 아니라 기울기가 -1이니까 c와 p가 커지고 작아지는 비율이 똑같습니다.

직선은 해가 무수히 많다는 것을 뜻합니다.

*p*와 *c* 사이의 관계를 직선으로 표현할 수 있기 때문에 이 문제의 해가
무한히 많이 있다는 것을 알 수 있습니다. 즉 사과 주스와 파인애플 주스를
섞어서 5리터를 만드는 방법은 무한히 많습니다. 이래서는 재크에게 별
도움이 되지 못하겠네요.

직선에는 점이 **무한히**
많이 있습니다.

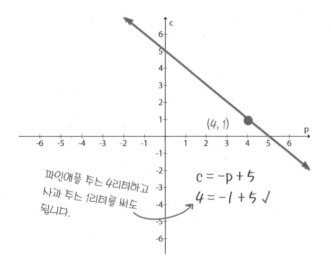

파인애플 주스 4리터하고
사과 주스 1리터를 써도
됩니다.

$$c = -p + 5$$
$$4 = -1 + 5 \checkmark$$

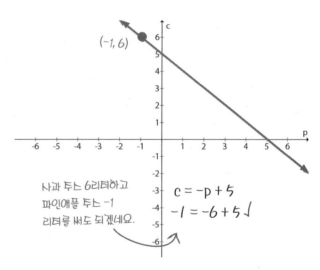

사과 주스 6리터하고
파인애플 주스 -1
리터를 써도 되겠네요.

$$c = -p + 5$$
$$-1 = -6 + 5 \checkmark$$

**그래프를 자세히 봅시다. 이 직선으로 나타낼 수
있는 무한히 많은 해가 모두 이 문제에서 정답이
될 수 있나요?**

주스 -1리터는 말이 안 되죠?

실제 상황에서는 문제의 **맥락**을 반드시 따져봐야 합니다. 펀치에 사과 주스나 파인애플 주스를 0리터보다 적게 넣는 것은 말이 안 되기 때문에 c와 p는 0보다 작을 수 없습니다.

따라서 그래프에 있는 해 중에 어떤 건 실제 답이 될 수 없다는 건 알 수 있습니다. 하지만 여전히 재크가 사과 주스와 파인애플 주스를 각각 얼마씩 섞어야 할지는 모르겠네요.

> 그럼 그래프는 왜 그린 거예요?

답이 많이 있습니다.

재크는 사과 주스와 파인애플 주스를 섞어서 5리터를 만들 수 있는 방법을 아주 많이 알고 있습니다. 하지만 무조건 섞어서 5리터를 만들기만 한다고 되는 게 아닙니다. 총 5리터면서 52% 탄산인 펀치를 만들어야 합니다. 뭔가 빼먹은 게 있었네요.

100% 탄산 사과 주스

40% 탄산 파인애플 주스

어떻게 해야 52% 탄산 펀치를 만들 수 있을까요?

5리터 들이 펀치 볼

연필을 깎으며

재크가 펀치의 양 외에도 펀치의 탄산 비율에도 신경을 쓰고 있었네요. 펀치 관련된 또 다른 식을 세워주세요. 이번에는 전체 양이 아니라 섞은 펀치의 탄산 비율에 대한 식을 세워야 합니다.

....

....

....

....

연필을 깎으며 정답

재크가 만들 펀치의 탄산 비율에 대한 식을 세워야 했죠? 이렇게 하면 됩니다.

이번 방정식을 세우려면 펀치 안에 들어갈 탄산 양을 알아봐야겠네요.

사과 투스: 100%, 파인애플 투스 40%, 혼합 펀치: 52%

c는 사과 투스의 부피입니다.

펀치의 전체 부피입니다.

$$1c + 0.4p = 0.52(5)$$

사과 투스는 100%(1.0)

파인애플 투스는 40%(0.4)

p는 파인애플 투스의 부피입니다.

두 번째 방정식입니다.

$$c + 0.4p = 2.6$$

$1c$에서 1은 빼버렸어요.

바보 같은 질문이란 없습니다

Q: c, p 앞에 붙이는 숫자는 어디서 온 건가요?

A: 펀치 전체 부피를 계산할 때와 마찬가지 논리를 적용했습니다. 펀치 전체 부피에 탄산 비율을 곱한 것과 사과 주스, 파인애플 주스 부피에 각각의 탄산 비율을 곱해서 더한 값이 같아야 하는 거죠.

100% 탄산 사과 주스 = $1c$

40% 탄산 파인애플 주스 = $0.4p$

Q: 펀치에 들어 있는 탄산양을 어떻게 '알아낼' 수 있나요?

A: 재크가 풀어야 하는 문제는 사실 고전적인 혼합물 문제로 볼 수 있습니다. 이런 혼합물 문제는 보통 비율을 바탕으로 하는데, 이 경우에는 펀치의 탄산양을 따지는 거죠. 펀치 전체의 52%가 탄산이어야 한다면 5리터의 52%인 2.6리터가 탄산이면 되는 거죠.

Q: 방정식을 더 쉽게 x, y의 식으로 고쳐 써도 될까요?

A: 그럼요. 방정식을 세우고 그래프를 그릴 수만 있다면 c, p로 쓰든 x, y로 쓰든 상관 없습니다. 마음 내키는 대로 하세요.

Q: 음수 해는 어떻게 해야 하나요?

A: 이 문제에서는 펀치의 양은 음수가 될 수는 없으니 음수 해는 신경 쓰지 않아도 됩니다.
나중에 함수에 대해서 배울 때 수식에 그런 유형의 제한조건을 표기하는 방식에 대해 알아보도록 하겠습니다.

Q: 이 두 방정식을 어떻게 같이 풀죠?

A: 이제 그 방법을 알아볼 거예요. 부피에 대한 방정식에도 해가 무한히 많고 탄산에 대한 방정식에도 해가 무한히 많습니다. 하지만 이 둘을 합쳐서 해를 구하는 방법이 있습니다.

탄산 방정식은 어떻게 만들어졌을까?

처음에 만들었던 방정식에는 펀치 5리터를 만들어내는 사과 주스와 파인애플 주스를 섞는 방법이 무한히 많다는 문제가 있습니다. 하지만 이 식의 해를 구할 때는 재크의 여자친구가 얘기했던, 펀치의 탄산 비율이 52%여야 한다는 조건은 집어넣지 않았습니다.

섞는 비율과 관련된 방정식을 하나 더 추가하면 올바른 혼합 비율을 알아낼 수 있습니다. 아까 세웠던 식에서와 **같은 것**을 나타내는 **같은 변수**를 이용하는 식이 하나 더 있기 때문에 문제를 풀 수 있는 거죠.

c = 스파클링 사과 주스의 양, 리터 단위

p = 파인애플 주스의 양, 리터 단위

우리가 변수에 대해 알고 있던 또 다른 정보(음료에 있는 탄산의 양)를 이용하여 두 번째 식을 세웠습니다.

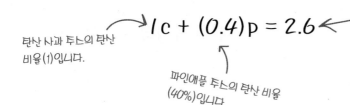

재크의 여자친구가 알려준 값

$$52\% \text{ 탄산 펀치} = 5\text{리터} \times 0.52$$

$$= 2.6\text{리터}$$

노누텀이나 퍼센트에 대해 기억이 가물가물하다면 부록으로 넘어가서 기억을 되살려두세요.

필요한 눈수한 탄산 양입니다.

c와 p 변수에도 똑같은 개념을 적용하면 새 방정식이 만들어집니다. 탄산 사과 주스는 탄산 비율이 100%이고 파인애플 주스는 40%입니다.

$$1c + (0.4)p = 2.6$$

탄산 사과 주느의 탄산 비율(1)입니다.

파인애플 주느의 탄산 비율(40%)입니다.

새로운 선형 방정식이 나왔습니다.

첫 번째 방정식에서 사용한 두 변수 c와 p로 이루어진 선형 방정식이 하나 더 생겼습니다. 이 방정식은 표준형식이며, 다른 방정식을 다루는 방식 그대로 처리할 수 있습니다.

브레인 파워

두 번째 방정식을 어떤 식으로 활용하면 펀치 문제를 풀 수 있을까요?

핵심정리

- 선형 방정식의 그래프는 그 방정식을 만족시키는 무한히 많은 점으로 만들어집니다.

- 언제나 문제의 맥락을 잊지 맙시다.

이제 선형 방정식이 <u>두 개</u> 있습니다.

이제 똑같은 변수 두 개에 대한 방정식이 두 개 있습니다. c는 사과 주스의 양,
p는 파인애플 주스의 양입니다. 두 식 모두 같은 값을 나타내는 같은 변수에 관한
식이기 때문에 한꺼번에 놓고 풀 수 있습니다.

$$c + p = 5$$

이 식의 그래프를 그려서 만들어지는 직선 위의
모든 점이 이 식의 답이기 때문에 이 방정식은
선형 방정식입니다.

$$c + 0.4p = 2.6$$

이것도 선형 방정식입니다. 이 방정식으로 표현되는 직선
위의 모든 점들은 <u>이</u> 방정식의 해입니다.

한 방정식은 펀치의 전체 부피에 관한 식이고, 나머지 한 식은 펀치 중
탄산의 양에 관한 식입니다. 하지만 두 식 모두 사과 주스와 파인애플
주스의 **부피에 관한** 식이죠. 각 방정식마다 그 식의 해가 될 수 있는
순서쌍이 무한히 많이 있습니다. 방정식을 푼다는 것은 그 식이 참이
되도록 해주는 미지수를 찾는 것이라고 했었죠?

하지만 우리는 두 식을 **모두** 풀 수 있는 순서쌍을 구해야 합니다. 합쳤을
때 전체 부피는 5리터**이면서** 탄산은 52%인 값을 찾아야 합니다. 이 두
식을 모두 만족시키는 해는 어떻게 구할 수 있을까요?

우선 두 방정식의 그래프를 **같은** 데카르트 평면 위에 그려봅시다.

선형 방정식은 직선으로
표현됩니다. 이 직선 위의
모든 점은 그 선형 방정식의
해입니다.

그래프를
그려주세요!

두 식의 그래프를 하나의 데카르트 평면 위에 그려봅시다.

$$c + p = 5 \qquad c + 0.4p = 2.6$$

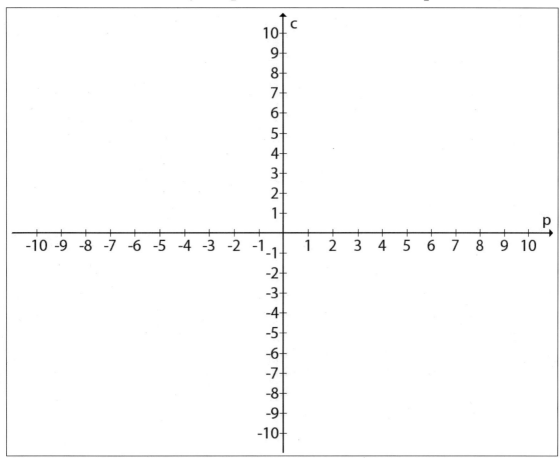

그래프를 그리기 위해 필요한
계산은 여기에 하면 됩니다.

두 식을 모두 만족시키는 점이 있나요?

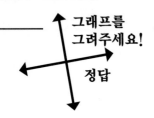

그래프를
그려주세요!

정답

두 식의 그래프를 하나의 데카르트 평면 위에 그려봅시다.

$$c + p = 5 \qquad c + 0.4p = 2.6$$

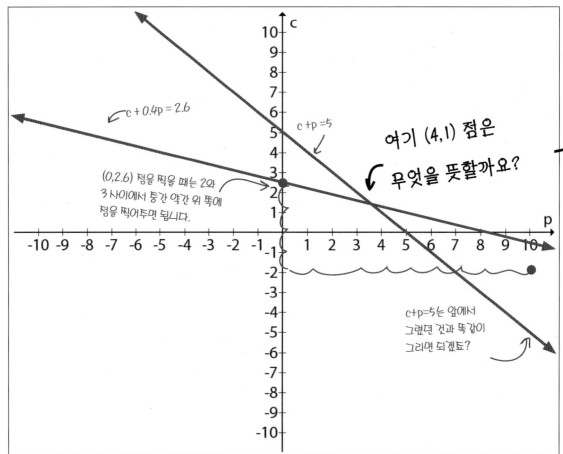

$c + 0.4p = 2.6$

$c + p = 5$

여기 (4,1) 점은
무엇을 뜻할까요?

(0,2.6) 점을 찍을 때는 2와
3 사이에서 중간 약간 위 쪽에
점을 찍어두면 됩니다.

c+p=5는 앞에서
그렸던 것과 똑같이
그리면 되겠죠?

$c + 0.4p = 2.6$

$-0.4p + c + 0.4p = 2.6 - 0.4p$

$c = -0.4p + 2.6$

기울기를 이렇게 분수로 쓰면
그래프 그리기가 훨씬 수월합니다. $c = -\dfrac{4}{10}p + 2.6$ y절편은 (0, 2.6)입니다.

두 식을 모두 만족시키는 점이 있나요?

(4,1)은 두 방정식을 모두 만족시키겠네요.

두 직선의 교점은 두 선형 방정식을 모두 만족시키는 점입니다

두 직선이 만나는 점은 두 방정식 모두의 해가 되는 점입니다. 따라서 재크의 펀치 문제는
이 두 직선이 만나는 점을 찾으면 풀 수 있습니다. 이 점의 좌표에 해당하는 c, p 값으로
주스를 섞으면 완벽한 파티 음료를 만들 수 있습니다.

여기서 '완벽'하다는 것은 양은
5리터이고 탄산은 52%라는
것을 뜻합니다.

완벽한 펀치를 만드는 법:

파인애플 주스의 양 → p = 4리터

c = 1리터 ← 사과 주스의 양

● **두 방정식 각각은 해가 무한히 많습니다.**

각각의 직선은 해당 방정식이 참이 되도록 해주는 무한히 많은 순서쌍으로
만들어집니다.

● **두 직선이 만나는 점이 이 문제의 해입니다.**

두 직선이 만나는 점이 바로 두 방정식을 **동시에** 만족시키는 해입니다. 두
방정식을 모두 참이 되게 해주는 점이니까요.

연필을 깎으며

(4,1) 점을 두 방정식에 모두 대입해보고 해가 맞는지 확인해봅시다.

$$c + 0.4p = 2.6 \qquad\qquad c + p = 5$$

두 방정식을 모두 만족시키는 해를 찾습니다

연필을 깎으며
정답

(4,1) 이 두 방정식을 모두 만족시키는지 확인하는 문제였습니다.

(4,1) 점을 식에
넣어봐야 하죠?

$$c + 0.4p = 2.6$$

$$1 + 0.4(4) = 2.6$$

$$1 + 1.6 = 2.6$$

$$2.6 = 2.6 \checkmark$$

두 식 모두 참입니다. 두 직선의
교점이 실제로 두 식을 모두
만족시키는 해라는 걸 확인할 수
있습니다.

$$c + p = 5$$

$$4 + 1 = 5$$

$$\checkmark 5 = 5$$

연립방정식을 풀면 여러 개의 미지수를 구할 수 있습니다

방금 푼 게 바로 **연립방정식**입니다. 여러 방정식을 한 문제로 취급할 수 있을 때 그 방정식들을 연립방정식이라고 부릅니다. 연립방정식의 해는 모든 방정식들을 모두 만족시키는 점입니다.

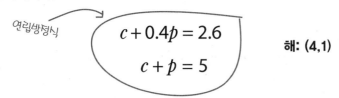

연립방정식

$$c + 0.4p = 2.6$$
$$c + p = 5$$

해: (4,1)

하지만 연립방정식에서 **두 미지수의 값을 구하려면 방정식이 두 개 있어야 합니다.** 왜냐고요? 미지수는 두 개인데 식이 하나뿐이면 직선이 나올 뿐이니까요.

직선 위의 한 점을 특정지으려면 정보가 더 필요합니다. 방정식이 하나 더 있으면 또 다른 직선을 그릴 수 있고, 그 두 직선의 교점을 찾으면 연립방정식의 해를 구할 수 있죠.

미지수가 <u>두</u> 개면 <u>두</u> 개의 독립적인 관계식이 있어야 두 미지수를 알아낼 수 있습니다.

바보 같은 질문이란 없습니다

Q: 풀이를 다시 검산해봐야 하나요?

A: 그럼요. 문제를 다시 푸는 것도 아니고, 2–3초면 값을 대입해보고 정답인지 확인할 수 있잖아요. 답이 정말 맞다고 확신할 수 있으니 얼마나 좋아요? 식을 조작하거나 치환할 때도 검산을 꼼꼼히 해주는 게 좋습니다.

Q: 이렇게 그래프를 그리는 방법이 유일한 풀이 방법인가요?

A: 계속 읽다 보면 또 다른 방법도 배울 거예요. 그래프를 그리면 연립방정식에서 뭔가가 바뀌었을 때 어떻게 달라지는지 눈으로 확인할 수 있다는 장점이 있습니다.

Q: 두 방정식을 전부 풀 수 있는지 어떻게 알아요?

A: 그냥 식을 조작하는 것뿐 아니라 전체 상황을 이해할 필요가 있어요. **대수학은 문제를 풀기 위한 도구입니다.** 방정식을 다룰 때는 항상 문제의 맥락을 이해하고 있어야 합니다. 재크는 펀치의 전체 양은 5리터로 맞추면서 동시에 탄산의 양도 정확하게 맞춰야 했습니다. 결국 방정식이 하나가 아니라 두 개 있을 수밖에 없었죠.

Q: 변수는 두 개지만 식은 하나만 있어도 답을 구할 수 있나요?

A: 추가 정보가 없다면 불가능합니다. 미지수가 한 개라면 식이 한 개 있어야 하고 두 개라면 식이 두 개 있어야 합니다. 세 개라면 식이 세 개 있어야 하겠죠...

Q: 실생활에서 연립방정식이 정말 쓸모가 있나요?

A: 그럼요. 방금 풀었던 것 같이 두 재료를 섞는 문제라든가 수요 공급을 따지는 문제, 넓이와 둘레에 관한 문제, 거리와 시간에 관한 문제 등, 두 개의 서로 연관된 미지수가 있을 때 연립방정식을 써먹을 수 있습니다.

Q: 같은 두 변수가 들어 있는 두 방정식이 있다면 두 방정식을 모두 만족시키는 해가 언제나 존재하나요?

A: 꼭 그런 건 아닙니다. 해가 없을 수도 있어요. 두 직선이 서로 만나지 않는 경우에 그렇게 되죠.

문제 발생... 재크가 잔을 떨어뜨렸어요

여자친구랑 같이 파티를 준비하는 와중에 재크가 잔을 몇 개 깨뜨리고 말았습니다. 잔이 몇 개 더 필요한지 알아내야 하는데 어떤 잔을 몇 개 깨뜨렸는지 제대로 기억을 못하겠네요. 재크가 알고 있는 건 다음과 같습니다.

와인잔은 하나에 $6씩입니다.

캐슬린이 그러는데 깨진 잔을 다시 사는 데 총 $33면 된다고 합니다. 잔은 총 7개고요.

이 컵은 하나에 $4씩이에요.

 브레인 바벨

어떤 잔을 몇 개씩 사야 하는지 알아내기 위해 필요한 두 식을 써보세요.

두 가지 잔... 두 개의 미지수

이제 연립방정식이 뭔지도 아니까 연립방정식으로 재크를 도와줄 수 있겠죠?
미지수가 두 개 있습니다.

이 컵은 x 개

이 잔은 y 개

미지수가 두 개 있으니 식도 두 개 있어야 합니다.

값에 관한 식: $4x + 6y = 33$

컵은 x 개 필요하고 하나에 \$4씩이며, 와인잔은 y 개 필요하고 하나에
\$6씩입니다. 잔 값은 총 \$33라고 합니다.

잔 개수에 관한 식: $x + y = 7$

재크는 총 7개의 잔을 깼습니다.

그래프를 그려서 연립방정식을 풀어봅시다.

두 방정식의 그래프를 그리면 두 식을 모두 만족시키는 값을 찾을 수 있습니다.
각 방정식의 해에 해당하는 직선을 그려서 교점을 찾습니다. 그리고 그 값을 다시
방정식에 대입해서 검산해보면 파티 준비를 제 때 마칠 수 있을 거예요.

① 두 방정식의 그래프를 그립니다.

어떤 방식으로 그려도 됩니다. 그냥 한 그래프에 두 직선을 그려주세요.

② 교점을 구합니다.

그래프를 잘 보고 어떤 점에서 두 직선이 만나는지 알아내주세요. 그
점이 두 방정식을 모두 만족시키는 점입니다.

③ 해를 확인해봅니다.

구한 값을 두 식에 모두 대입해서 맞는지 확인합니다.

잔 개수 구하기

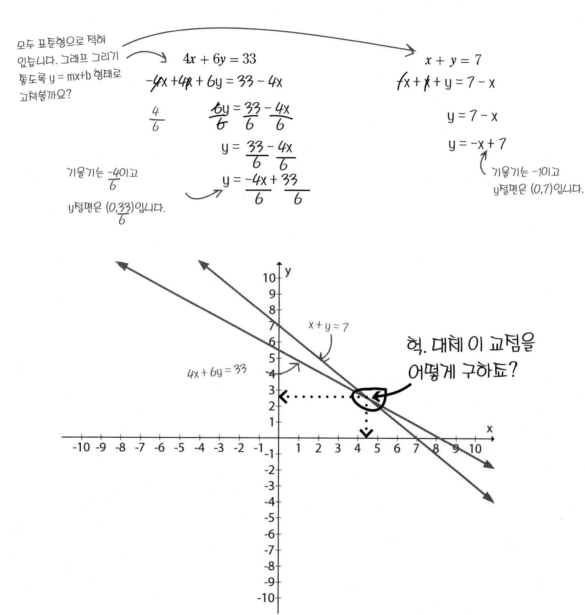

모두 표준형으로 적혀
있습니다. 그래프 그리기
좋도록 $y = mx + b$ 형태로
고쳐볼까요?

$$4x + 6y = 33$$

$$-4x + 4x + 6y = 33 - 4x$$

$$\frac{4}{6} \qquad \frac{6y}{6} = \frac{33}{6} - \frac{4x}{6}$$

$$y = \frac{33}{6} - \frac{4x}{6}$$

$$y = \frac{-4x}{6} + \frac{33}{6}$$

기울기는 $\frac{-4}{6}$이고

y절편은 $(0, \frac{33}{6})$입니다.

$$x + y = 7$$

$$\not{x} + \not{x} + y = 7 - x$$

$$y = 7 - x$$

$$y = -x + 7$$

기울기는 -1이고
y절편은 $(0, 7)$입니다.

혁. 대체 이 교점을
어떻게 구하죠?

**그래프에서 교점의 좌표를 알 수가 없네요.
어떻게 해야 할까요?**

그래프를 그리는 대신 식을 대입할 수도 있습니다

그래프를 그려도 별 도움이 안 될 수 있습니다. 예를 들어 교점이 정수 좌표에 딱 떨어지지 않는다든가 하는 경우에 그렇죠. 그럴 때는 식을 대입하는 방법을 쓸 수 있습니다.

식을 대입하기 위해서는 **한** 식을 **한** 방정식에 대해 푸는 것부터 시작해야 합니다.

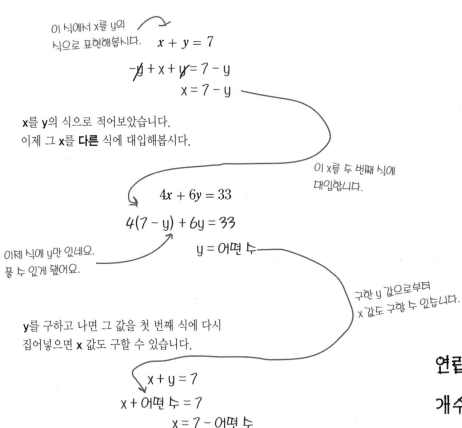

이 식에서 x를 y의 식으로 표현해봅시다.
$$x + y = 7$$
$$-y + x + y = 7 - y$$
$$x = 7 - y$$

x를 y의 식으로 적어보았습니다.
이제 그 x를 **다른** 식에 대입해봅시다.

이 x를 두 번째 식에 대입합니다.

$$4x + 6y = 33$$
$$4(7 - y) + 6y = 33$$

이제 식에 y만 있네요.
풀 수 있게 됐어요.

$$y = 어떤 수$$

구한 y 값으로부터 x 값도 구할 수 있습니다.

y를 구하고 나면 그 값을 첫 번째 식에 다시 집어넣으면 x 값도 구할 수 있습니다.

$$x + y = 7$$
$$x + 어떤 수 = 7$$
$$x = 7 - 어떤 수$$

대입법을 쓰면 분수나 소수 형태의 값도 전혀 어렵지 않게 구할 수 있다는 큰 장점이 있습니다. 그래프를 가지고 해를 구할 때는 분수나 소수는 구하기 어려웠죠.

연립방정식은 미지수의 개수와 방정식의 개수가 같은 여러 개의 방정식으로 이루어지기 때문에 대입법으로 값을 구할 수 있습니다. 한 변수를 다른 변수의 식으로 써서 나머지 식에 대입하면 변수가 한 개 뿐인 식을 만들어낼 수 있으니까요.

> 연립방정식은 미지수의 개수와 방정식의 개수가 같은 여러 개의 방정식으로 이루어지기 때문에 대입법으로 값을 구할 수 있습니다.

핵심정리

■ 그래프를 그려서 연립방정식을 풀 때는 직선들이 만나는 **교점**이 해가 됩니다.

■ **대입법**으로 변수가 2개인 연립방정식을 풀 때는 한 방정식에서 한 변수를 다른 변수의 **식**으로 표현한 다음 그 식을 두 번째 식에 대입하여 나머지 **한 변수만으로 이루어진 식을 풉니다.**

■ **한 문제**로 취급할 수 있는 **일련의 방정식**들을 연립방정식이라고 부릅니다.

연습문제

대입법을 써서 재크가 어떤 잔을 몇 개씩 새로 사야 하는지 풀어보세요.

....

....

....

....

....

....

....

....

연습문제 정답

대입법을 써서 재크가 어떤 잔을 몇 개씩 새로 사야 하는지 풀어보세요.

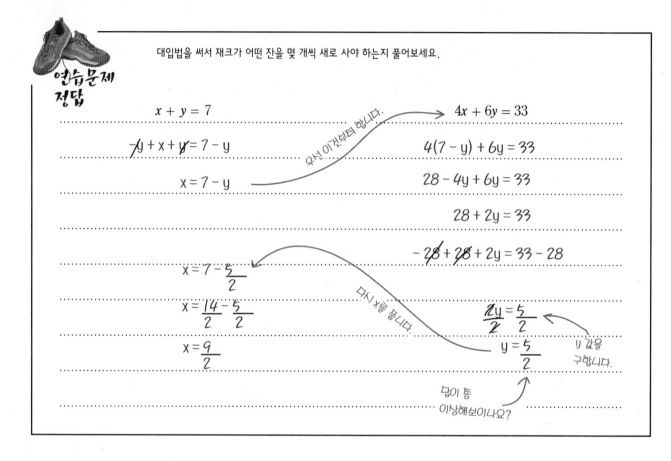

$x + y = 7$

$-y + x + y = 7 - y$

$x = 7 - y$

$4x + 6y = 33$

$4(7 - y) + 6y = 33$

$28 - 4y + 6y = 33$

$28 + 2y = 33$

$-28 + 28 + 2y = 33 - 28$

우선 이것부터 합니다.

$x = 7 - \dfrac{5}{2}$

$x = \dfrac{14}{2} - \dfrac{5}{2}$

$x = \dfrac{9}{2}$

다시 x를 풉니다.

$\dfrac{2y}{2} = \dfrac{5}{2}$

$y = \dfrac{5}{2}$

y 값을 구합니다.

답이 좀 이상해보이나요?

바보 같은 질문이란 없습니다

Q: 대입법이 그래프를 그리는 방법보다 더 좋은가요?

A: 좋고 나쁨을 따질 일은 아닌 것 같습니다. 대입법에는 정확한 값을 구할 수 있다는 장점이 있습니다. 그래프를 그려서 점의 좌표를 어림할 필요가 없이 정확한 숫자를 계산할 수 있으니까요. 하지만 단점도 있습니다. 식을 많이 조작해야 하다 보니 시간이 오래 걸릴 수가 있죠. 그리고 문제 풀이 과정이 바로 시각화가 되지 않는 것도 단점입니다. 전체 모양이 한 눈에 들어오지 않으니까요.

Q: 왜 두 식을 모두 같은 문제로 취급할 수 있는 건가요? 두 개의 다른 방정식에 있는 두 변수를 서로 반대쪽에 대입해도 되는 건가요?

A: 문제에서 두 변수가 똑같은 변수라고 했다면 당연히 그렇게 취급해야 되겠죠. (재크의 펀치 문제에서처럼) 문제의 상황이 주어질 수도 있고, 방정식 두 개가 바로 주어질 수도 있습니다. 미지수가 두 개, 방정식이 두 개가 되는 이유는 모르는 것 두 가지를 알아야 하고, 그 사이의 관계가 두 가지 방식으로 주어지기 때문이다.

Q: 어떤 방정식부터 풀지 어떻게 결정해요? 어떤 변수부터 풀지는 어떻게 판단하나요?

A: 정해진 순서 같은 건 없습니다. 가장 좋은 방법은 두 식을 잘 보고 풀어서 대입하기 좋아 보이는 것을 먼저 푸는 겁니다. 규칙에 맞게 대수학적인 방법으로 식을 조작하기만 하면 어떤 걸 먼저 풀든지 결국에는 정답을 구할 수 있다는 것만 잘 기억해 두세요.

잔을 반 개 단위로 깼을 리는 없는데. 캐슬린이 컵 값으로 얼마가 필요한지 잘못 얘기해준 건가?

아, 미안. 확인해보니까 $30네...

캐슬린

연필을 깎으며

캐슬린이 다시 알려준 총액을 가지고 각각의 잔을 몇 개씩 사와야 하는지 구해봅시다. 그래프도 그려보고 대입법으로 답을 다시 확인해보세요.

....

....

....

....

....

....

....

....

....

....

....

연필을 깎으며

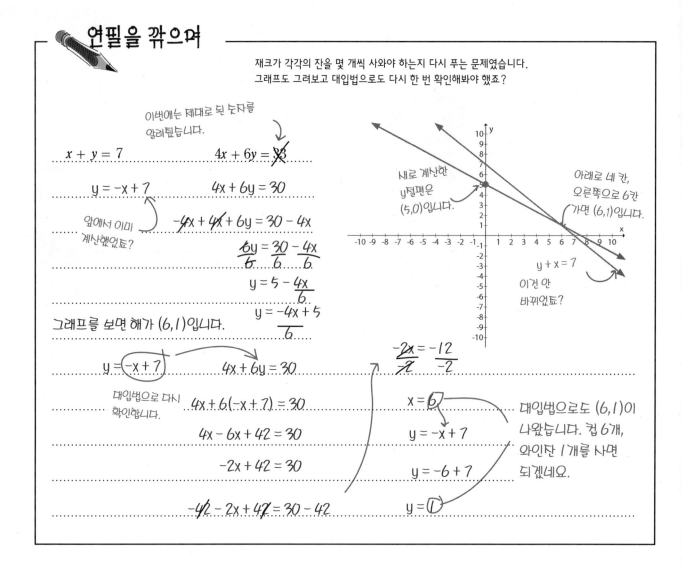

재크가 각각의 잔을 몇 개씩 사와야 하는지 다시 푸는 문제였습니다.
그래프도 그려보고 대입법으로도 다시 한 번 확인해봐야 했죠?

이번에는 제대로 된 숫자를 알려줬습니다.

$x + y = 7$ $4x + 6y = \cancel{36}$

$y = -x + 7$ $4x + 6y = 30$

앞에서 이미 계산했었죠? $-\cancel{4x} + \cancel{4x} + 6y = 30 - 4x$

$\dfrac{6y}{6} = \dfrac{30}{6} - \dfrac{4x}{6}$

$y = 5 - \dfrac{4x}{6}$

그래프를 보면 해가 $(6,1)$입니다. $y = \dfrac{-4x + 5}{6}$

$y = (-x + 7)$ $4x + 6y = 30$

대입법으로 다시 확인합니다. $4x + 6(-x + 7) = 30$

$4x - 6x + 42 = 30$

$-2x + 42 = 30$

$-\cancel{42} - 2x + \cancel{42} = 30 - 42$

새로 계산한 y절편은 $(5,0)$입니다.

아래로 네 칸, 오른쪽으로 6칸 가면 $(6,1)$입니다.

$y + x = 7$
이건 안 바뀌었죠?

$\dfrac{-2x}{\cancel{2}} = \dfrac{-12}{-2}$

$x = \boxed{6}$

$y = -x + 7$

$y = -6 + 7$

$y = \boxed{1}$

대입법으로도 $(6,1)$이 나왔습니다. 컵 6개, 와인잔 1개를 사면 되겠네요.

이제 펀치도 잘 안들었고, 잔도 다 준비했습니다.

즐겁게 파티를 하고 있네요.

근데 또 골치 아픈 일이 생겼네요.

음악을 제대로 준비하지 않으면 여자 손님들이 다 가버릴 분위기네. 어떻게 하지?

다들 느린 댄스곡을 좋아합니다.

재크는 느린 노래를 더 많이 틀수록 여자 손님들이 더 오래 남는다는 것을 발견했습니다. 그래서 빠른 두 곡마다 느린 노래 한 곡 씩을 틀기로 했습니다.

하지만 파티 동안 틀 곡 목록은 이미 다 준비가 돼 있습니다. 우리가 뭔가 도와줘야 할 것 같네요.

한 곡당 약 4 분 정도고 파티는 네 시간 동안 할 예정입니다.

네 시간
= 4시간 • 한 시간당 60
= 240분

$$\frac{240 \text{ 분}}{4 \text{ 한 곡당 시간 (분)}} = \boxed{60 \text{ 곡}} \leftarrow \text{파티하는 동안 틀 곡 수}$$

연필을 깎으며

재크가 틀어야 할 빠른 노래 곡 수와 느린 노래 곡 수를 구해야 합니다. 이를 위해 필요한 변수가 두 개 있는 방정식 (표준형) 두 개를 세워주세요.

....

....

....

....

....

....

....

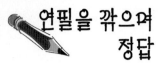

연필을 깎으며 정답

재크가 틀어야 할 빠른 노래 곡 수와 느린 노래 곡 수를 구해야 합니다. 이를 위해 필요한 변수가 두 개 있는 방정식 (표준형) 두 개를 세워주세요.

첫 번째 방정식 - 총 곡 수

느린 곡 수   빠른 곡 수

$s + f = 60$

총 60곡 - 파티에서 틀 곡의 개수는 앞에서 60개로 계산했습니다.

두 번째 방정식 - 느린곡과 빠른 곡의 비율

$s = \frac{1}{2}f$

느린 곡 개수가 빠른 곡 개수의 절반이라고 생각할 수도 있겠죠?

빠른 곡 두 개마다 느린 곡 한 개씩이 있어야 합니다.

$2s = \frac{1}{2}f \cancel{2}$

이것도 표준형으로 고쳐 써야 합니다.

$-f \; 2s = \cancel{f} - \cancel{f}$

$2s - f = 0$

바보 같은 질문이란 없습니다

Q: 첫 번째 식과 두 번째 식의 순서도 중요한가요?

A: 연립방정식에서 식의 순서는 중요하지 않습니다. 식을 조작할 때 지켜야 할 규칙만 잘 지키면 괜찮아요.

Q: 변수도 마음대로 골라도 되나요?

A: 그럼요. 여기에서는 느린 곡 수는 s로, 빠른 곡 수는 f로 썼습니다. 대신 x, y가 아닌 다른 변수를 쓸 때는 그래프를 그릴 때 무슨 축인지 잘 적어주세요.

아우. 이거 너무 오래 걸리겠는데요? 더 빠른 방법은 없나요?

대입법하고 비슷한데 더 빠른 것 같네.

f를 손쉽게 없애는 방법

똑똑하게 덧셈 한 번으로 *f*를 없앨 수 있었습니다. 이 두 식은 연립방정식이고, 같은
미지수로 이루어져 있기 때문에 양 변을 각각 더하는 것만으로 여러 계산 단계를 건너뛸
수도 있습니다. 식이 잘 맞기만 하면 그래프를 그리**거나** 대입 같은 것 없이 바로 변수
하나를 없애고 손쉽게 문제를 풀 수도 있습니다.

이제 *s* 값을 구하고 그 값을 둘 중 한 식에 다시 대입하면 *f*도 구할 수 있습니다.

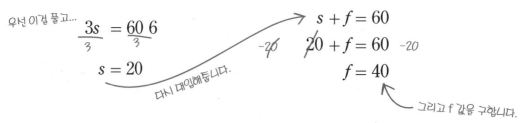

우선 이걸 풀고...

$$\frac{3s}{3} = \frac{60}{3} \; 6$$

$$s = 20$$

다시 대입해둡니다.

$$s + f = 60$$
$$20 + f = 60 \quad -20$$
$$f = 40$$

-20

그리고 f 값을 구합니다.

소거법으로 변수 없애기

이렇게 연립방정식을 푸는 방법을 소거법이라고 합니다. **소거법**은 식의 양 변을
더하여 새 식을 만들어서 푸는 방법입니다.

두 식 모두 같은 미지수들을 사용하기 때문에 이런 방식으로 문제를 풀 수 있습니다.
좌변에는 *s+f* 같은 식으로 변수가, 우변에는 60 같이 수가 들어 있는 형식으로 식을
적어 놓으면 특히 더 이 방법으로 문제를 풀기가 좋습니다. 이렇게 하면 대수학의
법칙을 적용하기도 편합니다. 이 방법은 풀이 단계를 확 줄일 수 있기 때문에 매우
유용합니다.

요약 정리

· 소거법

두 방정식을 더하여 만들어지는 새 식으로 해를
구하는 연립방정식 풀이 방법

바보 같은 질문이란 없습니다

Q: 언제나 변수를 없앨 수 있나요?

A: 네. 처음에 식을 잘 맞춰 주면 어렵지 않게 할 수 있습니다. 한 변수를 상쇄시킬 수 있도록 계수를 맞춰줘야 합니다. 아까는 $-1f$하고 $+1f$가 있었기 때문에 더해주면 상쇄되서 f가 없어졌죠? 이렇게 식을 맞춰주는 방법은 잠시 후에 더 알아보겠습니다.

Q: 첫 번째 구한 해를 어떤 식에 대입하는지가 중요한가요?

A: 아니오. 일단 한 미지수의 값을 구하고 나면 그 값을 아무 식에나 집어넣어서 두 번째 미지수의 값을 구하면 됩니다. 당연히 그렇겠죠? 연립방정식의 해는 두 방정식을 모두 성립시키는 한 점이니까요. 즉 그 점에서 두 식 모두에 대해 x, y (또는 s, f) 값이 같아야 합니다.

Q: 왜 이렇게 두 식을 더해도 괜찮은 건가요?

A: 소거법은 대입법을 더욱 빠르게 변형시킨 것과 같습니다. 연립방정식의 해에 해당하는 점의 좌표는 두 식을 모두 만족시킵니다. 두 식을 좌변끼리 더하고 우변끼리 더하더라도 답이 바뀌진 않습니다. 두 식을 더하는 것은 그 변수들을 다루는 여러 방법 가운데 하나에 지나지 않습니다. 여러 방정식을 동시에 조작하는 것과 마찬가지로 생각할 수 있죠.

Q: 그래프에서 교점을 찾는 방법, 대입법, 소거법 중에서 어떤 방법을 써야 하나요?

A: 어떤 방법을 써도 무방합니다. 앞에서 본 것처럼 그래프를 그리는 방법에는 교점의 좌표를 알아보기 힘들 수 있기 때문에 소수나 분수 답을 구하기는 어렵다는 단점이 있습니다. 대입법은 가장 직관적인 방법이지만 계산이 지저분할 수 있습니다. 시간이 오래 걸리고 실수할 가능성도 높아지죠. 방정식의 계수만 잘 맞추면 소거법이 제일 편하고 빠른 편입니다.

Q: 방정식이 서로 상쇄될 수 없게 생겼으면 어떡하죠?

A: 둘 중 한 변수를 상쇄시킬 수 있도록 방정식을 조작해야 합니다. 예를 들어 두 방정식이 있는데, 좌변이 하나는 $a - 4f$이고 다른 하나는 $a + f$라고 해봅시다. 두 번째 식 양 변에 4를 곱해서 $4f$가 되도록 한 다음 방정식을 더하면 됩니다. 그러면 f가 들어 있는 항을 상쇄시킬 수 있죠.

브레인 바벨

재크가 펀치를 만들기 위해 풀었던 문제를 이번에는 소거법으로 풀어봅시다.

펀치 총량 → $c + p = 5$

탄산 양 → $c + 0.4p = 2.6$

브레인 바벨 정답

앞에서 풀었던 펀치 문제를 소거법으로 푸는 문제였습니다.

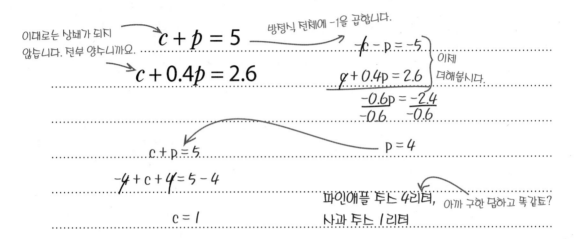

이대로는 상쇄가 되지 않습니다. 전부 양수니까요.

$$c + p = 5$$

방정식 전체에 -1을 곱합니다.

$$-c - p = -5$$

$$c + 0.4p = 2.6$$

이제 더해봅시다.

$$c + 0.4p = 2.6$$

$$-0.6p = -2.4$$
$$\overline{-0.6} \quad \overline{-0.6}$$

$$c + p = 5$$

$$p = 4$$

$$-4 + c + 4 = 5 - 4$$

$$c = 1$$

파인애플 주스 4리터,
사과 주스 1리터

아까 구한 답하고 똑같죠?

소거법을 적용하려면 계획이 필요합니다.

소거법을 제대로 사용하려면 한 변수를 상쇄시킬 수 있어야 합니다.

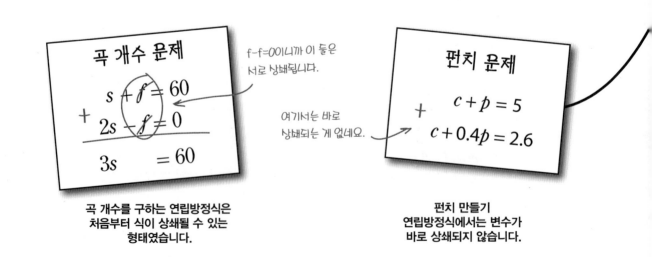

곡 개수 문제

$$s + f = 60$$
$$+ \quad 2s - f = 0$$
$$\overline{3s \qquad = 60}$$

f-f=0이니까 이 둘은 서로 상쇄됩니다.

여기서는 바로 상쇄되는 게 없네요.

곡 개수를 구하는 연립방정식은 처음부터 식이 상쇄될 수 있는 형태였습니다.

펀치 문제

$$+ \quad c + p = 5$$
$$c + 0.4p = 2.6$$

펀치 만들기 연립방정식에서는 변수가 바로 상쇄되지 않습니다.

소거할 수 있도록 식을 조작합시다

펀치 만들기 문제에서는 두 식을 더해도 여전히 두 변수가 다 남기 때문에 문제를 풀 수가 없습니다. 변수를 소거하기 위해서는 한 변수의 계수가 나머지 식에 있는 같은 변수의 계수와 크기는 같고 부호가 반대여야 합니다.

연립방정식을 세우고 나면 방정식에서 두 가지를 확인해야 합니다.

1 두 식을 더했을 때 상쇄되는 변수가 있는지 확인합니다.

펀치 문제에서는 $+1c$, $+1c$, $+1p$, $+0.4p$가 있기 때문에 바로 상쇄되는 변수는 없습니다.

2 바로 상쇄되지 않으면 어떤 변수를 소거할지 판단합니다.

어떤 변수의 계수를 나머지 식의 같은 변수의 계수와 크기는 같고 부호가 반대가 되도록 만들지 정합니다. 이 부분에서 문제 풀이 전략이 필요합니다.

어떤 변수를 없앨까?

펀치 문제에서는 두 $+1c$ 중 하나를 $-1c$로 바꿔서 c를 소거하거나 $+1p$를 $-0.4p$로 바꿔서 p를 소거해야 합니다.

소수점이 없으니까 c를 소거해볼까요? $+1c$를 $-1c$로 바꾸려면 어떻게 해야 할까요? 식 전체에 -1을 곱하면 됩니다. 그리고 나서 두 식을 더하고 소거법을 적용하는 거죠.

상쇄시킬 변수를 고르고, 상쇄시킬 수 있도록 식을 변형하는 것이 소거법에서 제일 까다로운 부분입니다. 몇 가지 팁을 알려드리자면 다음과 같습니다.

계수가 2, 4와 같이 서로 약수와 배수 관계인 변수가 있는지 찾아봅시다. 계수가 1이면 제일 편하겠죠?

변수를 소거시키면서도 식은 계속 참이 되도록 하려면 식 양 변에 적절한 상수를 곱해야 합니다.

바보 같은 질문이란 없습니다

Q: 소거할 변수를 잘못 선택하면 어떡하죠?

A: 사실 그럴 일은 없습니다. 식을 변형하는 규칙만 제대로 적용한다면 어떤 변수를 소거하든 정답을 구할 수 있으니까요. 하지만 '더 쉬운' 변수는 있을 수 있습니다. 문제 풀이 경험이 어느 정도 쌓이면 어떤 변수를 고르는 게 나을지 더 잘 판단할 수 있게 되는데요, 만약에 어떤 변수의 계수가 1이면 그 변수를 고르는 쪽이 대체로 쉽습니다. 그 변수를 소거하기 위해 식을 어떻게 변형하면 좋을지 알아내기가 쉬우니까요.

Q: 두 방정식을 더해도 되는 이유가 뭔가요?

A: 두 방정식 모두 같은 대상을 나타내는 같은 변수를 사용하는 식이기 때문입니다. 두 수를 더하는 것과 다를 바 없죠. 하지만 변을 마구 바꾸거나 하는 건 안 됩니다. 그냥 두 방정식을 더해서 한 변수를 소거한 다음 그 식을 풀면 됩니다.

Q: 한 변수의 값을 구한 후에 그 값을 어떤 식에 대입하는 게 좋은가요?

A: 어느 쪽이든 상관 없습니다. 하지만 소거할 변수를 고를 때와 마찬가지로 좀 더 계산하기 쉬운 식을 고를 수는 없습니다. 한 식에는 정수만 있고 다른 식에는 소수나 분수가 섞여 있다면 정수만 들어 있는 식에 대입하는 편이 더 쉽겠죠.

Q: 결국 어떤 연립방정식을 풀든지 대입이 필요하긴 하네요?

A: 식에 따라 다를 수 있습니다. 그래프를 그리든 대입법을 사용하든 소거법을 사용하든 문제를 풀 수 있는 건 마찬가지입니다. 상황에 따라 어떤 방법이 제일 좋을지 판단하여 그 방법을 적용하면 됩니다. 규칙만 잘 따르면 어떤 방식으로 문제를 풀든 답은 똑같다는 점만 기억해주세요.

핵심정리

- 항상 검산을 합시다.

- 소거법에서 제일 까다로운 부분은 어떤 변수를 소거할지 결정하는 부분입니다.

- 등호 양쪽에는 항상 같은 값을 곱해야 합니다.

- 한 변수를 소거해서 나머지 변수의 값을 구한 다음 그 값을 식에 대입해서 소거했던 변수의 값도 구합니다.

소거법 정복

아래 상황을 살펴보고 연립방정식을 세운 후 소거법이나 대입법으로 문제를 풀어보세요.

재크는 파티에서 돈을 얼마나 벌었는지 정산을 하고 있습니다. 입장권은 두 가지 방식으로 팔았습니다. 예약판매는 $18, 현장판매는 $22에 판매했죠. 춤 추러 온 손님은 총 1,512명이었고 입장권 수입은 $31,568였습니다. 입장권 중 몇 장이 예약판매로 팔렸고 몇 장이 현장판매로 팔렸는지 구해봅시다.

....

....

....

....

....

재크는 파티용으로 케이크를 11개 주문하고 대금을 결제했지만 제과점에서 주문 상세 내역을 잃어버렸다고 전화를 걸어왔습니다. 3층 케익은 150인분이고 단층 케익은 104인분입니다. 케이크는 전체 손님 수에 딱 맞게 주문했는데, 3층 케익과 단층 케익을 각각 몇 개 주문했을까요?

....

....

....

....

....

소거법 정복 정답

아래 상황을 살펴보고 연립방정식을 세운 후 소거법이나 대입법으로 문제를 풀어보세요.

재크는 파티에서 돈을 얼마나 벌었는지 정산을 하고 있습니다. 입장권은 두 가지 방식으로 팔았습니다. 예약판매는 \$18, 현장판매는 \$22에 판매했죠. 춤 추러 온 손님은 총 1,512명이었고 입장권 수입은 \$31,568였습니다. 입장권 중 몇 장이 예약판매로 팔렸고 몇 장이 현장판매로 팔렸는지 구해봅시다.

a를 상쇄시키려면 첫 번째 방정식에 −18을 곱해야 합니다.

$$a + d = 1512 \quad\longrightarrow\quad -18(a+d) = -18(1512) \quad\longrightarrow\quad -18a - 18d = -27,216$$

$$18a + 22d = 31,568 \quad\longrightarrow\quad +\ 18a + 22d = 31,568$$

$$\frac{4d}{4} = \frac{4,352}{4}$$

$$a + 1088 = 1512 \qquad\qquad d = 1088$$

$$-1088 + a + 1088 = 1512 - 1088$$

$$a = 424$$

예약판매로 424장, 현장판매로 1088장을 팔았군요.

재크는 파티용으로 케익을 11개 주문하고 대금을 결제했지만 제과점에서 주문 상세 내역을 잃어버렸다고 전화를 걸어왔습니다. 3층 케익은 150인분이고 단층 케익은 104인분입니다. 케익은 전체 손님 수에 딱 맞게 주문했는데, 3층 케익과 단층 케익을 각각 몇 개 주문했을까요?

3층 케익과 단층 케익 수를 더하면 총 11개

$$t + s = 11$$

앞 문제에 나왔던 손님 총 수

$$-150(t+s) = -150(11)$$

3층 케익은 하나당 150조각

$$150t + 104s = 1512$$

단층 케익은 하나당 104조각

$$-150t - 150s = -1650$$

$$+\ 150t + 104s = 1512$$

$$\frac{-46s}{-46} = \frac{-138}{-46}$$

$$t + 3 = 11$$

$$-3 + t + 3 = 11 - 3$$

단층 케익 세 개, 3층 케익 여덟 개가 필요합니다.

$$s = 3$$

$$t = 8$$

연립방정식을 말하다

이번 주에 만난 사람 :

문제는 하나, 방정식은 두 개?

헤드 퍼스트: 연립방정식으로 산다는 건 어떤지 궁금하네요. 정체성 문제 값은 건 없나요?

연립방정식: 전혀요. 식이 여러 개 있다고 해서 제 인격이 여러 개인 건 아니니까요. 모든 방정식이 전부 같은 문제를 위한 방정식인데요.

헤드 퍼스트: 불편하게 해드리려는 질문은 아니었고요, 전혀 다른 두 방정식이 엮여 있다는 게 까다롭지 않을까 해서 드린 질문이었습니다.

연립방정식: 원래 이랬는데요 뭐... 사실 저는 제가 두 개의 식으로 표현된다는 게 더 편하게 느껴져요. 여러 식이 함께 하나의 해를 만들어낸다는 게 정말 좋지 않나요? 저는 보통 미지수가 두 개 있기 때문에 식이 두 개 있어야만 해가 나오거든요.

헤드 퍼스트: 푸는 방법이 여러 개 있다고 들었는데요, 대입법에 대해서 얘기해주실래요?

연립방정식: 그럴까요? 대입법은 까다롭게 계획하지 않아도 정확한 값을 구하기 좋아서 저도 좋아하는 방법이에요. 그냥 한 변수를 다른 변수의 식으로 구한 다음 그 식을 다른 방정식에 대입하면 돼요. 계산을 하기 전에 복잡하게 따질 것도 없죠.

헤드 퍼스트: 종종 너무 복잡해지거나 하진 않나요?

연립방정식: 좀 그렇긴 하죠. x라는 변수를 y라는 변수랑 상수가 좀 들어간 식으로 표현해야 합니다. 대입을 하다 보면 식이 엄청 복잡해질 때도 있어요.

헤드 퍼스트: 정확한 해를 다른 방식으로 구할 수도 있죠?

연립방정식: 그럼요. 소거법이라는 게 있어요. 소거법을 쓸 때는 미리 어떤 변수를 상쇄시킬지 정해야 돼요. 그리고 나면 계산은 쉬운 편이죠.

헤드 퍼스트: 어떻게 쉬워지나요?

연립방정식: 소거법에서는 두 방정식을 등호 왼쪽에 있는 건 왼쪽에 있는 것끼리, 오른쪽에 있는 것은 오른쪽에 있는 것끼리 더해줍니다. 일단 한 변수를 없애고 나면 변수가 하나뿐인 방정식 하나가 남게 되죠.

헤드 퍼스트: 아. 그러면 정말 쉽겠네요. 근데 직접 눈으로 보고 싶어 하는 사람들한테 좀 더 나은 방법은 없나요?

연립방정식: 그런 분들은 그래프를 그리면 돼요. 두 방정식의 그래프를 그리고 두 직선이 만나는 점을 찾으면 됩니다. 두 직선의 추세를 파악하고, 사과 주스를 추가한다거나 할 때 어떤 식으로 변할지 등에 대해 감을 잡고 싶다면 그래프를 그려보면 좋죠.

헤드 퍼스트: 연립방정식님, 이렇게 만나봬서 반가웠습니다. 복잡하긴 하지만 다양한 풀이법이 있어서 재밌었어요!

재크의 파티는 정말 끝내줘요!

정말 수고가 많았어요! 그래서 말인데
제가 준비하는 끝내주는 새해맞이
파티에 놀러오실래요?

그래프 방법과 소거법을 써서
펀치를 만들 수 있는 조합을
알아낼 수 있었습니다.

펀치 문제

$$c + p = 5$$
$$+$$
$$c + 0.4p = 2.6$$

$$c = 1$$ 사과 주스 1리터

$$p = 4$$ 파인애플 주스
4리터

소거법으로 여성 고객들을 붙잡아두기 위해
필요한 느린 곡과 빠른 곡 수를 구할 수
있었습니다.

곡 개수 문제

$$s + f = 60$$
$$2s - f = 0$$
$$s = 20$$ 느린 곡 20곡
$$f = 40$$ 빠른 곡 40곡

파티 준비 끝!

재크 여자친구, 캐슬린

쇼핑은 남녀 관계에 위험할 수도 있습니다.

재크가 바쁘게 파티를 준비하는 동안 재크의 여자친구 캐슬린도 파티를 준비하고 있었습니다.

캐슬린은 판타지 풋볼 못지 않게 쇼핑도 좋아합니다. 최근 들어서는 파티에서 입을 옷을 찾느라 쇼핑 몰을 열심히 돌아다녔습니다.

15분
미스테리

재크는 캐슬린이 쇼핑하는 것을 별로 좋아하지 않기 때문에 캐슬린은 좋은 딜이 뜨면 재크한테도 잘 알려주려고 노력하는 편입니다.

캐슬린은 파티 때 입고 신을 드레스와 구두가 필요했는데, 파격 세일을 찾아냈습니다. 드레스는 $16, 구두는 $8에 팔고 있었어요. 총 $72에 좋은 드레스와 구두를 살 수 있었다고 합니다.

캐슬린은 새로 산 옷과 신발을 보여주면서 쇼핑백이 총 여섯 개 있는데, 드레스는 한 벌당 쇼핑백 두 개, 구두는 한 켤레당 쇼핑백 한 개라고 얘기했습니다.

재크는 이번에 배운 걸 가지고 간단하게 계산을 해보고는 버럭 화를 냈습니다. 전에도 비슷한 일이 있었는데요, 재크가 "어떻게 나한테 거짓말을 할 수 있어?"라며 화를 내기 시작했습니다.

재크는 캐슬린이 거짓말을 했다는 것을 어떻게 알 수 있었을까요?

"쇼핑은 남녀 관계에 위험할 수도 있습니다" 문제 정답
재크는 캐슬린이 거짓말을 했다는 것을 어떻게 알 수 있었을까요?

재크는 캐슬린이 실제로 드레스와 구두를 몇 벌, 몇 켤레 샀는지 계산해보았습니다.

1 문제에서 주어진 값을 파악합니다.

드레스: 드레스 개수를 d라고 해봅시다. 한 벌에 $16씩입니다.

구두: 구두 켤레 수를 s라고 해봅시다. 한 켤레에 $8씩입니다.

총액: 총 $72를 썼고, 총 일곱 개를 샀습니다. 드레스는 신발의 두 배를 샀습니다.

2 방정식을 만들고 연립방정식을 세웁니다.

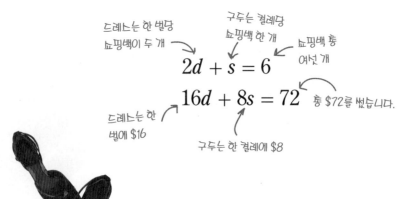

드레스는 한 벌당 쇼핑백이 두 개

구두는 켤레당 쇼핑백 한 개

쇼핑백 총 여섯 개

$$2d + s = 6$$

$$16d + 8s = 72$$

드레스는 한 벌에 $16

구두는 한 켤레에 $8

총 $72를 썼습니다.

이제 d와 s를 구해볼까요?

③ **소거법으로 변수를 없애줍니다.**

s를 소거해볼까요? 위쪽
식에 -8s가 있도록 양 변에
-8을 곱합니다.

$$^{-8} \cdot (2d + \textcircled{s} = 6) \cdot ^{-8}$$
$$16d + 8s = 72$$

$$\begin{aligned}
-16d - 8s &= -48 \\
+\quad 16d + 8s &= 72 \\
\hline
0d + 0s &= 24^?
\end{aligned}$$

엥? 왜 이러는 거죠?

참이 아닌 방정식은 틀린 방정식입니다.

드레스 개수에 0을 곱한 값과 구두 개수에 0을 곱한 값을 더해서 24가
될 수는 **없습니다.** 말이 안 되죠. 바로 이것 때문에 재크가 캐슬린한테
화가 났습니다. 일단 소거법으로는 답이 안 나오는데요, 그래프를
그리면 어떻게 되는지 알아볼까요?

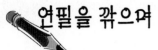
연필을 깎으며

방정식을 그래프를 그리기에 적합한 모양으로 고쳐 써봅시다. 그리고 데카르트 평면 위에 해의 직선을 그려보세요. 절편으로부터 어떤 정보를 얻을 수 있을까요?

$$16d + 8s = 72$$

....

....

....

....

....

$$2d + s = 6$$

....

....

....

....

....

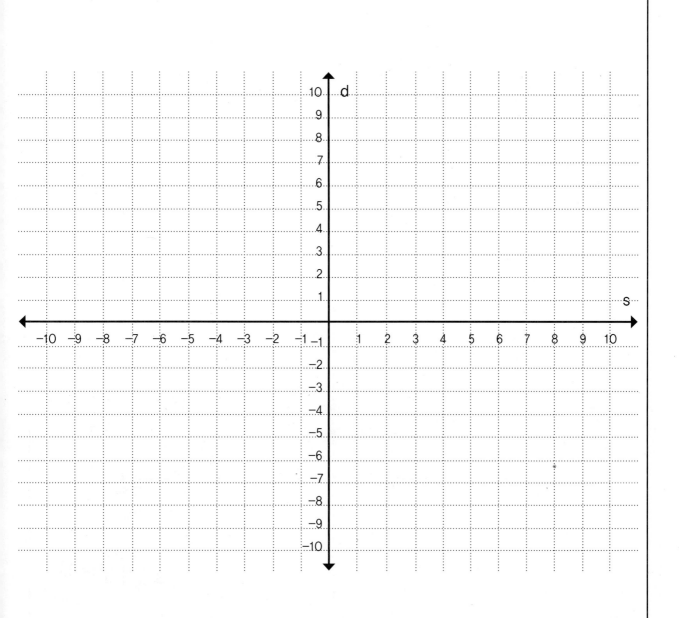

연필을 깎으며 정답

방정식을 그래프를 그리기에 적합한 모양으로 고쳐 써봅시다. 그리고 데카르트 평면 위에 해의 직선을 그려보세요. 절편으로부터 어떤 정보를 얻을 수 있을까요?

d축이 y축입니다. $y = mx + b$ 형식으로 고치려면 d를 한쪽으로 빼내야 되겠죠?

$$16d + 8s = 72$$

$-8s$ $16d + \cancel{8s} = 72 - 8s$

$$\frac{16d}{16} = -\frac{8s}{16} + \frac{72}{16}$$

$$d = -\frac{1}{2}s + \frac{9}{2}$$

기울기 $= -\dfrac{1}{2}$ $(0, \frac{9}{2})$ 점을 찍고 오른쪽으로 2, 아래로 1 내려갑니다.

$$2d + s = 6$$

$-s$ $2d + \cancel{s} = 6 - s$

$$\frac{2d}{2} = -\frac{s}{2} + \frac{6}{2}$$

$$d = -\frac{1}{2}s + 3$$

기울기 $= -\dfrac{1}{2}$ $(0,3)$에서 시작합니다.

식은 다른 방식으로 변형시킬 수도 있지만 그래프는 똑같이 나와야 합니다.

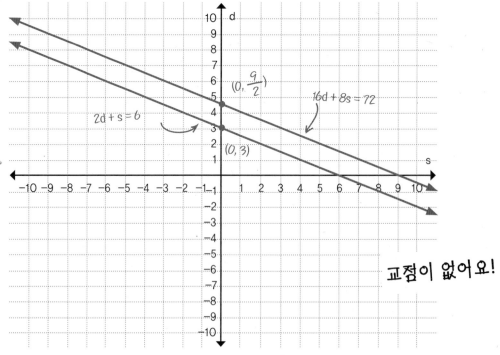

교점이 없어요!

'쇼핑은 남녀 관계에 위험할 수도 있습니다' 문제 정답
재크는 캐슬린이 거짓말을 했다는 것을 어떻게 알 수 있었을까요?

재크가 잽싸게 계산을 해봤는데 캐슬린의 문제에는 정답이 없습니다. **뭔가 거짓말을 하고 있는 게 분명했죠.**

두 직선이 서로 평행합니다! 두 식을 동시에 만족시키는 점이 전혀 없다는 뜻이죠. 평행한 직선은 절대 만날 수 없으니 교점도 없습니다.

즉, 두 식을 동시에 만족시킬 수 있는 드레스 개수와 구두 개수가 없으니, 캐슬린이 거짓을 말한 거죠. 분명 뭔가를 더 샀거나 한 겁니다!

15분
미스테리
정답

> 흠... 두 직선이 기울기는 같은데
> 절편이 다르구만...

평행한 직선은 기울기는 같지만 다른 건 다 다릅니다.

평행한 직선의 가장 중요한 특징이죠. 기울기가 같은 식이 두 개 있으면 그래프를 그릴 필요도 없습니다. **두 직선이 평행이라서 답이 아예 없으니까요.**

그런데, 예외가 딱 하나 있습니다.

식은 두 개지만 직선은 하나일 수도 있습니다

이제 방정식에는 많이 익숙해졌죠? 방정식의 그래프를 그리는 여러 가지 방법도 배웠고, 연립방정식을 푸는 방법도 세 가지나 배웠습니다. 그뿐이 아닙니다. 기울기가 같은 방정식이 두 개 있으면 정답이 없다는 것도 배웠네요.

그런데 예외가 있습니다.

두 방정식이 기울기는 같은데 절편이 달라서 서로 평행한 경우에는 정답이 없지만, 두 방정식의 그래프를 그렸을 때 직선이 완전히 겹칠 수도 있습니다.

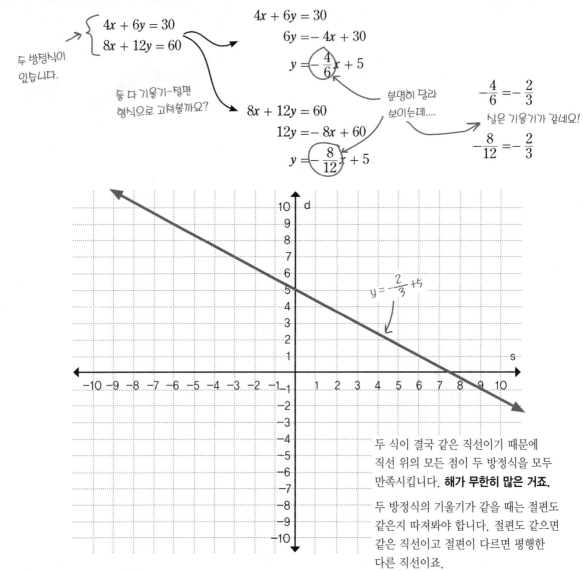

$$\begin{cases} 4x + 6y = 30 \\ 8x + 12y = 60 \end{cases}$$

두 방정식이
있습니다.

둘 다 기울기-절편
형식으로 고쳐볼까요?

$$4x + 6y = 30$$
$$6y = -4x + 30$$
$$y = -\frac{4}{6}x + 5$$

$$8x + 12y = 60$$
$$12y = -8x + 60$$
$$y = -\frac{8}{12}x + 5$$

분명히 달라
보이는데....

실은 기울기가 같네요!

$$-\frac{4}{6} = -\frac{2}{3}$$

$$-\frac{8}{12} = -\frac{2}{3}$$

$$y = -\frac{2}{3} + 5$$

두 식이 결국 같은 직선이기 때문에 직선 위의 모든 점이 두 방정식을 모두 만족시킵니다. **해가 무한히 많은 거죠.**

두 방정식의 기울기가 같을 때는 절편도 같은지 따져봐야 합니다. 절편도 같으면 같은 직선이고 절편이 다르면 평행한 다른 직선이죠.

아래 연립방정식에 대한 물음에 답해보세요. 그리고 원하는 방법으로 연립방정식을
풀어보세요.

$$2x + 3y = 100$$
$$-0.5x - 0.75y = -25$$

이 두 직선 사이의 관계는? (정답에 동그라미)

교차한다.　　　**평행하다.**　　　**같은 직선이다.**

이유는? ....

....

....

$$-2x + 2y = -8$$
$$-3x - 3y = -30$$

이 두 직선 사이의 관계는? (정답에 동그라미)

교차한다.　　　**평행하다.**　　　**같은 직선이다.**

이유는? ....

....

....

연습문제
정답

아래 연립방정식에 대한 물음에 답해보세요. 그리고 원하는 방법으로 연립방정식을
풀어보세요.

$$2x + 3y = 100$$
$$-0.5x - 0.75y = -25$$

$$-4(-0.5x - 0.75y) = -4(-25)$$

똑같네요! → $2x + 3y = 100$

이 두 직선 사이의 관계는? (정답에 동그라미)

교차한다.　　　　**평행하다.**　　　　(**같은 직선이다.**)

이유는? 두 직선이 같은 직선이기 때문에

해가 무한히 많습니다.

대입법이나 그래프를 그리는
방법으로도 풀 수 있습니다.
어떤 방법을 쓰든 답은
똑같습니다.

제일 좋은 방법은 두 방정식을
모두 곱해주는 겁니다.

분수 통분할 때 공배수를
찾는 것과 비슷합니다.

$$-2x + 2y = -8$$
$$-3x - 3y = -30$$

$$3(-2x + 2y) = 3(-8)$$
$$2(-3x - 3y) = 2(-30)$$

$$\begin{aligned} -6x + 6y &= -24 \\ -6x - 6y &= -60 \end{aligned}$$

$$\frac{-12x}{-12} = \frac{-84}{-12}$$

$$x = 7$$

이 두 직선 사이의 관계는? (정답에 동그라미)

(**교차한다.**)　　　　**평행하다.**　　　　**같은 직선이다.**

이유는?
　해가 한 점으로 나오기 때문에

　두 직선이 교차합니다.

$$-2x + 2y = -8$$
$$-2(7) + 2y = -8$$
$$+14 - 14 + 2y = -8 + 14$$
$$\frac{2y}{2} = \frac{6}{2}$$
$$y = 3$$

낱말퀴즈

연립방정식에 대해 잘 배웠나요? 이제 낱말퀴즈를 풀어봅시다!
힌트: 몸이 아니라 머리를 써주세요!!!

1. 연립방정식의 해는 그래프의 OO입니다.

2. 기울기가 같은 직선은 OO합니다.

3. 문제를 풀고 나면 반드시 OO을 합시다.

4. 소거법을 사용하려면 미리 OO을 세워야 합니다.

5. 한 방정식을 한 변수에 대해 풀고 그 결과를 나머지 방정식에 대입하는 방법을 OOO이라고 부릅니다.

6. 직선으로 표시되는 방정식의 해의 개수는 OOO OO니다.

7. 방정식 양 변에 적당한 값을 곱한 후 더해서 문제를 푸는 방법을 OOO이라고 합니다.

8. 항상 문제의 OO을 생각해야 합니다.

9. 여러 방정식을 합쳐서 한 문제로 간주할 수 있는 것을 OOOOO이라고 부릅니다.

10. 미지수가 두 개이면 방정식은 O개 있어야 합니다.

낱말퀴즈 정답

1. 연립방정식의 해는 그래프의 <u>교점</u>입니다.

2. 기울기가 같은 직선은 <u>평행</u>합니다.

3. 문제를 풀고 나면 반드시 <u>검산</u>을 합시다.

4. 소거법을 사용하려면 미리 <u>계획</u>을 세워야 합니다.

5. 한 방정식을 한 변수에 대해 풀고 그 결과를 나머지 방정식에 대입하는 방법을 <u>소거법</u>이라고 부릅니다.

6. 직선으로 표시되는 방정식의 해의 개수는 <u>무수히 많</u>습니다.

7. 방정식 양 변에 적당한 값을 곱한 후 더해서 문제를 푸는 방법을 <u>대입법</u>이라고 합니다.

8. 항상 문제의 <u>맥락</u>을 생각해야 합니다.

9. 여러 방정식을 합쳐서 한 문제로 간주할 수 있는 것을 <u>연립방정식</u>이라고 부릅니다.

10. 미지수가 두 개이면 방정식은 <u>2</u>개 있어야 합니다.

대수학 도구상자에 들어갈 도구

이번 장에서는 연립방정식을 푸는 세 가지를
배웠습니다.

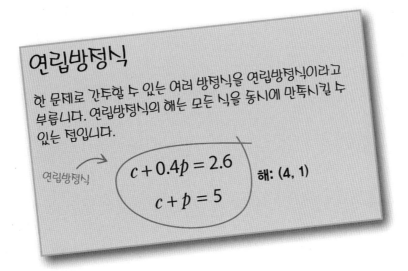

연립방정식

한 문제로 간주할 수 있는 여러 방정식을 연립방정식이라고
부릅니다. 연립방정식의 해는 모든 식을 동시에 만족시킬 수
있는 점입니다.

연립방정식 →

$$c + 0.4p = 2.6$$
$$c + p = 5$$

해: (4, 1)

핵심정리

- 항상 검산을 합시다.

- 소거법에서 가장 까다로운 부분은 소거할 변수를 정하는 일입니다.

- 언제나 등호 양 쪽에 같은 값을 곱해야 합니다.

- 한 변수를 소거하여 다른 변수의 값을 구하고 나면 그 값을 나머지 식에 대입해서 문제를
  마무리합니다.

- 미지수가 두 개인 선형 방정식이 두 개 있을 때, 해는 하나일 수도 있고(한 점에서 만남),
  없을 수도 있고(평행한 직선), 무한히 많을 수도 있습니다(같은 직선).

8 이항식 전개와 인수분해

헤어짐은 쉽지 않아요

그녀가 말했어요,
"저는 TV 시리즈 90210의 새 시즌이
정말 싫어요." 그래서 제가 대답했죠,
"관둬요. 당신은 정말 꽉 막힌 사람이에요.
우리 그냥 헤어져요."
우리는 그렇게 헤어졌습니다.

때로는 스퀘어숄더로 핏을 살릴 수 있습니다. 지금까지 x, y
등의 변수를 이용했습니다. 그런데 말입니다. 만약 방정식의 x가 **제곱**이라면
어떻게 하시겠습니까? 사실 여러분은 이미 이러한 문제를 풀 수 있는 도구를
갖고 있습니다. 지금부터 제곱 문제를 푸는 방법을 살펴보겠습니다. 분배법칙을
기억하시나요? 8장에서는 **분배법칙**과 **FOIL**이라는 특별한 기법을 사용해 새로운
종류의 **이항방정식**을 푸는 방법을 설명합니다. 함께 살펴봐요. 약간 어려운
방정식들을 **분해**할 시간입니다.

수학 배틀 준지역 마스터즈 파이널

우리의 챔피언 케이트가 새로운 도전자 제임스를 상대로 그녀의 타이틀을 방어하러
돌아왔습니다. 이번에도 여러분이 심판을 봅니다. 이번에는 문제가 더 어려워졌군요.

문제 #1: 표현식을 간소화하세요

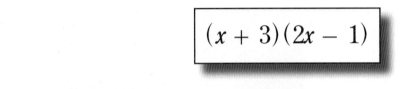

$$(x + 3)(2x - 1)$$

참가자들의 결과입니다.

누구의 답이
맞을까요?

케이트의
답

$$4x^2 + 5x - 3$$

$$2x^2 + 5x - 3$$

누구의 답이 맞을까요?

타이틀을
지키러 돌아온
케이트

케이트를 이길
준비가 된 제임스

누가 정답일까요?

케이트와 제임스가 자신들의 풀이를 공개했습니다. 케이트는 첫 번째 표현식과 두 번째 표현식을 통째로 곱하는 방법을 택했습니다. 제임스는 첫 번째 이항식을 나누는 기법을 사용했네요.

원래 표현식

$$(x + 3)(2x - 1)$$

$$2x^2 - x + 2x^2 + 6x - 3$$

항끼리 모음 $4x^2 + 5x - 3$

2x-1을 첫 번째 이항식의 두 항으로 분배

$$(x + 3)(2x - 1)$$

$$x(2x - 1) + 3(2x - 1)$$

$$2x^2 - x + 6x - 3$$

$$2x^2 + 5x - 3$$

누가 정답일까요? 정답이 공개되었으니 대입해보면 밝혀지겠죠. 자 x 값을 각각의 방정식에 넣어서 어떤 결과가 나오는지 확인하세요. 숫자를 대입했을 때 결과가 맞지 않다면 오답이라는 뜻입니다.

연필을 깎으며

진행자는 x의 값이 −3이며 방정식의 결과값은 0이라고 말했습니다. 따라서 각각의 방정식의 x에 −3을 대입해서 누가 맞았는지 확인합니다. 이제 직접 풀어보시고 정답에 동그라미 표시를 하세요.

$x = -3$ 을 여기 $4x^2 + 5x - 3$ 그리고 $2x^2 + 5x - 3$ 에 대입합니다.

연필을 깎으며 정답

진행자는 x의 값이 −3이며 방정식의 결과값은 0이라고 말했습니다. 따라서 각각의 방정식의 x에 −3을 대입해서 누가 맞았는지 확인합니다. 이제 직접 풀어보시고 정답에 동그라미 표시를 하세요.

$x = -3$ 을 여기 $4x^2 + 5x - 3$ 그리고  에 대입합니다.

$$4(-3)^2 + 5(-3) - 3 \qquad\qquad 2(-3)^2 + 5(-3) - 3$$

$$4(9) - 15 - 3 \qquad\qquad 2(9) - 15 - 3$$

$$36 - 15 - 3 \qquad\qquad 18 - 15 - 3$$

$$21 - 3 \qquad\qquad\qquad 정답입니다! \quad 0 \checkmark$$

틀렸네요! ✗

방정식의 결과는
0이 되어야
하므로 이 풀이가
정답입니다.

그렇군요. 그런데 제임스는 어떻게 정답을 맞춘거죠?
그러니까... 진행자가 정답을 알고 있었어요...
보통은 진행자가 사람들에게 정답을 알려주진 않는데요?
뭐가 어떻게 돌아가는 거죠?

이들은 이항식입니다.

제임스의 풀이를 이해하려면 방정식에서 지수를 어떻게 다루는지 살펴봐야 합니다. 즉 이항식과 다항식을 배울 시간입니다.

두 대수 항의 그룹을 이항식이라 부릅니다

케이트와 제임스는 수학 배틀에 등장한 **이항식**과 씨름하고 있습니다. **두 개의** 대수 항을 포함하는 표현식을 이항식이라 합니다. 이항식은 **다항식**이라는 더 큰 표현식의 일부입니다. '다'는 많음을 의미하므로 다항식은 여러 항을 포함하는 모든 표현식을 가리킵니다.

따라서 두 개 이상의 항을 포함하는 모든 표현식을 **다항식**이라 할 수 있습니다. 항이 두 개만 있으면 **이항식**입니다. 다음을 보시죠.

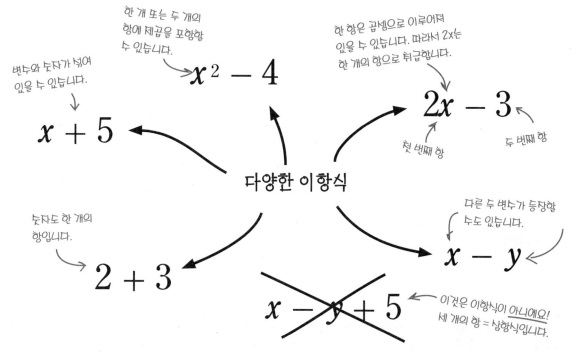

한 개 또는 두 개의 항에 제곱을 포함할 수 있습니다.

$x^2 - 4$

한 항은 곱셈으로 이루어져 있을 수 있습니다. 따라서 $2x$는 한 개의 항으로 취급합니다.

$2x - 3$

첫 번째 항

두 번째 항

변수와 숫자가 섞여 있을 수 있습니다.

$x + 5$

다양한 이항식

숫자도 한 개의 항입니다.

$2 + 3$

다른 두 변수가 등장할 수도 있습니다.

$x - y$

$x - y + 5$

이것은 이항식이 아니에요! 세 개의 항 = 삼항식입니다.

요약 정리

· 다항식

지수가 0 이상인 대수 항을 한 개 이상 포함하는 모든 표현식

· 이항식

다항식 중에 두 개의 대수 항을 갖는 특별한 표현식

$y=mx+b$

분배규칙의 재확인

경연에서 케이트와 제임스가 풀었던 문제를 확인해보세요. 괄호 안의 대수 항은 더 이상 간소화할 수 없습니다. 그냥 곱하면 안 되나요? 표현식을 더 이상 단순화할 수 없으므로 여러 항 끼리 곱셈을 해야 합니다. 즉 **분배**를 해야 합니다. **첫 번째 이항식의 두 개 항을 두 번째 이항식의 두 개 항에 분배해야 합니다.**

$$(x + 3)(2x - 1)$$

x 곱하기 2x,
x 곱하기 -1...

$$(x + 3)(2x - 1)$$

3 곱하기 2x 그리고
3 곱하기 -1도 해야
합니다.

첫 번째 이항식 <u>전부</u>를 분배합니다.

분배규칙은 그룹간의 곱셈과 밀접한 관련이 있습니다. 다음을 살펴보세요.

분배 규칙
$$a(b + c) = ab + ac$$
이런 결과가
나옵니다.

첫 번째 항

이항식의 각 항에 곱할 수
있습니다.

이항식에 곱해야 할 숫자가 한 개라면 아주 쉽습니다. 하지만 우리는 이항식에 이항식을 곱해야 합니다. 즉 첫 번째 이항식의 모든 항을 두 번째 이항식 전체로 분배해야 합니다.

두 이항식을 곱한다는 것은 '첫 번째 <u>이항식</u>의 두 항을 두 번째 <u>이항식</u>의 두 항으로 분배한다'는 의미입니다.

분배규칙으로 이항식 단순화하기

전체 이항식을 실제로 분해합니다. 케이트와 제임스의 문제를 살펴보기 전에 일반적인
분배 방법을 살펴보시죠.

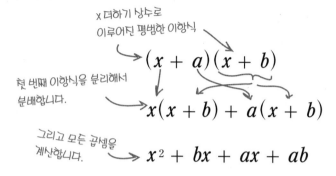

x 더하기 상수로
이루어진 평범한 이항식

$$(x + a)(x + b)$$

첫 번째 이항식을 분리해서
분배합니다.

$$x(x + b) + a(x + b)$$

그리고 모든 곱셈을
계산합니다.

$$x^2 + bx + ax + ab$$

더 단순화할 수 있습니다. 곱셈을 계산한 결과 bx, ax 두 개의 x 항이 만들어졌습니다.

a, b는 상수이고 bx, ax는 유사항이므로 두 항을 모읍니다.

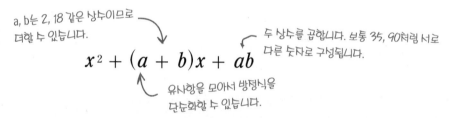

a, b는 2, 18 같은 상수이므로
더할 수 있습니다.

두 상수를 곱합니다. 보통 35, 90처럼 서로
다른 숫자로 구성됩니다.

$$x^2 + (a + b)x + ab$$

유사항을 모아서 방정식을
단순화할 수 있습니다.

✏️ 연필을 깎으며

분배규칙을 이용해 수학 배틀 문제를 단순화하세요.

$$(x + 3)(2x - 1)$$

....

....

....

....

✏️ 연필을 깎으며 정답

분배규칙을 이용해 수학 배틀 문제를 단순화하세요.

$$(x + 3)(2x - 1)$$

$$x(2x - 1) + 3(2x - 1)$$ ← 첫 번째 이항식을 쪼개서 분배할 수 있습니다.

유사항을 정리하면 제임스와 같은 답이 완성됩니다. → $$2x^2 - x + 6x - 3$$ ← 곱셈을 계산하고 유사항을 찾습니다.

$$2x^2 + 5x - 3$$

바보 같은 질문이란 없습니다

Q: 분배규칙에 따르면 두 항을 전개해야 하나요?

A: 그렇습니다. 분배규칙에 따르면 첫 번째 이항식을 두 번째 이항식 전체로 분배해야 합니다. 이는 첫 번째 이항식의 두 항을 두 번째 이항식 두 항과 곱해야 한다는 의미입니다.

Q: 이항식 전개는 좀 복잡해보이는데요. 좀 더 쉬운 방법 없나요?

A: 활용할 수 있는 도구가 있긴 하지만 이항식 곱셈이 분배와 관련있다는 사실은 반드시 배워야 합니다. 첫 번째 이항식의 항을 두 번째 이항식으로 곱하는 방법도 그리 나쁜 방법은 아닙니다.

Q: 숫자나 변수 관계없이 같은 법칙을 적용할 수 있나요?

A: 네 그렇습니다. 물론 이항식이 숫자로 이루어져 있다면 괄호 안을 먼저 정리하고 분배는 줄일 수 있습니다. 어쨌든 우리는 변수에 적용되는 모든 규칙은 숫자에도 적용할 수 있다는 중요한 가르침을 얻었습니다.

Q: 이항식을 곱해야 하는 상황이 얼마나 자주 발생하나요?

A: 사실 앞으로 여러분은 분배된 방정식을 되돌리는 상황을 더 자주 접할 겁니다. 그 부분은 9장에서 설명할 거예요. 어떤 방정식을 풀려면 이항식을 만들어야 할 때도 있어요. 무슨 말인지 혼란스럽다구요? 9장에서 자세히 살펴볼 것이므로 지금은 신경 쓰지 않으셔도 됩니다.

핵심정리

- 두 이항식을 곱하는 것은 대수에서 볼 수 있는 흔한 문제입니다.
- 두 이항식을 곱하려면 분배규칙을 적용해야 합니다.
- 첫 번째 이항식의 각 항을 두 번째 이항식의 각 항에 곱해야 합니다.

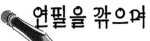 연필을 깎으며

다음 이항식을 단순화하세요. 유사항을 모으는 것을 잊지 마세요!

$$(y - 1)(y - 7)$$

$$(4 + x)(3 - x)$$

....

....

....

....

....

....

부호를 도심하세요!

$$(a + 4)(a - 6)$$

$$(-x - 3)(x + 3)$$

....

....

....

....

....

....

연필을 깎으며 정답

다음 이항식을 단순화하세요. 유사항을 모으는 것을 잊지 마세요!

y라고 달라질 건
없습니다!

$$(y - 1)(y - 7)$$

$$y(y - 7) - 1(y - 7)$$

$$y^2 - 7y - 1y + 7$$

$$y^2 - 8y + 7$$

이항식을 변형해서 곱할 수도
있습니다.

$$(4 + x)(3 - x)$$

$$4(3 - x) + x(3 - x)$$

$$12 - 4x + 3x - x^2$$

$$-x^2 - x + 12$$

$$(a + 4)(a - 6)$$

$$a(a - 6) + 4(a - 6)$$

$$a^2 - 6a + 4a - 24$$

$$a^2 - 2 - 24$$

부호를 조심하세요!

계산할 때 부호가 따라가야
합니다.

$$(-x - 3)(x + 3)$$

$$-x(x + 3) - 3(x + 3)$$

$$-x^2 - 3x - 3x - 9$$

$$-x^2 - 6x - 9$$

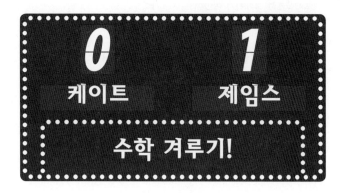

문제 #2: 표현식을 단순화하세요 – 속도전!

$$(x + 2)(x - 2)$$

참가자들의 답입니다.

케이트의 답 ➝ $x^2 - 4$ ← 이항식입니다.

제임스의 답 ↙

$$(x + 2)(x - 2)$$
$$x(x - 2) + 2(x - 2)$$
$$x^2 - 2\cancel{x} + 2\cancel{x} + 2(-2)$$
$$x^2 - 4$$

누가 빨리 풀었습니까?

그리고 누가 정답을 <u>맞혔습니까?</u>

케이트가 또다시 고전 ↖
기술을 써서 속도전을
이겼습니다. 어떻게 한
걸까요?

케이트가 속임수를 쓴거 같죠? 심지어 그녀는 어떻게 풀었는조차 공개하지 않았어요!

케이트는 문제를 푸는 대신 패턴을 찾았습니다.

친구의 전화번호나 풋볼 팀이 공격할 때 어떤 패턴이 있다는 것을 발견한 적이 있나요? 우리는 어떤 키만 보고도 무슨 일이 일어나는지 알 수 있는데 바로 패턴 덕분입니다.

수학도 때로는 비슷합니다. 패턴을 파악한다면 귀찮은 작업을 줄일 수 있죠.

제곱 패턴

두 개의 이항식이 있는데 각 이항식의 두 번째 항의 부호만 다른 상황을 **제곱 패턴**이라 합니다. 케이트와 제임스가 풀었던 문제에서 두 이항식의 첫 번째 항은 x였고, 두 번째 항은 2와 −2였죠.

두 이항식의 첫 번째 항은 x입니다.

두 이항식의 두 번째 항은 2입니다.

보통의 방식으로 문제를 풀어 답을 확인할 수 있습니다.

$$(x + 2)(x - 2)$$
$$x(x - 2) + 2(x - 2)$$
$$x^2 - 2x + 2x + 2(-2)$$
$$x^2 - 4$$

음수 부호가 최종 결과까지 따라갑니다.

첫 번째 항 x의 제곱입니다.

두 번째 항 2의 제곱입니다.

결국 **두 제곱의 차**가 결과입니다. 첫 번째 항의 제곱에서 두 번째 항의 제곱을 빼는 겁니다. 복잡한 계산 과정 없이 바로 이런 결론에 도달할 수 있습니다.

두 이항식이 부호만 다르고 나머지는 **모두 같을 때** 여러분은 두 항의 제곱 차가 정답이라는 사실을 알 수 있습니다. 중간 과정은 생략하고 바로 정답을 쓸 수 있습니다!

케이트가 마지막 문제를 풀 때 발견한 사실입니다.

$$(x + a)(x - a) = x^2 - a^2$$

한 항의 부호는 양수 다른 항의 부호는 음수여야 합니다.

정답에는 항상 음수가 나옵니다.

부호까지 <u>같으면</u> 어쩌죠?

두 이항식이 부호까지 **같으면** 어떻게 될까요? 살펴보시죠.

두 이항식의 첫 번째 항은 x입니다.　　　두 이항식의 두 번째 항은 5입니다.

$$(x + 5)(x + 5)$$

$$x(x + 5) + 5(x + 5)$$

$$x^2 + \underbrace{5x + 5x} + 25$$

첫 번째 항 x를 제곱한 값입니다. → $x^2 + 10x + 25$ ← 두 번째 항 5를 제곱한 값입니다.

↑ 두 번째 항에 2를 곱한 값입니다.

이 계산은 이항식의 제곱과 같습니다. 즉 이항식에 자기 자신을 곱하는 셈입니다.

같은 부호가 됩니다.

$$\text{이항식 제곱: } (x + a)^2 = x^2 + 2ax + a^2$$

다른 부호가 됩니다.

$$\text{부호가 다른 이항식: } (x + a)(x - a) = x^2 - a^2$$

두 제곱의 차가 결과입니다.

✏️ 연필을 깎으며

제곱 패턴을 조금 더 테스트할 수 있는 문제입니다. 패턴을 찾아서 정답을 푸세요. 행운을 빕니다!

$$(x + 3)(x - 3)$$

....

$$(x + 9)(x + 9)$$

....

$$(2x - 10)(2x + 10)$$

조금 까다롭네요. 부호가 같지만 이번엔 음수예요. 어떻게 풀어야 할까요? → $$(x - 7)^2$$

....　　.................................

모든 단계를 풀지 않고 두 이항식을 곱하는 것이 여러분의 숙제였습니다.
어떻게 해결하셨나요?

$$(x + 3)(x - 3)$$

$x^2 - 9$

$$(x + 9)(x + 9)$$

$x^2 + 18x + 81$

첫 번째 항의 제곱과 마지막 항의
제곱에 마지막 항의 2배수한 값을
중간항에 추가합니다.

부호가 다르므로
두 제곱의 차가 답입니다.

$$(2x - 10)(2x + 10)$$

$4x^2 - 100$

$$(x - 7)^2$$

$x^2 - 14x + 49$

보기보다 쉽습니다. x와 7의 제곱은 같고
두 번째 항 -7에 2를 곱해서 중간 항을
만듭니다. 여기서는 -14x가 됩니다.

바보 같은 질문 이란 없습니다

Q: 정말 멋진 패턴이네요. 이 패턴을 항상 적용할 수 있나요?

A: 두 이항식의 패턴이 일치한다면 그렇습니다. 단, 부호와 계수만 주의하시면 됩니다.

Q: 두 이항식이 비슷하지만 제곱 패턴과 정확히 일치하지 않으면 어떻게 되나요?

A: 그러면 분배 법칙을 이용해 방정식을 간소화해야 합니다. 각 항을 곱하고 유사 항을 모은 다음 답을 확인할 수 있습니다. 아래 패턴과 정확히 일치하는 식에만 패턴을 적용할 수 있습니다.

이항식 제곱: $(x + a)^2 = x^2 + 2ax + a^2$

부호가 다른 이항식: $(x + a)(x - a) = x^2 - a^2$

때로는 패턴을 적용할 수 없을 때도 있습니다..

빠른 속도로 진행되는, 고액이 걸린 게임 쇼에서 빠른 시간 안에 이항식을 단순화해야 하는 상황이라 가정합니다. 제곱 패턴을 적용할 수 없는 상황에서는 이항식을 단순화할 수 있는 다른 방법이 필요합니다.

분배는 빠른 편이 아닙니다. 다행히도 **FOIL**이라는 다른 종류의 패턴이 있습니다.
FOIL은 **처음**first, **바깥쪽**outside, **안쪽**inside, **마지막**last의 약자입니다. 좀 더 자세히 살펴보죠.

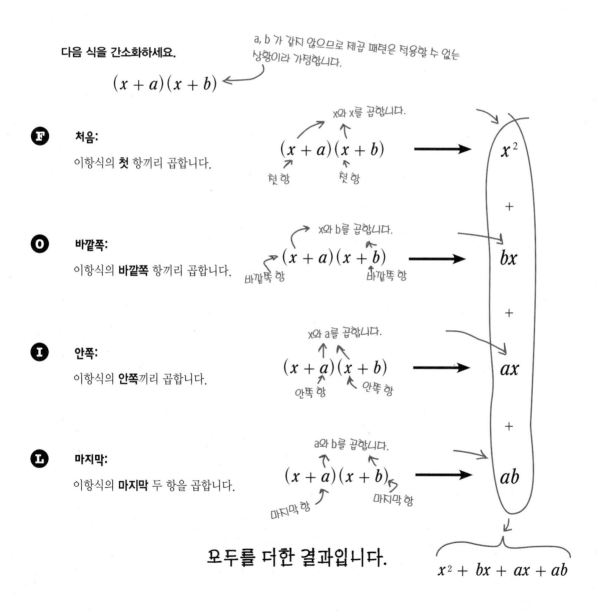

다음 식을 간소화하세요.

$$(x + a)(x + b)$$

a, b 가 같지 않으므로 제곱 패턴은 적용할 수 없는 상황이라 가정합니다.

F **처음:**
이항식의 **첫** 항끼리 곱합니다.

x와 x를 곱합니다.

$(x + a)(x + b)$ ➞ x^2

첫 항   첫 항

O **바깥쪽:**
이항식의 **바깥쪽** 항끼리 곱합니다.

x와 b를 곱합니다.

$(x + a)(x + b)$ ➞ bx

바깥쪽 항   바깥쪽 항

I **안쪽:**
이항식의 **안쪽**끼리 곱합니다.

x와 a를 곱합니다.

$(x + a)(x + b)$ ➞ ax

안쪽 항   안쪽 항

L **마지막:**
이항식의 **마지막** 두 항을 곱합니다.

a와 b를 곱합니다.

$(x + a)(x + b)$ ➞ ab

마지막 항   마지막 항

모두를 더한 결과입니다.

$$x^2 + bx + ax + ab$$

언제나 FOIL을 적용할 수 있습니다

제곱 패턴을 적용할 수 없는 실제 이항식에 FOIL을 적용합니다.

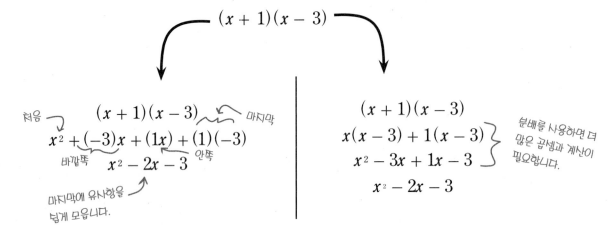

FOIL을 사용한 풀이 **FOIL 대신 분배를 사용한 풀이**

FOIL을 이용하면 몇몇 단계를 줄일 수 있으므로 계산이
쉬워집니다. 분배는 신경 쓸 필요가 없으며 다만 마지막에
유사항을 모으는 작업만 신경 쓰면 됩니다.

무엇보다 패턴을 적용할 수 없는 모든 상황에 FOIL을
적용할 수 있다는 것이 FOIL의 강점입니다.

 핵심정리

- 두 이항식을 곱하는 것은 **분배**의 유형 중
  하나입니다.

- FOIL은 **처음, 바깥쪽, 안쪽, 마지막**을
  의미합니다.

- **FOIL**을 이용하면 분배를 이용하지 않고도
  분배를 적용할 수 있습니다.

- FOIL은 **분배규칙**을 쉽고 일정하게 적용할 수
  있도록 도와주는 도구입니다.

- **제곱 패턴**과 같은 패턴을 이용하면 문제를
  정말 빠르게 풀 수 있습니다. 하지만 패턴을
  적용할 수 없을 때에도 FOIL을 적용할 수
  있다는 것이 FOIL의 강점입니다.

이항식 곱셈 자석

다음은 수학 배틀에 출제된 문제들입니다.
빠진 부분을 채우면서 여러분의 학습 정도를 확인하세요.

$$(x - 3)(x + 4)$$

$$x^2 + \underline{\quad\quad} - \underline{\quad\quad} - 12$$

$$\underline{\qquad\qquad\qquad}$$

$$(y - 10)(y + 2)$$

$$y^2 \underline{\quad\quad} - 10y \underline{\quad\quad}$$

$$y^2 \underline{\qquad\qquad\qquad}$$

FOIL을 사용하면 두 단계로
계산을 마칠 수 있습니다!

$$\left(x - \frac{1}{2}\right)\left(x + \frac{1}{2}\right)$$

$$\underline{\qquad\qquad\qquad}$$

$$(c - 5)(c - 2)$$

$$c^2 \underline{\qquad\qquad} + \underline{\quad\quad}$$

$$c^2 \underline{\quad\quad} + \underline{\quad\quad}$$

$$\left(x + \frac{1}{8}\right) + \left(x + \frac{1}{8}\right)$$

$$\underline{\qquad\qquad\qquad}$$

$$(3 + x)(7 - x)$$

$$\underline{\quad\quad} - \underline{\quad\quad} + \underline{\quad\quad} - \underline{\quad\quad}$$

$$\underline{\qquad\qquad\qquad}$$

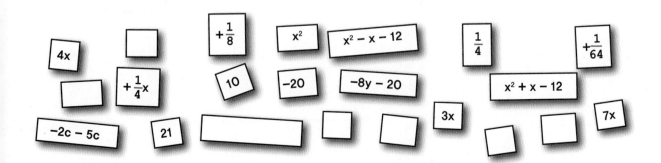

4x

$+\frac{1}{8}$

x^2

$x^2 - x - 12$

$\frac{1}{4}$

$+\frac{1}{64}$

$+\frac{1}{4}x$

10

−20

−8y − 20

$x^2 + x - 12$

3x

7x

−2c − 5c

21

이항식 곱셈 자석 정답

다음은 수학 배틀에 출제된 문제들입니다.
빠진 부분을 채우면서 여러분의 학습 정도를 확인하세요.

$$(x - 3)(x + 4)$$

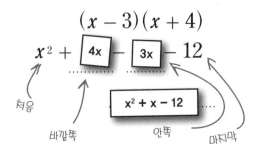

$x^2 +$ ┃4x┃ − ┃3x┃ − 12

처음

바깥쪽   안쪽   마지막

┃ $x^2 + x - 12$ ┃

$$(y - 10)(y + 2)$$

y^2 ┃+2y┃ − 10y ┃-20┃

y^2 ┃-8y − 20┃

$$\left(x - \dfrac{1}{2}\right)\left(x + \dfrac{1}{2}\right)$$

⋯ ┃ $x^2 -$ ┃ ⋯⋯ ┃ $\dfrac{1}{4}$ ┃

$$(c - 5)(c - 2)$$

c^2 ⋯ ┃-2c − 5c┃ + ┃ 10 ┃

c^2 ┃-7c┃ + ⋯ ┃10┃

$$\left(x + \dfrac{1}{8}\right) + \left(x + \dfrac{1}{8}\right)$$

┃ x^2 ┃ ⋯ ┃ $+\dfrac{1}{4}x$ ┃ ⋯ ┃ $+\dfrac{1}{64}$ ┃

$$(3 + x)(7 - x)$$

⋯ ┃21┃ − ┃3x┃ + ┃7x┃ − ┃ x^2 ┃

⋯ ┃ $21 + 4x - x^2$ ┃

수학 배틀 경기가 중반을 넘어가고 있는 상황에서
참가자들의 현재 상황입니다.

1라운드에서 케이트는 항 계산을 잘못했습니다.

제임스는 분배법칙을 이용했지만 FOIL은 아니었습니다. 그래도
정답을 구했고 1라운드에서 득점했습니다.

$$(x + 3)(2x - 1)$$

$$2x^2 - x + 2x^2 + 6x - 3$$

$$4x^2 + 5x - 3$$

케이트는 이 계산을
두 번 했습니다.
FOIL을 사용했다면
분배가 제대로
동작하면서 실수를
막을 수 있었을
거예요.

$$(x + 3)(2x - 1)$$

$$x(2x-1) + 3(2x-1)$$

$$2x^2 - x + 6x - 3$$

$$2x^2 + 5x - 3 \checkmark$$

FOIL을 이용하면
이 과정을 생략할
수 있습니다.

그래도 방정식을 제대로
다루면서 정답을
구했습니다.

하지만 케이트가 제곱 패턴을 이용해 다음 라운드의
승기를 잡았습니다.

제임스도 답은 구했지만 속도에서 밀렸습니다.

$$(x + 2)(x - 2)$$

$$x^2 - 4$$

케이트는 같은
항이라는 사실을
인식하고 두 제곱의
차를 사용했습니다.

$$(x + 2)(x - 2)$$

$$x(x - 2) + 2(x - 2)$$

$$x^2 - 2x + 2x + 2(-2)$$

$$x^2 - 4$$

제임스도 올바른 답을
구했지만 속도전에서
밀렸습니다.

참가자들이 동점을 이루고 있는 상황에서 다음 라운드로 넘어갑니다.

문제 #3: 이번에도 속도 전...

$$\frac{11x + \frac{11}{3}x - \frac{33}{4}x}{1 + \frac{1}{3} - \frac{3}{4}} = 1$$

이런... 지금까지 본 문제 중 가장 지저분해보이네요.

케이트는 분모를 없애고 싶어 합니다.

$$\left(1 + \frac{1}{3} - \frac{3}{4}\right) \bullet \frac{11x + \frac{11}{3}x - \frac{33}{4}x}{1 + \frac{1}{3} - \frac{3}{4}} = 1 \bullet \left(1 + \frac{1}{3} - \frac{3}{4}\right)$$

이 단계에서 공통 분모를 이용해 유사항을 합쳤습니다.

$$11x + \frac{11}{3}x - \frac{33}{4}x = 1 + \frac{1}{3} - \frac{3}{4}$$

$$\frac{132}{12}x + \frac{44}{12}x - \frac{99}{12}x = \frac{12}{12} + \frac{4}{12} - \frac{9}{12}$$

양쪽 항에 12를 곱해서 분수 표현을 제거합니다.

$$12 \bullet \frac{77}{12}x = \frac{7}{12} \bullet 12$$

$$\frac{77x}{77} = \frac{7}{77}$$

이제 약분만 하면 됩니다.

$$x = \frac{7}{77} = \frac{1}{11}$$

시간: 1분 35초

$$\frac{11x + \frac{11}{3}x - \frac{33}{4}x}{1 + \frac{1}{3} - \frac{3}{4}} = 1$$

무슨 일이 일어난거죠? 여러 항이 사라졌습니다. 대체 어떻게?

$$\frac{11x \left(1 + \frac{1}{3} - \frac{3}{4}\right)}{\left(1 + \frac{1}{3} - \frac{3}{4}\right)} = 1$$

$$\frac{11x}{11} = \frac{1}{11}$$

$$x = \frac{1}{11}$$

시간: 35초

같은 답을 얻었지만 제임스가 케이트보다 빨랐네요. 어떻게 이런 일이 일어났다고 생각하세요?

분배의 반대를 <u>인수분해</u>라 합니다

지금까지는 분배를 살펴봤습니다. 즉 숫자나 항이 주어지고 이를 다른
항의 그룹과 곱했죠. 하지만 제임스는 이와 정반대의 작업을 했습니다.
그는 역분배 작업을 했는데 대수세계에서는 이를 **인수분해**라 부릅니다.
제임스의 작업을 조금 더 자세히 살펴보시죠.

인수란 전체
표현식에 <u>곱해지는</u>
항을 가리킵니다.

*제임스가 풀었던
방정식입니다.*

$$\frac{11x + \frac{11}{3}x - \frac{33}{4}x}{1 + \frac{1}{3} - \frac{3}{4}} = 1$$

제임스는 위 문제를 조금 다른 시각에서 보았습니다. 그는 분수의 위쪽에
있는 모든 항을 11로 곱하는 표현식으로 바꿀 수 있음을 파악했습니다. 그래서
다음처럼 11을 곱하는 표현식으로 바꿨습니다.

*여기가 어려운 부분입니다. 하지만
제임스는 33/4가 11×¾과 같다는
사실을 간파합니다.*

*제임스는 각 항에서 11을
빼내 다음과 같은 표현식으로
바꿨습니다.*

$$\frac{11 \cdot x + 11 \cdot \frac{1}{3} \cdot x - 11 \cdot 3 \cdot \frac{1}{4} \cdot x}{1 + \frac{1}{3} - 3 \cdot \frac{1}{4}} = 1$$

*아무것도 바뀐 것은 없습니다.
기존 방정식과 같습니다.*

숫자나 항에 **인수**라 불리는 아무 숫자나 항을 곱할 수 있습니다. 다음처럼 11
그리고 x를 방정식의 윗 부분에 요소로 곱합니다.

*요소를 항에 곱하면
방정식이나 표현식의
원래 형태가 나옵니다.*

*여기서 11x는 요소입니다. 요소를
이용해 역분배를 하고 다음처럼
방정식을 만들 수 있습니다.*

$$\frac{11x\left(1 + \frac{1}{3} - \frac{3}{4}\right)}{\left(1 + \frac{1}{3} - \frac{3}{4}\right)} = 1$$

$11x$를 요소로 추출했는데 분모와 완전히 같은 식이 되었습니다.
따라서 약분할 수 있습니다.

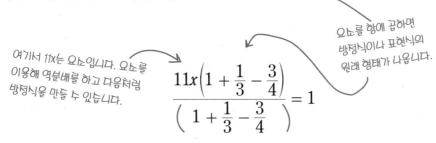

*두 표현식이 같으므로
약분됩니다.*

인수분해는 곱셈의 반대입니다

항이나 그룹에서 공통 인수를 추출하는 과정을 **인수분해**라고 합니다(여러모로 유용한 작업이죠). 공통 인수를 추출한 다음에는 제임스가 했던 것처럼 그룹 또는 인수로 약분 등의 작업을 할 수 있습니다.

인수분해는 곱셈의 반대입니다. 즉 그룹 항에서는 분배의 반대가 인수분해입니다. 분배법칙은 그룹 간의 곱셈을 다룬다는 점을 기억하세요.

분배 법칙

$$a(b + c) = ab + ac$$

공통 항입니다.

공통 항 그룹과 곱셈을 할 항입니다.

곱셈 결과입니다.

분배법칙의 반대는 공통 인수를 추출하는 겁니다.

$$ab + ac = a(b + c)$$

두 항의 공통 요소입니다.

이렇게 그룹에 곱해지는 공통 요소를 추출할 수 있습니다.

분배법칙의 반대 성질을 이용해 공통 항을 추출할 수 있습니다. 이런식으로 항을 다루면서 좀 더 쉬운 형태로 방정식을 만들 수 있습니다. 때로는 공통 항 또는 전체 그룹을 약분(서로 상쇄)할 수 있습니다.

● 인수분해는 분배법칙의 <u>반대</u>입니다.

● 인수분해는 특정 항이나 표현식을 숫자와 항끼리의 곱셈으로 <u>추출하는</u> 과정입니다.

분배 법칙이란 그룹 항 전체에 인수를 공평하게 분배해야 한다는 의미입니다.

공통 항을 찾아 인수분해

인수분해는 FOIL과는 조금 다릅니다. 사실 인수분해는 패턴을 찾는 과정과
비슷합니다. 하지만 제곱 패턴처럼 쉽게 찾을 수 있는 패턴이 아닙니다. 여러 번
시도를 하면서 표현식에서 공통 요소를 찾아야 합니다. 쉽지 않을 것 같죠? 그렇습니다.
하지만 연습을 반복해 실력을 키울 수 있습니다.

다음 문제를 살펴봅니다. 방정식에 인수분해를 적용하면 조금 더 쉽게 풀 수 있습니다.

☑ 방정식을 살펴보세요. 여러 항이 있다면 자주 반복되는 숫자나 숫자의 곱을
찾습니다.

$$\frac{11x + \frac{11}{3}x - \frac{33}{4}x}{1 + \frac{1}{3} - \frac{3}{4}} = 1$$

*반복되는 숫자부터 찾습니다. 여기서는 11, 11/3, 33/4 등이 있네요. 그런데 33은 11*3이니까 11이 공통 숫자입니다.*

☑ 다음으로 표현식에서 **최대 공약수**를 찾으세요.

최대공약수가 기억이 안 나시면 부록을 확인하세요.

$$\frac{11x + \frac{11}{3}x - \frac{33}{4}x}{1 + \frac{1}{3} - \frac{3}{4}} = 1$$

인수분해를 해야 할 부분입니다. 11x, 11/3x, 33/4x의 최대 공약수를 찾으세요.

☑ 최대공약수를 찾아서 적으신 다음 괄호로 묶으세요. 괄호 왼쪽에는 찾으신
최대공약수를 적으시고 괄호 안에는 최대공약수를 추출한 결과를 적습니다.
괄호 안의 항이 여러분이 발견한 최대공약수로 **나눴을 때** 남는 원래 항입니다.

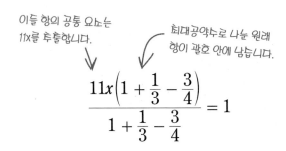

이들 항의 공통 요소는 11x를 추출합니다.

최대공약수로 나눈 원래 항이 괄호 안에 남습니다.

$$\frac{11x\left(1 + \frac{1}{3} - \frac{3}{4}\right)}{1 + \frac{1}{3} - \frac{3}{4}} = 1$$

인수분해를 말하다

이번 주에 만난 사람 :

인수분해가 정말 도움이 되나요?

헤드 퍼스트: 안녕하세요 인수분해 님. 만나서 반갑습니다!

인수분해: 고마워요! 언젠가 저를 제대로 소개하고 싶었습니다.

헤드 퍼스트: 세간에 조금 혼동이 있는 것 같은데 인수분해 님의 정체가 정확히 뭔가요?

인수분해: 어떤 항, 항의 집합, 또는 방정식에는 제거된 어떤 요소가 있습니다. 저는 바로 그 요소와 관련이 있습니다.

헤드 퍼스트: 너무 일반적인 내용인것 같은데 좀 더 구체적으로 설명해주시겠어요?

인수분해: 사실 저는 유연해서 더 구체적으로 말씀드리기가 어렵군요. 저는 일반적인 용어입니다. 그게 다에요.

헤드 퍼스트: 그러면 인수분해 님의 강점은 뭔가요? 어떤 면으로 도움을 주시나요?

인수분해: 그러니까... 저를 이용하면 계수에서 특정 값을 제거할 수 있죠. 그러면 방정식이 더 풀기 쉬운 형태가 됩니다.

헤드 퍼스트: 그렇군요. 그러니까 고속으로 독립된 변수를 간소화한다는 의미죠?

인수분해: 그렇습니다! 여러분의 변수에 붙어 있는 이물질을 한방에 날려버리는 겁니다. 깨끗해진 방정식을 풀면 됩니다. 이를 마다할 사람이 있을까요?

헤드 퍼스트: 말씀을 듣고 보니 정말 훌륭하신 분이군요.

인수분해: 사실 그렇습니다! 힘자랑을 즐기는 편은 아닌데 저에게는 어쩔 수 없는 멋진 기술들이 있다는 것은 말씀드리지 않을 수 없네요.

헤드 퍼스트: 다른 법칙과도 잘 어울리시나요?

인수분해: 저를 이용해 작업 그룹에서 요소를 찾아 제거할 수 있으므로 저는 분배 또는 곱셈 연산을 되돌려 놓을 수 있습니다.

헤드 퍼스트: 와우 흥미롭군요.

인수분해: 또 직접 일하는 사이는 아니지만 결합법칙과 교환법칙에도 제가 필요할 때가 많습니다.

헤드 퍼스트: 또 하실 말씀 있으신가요?

인수분해: 자기 자신도 잊지 마세요! 홀로 있는 변수에도 항상 제거할 수 있는 요소(적어도 자기 자신)가 있다는 사실입니다. 사람들은 이 사실을 항상 잊습니다!

헤드 퍼스트: 시간내주셔서 감사합니다. 유익한 시간이었어요.

인수분해: 저를 명확하게 설명할 수 있는 기회를 주셔서 감사합니다. 저는 항상 다른 그룹과 떨어져 있는 기분이었거든요.

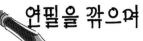 **연필을 깎으며**

수학 배틀 보너스 문제를 인수분해하세요. 인수분해를 한 다음에는 방정식을 풉니다.

$$\frac{x}{2} + \frac{3x}{2} = 6$$

....

....

....

....

....

$$5y - 3 = \frac{4y - 3y}{y}$$

....

....

....

....

....

$$\frac{p}{3} - \frac{5}{3} = 5$$

....

....

....

....

$$\frac{8x + 24x - 16x}{100} = 24$$

....

....

....

....

연필을 깎으며
정답

다음 방정식을 인수분해 하고 푸는 것이 여러분의 문제였습니다.

$$\frac{x}{2} + \frac{3x}{2} = 6$$

여기서는 1/2만 요쇼로 투툴했지만 원하시면 1/2 x를 투툴할 수도 있습니다.

$$\frac{1}{2}(x + 3x) = 6$$

$$(2)\frac{1}{2}(x + 3x) = 6(2)$$

$$x + 3x = 12$$

$$\frac{4x}{4} = \frac{12}{4}$$

$$x = 3$$

$$5y - 3 = \frac{4y - 3y}{y}$$

$$5y - 3 = \frac{y(4-3)}{y}$$

$$5y - 3 = 4 - 3$$

$$3 + 5y - 3 = 1 + 3$$

$$\frac{5y}{5} = \frac{4}{5}$$

$$y = \frac{4}{5}$$

다양한 방법으로 이 방정식을 풀 수 있으며 이 풀이는 그중 하나일 뿐입니다. 결과만 같다면 맞게 푼 겁니다!

$$\frac{p}{3} - \frac{5}{3} = 5$$

$$\frac{1}{3}(p-5) = 5$$

$$(3)\frac{1}{3}(p-5) = 5(3)$$

$$p - 5 = 15$$

$$p - 5 + 5 = 15 + 5$$

$$p = 20$$

$$\frac{8x + 24x - 16x}{100} = 24$$

$$(100)\frac{(8x + 24x - 16x)}{100} = 24(100)$$

$$8x + 24x - 16x = 2400$$

$$8x(1 + 3 + 2) = 2400$$

$$8x(6) = 2400$$

$$\frac{48x}{48} = \frac{2400}{48}$$

$$x = 50$$

1	2
케이트	제임스

수학 배틀

결승 라운드: 다시 케이트가 득점하며 동점을 만들 수 있을까요 아니면 제임스가 우승을 거머쥘까요?

시작하시죠!

문제 #4 : 다음 방정식을 푸세요...

$$(x - 3)(x + 7) = 0$$

$(x - 3)(x + 7) = 0$ 케이트는 이항식을 전개했습니다.

$x^2 + 7x - 3x - 21 = 0$

$x^2 + 4x - 21 = 0$

그다음은 어떻게 해야 할지 케이트가 당황합니다. **?**

제임스는 방정식을 둘로 나눠서 두 표현식을 0으로 설정했습니다.

$(x - 3)(x + 7) = 0$

$x - 3 = 0$ 그리고/또는 $x + 7 = 0$

$x - 3 + 3 = 0 + 3$ $x + 7 - 7 = 0 - 7$

$x = 3$ 그리고/또는 $x = -7$

 브레인 파워

제임스는 왜 2개의 정답을 적은걸까요? 어떤 것이 맞는 답이죠? 혹시 둘 다 정답인가요?

모든 수 곱하기 0은 0입니다

케이트는 평상시대로 문제를 풀었지만 제임스는 새로운 뭔가를
발견했습니다. 그는 곱했을 때 0이 되는 두 그룹을 만들었습니다.
첫 번째 그룹을 *a*, 두 번째 그룹을 *b*라고 가정하죠.

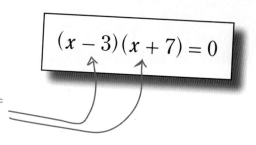

$$(x - 3)(x + 7) = 0$$

만약: $$a \cdot b = 0$$

a, b는 그룹, 숫자, 변수
등을 가리킵니다.

그러면: $$a = 0 \quad \text{그리고/또는} \quad b = 0$$

0이 아닌 숫자끼리
곱하면 절대 0이 되지
않습니다.

*a*가 $(x-3)$, *b*가 $(x+7)$이라면 $(x-3)$이 0이 되거나 $(x+7)$이 0이되는 *x*를
찾아야 합니다.

둘 중 한 그룹이 0이되면 전체 방정식이 0이됩니다. 이를 **0 만들기 규칙**
이라 하며 0과 어떤 수나 항을 곱하면 항상 0이 된다는 의미입니다.

다음을 0으로 만듭니다...

$$\underbrace{(x - 3)}_{a} \underbrace{(x + 7)}_{b} = 0$$

a나 b를 0으로
만들어야 합니다.

a가 0이 될 수 있습니다

b가 0이 될 수 있습니다.

$$x - 3 = 0 \quad \text{그리고/또는} \quad x + 7 = 0$$
$$x - 3 + 3 = 0 + 3 \quad x + 7 - 7 = 0 - 7$$
$$x = 3 \quad \text{그리고} \quad x = -7$$

두 가지 값 모두 전체 표현식을
0으로 만듭니다. 따라서 둘 다
해입니다.

*a*나 *b*가 0이면 전체 방정식이 0이 됩니다. 따라서 *x*가 3이거나 −7이면
방정식을 만족합니다. 제임스가 맞았네요. 이 문제에는 두 개의 정답이
있었습니다.

바보 같은 질문이란 없습니다

Q: 방정식의 모든 항이 공통 요소를 포함해야 하는 건가요?

A: 방정식의 일부 항 또는 전체 항에서 요소를 추출할 수 있습니다. 어쨌든 여러분이 추출했던 항에만 추출한 요소와 곱셈을 적용합니다. 대수에서는 보통 방정식에서 왼쪽에 위치한 모든 항에서 인수를 추출합니다. 하지만 조금 더 복잡한 수학에서는 한 방정식에 여러 인수가 있을 수 있습니다.

Q: 요소를 제대로 추출했는데도 문제풀이에 도움이 되지 않으면 어떻게 하나요?

A: 규칙에 따라 제대로 인수를 분해했다면 언제든 원래 방정식으로 돌아갈 수 있습니다. 역연산과 분배와 마찬가지로 이들 도구를 적용했다가 안 되면 다시 결과를 되돌릴 수 있습니다.

Q: 어떻게 제임스는 방정식에서 한 번에 한 부분씩 작업할 수 있었던 거죠?

A: 0 만들기 규칙 덕분입니다. 방정식의 일부분이 0이되면 방정식 자체가 0이 되니까 방정식의 일부분을 독립적으로 풀 수 있었던 겁니다. 0을 만드는 규칙을 적용해 두 방정식을 따로 풀 수 있고 그 결과를 방정식 전체에 적용할 수 있습니다.

Q: 한 방정식에 어떻게 두 개의 해가 존재하죠?

A: 좋은 질문인데요 이 질문의 답은 9장에서 자세히 설명할 겁니다. 우선은 발견한 x 값을 방정식에 넣어서 방정식이 만족한다면 그걸로 충분합니다.

Q: 인수분해를 사용할 때는 어떻게 판단할까요?

A: 상황에 따라 다릅니다. 보통 다양한 방법으로 문제를 해결할 수 있으며 인수분해는 그런 방법 중 하나일 뿐입니다. 인수분해를 이용해 문제를 해결할 수 없으면 다른 방법을 시도하면 됩니다!

Q: 여러 변수를 가진 방정식이 있으면 어떻게 되나요? 예를 들어 x, y, z, w 같은 변수를 가지면요?

A: 여러 변수가 있어도 같은 규칙을 적용할 수 있습니다. 최대공약수에 여러 변수가 포함된다면 최대공약수에 포함된 변수 모두를 약분할 수 있습니다. 여러 변수가 있을 때는 가능하면 한 가지 변수를 인수분해하는 것도 좋은 전략입니다. 물론 0 만들기 규칙을 적용할 수 있으면 금상첨화입니다.

핵심정리

- 인수분해는 방정식 계산을 도와주는 **도구**입니다.

- **공통 숫자나 항**을 추출하는 것을 인수분해라 합니다.

- **0 만들기 규칙**이란 0에 어떤 항을 곱하면 모든 항이 항상 0이 됨을 의미합니다.

- 곱했을 때 **0이 되는** 두 개의 항으로 방정식을 인수분해하면 0을 만드는 규칙을 이용해 방정식을 풀 수 있습니다.

미안해요 케이트.
0 만들기 규칙이 저를 도왔군요.

규칙 재요약:

① **제임스와 케이트는 이항식을 전개했습니다.**

제임스는 조심스레 분배했지만 케이트는 부주의했고 첫 번째 문제를 틀렸습니다. 그리고 두 참가자 모두 FOIL을 알게 되었습니다. 다음번에는 모두가 빠르고 안정적으로 문제를 풀 거예요.

② **케이트의 제곱 패턴 기술이 빛났어요.**

두 제곱의 차라는 아이디어가 케이트의 머릿속에 떠오른 순간 아무 작업도 할 필요가 없었습니다.

③ **제임스는 신들린 인수분해로 케이트를 날려버렸습니다.**

제임스는 인수분해가 일을 쉽게 해주는 도구라는 것을 알았고, 이를 증명했습니다.

④ **0만들기 규칙으로 마무리되었죠.**

제임스는 0을 만드는 규칙을 적용해 어려운 방정식을 풀었습니다. 케이트는 0을 만드는 규칙을 알지 못했고 그녀의 운은 여기까지였네요.

수영장 퍼즐

수영장에서 용어를 찾아서 표현식의 빈 칸에 **채워넣으세요**. 같은 항을 한 번
이상 반복해서 사용할 수 없으며 모든 항을 꼭 사용해야 하는 것은 **아닙니다**.
각 문제의 풀이를 완성하는 것이 여러분의 **목표**입니다.

$$6d + 4d - 18 = d$$

$$6d + 4d - \cancel{18}^{\,+\cancel{18}} = d^{\,+18}$$

$$6d + 4d^{\,-d} = \cancel{d} + 18^{\,-\cancel{d}}$$

$$\text{\dotfill} = 18$$

$$\text{\dotfill} = 18$$

$$\underline{d(\quad) = 18}$$
$$\quad\;\,_9 \qquad\quad _9$$

$$d = \text{\dots}$$

$$-12a - 3ab + 9ab = 0$$

$$\text{\dotfill}(\text{\dotfill}) = 0$$

$$\text{\dotfill}(\text{\dotfill}) = 0$$

$$\text{\dots} = 0 \;\text{그리고/또는}\; \text{\dots}^{\,+12} = 0^{\,+12}$$

$$\underline{\text{\dotfill} = 12}$$
$$\qquad\quad _6 \qquad\quad _6$$

$$b = \text{\dots}$$

**수영장의 각 항은 한 번씩만
사용할 수 있습니다!**

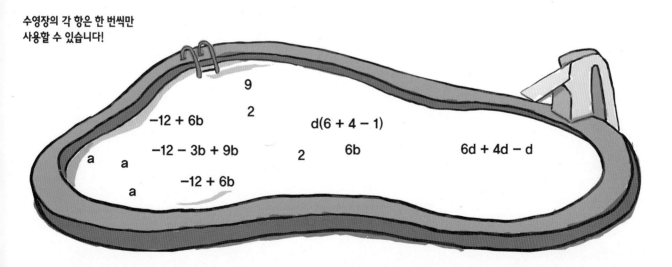

9

2

−12 + 6b

a   a

−12 − 3b + 9b   2   6b

d(6 + 4 − 1)

6d + 4d − d

a

−12 + 6b

수영장 퍼즐 정답

수영장에서 용어를 찾아서 표현식의 빈 칸에 **채워넣으세요**. 같은 항을 한 번 이상 반복해서 사용할 수 없으며 모든 항을 꼭 사용해야 하는 것은 **아닙니다**. 각 문제의 풀이를 완성하는 것이 여러분의 **목표**입니다.

$$6d + 4d - 18 = d$$

$$6d + 4d - 1\cancel{8}^{+\cancel{18}} = d^{+18}$$

$$6d + 4d^{-d} = \cancel{d} + 18^{-\cancel{d}}$$

$$\underline{\ \ 6d + 4d - d\ \ } = 18$$

$$\underline{\ \ d(6 + 4 - 1)\ \ } = 18$$

$$\underset{9}{d(\,9\,)} = \underset{9}{18}$$

$$d = \underline{\ 2\ }$$

$$-12a - 3ab + 9ab = 0$$

$$\underline{\ a\ } \left(\ \underline{-12 - 3b + 9b}\ \right) = 0$$

$$\underline{\ a\ } \left(\ \underline{-12 + 6b}\ \right) = 0$$

$$\underline{\ a\ } = 0 \quad \text{그리고/또는} \quad \underline{-12 + 6b}^{\ +12} = 0^{\ +12}$$

$$\underset{6}{\underline{\ \ 6b\ \ }} = \underset{6}{12}$$

$$b = \underline{\ 2\ }$$

낱말퀴즈

안쪽 두뇌를 사용해서 우리 기억의 저편에 있는 단서들을 기억속으로 가져옵니다.

1. 부호만 다른 두 이항식을 곱하면 두 OO의 차가 답입니다.

2. 방정식이 O(zero)과 같고 두 항의 곱으로 이루어졌을 때 한 누군가는 반드시 O이어야 합니다.

3. OO규칙이 있으므로 항상 FOIL을 적용할 수 있습니다.

4. OOO은 두 개의 항으로 이루어진 특별한 다항식입니다.

5. 분배규칙은 OO을 어떻게 곱할지 정의합니다.

6. 처음, 바깥쪽, 안쪽, 마지막 : OOOO

7. 이차방정식은 O개의 해를 갖습니다.

8. 곱셈으로 뭉친 값도 하나의 O으로 간주합니다.

9. 인수분해 할 때는OOOOO를 찾습니다.

10. OOO 제곱은 첫 번째 항을 제곱하고, 두 번째 항에 2를 곱하고, 두 번째 항을 제곱합니다.

11. 이차방정식을 단순화하려면 O이 되도록 만듭니다.

12. 분배의 반대: OOOO

 # 낱말퀴즈 정답

1. 부호만 다른 두 이항식을 곱하면 두 <u>제곱</u>의 차가 답입니다.

2. 방정식이 O(zero)과 같고 두 항의 곱으로 이루어졌을 때 한 누군가는 반드시 <u>O</u>이어야 합니다.

3. <u>분배규칙</u>이 있으므로 항상 FOIL을 적용할 수 있습니다.

4. <u>이항식</u>은 두 개의 항으로 이루어진 특별한 다항식입니다.

5. 분배규칙은 <u>그룹</u>을 어떻게 곱할지 정의합니다.

6. 처음, 바깥쪽, 안쪽, 마지막: <u>FOIL</u>

7. 이차방정식은 <u>2</u>개의 해를 갖습니다.

8. 곱셈으로 뭉친 값도 하나의 <u>항</u>으로 간주합니다.

9. 인수분해 할 때는 <u>최대공약수</u>를 찾습니다.

10. <u>이항식</u> 제곱은 첫 번째 항을 제곱하고, 두 번째 항에 2를 곱하고, 두 번째 항을 제곱합니다.

11. 이차방정식을 단순화하려면 <u>O</u>이 되도록 만듭니다.

12. 분배의 반대: <u>인수분해</u>

대수학 도구상자에 들어갈 도구

이번 장에서는 이항식 전개와 인수분해 기초를
공부했습니다.

CHAPTER 8

핵심정리

- 이항식 곱셈은 분배의 한 유형이다.

- FOIL은 분배 법칙을 제대로 적용할 수 있도록 돕기 위해 만들어진 머리글자다.

- 제곱 패턴 같은 패턴을 이용하면 문제를 빨리 풀 수 있다. 대신 FOIL은 언제나 적용할 수 있다는 장점이 있다.

- 인수분해는 방정식 계산을 도와주는 도구입니다.

- 공통 숫자나 항을 추출하는 것을 인수분해라 합니다.

- 0 만들기 규칙이란 0에 어떤 항을 곱하면 모든 항이 항상 0이 됨을 의미합니다.

- 곱했을 때 0이 되는 두 개의 항으로 방정식을 인수분해하면 0을 만드는 규칙을 이용해 방정식을 풀 수 있습니다.

FOIL

두 이항식 곱하기: $(x + a)(x + b)$

F 처음:
이항식의 첫 항끼리
곱합니다.

$(x + a)(x + b)$
첫항   첫항

O 바깥쪽:
이항식의 바깥쪽 항끼리
곱합니다.

바깥쪽 항   바깥쪽 항
$(x + a)(x + b)$

I 안쪽:
이항식의 안쪽끼리
곱합니다.

안쪽 항
$(x + a)(x + b)$
안쪽 항

L 마지막:
이항식의 마지막 두 항을
곱합니다.

$(x + a)(x + b)$
마지막 항   마지막 항

$$x^2 + bx + ax + ab$$

이항식 제곱

$$(x + a)^2 = x^2 + 2ax + a^2$$

부호가 다른 이항식 제곱

$$(x + a)(x - a) = x^2 - a^2$$

0 만들기 규칙

만약: $a \cdot b = 0$

그러면: $a = 0$ 그리고/또는 $b = 0$

9 이차방정식

선을 벗어나다

> 지루하네요. 줄 서다 하루가
> 끝나겠어요. 모퉁이 너머까지 줄이
> 이어져 있는 것 같아요!

인생사가 모두 선형적으로 흘러가지는 않습니다. 직선으로
나타나는 방정식만 중요하고 직선이 아닌 방정식은 중요하지 않다고 볼 수는
없습니다. 사실 우리의 **알쏭달쏭한** 인생사에는 **선형적이지 않은** 문제들이 더
많다는 사실을 알게 될 겁니다. 여러분은 **1을 초과하는 지수 항**을 가진 문제와 자주
씨름하게 될 겁니다. **제곱 항**을 포함하는 일부 방정식은 **곡선** 그래프로 나타납니다!
어떤 원리로 이러한 일이 발생하는 걸까요? 이유를 알아볼 시간입니다...

교전 중인 헤드 퍼스트 유(Head First U^{HFU})

HFU에는 신고식 주간에 소모임 간 전쟁을 하는 전통이 있습니다.

신고자들은 상대편 모임의 대표를 물풍선으로 맞춰야 합니다. 존이 바로 신고자이며 따라서 신고식 주간이 끝나기 전까지 상대편 클럽장을 세 번 맞춰야 하는데 이를 성공시키지 못하면 세타 세타 파이^{Theta Theta Pi}에 가입할 수 없게 됩니다.

그는 **여러분**에게 도움을 요청하고 있습니다!

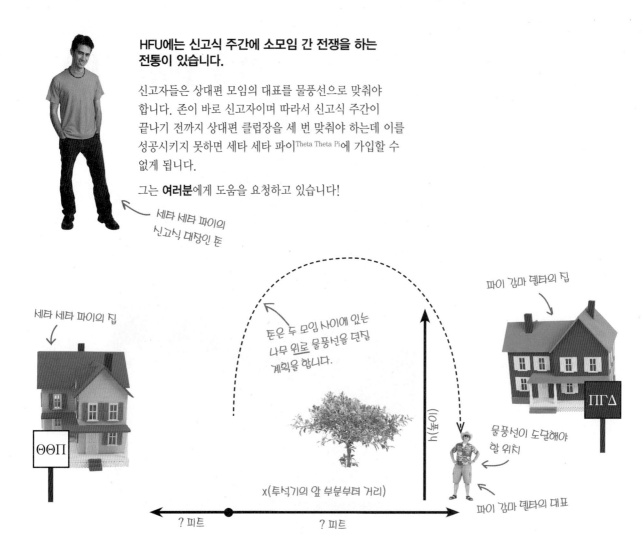

세타 세타 파이의
신고식 대장인 톤

세타 세타 파이의 집

톤은 두 모임 사이에 있는
나무 위로 물풍선을 던질
계획을 합니다.

파이 감마 델타의 집

ΘΘΠ

ΠΓΔ

물풍선이 도달해야
할 위치

h(높이)

x(투석기의 앞 부분부터 거리)

? 피트   ? 피트

파이 감마 델타의 대표

지금까지는 보통 물풍선을 손으로 던지거나 새총으로 발사했습니다. 존은 세타 세타 파이의 새로운 역사를 만들고 싶어 합니다. 그러나...

자신의 기술을 업그레이드 중인 존

존은 투석기를 투입합니다. 투석기를 이용하면 좀 더 정밀하고 강하게 파이 감마 델~타 대표를 맞힐 수 있습니다. 작전만 성공한다면 모임의 일원이 될 수 있을 겁니다!

투석기를 이용하려면 높이와 거리 항으로 이루어진 치역 방정식을 풀어야 합니다. 풍선이 날아가야 할 높이를 알고 있다면 투석기의 위치를 계산할 수 있고, 제대로 위치를 계산함으로 파이 감마 델타 대표의 머리로 정확하게 물풍선을 보낼 수 있습니다.

안타깝게도 존은 대수를 모릅니다. 그래서 여러분의 도움이 필요합니다.

존이 투석기를 주문한 웹 사이트. 웹 사이트에서는 방정식으로 투석기의 치역를 제공합니다.

SIEGES-R-US
투석기
나무 투석기

5파운드까지 가능
다음과 같은 치역에 사용할 수 있음:

$$-x^2 + 10x + 75 = h$$

h = 목표물 높이

x = 풍선을 발사할 목표 거리

이것이 치역 방정식입니다.

브레인 바벨

처음에는 파이 감마 델타 대표가 잔디에 앉아 있으므로 높이가 0 즉, $h = 0$입니다. 그들이 투석기를 올바른 위치로 이동시킬 수 있도록 x를 계산해야 합니다.

시작해볼까요.

양쪽에 -1을 곱하면 좀 더 편하게 작업할 수 있습니다.

대표가 땅에 있으니 h = 0입니다.

$$-x^2 + 10x + 75 = h$$
$$-x^2 + 10x + 75 = 0$$
$$-1 \cdot (-x^2 + 10x + 75) = -1 \cdot (0)$$
$$x^2 - 10x - 75 = 0$$

x는 몇일까요? 다양한 값을 대입시켜보세요.

브레인 바벨 정답

처음에는 파이 감마 델타 대표가 잔디에 앉아 있으므로 높이가
0 즉, h = 0입니다. 그들이 투석기를 올바른 위치로 이동시킬 수
있도록 x를 계산해야 합니다.

양쪽에 −1을 곱하면
좀 더 편하게 작업할
수 있습니다.

$$-x^2 + 10x + 75 = h$$

$$-x^2 + 10x + 75 = 0$$

$$\rightarrow -1 \cdot (-x^2 + 10x + 75) = -1 \cdot (0)$$

$$x^2 - 10x - 75 = 0$$

x는 몇일까요? 다양한 값을
대입하고 결과를 확인하세요.

시도 x = 20 $20^2 - 10(20) - 75 = 0$?

$$125 \neq 0$$

시도 x = 0 $0^2 - 10(0) - 75 = 0$?

$$-75 \neq 0$$

시도 x = 10 $10^2 - 10(10) - 75 = 0$?

$$-75 \neq 0$$

여러분은 다른 값을 대입시켜봤을 거예요. 어떤
값을 시도했든 상관 없습니다. 하지만 이런 식으로
시도와 실패를 반복하는 것은 쉽지 않군요. 조금
더 대수적인 방법으로 이 문제를 해결할 수 있는
방법이 분명히 있습니다.

새로운 방정식을 소개합니다: 이차방정식

차수 2를 갖는 모든 다항식(즉, 변수에서 가장 큰 지수가 2)을 **이차방정식**이라고
합니다. 방정식의 차수는 해의 개수가 몇 개인지를 의미하기도 합니다. 즉,
이차방정식에는 두 개 이하의 해가 존재합니다.

따라서 존은 방정식을 조작해 두 개의 x 값을 찾아야 합니다. 0 만드는 규칙을
활용할 수 있습니다. 0을 만드는 두 개의 식이 되도록 방정식을 조절하면 좀 더
쉽게 문제를 해결할 수 있을 겁니다.

두 개의 이항식을 **전개**하면 다항식이 만들어지므로 다항식을 두 개의 이항식으로
인수분해할 수 있습니다. 시도해보죠.

지금까지 변수당 한 개의 해를
갖는 3 = 4x −2 같은 (일차식)
선형 방정식을 살펴봤습니다.

사실 8장에서 이미 다양한
이차방정식을 살펴봤습니다.
하지만 8장에와 달리 9장에
서는 이차방정식을 이항
방정식으로 변환해야 합니다.

차수 2를 포함하는

모든 방정식은

이차방정식입니다.

인수분해 자석

페이지의 밑부분에 있는 자석을 이용해 빈 칸을 채우면서 문제를 직접 풀어보세요.

높이가 0이라는 사실을 기억하세요. 대표는 투석기와 같은 높이에 있습니다.

$$x^2 - 10x - 75 = 0$$

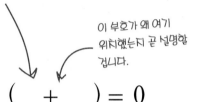

뒤쪽에 있는 두 개의 숫자를 곱하면 −75가 되어야 합니다.

0을 만드는 규칙을 이용하려면 곱했을 때 0이 되는 두 개의 식이 필요합니다.

$$(\underline{\quad} - \underline{\quad})(\underline{\quad} + \underline{\quad}) = 0$$

이 부호가 왜 여기 위치했는지 곧 설명할 겁니다.

이들 값 중 두 개는 x고, 두 개는 숫자입니다.

이 부호가 왜 여기 위치했는지 곧 설명할 겁니다.

$$(\underline{\quad} - \underline{\quad}) = 0 \qquad\qquad (\underline{\quad} + \underline{\quad}) = 0$$

$$+ \;\diagup\; + \;\underline{\quad}\; - \;\diagdown\; = 0 +\qquad - \;\diagup\; + \;\underline{\quad}\; + \;\diagup\; = 0 - $$

$$x = \underline{\quad} \qquad\qquad\qquad x = - \underline{\quad}$$

이 공간을 활용해 이항식을 전개하고 이차방정식을 올바로 분해했는지 확인하세요.

....

....

....

....

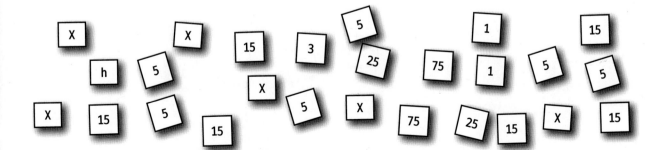

인수분해 자석 정답

자석을 이용해 이차방정식을 풀어 존이 상대 모임의
대표를 맞힐 수 있도록 도와야 합니다.

여기가 어려운 부분입니다. 두 조건을
만족하는 두 수를 찾아야 합니다. 특 두
수를 곱했을 때 −75가 되어야 하고 두
수를 더했을 때 −10이 되어야 합니다.
−10과 −75는 원래 방정식의 계수입니다.

$$x^2 - 10x - 75 = 0$$

$x \times x = x^2$이므로
각각의 첫 번째 항은
x입니다.

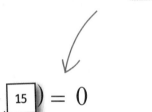

$$(\boxed{x} - \boxed{15})(\boxed{x} + \boxed{5}) = 0$$

$$(\boxed{x} - \boxed{15}) = 0 \qquad\qquad (\boxed{x} + \boxed{5}) = 0$$

$$+ \boxed{15} + \boxed{x} - \boxed{15} = 0 + \boxed{15} \qquad - \boxed{5} + \boxed{x} + \boxed{5} = 0 - \boxed{5}$$

$$x = \boxed{15} \qquad\qquad x = - \boxed{5}$$

이 공간을 활용해 이항식을 전개하고 이차방정식을 올바로 분해했는지 확인하세요.

$$(x - 15)(x + 5) = 0$$

FOIL을 적용해 분해가 제대로
되었는지 확인할 수 있습니다.

$$x^2 + 5x - 15x - 75 = 0$$

$$x^2 - 10x - 75 = 0$$

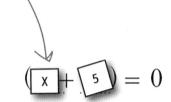

존은 투석기를 어디로 이동시켰을까요?

x는 −5나 15라는 사실을 알았습니다. 그런데 이게 무슨 의미죠? 특히 어떻게 투석기가 −5라는 위치로 물풍선을 발사할 수 있을까요? 이 문제의 맥락을 고려할 때 −5라는 거리만큼 물풍선을 발사하는 것이 가능할까요?

음수 거리는 투석기의 뒤쪽을 의미합니다. 이 문제의 맥락상 투석기 뒤로 물풍선을 발사하는 것은 말이 되지 않으므로 −5라는 답은 무시할 수 있습니다. 우리에게 필요한 답은 15입니다. 즉 풍선은 15피트를 날아갈 겁니다. 이제 대표로부터 15피트 떨어진 거리에서 투석기를 발사할 차례입니다.

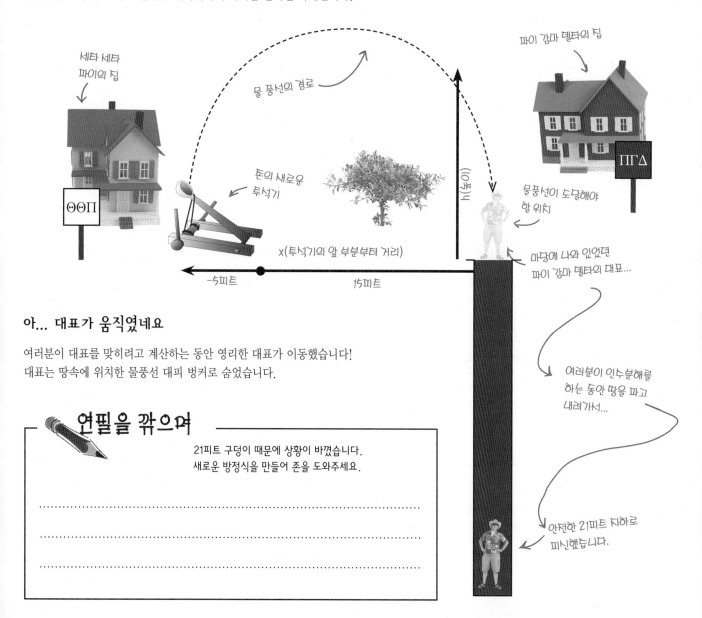

아... 대표가 움직였네요

여러분이 대표를 맞히려고 계산하는 동안 영리한 대표가 이동했습니다! 대표는 땅속에 위치한 물풍선 대피 벙커로 숨었습니다.

✏️ 연필을 깎으며

21피트 구덩이 때문에 상황이 바꼈습니다. 새로운 방정식을 만들어 존을 도와주세요.

....

....

....

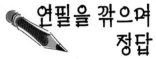

21피트 구덩이 때문에 상황이 바꼈습니다. 새로운 방정식을 만들어 존을 도와주세요.

원래 방정식으로 돌아가 새로운
h를 대입해야 합니다.

$$h = -x^2 + 10x + 75$$

지하 구멍으로 내려갔으므로
∴ 높이는 음수입니다.

$$-21 = -x^2 + 10x + 75$$

$$+21 -21 = -x^2 + 10x + 75 + 21 \qquad 0 = -x^2 + 10x + 96$$

항상 전략적으로 인수분해해야 합니다

이제 더 빨리 이차방정식을 풀어야만 대표를 맞힐 수 있습니다.

아까는 이차방정식을 처음 접했기 때문에 체계와 일관성이 없었습니다. 여러 요소를
고려해본 다음에야 FOIL을 역으로 계산했습니다. 두 가지 접근 방법 모두 빠른 편은
아닙니다.

$x^2 - 10x + 75 = 0$을 풀었던 과정을 자세히 살펴보면서 속도를 높일 수 있는 방법을
찾아봅니다.

① 표준 형식이 필요합니다.

표준 형식 즉 결과 값이 0인 이차방정식이 필요합니다. 결과 값이 0이 아니면
0 생성 규칙을 이용해 원하는 해로 분해할 수 없기 때문입니다.

표준 이차방정식은 보통 세 개의 항
특 x^2, x, 상수 항을 갖습니다.

$$x^2 - 10x - 75 = 0$$

② 두 개의 이항식이 필요합니다.

표준 형식의 이차방정식을 만든 다음에는 x로 시작하는 두 개의 이항식이
필요합니다. 이미 절반은 완성된 셈입니다.

$$(x \quad)(x \quad) = 0$$

③ 두 개의 이항식에서 두 개의 항을 찾습니다.

마지막 두 개 항은 두 가지 조건을 만족해야 합니다. 첫 째로 두 항을 곱했을
때 이차방정식의 상수 값과 일치해야 합니다. 둘 째, 두 항을 더했을 때 중간
x 항의 계수와 일치해야 합니다.

두 항을 곱하면 75가
되어야 합니다.

$$(x \quad 15)(x \quad 5) = 0$$

두 항을 더하거나 빼면 x 항의 계수가
-10이 되어야 합니다.

인 수 분 해 톺 아 보 기

이항식의 마지막 두 개 항을 고르는 부분이 인수 분해의 가장 어려운 작업입니다.
좀 더 자세히 살펴보면 뭔가 도움이 될 정보를 얻을 수 있습니다.

$$(x \bigcirc)(x \bigcirc) = 0$$

두 값 선택하기

가장 쉬운 방법 중 하나는 이차방정식의 상수 항을 만족하는 모든 쌍의 목록을 나열해보는
겁니다. 어떤 원리일까요? **FOIL**을 이용해 두 수를 곱하면 방정식의 상수 항이 나온다는 것을
우리는 이미 알고 있기 때문입니다.

$$75 = 75 \cdot 1$$
$$= 25 \cdot 3$$
$$= \boxed{15 \cdot 5}$$

조건을 만족하는 쌍의 목록을 찾았으면 x 항(10)을
확인합니다. 두 수를 더하거나 빼면 10이 되어야 합니다.

$$15 - 5 = 10$$

인수들을 자세히 살펴봅니다. 중간 x 항을 만들 수 있는 쌍이 누구입니까? 중간 x 항의 계수는
10이므로 두 수의 차가 10인 15와 5가 정답입니다.

$$(x \quad 15)(x \quad 5) = 0$$

④ 부호를 선택하고 결과를 확인합니다.

부호를 채워 이항식을 완성합니다. 이항식의 상수를 곱하면 상수 (−75)가 되고
더하면 x 항(−10x)이 됩니다. 이번에는 **FOIL**을 이용해 이항식을 전개해 원래의
이차방정식이 나오는지 확인합니다.

$$(x - 15)(x + 5) = 0$$
$$x^2 + 5x - 15x - 75 = 0$$
$$x^2 - 10x - 75 = 0$$

새로 얻은 인수분해 기법을 지하로 이동한 대표를 맞출 새로 만든 방정식에 적용해
투석기의 위치를 계산하세요.

연습문제

새로 얻은 인수분해 기법을 지하로 이동한 대표를 맞출 새로 만든 방정식에 적용해
투석기의 위치를 계산하세요.

$$0 = -x^2 + 10x + 96$$

먼저 0의 위치를 바꿔서 방정식의
형태를 개선합니다.

$$-x^2 + 10x + 96 = 0$$

앞에 있는 −1을
제거합니다.

$$-1(-x^2 + 10x + 96) = -1(0)$$

$$x^2 - 10x - 96 = 0$$

드디어 표준 형식의 이차방정식이
완성되었습니다.

96으로 만들 수 있는
마지막 두 항의 조합 목록

$$96 = 96 \bullet 1$$
$$= 48 \bullet 2$$
$$= 32 \bullet 3$$
$$= 24 \bullet 4$$
$$= 16 \bullet 6$$

$$(x \quad)(x \quad) = 0$$

중간 항은 −10x가 되어야 하므로 두
항목으로 10을 만들 수 있어야 합니다.

$$(x \quad 16)(x \quad 6) = 0$$

−96은 음수이므로 한 항은 양수 다른 항은 음수입니다. 그리고 두 수를 더해서
−10x를 만들어야 하므로 큰 수가 음수 즉, −16이 됩니다.

$$(x + 6)(x - 16) = 0$$

FOIL로 결과를 확인합니다.

$$(x + 6)(x - 16) = 0$$
$$x^2 - 16x + 6x - 96 = 0$$
$$x^2 - 10x - 96 = 0 \quad\checkmark$$

$$x + 6 = 0$$

$$-6 + x + 6 = 0 - 6$$

$$x = -6$$

$$x - 16 = 0$$

$$+16 + x - 16 = 0 + 16$$

$$x = 16$$

이제 톤은 16피트 거리로 투석기를 이동시켜
파이 감마 델타를 공격할 수 있습니다!

야호! 공격 성공!
도망가도 소용없다...

핵심정리

- 이차방정식에는 최대 **두 개의 해**가 존재할 수 있습니다.

- 이차방정식을 인수분해하는 것은 두 개의 이항식 (두 **이항식**을 곱하면 **이차방정식**이 됨)을 찾는다는 의미입니다.

- **FOIL**을 이용해 인수분해가 올바른지 확인해야 합니다.

- 이항식의 **상수 항**을 찾는 과정이 이차방정식 인수분해에서 가장 어려운 부분입니다.

- 인수분해 하기 전에 이차방정식을 **표준 형식**으로 만들어야 합니다.

바보 같은 질문이란 없습니다

Q: 사소한 모든 과정까지 꼭 써야 하나요?

A: 꼭 그래야 하는 것은 아닙니다. 새로운 것을 처음 배울 때는 최대한 많이 기록하면서 여러분의 결과가 맞는지 확인하는 것이 좋습니다. 사실 위에서 설명한 일부 중간 과정은 여러분의 이해를 돕는 목적으로 추가되었습니다. 이항식을 세 번 기록할 필요는 없으며 한 번만 써도 충분합니다.

Q: 이차방정식의 해를 구하는 과정은 FOIL의 반대 작업인 건가요?

A: 그렇습니다! 원래의 이항식을 찾는 것이 우리의 목표입니다. 이항식을 찾은 다음 0 만들기 규칙을 적용해 이차방정식을 풀 수 있기 때문입니다.

Q: 실생활에서는 이차방정식을 어떻게 활용하나요?

A: 실생활에서 다양한 방법으로 이차방정식을 활용할 수 있습니다. 예를 들어 존의 방정식은 물체가 공중에서 어떻게 움직이는지를 설명하는 포물체 운동 방정식이 간소화된 형태입니다. 또한 포물선 모양의 파라볼릭 마이크(보통 스파이 영화에서 멀리 있는 이들의 대화를 엿들을 때 종종 등장하는 접시 모양의 마이크), 위성 접시, 현수교 등의 설계에 이차방정식이 사용됩니다. 라스베가스 호텔 야외에 있는 아름다운 분수의 물을 설계할 때에도 이차방정식이 사용됩니다.

Q: 어떻게 하나의 방정식이 두 개의 해를 가질 수 있죠?

A: 차수가 2인 방정식에서는 두 개의 해가 있습니다. 해란 방정식을 만족시키는 수임을 기억하세요. 해를 확인하면서 방정식을 만족시키는 값이 실제로 두 개라는 사실을 확인하실 수 있습니다.

Q: 이차방정식의 표준 형식은 뭔가요?

A: $ax^2 + bx + c = 0$의 형태를 표준 방정식이라고 합니다.

Q: ax^2은 어떻게 해결하죠? 지금까지는 x^2 항만 다루었잖아요.

A: ax^2이 있으면 계산이 조금 복잡해집니다. 하지만 전체 과정은 변하지 않습니다. FOIL을 생각해보면 ax^2으로 두 가지가 바뀐다는 사실을 알 수 있습니다. 첫째, 이항식의 첫 번째 항이 x^2이 아닌 ax^2을 이루어야 합니다. 따라서 한쪽 또는 양 쪽 x 항의 계수도 신경써야 합니다. 둘째, 이항식을 전개하면서 x 항을 구할 때 이항식의 첫 번째 항에 있는 계수를 계산해야 합니다. 즉 기존보다 더 많은 경우의 수가 생깁니다.

Q: 모든 이차방정식은 항상 인수분해할 수 있는 건가요?

A: 그렇다고 할 수도 있고 그렇지 않다고 할 수도 있습니다. 정사각형 완성하기 등 다양한 기법을 이용해 이차방정식을 인수분해할 수 있습니다. 하지만 이러한 기법들은 조금 더 까다로우며 대수학 2에 해당하는 주제입니다. 쉽게 인수분해할 수 없는 이차방정식이 있다면 어떻게 해야 할까요? 좋은 질문입니다. 이제부터 풀기 어려운 이차방정식을 살펴봅니다.

파이 감마 델타가 벽을 세웠습니다!

간밤에 파이 감마 델타는 자신들의 기술자를 불러 신고식 참여자들을
이용해 두 진영 사이에 벽을 만들 것을 지시했다. 두 진영 사이에 벽이
생겼으니 파이 감마 델타 대표는 자신이 안전하다고 느끼고 있다.

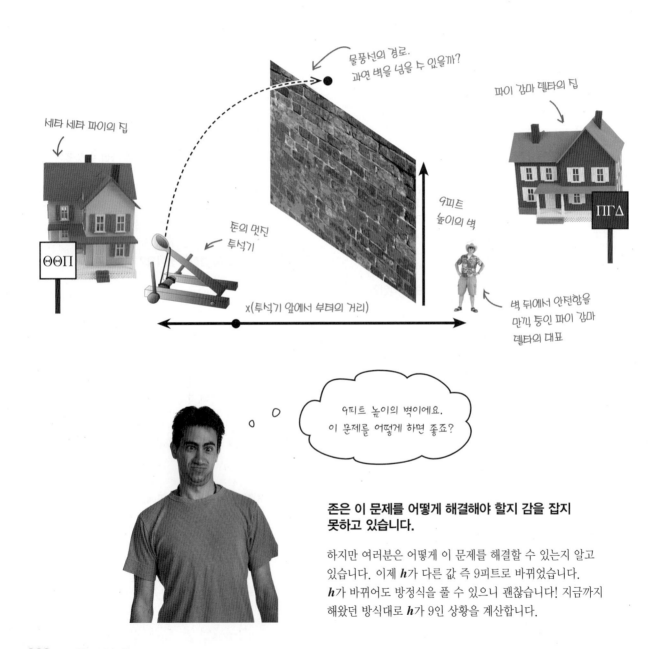

물풍선의 경로.
과연 벽을 넘을 수 있을까?

파이 감마 델타의 집

세타 세타 파이의 집

ΘΘΠ

톤의 멋진
투석기

9피트
높이의 벽

ΠΓΔ

x(투석기 앞에서 벽려의 거리)

벽 뒤에서 안전함을
만끽 통인 파이 감마
델타의 대표

9피트 높이의 벽이에요.
이 문제를 어떻게 하면 좋죠?

**존은 이 문제를 어떻게 해결해야 할지 감을 잡지
못하고 있습니다.**

하지만 여러분은 어떻게 이 문제를 해결할 수 있는지 알고
있습니다. 이제 h가 다른 값 즉 9피트로 바뀌었습니다.
h가 바뀌어도 방정식을 풀 수 있으니 괜찮습니다! 지금까지
해왔던 방식대로 h가 9인 상황을 계산합니다.

연필을 깎으며

존은 벽 문제를 해결할 수 있을까요?
원래 방정식으로 돌아가 h에 9를 대입한 다음 방정식을 풉니다.

풀다보면 뭔가 이상한 일이 생길 거예요.
막다른 길에 다다랐다는 생각이 들면
다음 페이지를 열어보세요.

연필을 깎으며
정답

존은 벽 문제를 해결할 수 있을까요?
원래 방정식으로 돌아가 h에 9를 대입한 다음 방정식을 풉니다.

9피트 높이라는 것을
알고 있습니다.

$$-x^2 + 10x + 75 = h$$

이차방정식을 표준 형태로
만들려면 0으로 만들어야
합니다.

$$-x^2 + 10x + 75 = 9$$

$$-9 - x^2 + 10x + 75 = 9 - 9$$

-1을 다시
제거합니다.

$$-1(-x^2 + 10x + 66) = -1(0)$$

이렇게 하면 표준 형태의
이차방정식을 얻을 수 있습니다.

$$x^2 - 10x - 66 = 0$$

$$(x \quad)(x \quad) = 0$$

66으로 마지막 두 항의 후보
목록을 얻을 수 있습니다.

$66 = 66 \bullet 1$
$= 22 \bullet 3$
$= 33 \bullet 2$
$= 11 \bullet 6$

더했을 때 -10이 되는 두 상수가
필요한데 찾을 수가 없네요?

바로 이 점이 이상하다는 거예요.
인수분해로 답을 얻을 수 없는 상황도 있습니다.

이제 어떻게 하죠?

위대하고 전지 전능한 대장님, 투석기를 어디로 이동시켜야 할지 아시나요?

존: 풀 수가 없어. 이 방정식은 너무 어려워.

스캇: 존, 이들을 맞추지 못한다면...

팀: 여기좀 봐봐... 웹 사이트에 작은 글씨가 적혀 있는데 뭐지?

스캇: 전에는 미쳐 못봤는데. 살펴볼께.

스캇: 좋았어. 뭔가 찾았군. 이렇게 적혀 있어! $x = \dfrac{-b \pm \sqrt{b^2 - 4ac}}{2a}$

존: 대체 뭐라는 거지?

팀: 치역 방정식 같아 보이네. x를 사용하고 있고, 그렇지?

스캇: 그건 그렇고 a, b, c 등 다른 글자들은 뭘까? 어디서 등장한거지?

존: 나도 잘은 모르겠지만, 풀어보자.

스캇: 서두르지 않으면 대표가 또 움직일꺼야!

스캇이 발견한 이상한 방정식을 풀면서 x를 찾을 수 있는지 확인하자.
벽이 가로막고 있지만 이 방정식을 풀면 존이 파이 감마 델타 대표를 맞힐 수 있는지 알게 될 것이다.

풀어야 할
이차방정식

$x^2 - 10x - 66 = 0$

톤이 발견한 방정식

$$x = \frac{-b \pm \sqrt{b^2 - 4ac}}{2a}$$

이 기호는 더하기와
빼기를 의미함.

이차방정식의 표준 형식

표준 형식은
다음과 같습니다.
$ax^2 + bx + c = 0$

문제를 풀 수 있도록 충분한 공간을
준비했습니다!

연습문제
정답

스캇이 발견한 이상한 방정식을 풀면서 x를 찾을 수 있는지 확인하자.
벽이 가로막고 있지만 이 방정식을 풀면 존이 파이 감마 델타 대표를 맞힐 수 있는지 알게 될 것이다.

이차방정식의 표준 형식

풀어야 할 이차방정식

$$x^2 - 10x - 66 = 0$$

존이 발견한 방정식

$$x = \frac{-b \boxed{\pm} \sqrt{b^2 - 4ac}}{2a}$$

이 기호는 더하기와
빼기를 의미함.

표준 형식은
다음과 같습니다.
$ax^2 + bx + c = 0$

문제를 푸는 데 필요한 모든 정보를 찾았습니다.
가장 어려운 부분은 x를 구하는 공식을 음수와
양수 두 가지 부분으로 나누는 겁니다.

$b = -10$

$$x^2 - 10x - 66 = 0$$

$a = 1$

$c = -66$

이들 두 음수 부호를
기억하세요.

a, b, c 값을 사용합니다.

여기에...

$$x = \frac{-b \pm \sqrt{b^2 - 4ac}}{2a}$$

부호를 토심하세요.

대입한 다음에는 가능한
식을 단순화합니다.

$$x = \frac{-(-10) \pm \sqrt{(-10)^2 - 4(1)(-66)}}{2(1)}$$

$$x = \frac{10 \pm \sqrt{100 + 264}}{2}$$

$$x = \frac{10 \pm \sqrt{364}}{2}$$

이 단계에서 '더하기 또는 빼기' 부분을 처리합니다.
즉, 한 번은 더하기로 다른 한 번은 빼기로 계산합니다.

이렇게 해서 이차방정식의 두 해를 계산할 수 있습니다. 같은 방정식이지만 한 개에는 더하기 기호를, 다른 한 개에는 빼기 기호를 적용합니다.

$$x_1 = \frac{10 + \sqrt{364}}{2}$$

$$x_2 = \frac{10 - \sqrt{364}}{2}$$

$$x_1 = \frac{10 + 19.0788}{2}$$

반올림한 결과입니다.

$$x_2 = \frac{10 - 19.0788}{2}$$

$$x_1 = \frac{29.0788}{2}$$

$$x_2 = \frac{-9.0788}{2}$$

$$x_1 = 14.5394$$

$$x_2 = -4.5394$$

결과가 맞는지 확인합니다.

$$x^2 - 10x - 66 = 0$$

$$x^2 - 10x - 66 = 0$$

$$(14.5394)^2 - 10(14.5394) - 66 = 0$$

$$(-4.5394)^2 - 10(-4.5394) - 66 = 0$$

$$211.394 - 145.394 - 66 = 0$$

$$20.6061 + 45.394.54 - 66 = 0$$

$$0 = 0$$

$$0.0001 = 0$$

반올림을 한 결과임을 감안하면 두 항이 같다고 판단하기 충분할 만큼 비슷합니다.

드디어 풀었습니다! 이제 톤은 적당한 위치로 투석기를 이동시킬 수 있습니다!

9피트도 우리를 가로막을 수는 없습니다

박스 겉면에 있던 공식을 이용해 −4.54피트와 14.54피트 두 가지 위치를 성공적으로 계산했습니다.

두 숫자는 투석기에서 물풍선을 발사했을 때 얼마큼의 거리에 이르면 땅에서 9피트 높이에 있을지를 알려줍니다. 투석기의 앞 부분에서 시작해 14.54피트 거리에 도달하기 전까지는 물풍선이 9피트보다 높은 곳에 위치해 있다는 희소식을 존에게 알려주었습니다. 투석기가 벽에서 14.54피트 이내에 있다면 벽을 넘길 수 있습니다.

$$x^2 - 10x - 66 = 0$$

$$x_1 = 14.5394 \qquad x_2 = -4.5394$$

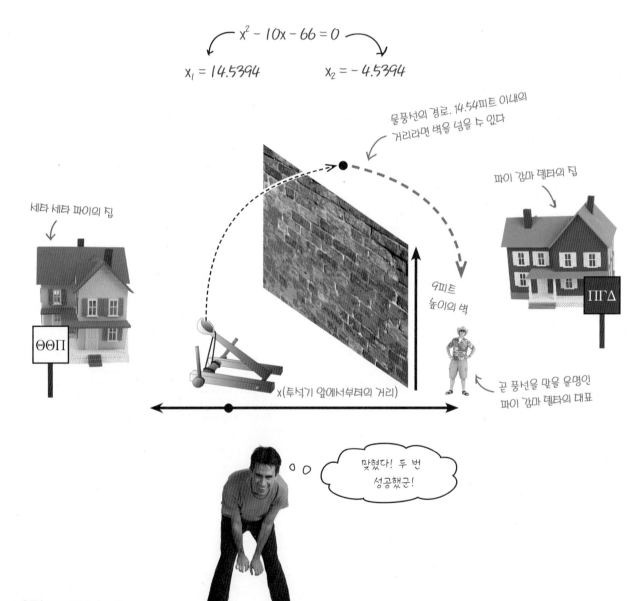

물풍선의 경로. 14.54피트 이내의 거리라면 벽을 넘을 수 있다

파이 감마 델타의 집

세타 세타 파이의 집

9피트 높이의 벽

ΠΓΔ

ΘΘΠ

x(투석기 앞에서부터의 거리)

곧 풍선을 맞을 운명인 파이 감마 델타의 대표

맞혔다! 두 번 성공했군!

그것은 이차방정식의 근의 공식입니다.

모든 이차방정식을 풀 수 있는 공식이 있습니다. 이 공식을 이용하면
인수분해도 필요 없습니다. 이 공식은 박스 옆면에도 인쇄되어
있었습니다.

이차방정식의 근의 공식입니다

인수분해 외에 **근의 공식**으로도 이차방정식을 풀 수 있습니다. 인수 분해 가능
여부와 관계없이 근의 공식으로 모든 표준 형식의 이차방정식을 풀 수 있습니다.

표준 형태의 이차방정식에서
추출한 a, b, c 값입니다.

이차방정식의 x입니다.

$$x = \frac{-b \pm \sqrt{b^2 - 4ac}}{2a}$$

표준 형태는
다음과 같습니다.
$ax^2 + bx + c = 0$

이 기호는 '더하기 또는 빼기'를
의미합니다.

모든 방정식을 풀 수 있는 근의 공식은 장점이 많지만 단점도 있습니다. 이차방정식의
두 해를 구하려면(이차방정식에는 해가 두 개 있다는 사실을 기억하세요) '더하기 또는
빼기' 기호를 처리해야 합니다. 다음에서 보여주는 것처럼 제곱근이 포함하는 값을 한
번은 더하고 한 번은 빼는 방식으로 '더하기 또는 빼기' 기호를 해결할 수 있습니다.

$$x_1 = \frac{-b + \sqrt{b^2 - 4ac}}{2a} \quad \text{그리고} \quad x_2 = \frac{-b - \sqrt{b^2 - 4ac}}{2a}$$

첨자는 답이 여러 게임을
구분해주는 역할을 할 뿐
다른 의미는 없습니다.

바보 같은 질문이란 없습니다

Q: 왜 처음부터 이차방정식 근의 공식을 사용하지 않은거죠? 인수분해는 시간낭비 아닌가요?

A: 여러분이 그렇게 말할 것을 예상했기에 처음부터 근의 공식을 사용하지 않은 겁니다. 인수분해가 안 되는 상황이라면 근의 공식이 좋은 대안이지만 인수분해가 가능하다면 좀 더 빨리 해를 구할 수 있습니다. 근의 공식은 복잡한 편이어서 계산에 실수가 발생할 수 있습니다. 연산 순서와 제곱근 계산을 조심해야 합니다. 어느 하나라도 잘못되면 전체 결과가 잘못됩니다.

Q: 제곱근 값이 소수점 아래로 길게 나오던데. 어디서 끊어야 할까요?

A: 각자의 개인적인 판단에 달려 있습니다. 과학적 기수법이라 불리는 표준에 따라 몇 개의 십진수를 선택할 수 있습니다. 일단은 두 개에서 네 개 정도의 숫자면 적당할 겁니다.

Q: a, b, c가 분수로 이루어졌으면 어떻게 하나요?

A: 전혀 문제가 되지 않습니다. 다음과 같은 두 가지 방법을 이용할 수 있습니다. 첫째, 그냥 있는 값 그대로를 근의 공식에 대입한 다음 주의해서 값을 계산하는 방법입니다. 계산하는 데 큰 문제는 없을 겁니다. 또 다른 방법으로 분수를 없앨 수 있는 값을 양변에 곱하는 겁니다. 예를 들어 1/4나 3/4 같은 계수가 있다면 4를 곱해서 계수의 분수를 제거할 수 있습니다.

Q: 제곱근은 항상 소수인가요?

A: 보통 소수입니다. 그래서 계산기가 필요하지요. 물론 9, 16, 25 등과 같은 완전 제곱수도 있지만 이런 수가 나오는 경우는 극히 드뭅니다.

Q: 실세계 방정식에서 소수가 나오나요?

A: 아마 대부분의 상황에서 소수가 나올겁니다. 안타깝게도 실세계 문제들은 쉽게 정량화할 수 없고 복잡합니다. 실세계의 물질(물, 강철)이나 현상(속도 같은)의 단위로 방정식을 계산해야 하는데 보통 이들은 소수점으로 표현됩니다.

Q: 이차방정식 근의 공식은 어디서 유래했나요?

A: 이차방정식은 '정사각형 완성하기'라 불리는 특수한 인수분해 기법에서 도출되었습니다. a, b, c 상수를 이용해 사각형을 완성하면 근의 공식이 만들어집니다. 모든 방정식의 사각형을 채우는 방법은 수학에서 배울 겁니다. 지금은 신경쓰지 않아도 됩니다.

Q: 제곱근의 값이 음수면 어떻게 되는 건가요?

A: $b^2 - 4ac$가 음수면 어떻게 되느냐는 질문이죠? 지금까지 배운 수의 개념으로는 질문하신 상황을 받아들일 수 없습니다. 책 한 권을 더 할애해야 합니다. 만약 지금 그런 상황이 벌어진다면 어떻게 해야 할까요? 계속 읽어보시죠...

조심하세요!

근의 공식에서는 정밀도를 결정해야 합니다.

근의 공식을 계산할 때는 계산 순서가 중요합니다. 먼저 제곱근 안의 값을 단순화한 다음에 제곱근을 벗겨야 합니다.

부호도 조심해야 합니다! 부호 계산 실수가 자주 일어나므로 모든 과정을 잘 써내려가는 것도 실수를 줄일 수 있는 좋은 방법입니다.

연필을 깎으며

존이 투석기의 위치를 다시 계산하는 동안 팀과 스캇은
작년에 사용했던 새총을 꺼내서 대표의 움직임을 파악하고 맞히려 합니다.
이들이 어디에서 새총을 발사해야 하는지 도와주세요.

x는 새총이 벽을 넘으려면 벽으로부터
얼마나 떨어져 있어야 하는지를 나타냅니다.

$x^2 - 8x = -13$

결과를 꼭 확인하세요!

연필을 깎으며 정답

존이 투석기의 위치를 다시 계산하는 동안 팀과 스캇은
작년에 사용했던 새총을 꺼내서 대표의 움직임을 파악하고 맞히려 합니다.
이들이 어디에서 새총을 발사해야 하는지 도와주세요.

x는 새총이 벽을 넘으려면 벽으로부터
얼마나 떨어져 있어야 하는지를 나타냅니다.

$x^2 - 8x = -13$

표준 형식이
필요합니다.

$x^2 - 8x = -13$

$+13 + x^2 - 8x = -13 + 13$

$x^2 - 8x + 13 = 0$

$a = 1$ $b = -8$ $c = 13$

$$x = \frac{-b \pm \sqrt{b^2 - 4ac}}{2a}$$

$$x = \frac{-(-8) \pm \sqrt{(-8)^2 - 4(1)(13)}}{2(1)}$$ 부호를 조심하세요.

$$x = \frac{8 \pm \sqrt{64 - 52}}{2}$$

$$x = \frac{8 \pm \sqrt{12}}{2}$$

$$x_1 = \frac{8 + \sqrt{12}}{2}$$

$$x_1 = \frac{8 + 3.464}{2}$$

$$x_1 = \frac{11.464}{2}$$

$x_1 = 5.732$

두 개의 값을 구했습니다.
즉, 2.268피트와 5.732피트에서
새총을 발사하면 벽을 넘길 수 있습니다.

$$x_2 = \frac{8 - \sqrt{12}}{2}$$

$$x_2 = \frac{8 - 3.464}{2}$$

$$x_2 = \frac{4.536}{2}$$

$x_2 = 2.268$

결과를 꼭 확인하세요!

$x^2 - 8x + 13 = 0$

$(5.732)^2 - 8(5.732) + 13 = 0$

$32.856 - 45.856 + 13 = 0$

$0 = 0$ ✓

$x^2 - 8x + 13 = 0$

$(2.268)^2 - 8(2.268) + 13 = 0$

$5.1348 - 18.144 + 13 = 0$

반올림을 했으니 0이라
봐도 무방합니다.
$-0.0092 = 0$ ✓

브레인 바벨

여기 풀어야 할 두 개의 이차방정식이 있습니다. 하지만 쉽게
풀 수 있는 문제가 아니니 조심하세요.

$$x^2 + x + 7 = 0$$ ← 인수분해나 근의 공식을
사용할 수 있습니다.

어떤 이상한 일이 벌어졌나요?

$$x^2 + 10x + 25 = 0$$

인수분해로 풀어보세요.   근의 공식으로 풀어보세요.

어떤 이상한 일이 벌어졌나요?

 브레인 바벨 정답

여기 풀어야 할 두 개의 이차방정식이 있습니다. 하지만 쉽게
풀 수 있는 문제가 아니니 조심하세요.

인수분해 먼저 시도합니다.

$$x^2 + x + 7 = 0$$

인수분해나 근의 공식을
사용할 수 있습니다.

$$(x + \quad)(x + \quad) = 0$$

$$7 = 7 \cdot 1$$

나올 수 있는 숫자는 6이나
8뿐이므로 인수분해는 실패입니다.

인수분해는 실패했으니 근의 공식을
사용합니다.

$$x = \frac{-b \pm \sqrt{b^2 - 4ac}}{2a}$$

$$x = \frac{-1 \pm \sqrt{1^2 - 4(1)(7)}}{2(1)}$$

계산 순서에 따라 근의 공식 안의
값 먼저 계산합니다.

$$x = \frac{-1 \pm \sqrt{1 - 28}}{2}$$

음수군요. 이게 무슨 의미죠?

어떤 이상한 일이 벌어졌나요?

제곱근 안의 값이 음수이므로
제곱근을 계산할 수 없습니다.

$$x^2 + 10x + 25 = 0$$

인수분해로 풀어보세요.

$$(x + 5)(x + 5) = 0$$

$$x + 5^{-5} = 0^{-5} \qquad x + 5^{-5} = 0^{-5}$$

$$x = -5 \qquad\qquad x = -5$$

답이 한 개 뿐입니다.

어떤 이상한 일이 벌어졌나요?

근의 공식으로 풀어보세요.

$$x = \frac{-b \pm \sqrt{b^2 - 4ac}}{2a}$$

$$x = \frac{-10 \pm \sqrt{10^2 - 4(1)(25)}}{2(1)}$$

$$x = \frac{-10 \pm \sqrt{100 - 100}}{2}$$

$$x = \frac{-10 \pm \sqrt{0}}{2} = -\frac{10}{2} = -5$$

값이 없어집니다.

제곱근 안의 숫자가 사라지면서 하나의 답만
나왔습니다.

> 잠깐만요!
> 근의 공식으로 모든 이차방정식을 풀 수 있다고 생각했어요.
> 첫 번째 문제에서는 제곱근 계산도 하지 못했어요!
> 두 번째 문제에서는 제곱근이 아예 없어졌습니다.
> 대체 뭐가 어떻게 되는 거죠?

근의 공식은 항상 정확합니다. 다만 때로 우리가 예상하지 못한 답을 주는 것이죠.

이차방정식은 보통 두 개의 해를 갖지만 한 개의 해를 가질 수 도 있습니다. 단도직입적으로 말씀드리면 해가 없을 때도 있습니다. 바로 제곱근 안의 계산 결과가 음수가 나오면 해가 없습니다.

이제 어떻게 해야 할까요? 바로 판별식을 살펴볼 때입니다.

판별식이 뭐죠?

근의 공식에서 제급근 기호 안에 있는 부분을 판별식이라 부릅니다.

$$x = \frac{-b \pm \sqrt{b^2 - 4ac}}{2a}$$

근의 공식에서 제급근 기호 안에 있는 부분을 판별식이라 부릅니다.

● $b^2 - 4ac > 0$ **이면, 두 개의 해가 존재합니다.**
지금까지 방정식은 대부분 독립적인 두 개의 실수 해가 존재하는 이 경우에 해당합니다.

● $b^2 - 4ac = 0$ **이면, 한 개의 해가 존재합니다.**
이차방정식을 만족시키는 해가 오직 하나뿐인 경우입니다.

● $b^2 - 4ac < 0$ **이면, 해가 없습니다.**
방정식을 만족하는 실수 x 값은 존재하지 않습니다. 제곱근 안에 음수가 들어 있기 때문입니다.

판별식 등장

이번 주에 만난 사람 :

당신은 상대하기 어려운 상대인가요?

헤드 퍼스트: 판별식 님 안녕하세요. 최근에야 대중에 알려지신 것으로 들었습니다.

판별식: 그렇습니다. 사람들은 저에 대해 많이 공부하면서도 저의 유용성에 감사하진 않는 것 같아요.

헤드 퍼스트: 정확히 어떤 부분에 도움을 주고 계신가요?

판별식: 제 덕분에 결과를 쉽게 예측할 수 있죠! $b^2 - 4ac$를 확인함으로 다른 복잡한 작업을 줄일 수 있습니다.

헤드 퍼스트: 어떻게 그게 가능하죠?

판별식: 판별식을 풀어서 0과 비교해보면 이차방정식에 해가 몇 개인지 알 수 있어요.

헤드 퍼스트: 그렇군요. 판별식 님이 0보다 작으면 해가 없는 거죠?

판별식: 그렇습니다. 음수 제곱근을 표현할 수 있는 실수는 존재하지 않기 때문이죠.

헤드 퍼스트: 판별식 님이 0이 된다는 것은 어떤 의미죠?

판별식: 방정식을 만족하는 해가 한 개 뿐이라는 의미입니다. 즉 방정식을 아무리 열심히 풀어도 한 개의 해만 구할 수 있는 거죠.

헤드 퍼스트: 0보다 크면요?

판별식: 그럼 여러분이 일반적인 이차방정식에서 기대하는 것처럼 두 개의 해가 존재합니다.

헤드 퍼스트: 그러니까 일종의 꼼수군요. 그런데 인수분해를 하는 것보다 판별식을 먼저 계산해보는 게 어떤 점에서 더 좋다는 거죠?

판별식: 판별식을 이용해 여러분의 작업 결과를 먼저 확인할 수 있는 거죠. 결과가 몇 개일지 알고 시작한다면 여러분의 해를 얻었을 때 제대로 풀었는지 더 쉽게 확인할 수 있습니다.

헤드 퍼스트: 말씀하신대로 유용하겠네요. 다른 팁도 있습니까?

판별식: 여러분이 저를 먼저 푸셨는데 그 값이 완전 제곱근이라면 해는 소수점 이하가 없는 어림수가 됩니다.

헤드 퍼스트: 그건 그렇고 판별식 님이 음수면 왜 해가 없는겁니까?

판별식: 제곱근이 음수를 포함할 때는 제곱근 기호를 없앨 수 없기 때문입니다. 음의 제곱근은 정의할 수 없습니다. 그건 저도 어쩔 수 없는 제곱근의 법칙이에요.

헤드 퍼스트: 지금까지 시간내주셔서 감사합니다. 판별식 님에 대해 더 잘 알 수 있게 된것 같네요.

판별식: 감사합니다. 전 시간낭비는 딱 질색이거든요. 저는 실용적인 시간 절약자입니다.

누가 무슨 일을 할까요?

각각의 판별식을 계산한 다음 알맞은 이차방정식 해와 연결하세요.

판별식 값

판별식과 관련된 이차방정식의 해

$b^2 - 4ac = ?$

$(6)^2 - 4(3)(3)$

....

$(5)^2 - 4(1)(-14)$

....

$(1)^2 - 4(7)(1)$

....

$(4)^2 - 4(-2)(-2)$

....

$(2)^2 - 4(3)(3)$

....

실제 값을 계산할
필요는 없습니다. 판별식
결과만으로 알맞은 해를
선택할 수 있습니다.

−1

− 2, 7

해 없음

누가 무슨 일을 할까요? 정답

각각의 판별식을 계산한 다음 알맞은 이차방정식 해와 연결하세요.

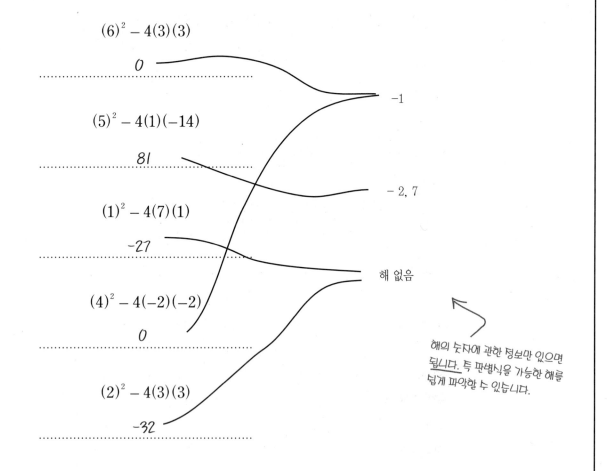

판별식 값

$b^2 - 4ac = ?$

판별식과 관련된 이차방정식의 해

$(6)^2 - 4(3)(3)$

0

$(5)^2 - 4(1)(-14)$

81

$(1)^2 - 4(7)(1)$

-27

$(4)^2 - 4(-2)(-2)$

0

$(2)^2 - 4(3)(3)$

-32

-1

$-2, 7$

해 없음

해의 숫자에 관한 정보만 있으면 됩니다. 즉 판별식을 가능한 해를 쉽게 파악할 수 있습니다.

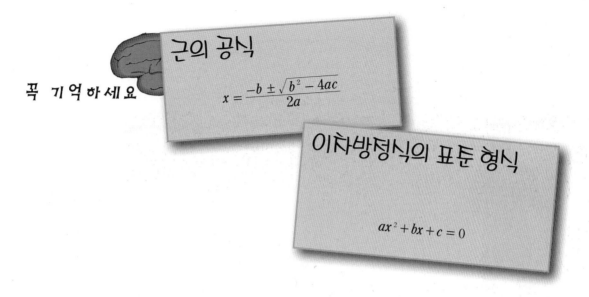

꼭 기억하세요

근의 공식

$$x = \frac{-b \pm \sqrt{b^2 - 4ac}}{2a}$$

이차방정식의 표준 형식

$$ax^2 + bx + c = 0$$

바보 같은 질문이란 없습니다

Q: 근의 공식을 사용하는 것은 쉽지 않군요...

A: 그렇습니다. 근의 공식은 까다로운 편이지만 그만큼 유용합니다. 근의 공식의 계산을 정확하게 하는 것은 쉽지 않으며 특히 부호 계산이 복잡합니다. 소수점 때문에 계산이 복잡해지며 원래 방정식을 풀기 어렵습니다. 그래서 여러분의 정답을 반드시 확인해야 합니다!

Q: 왜 음수를 포함하는 제곱근은 계산할 수 없나요?

A: 음수와 양수를 곱하면 음수가 되기 때문입니다. 제곱근은 같은 값을 곱해서 얻을 수 있는 값입니다. 상식적으로 두 수를 곱해서 음수를 얻는 것은 불가능합니다. 세제곱근을 이용하면 음수를 계산할 수 있습니다. 세제곱근은 세 개의 숫자를 곱한 결과인데 음수 세 개를 곱해 음수를 얻을 수 있기 때문입니다.

Q: 판별식을 이용할 때 정확한 값을 꼭 계산해야 하나요?

A: 눈대중하셔도 됩니다. 즉 1에서 어떤 큰 값을 빼야 하는 상황이라면 계산해보나마나 음수값이 나올 겁니다. 굳이 정확하게 계산해볼 필요도 없습니다. 요령껏 판단하세요!

Q: 인수분해와 근의 공식 중 누가 더 좋은가요?

A: 상황에 따라 다릅니다. 방정식을 인수분해할 수 있는 상황이라면 인수분해하는 편이 더 쉽습니다. 판별식을 이용했더니 완전 제곱이 나왔다면 인수분해를 먼저 시도하는 것이 좋습니다. 이런 상황에서는 인수분해로 쉽게 해를 구할 수 있습니다. 하지만 어떻게든 방정식의 모든 해를 구하는 것이 목적이라면 근의 공식을 이용해 정확한 해를 구할 수 있습니다. 다만 근의 공식은 조금 복잡하다는 것이 흠입니다.

소모임 전쟁, 2부

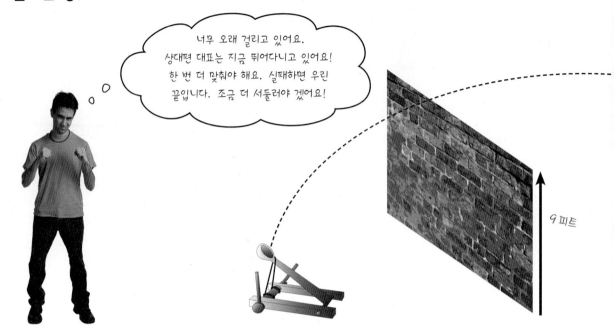

너무 오래 걸리고 있어요.
상대편 대표는 지금 뛰어다니고 있어요!
한 번 더 맞춰야 해요. 실패하면 우린
끝입니다. 조금 더 서둘러야 겠어요!

9 피트

대표가 구멍, 벽을 이용해 숨어봤지만 소용없게 되자 파이 감마 델타 진영은 시간만 있다면 존이 물풍선을 정확하게 던질 수 있다는 사실을 깨닫았습니다. 그래서 존이 계산을 할 수 없도록 대표는 계속해서 뛰고 있습니다.

투석기로 대표를 정확하게 조준하려면 두 가지 문제를 해결해야 합니다.

① 어떤 높이로 맞힐 수 있나요?

존이 발사하는 물풍선은 위로 높이 치솟는 원리이므로 각각의 높이 h에 다른 x 값을 갖습니다.

② 특정 높이가 되려면 투석기를 어디로 위치시켜야 하나요?

존에게는 목표 위치 즉 x가 필요합니다. 존은 반드시 대표를 맞혀서 자신과 신고식 동료를 세타 세타 파이로 입단시켜야 합니다.

이를 해결하려면 이차방정식을 수없이 풀어야 한다는 것이 문제입니다. 뭔가 다른 접근 방법이 필요합니다...

$$-x^2 + 10x + 75 = h$$

전 계속
움직일겁니다... 이번엔
그녀석들이 당할 차례죠.

파이 감마 델타의 대표

파이 감마 델타의 집

ΠΓΔ

값을 보여주는 그래프

선형 방정식에서 했던 것처럼 계산 없이도 해를 보여주는 그래프가 있다면 좋겠네요.

거리와 높이 사이의 관계를 알아내면 거리에 따라 얼마나 높이 풍선을 쏴야 하는지 아니면 그 반대로 높이에 따라 어떤 거리에서 쏴야 할지 알 수 있습니다. x, h 두 변수의 관계를 알고 싶습니다.

그래프가 있다면 복잡한 계산을 거치지 않아도 바로 존에게 답을 알려줄 수 있을 거예요. 그런데 이차방정식에는 x^2항이 존재하네요. x^2항은 어떻게 처리해야 하죠? 아마 선은 아닐것 같은데...

브레인 파워

여러분은 그래프가 어떤 모양일 것이라 생각하나요?

x^2은 어떻게 그릴까요?

우리는 이미 일차 방정식의 그래프를 잘 알고 있습니다. 일차 방정식에는 기울기, 절편, 직선 등이 등장한다는 것을 알고 있습니다.
하지만 이차방정식은 지금까지 우리가 살펴본 그래프와는 다른 모양을 갖습니다. 이차방정식은 한 개가 아니라 두 개의 해를 갖는다는 것을 알고 있습니다. 이 점이 그래프로도 반영되어야 하지요...

가장 단순한 방식은 몇 개의 점을 찍어서 그 점들을 연결하는 방식으로 그래프를 그리는 겁니다. 그래프의 모양이 어떻게 생겼는지 모르니까 여러 개의 점을 선택해서 어떤 그래프가 나타나는지 확인합니다.

주어진 x에 대응하는 h를 계산하세요.

여기 여러 x 값이 있습니다. h값을 계산하세요.

x	$-x^2 + 10x + 75$	h
5	$-(5)^2 + 10(5) + 75$	100
8		
10		
3		
0		

계산할 때 여분의 공간을 활용하세요.

··

··

··

··

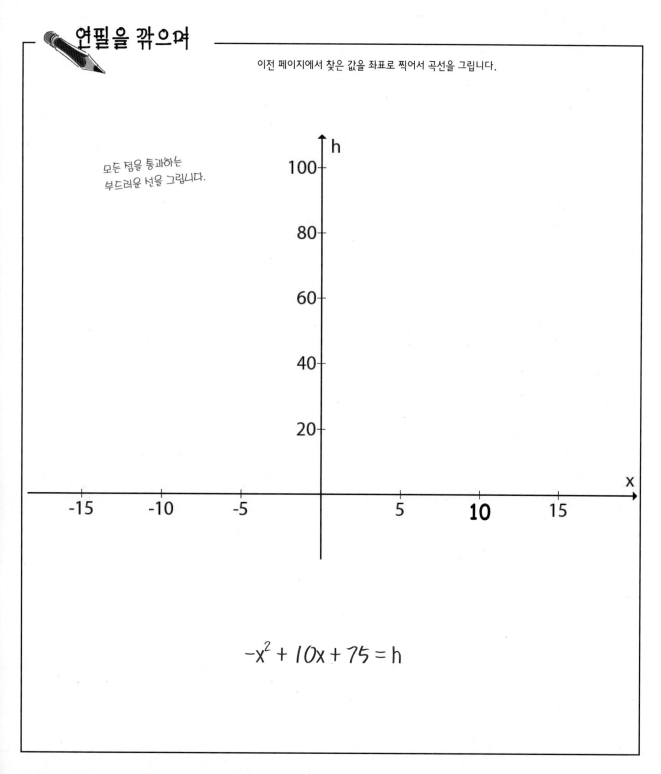

연필을 깎으며

이전 페이지에서 찾은 값을 좌표로 찍어서 곡선을 그립니다.

모든 점을 통과하는
부드러운 선을 그립니다.

$$-x^2 + 10x + 75 = h$$

연필을 깎으며 정답

주어진 x에 대응하는 h를 계산하세요.

x	$-x^2 + 10x + 75$	h
5	$-(5)^2 + 10(5) + 75$	100
8	$-(8)^2 + 10(8) + 75$	91
10	$-(10)^2 + 10(10) + 75$	75
3	$-(3)^2 + 10(3) + 75$	96
0	$(0)^2 + 10(0) + 75$	75

(5, 100) 이라는 점을 가리킵니다.

(8, 91)

(10, 75)

(3, 96)

(0, 75)

아투 쉽게 계산할 수 있었어요.

계산할 때 여분의 공간을 활용하세요.

점으로 표시합니다.

$-(8)^2 + 10(8) + 75 = -64 + 80 + 75 = 91$

$-(10)^2 + 10(10) + 75 = -100 + 100 + 75 = 75$

$-(3)^2 + 10(3) + 75 = -9 + 30 + 75 = 96$

계산한 값을 이용해 점을 찍은 다음 곡선을 그립니다.

모든 점을 통과하는
부드러운 선을 그립니다.

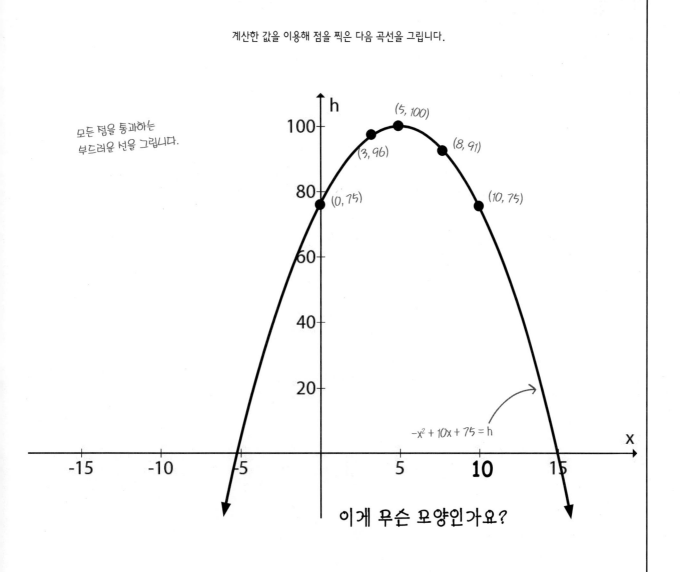

이게 무슨 모양인가요?

쉬는
시간 **매끄럽게 곡선이 그려지지**
않았더라도 걱정할 필요 없습니다.

이 학습의 목표는 얼마나 아름다운 곡선을 그리느냐가 아니라 방정식의
일반적인 그래프 형태를 파악하는 겁니다.

이차방정식은 포물선 모양으로 나타납니다

포물선은 기본적으로 'U' 모양을 갖습니다. U 모양의 너비와 위치는 방정식에 따라 변합니다.
포물선은 **대칭축**을 기준으로 대칭되며 가장 높거나 낮은 점을 **꼭짓점**이라 부릅니다.

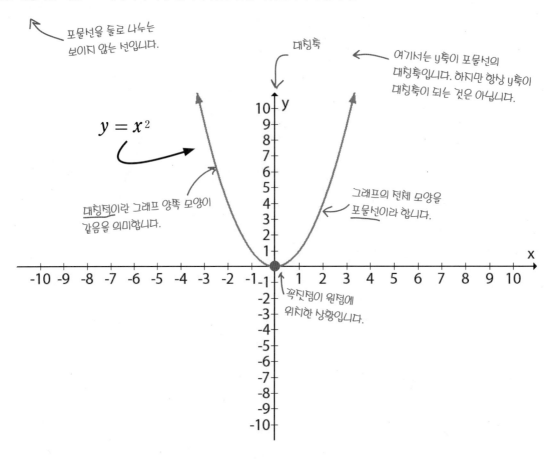

포물선을 둘로 나누는
보이지 않는 선입니다.

대칭축

여기서는 y축이 포물선의
대칭축입니다. 하지만 항상 y축이
대칭축이 되는 것은 아닙니다.

$y = x^2$

대칭적이란 그래프 양쪽 모양이
같음을 의미합니다.

그래프의 전체 모양을
포물선이라 합니다.

꼭짓점이 원점에
위치한 상황입니다.

가장 단순한 포물선은 $y = x^2$으로 y축에 대칭이며 꼭지점은 원점$(0, 0)$이 됩니다. $y = x^2$은
가장 기본적인 포물선으로 이 훌륭한 예제식을 출발점으로 이차방정식 그래프의 다양한 부분을
설명할 겁니다.

x 항, 계수, 상수를 방정식에 추가하면서 그래프가 변합니다. 우리의 이차방정식에는 $-x^2$ 항이
있으므로 존의 투석기 그래프는 위아래가 뒤집어진 모양입니다. x^2 앞에 있는 다른 계수는 U
모양의 너비에 영향을 줍니다. 이차방정식의 x 항과 상수 항에 따라 기본 포물선은 상하 또는
좌우로 이동합니다.

y = x² 포물선은 모든 이차방정식의

기본 모양을 제공합니다.

포물선 그래프는 정점의 위치에서 시작됩니다

이차방정식의 꼭짓점을 알아낸 다음에는 꼭짓점의 좌우 값들을 선택해가면서 멋진 곡선을
그릴 수 있습니다. 그게 다예요!

꼭짓점의 x좌표를 다음처럼 쉽게 구할 수 있습니다. $x = -\dfrac{b}{2a}$

이차방정식을 표준 형태로 만든 다음 공식을 적용해 투석기의 꼭짓점을 찾습니다.

$$-x^2 + 10x + 75 = h$$

$a = -1$ $b = 10$ $c = 75$

$$x = -\frac{b}{2a}$$

$$= -\frac{10^{\,5}}{2(-1)}$$

$$= 5$$

꼭짓점의 x좌표를 대입해서
수직 좌표(h)를 계산할 수
있습니다.

$$-(5)^2 + 10(5) + 75 = y$$
$$-25 + 50 + 75 = y$$
$$100 = y$$

꼭짓점은 (5, 100)입니다.

처음에 외워야 할 사항이 너무 많다고 느낄
수 있습니다. 하지만 더 많은 이차방정식을
다루다보면 자기도 모르는 사이에 익숙해질
거예요. 포기하지 말고 꾸준히 연습하세요.

꼭짓점을 이해하고 사용하세요

꼭짓점은 포물선의 상단 또는 바닥에 위치합니다. 무엇에 따라 위치가 바뀔까요? 방정식이
양의 x^2 항으로 시작하면 꼭짓점은 포물선의 바닥에 위치합니다. 반대로 방정식이 음의 x^2
항으로 시작하면 꼭짓점은 포물선의 상단에 위치합니다.

꼭짓점 좌표를 알아냈으면 포물선
양쪽의 점 몇 개를 이용해 그래프를
완성할 수 있습니다.

꼭짓점을 기준으로 왼쪽 그리고
오른쪽으로 이동하면서 점을
계산하세요. 그러면 기본 모양을
그릴 수 있습니다.

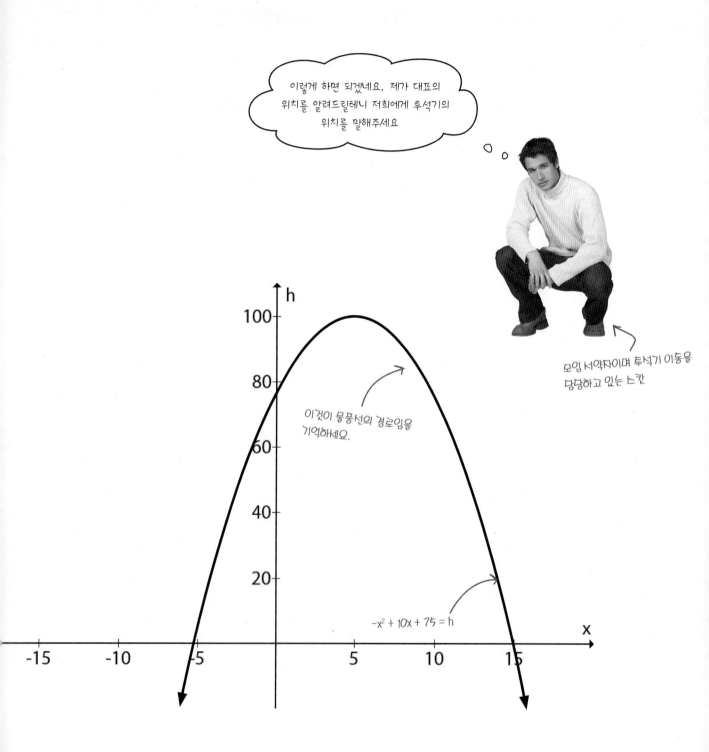

이렇게 하면 되겠네요. 제가 대표의 위치를 알려드릴테니 저희에게 투석기의 위치를 말해주세요

모임 서약자이며 투석기 이동을 담당하고 있는 스캇

이것이 물풍선의 경로임을 기억하세요.

$-x^2 + 10x + 75 = h$

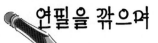 **연필을 깎으며**

스캇이 불러준 정보입니다. 그래프를 이용해 투석기의 위치를 알아내세요.

대표가 30피트 높이의 깃대로 올라갔어요 ....

....

....

....

다시 15피트 높이의 2층 현관으로 내려왔어요 ....

....

....

....

열기구를 이용했네요! 120피트 상공에 있어요! ....

....

....

....

−10피트에 위치한 지하실로 내려갔어요 ....

....

....

....

연필을 깎으며 정답

스캇이 불러준 정보입니다. 그래프를 이용해 투석기의 위치를 알아내세요.

맞혔어요!

대표가 30피트 높이의 깃대로 올라갔어요 ·· *30피트의 높이라면 13피트와 -3피트면 됩니다.* ··

투석기를 깃대로부터 13피트 거리로 이동합니다. ··

다시 15피트 높이의 2층 현관으로 내려왔어요 *15피트 위치면 -4피트나 14.5피트니까*   맞혔어요!

현관으로부터 14.5피트 거리로 투석기를 이동합니다. ··

열기구를 이용했네요! 120피트 상공에 있어요! ··

꼭짓점 최댓값이 100피트에요. 투석기로는 그 거리까지 쏠 수 없어요. 맞힐 수 없겠네요. ··

-10피트에 위치한 지하실로 내려갔어요 ··   또 다시 머리에
명중!

-10피트면 16피트나 -5피트입니다. ··

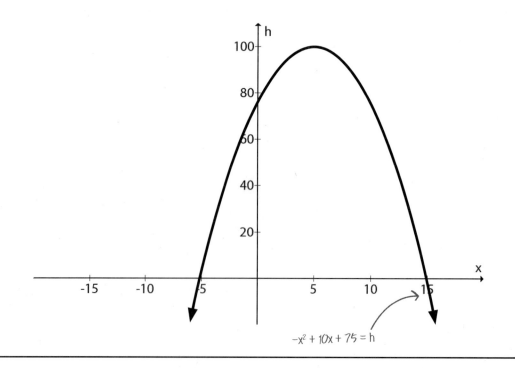

$$-x^2 + 10x + 75 = h$$

포물선을 좀 더 스마트하게 활용하는 방법

우리는 포물선의 모양을 확인했고 포물선이 방정식, 판별식과 어떤 관계를 가지는지 살펴봤습니다.
지금까지 배운 모든 내용을 합쳐서 정리합니다.

원래 방정식 → $-x^2 + 10x + 75 = h$

❶ x^2의 계수가 −1이므로 포물선이 아래로 향한다는 것을 알고 있습니다.

❷ $x = -\dfrac{b}{2a}$ 를 이용하면 쉽게 꼭짓점을 계산할 수 있습니다.

$$x = \frac{-(10)}{2(-1)} = 5$$

$$-(5^2) + 10(5) + 75 = h$$
$$-(25) + 50 + 75 = h$$
$$100 = h$$

이를 다시 원래 방정식에 대입해 다른 꼭짓점 좌표를 계산합니다.

꼭짓점은 좌표상 (5, 100)이라는 것을 의미합니다.

$b^2 - 4ac$

❸ 판별식을 이용해 투석기 이차방정식에 몇 개의 해가 있는지 확인합니다.

$$판별식 = 10^2 - 4(-1)(75)$$
$$= 100 + 300$$
$$= 400$$

판별식이 0보다 크므로 두 개의 실수 해가 존재합니다.

두 개의 실수 해는 주어진 높이 값 (h) 0에 대응하는 x의 값이 두 개임을 의미합니다. 우리는 이 두 값이 (15, 0)과 (−5, 0)이라는 사실을 이미 알고 있습니다.

$(15, 0)$ 그리고 $(-5, 0)$

$h = 0$인 상황에서 처음 방정식을 이렇게 풀었습니다.

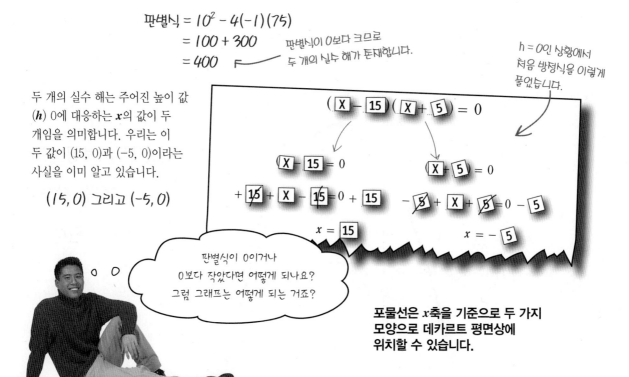

$$(\boxed{x} - \boxed{15})(\boxed{x} + \boxed{5}) = 0$$

$$\boxed{x} - \boxed{15} = 0 \qquad \boxed{x} + \boxed{5} = 0$$

$$+\boxed{15} + \boxed{x} - \boxed{15} = 0 + \boxed{15} \qquad -\boxed{5} + \boxed{x} + \boxed{5} = 0 - \boxed{5}$$

$$x = \boxed{15} \qquad\qquad x = -\boxed{5}$$

판별식이 0이거나 0보다 작았다면 어떻게 되나요? 그럼 그래프는 어떻게 되는 거죠?

포물선은 x축을 기준으로 두 가지 모양으로 데카르트 평면상에 위치할 수 있습니다.

그래프를 그리는 데도 판별식이 도움이 됩니다

판별식의 결과는 0보다 큰 경우, 0보다 작은 경우, 0인 경우의 세 가지 범주로 분류됩니다. 각각의 범주가 이차방정식의 해의 개수와 어떤 관련이 있는지는 이미 살펴봤습니다. 그러면 판별식의 결과가 이차방정식의 그래프에는 어떤 영향을 줄까요?

● $b^2 - 4ac > 0$ **두 개의 실수 해가 있으므로 포물선은 x축 사이로 걸쳐 있다.**

이차방정식이 0이 되도록 설정한 상태에서 두 개의 해를 갖는데 그 두 개의 해가 x축과 만난다.

● $b^2 - 4ac = 0$ **오직 한 개의 해가 있으므로 포물선은 x축에 접촉한다.**

$y = x^2$ 의 그림처럼 x축과 접촉하지만 x축을 넘나들지 않는다.

● $b^2 - 4ac < 0$ **해가 없으므로 그래프는 x축 위에 떠 있으며 절대 x축과 만나지 않는다.**

해가 없다는 것은 방정식을 0으로 설정할 수 있는 수는 존재하지 않음을 의미한다. 그래프로는 공중에 떠 있는 상태로 나타난다.

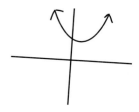

최종 그래프입니다

살펴본 모든 정보를 고려하면 결국 전과 같은 그래프가 그려집니다. 하지만 이번에는 결과가 맞는지 확인할 수 있는 과정이 포함되어 있었습니다. 우리는 거꾸로 된 포물선 모양, x축을 두 군데에서 만나는 두 개의 실수 해가 존재할 것임을 미리 예상할 수 있었습니다.

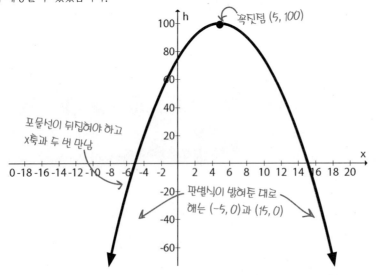

다른 변수(보통 y)를 0으로 설정한 상태에서 x 값이 해가 된다.

바보 같은 질문이란 없습니다

Q: 항상 두 개의 해를 갖는다는 게 어떤 의미죠?

A: 판별식의 결과는 세 가지입니다. 한 개의 해, 두 개의 해 아니면 해가 없는 경우입니다. 기본 포물선 $y = x^2$은 한 점에서만 x축을 터치하면 그 점이 바로 한 개의 해입니다. 투석기처럼 일반적인 그래프에는 x축과 만나는 점 즉 해가 두 개 입니다. 근의 공식으로 이차방정식을 풀면 x축과 그래프가 만나는 두 개의 지점을 계산할 수 있습니다.

Q: 꼭짓점을 어떻게 다시 찾을 수 있죠?

A: 꼭짓점의 x 좌표는 $x = -\dfrac{b}{2a}$ 로 일정합니다. 꼭짓점은 포물선의 꼭대기나 바닥에 위치하며 꼭짓점을 기준으로 그래프는 대칭이 되므로 중요한 시발점입니다.

Q: 점을 찍어서 그래프를 그리는 방법 말고 다른 방법도 있나요?

A: 그렇습니다. 하지만 좀 복잡하죠. 우리가 살펴본 것은 포물선의 수박 겉핥기 정도입니다. 정말로 포물선의 모든 비밀을 알고 싶다면 더 많은 수학이 필요합니다. 대수학 2에서 모든 것을 설명합니다! 현재로서는 꼭짓점부터 점을 찍는 방법을 사용합니다.

Q: 포물선 위아래가 뒤집힌 형태의 그래프를 갖는 방정식은 어떤 이차방정식입니까?

A: x^2 항이 음수를 가지면 위아래가 뒤집어집니다. 즉 아래로 향합니다. 반대로 x^2 항이 양수면 포물선은 위를 향합니다.

Q: 대칭 축을 찾는 방법이 따로 있나요?

A: 대칭 축은 포물선의 꼭짓점을 지나는 새로선입니다. 따라서 대칭축은 꼭짓점의 x 값 즉 $x = -\dfrac{b}{2a}$ 가 됩니다.

핵심정리

- 이차방정식의 기본 형태를 **포물선**이라 합니다.
- 포물선의 가장 윗부분 또는 가장 아랫부분의 점을 **꼭짓점**이라 합니다.
- 꼭짓점의 x 좌표는 $-\dfrac{b}{2a}$ 입니다.
- 이차방정식은 0, 1 또는 2개의 **해**를 갖습니다.

배운것을 복습합니다. 지금까지 배운 지식을 이용해 다음 이차방정식을 푸세요.

$x^2 - 4 = 0$

해가 몇 개 입니까?　　　　　**0**　　　**1**　　　**2**

어떻게 풀 겁니까?　　　　**인수분해**　　**근의 공식**

포물선은 어느 방향을 향합니까?

　　　　　　　　　　　　　　위　　　**아래**

$5x^2 + 4x - 11 = 0$

해가 몇 개 입니까?　　　　　**0**　　　**1**　　　**2**

어떻게 풀 겁니까?　　　　**인수분해**　　**근의 공식**

포물선은 어느 방향을 향합니까?

　　　　　　　　　　　　　　위　　　**아래**

$3x^2 - x + 13 = 0$

해가 몇 개 입니까?　　　　　**0**　　　**1**　　　**2**

어떻게 풀 겁니까?　　　　**인수분해**　　**근의 공식**

포물선은 어느 방향을 향합니까?

　　　　　　　　　　　　　　위　　　**아래**

연습문제

한 번 더 풀어봐요. 이번엔 그래프도 그립니다.

$x^2 - 11x + 28 = 0$

해가 몇 개 입니까?　　　　　**0**　　**1**　　**2**

어떻게 풀 겁니까?　　　　**인수분해**　　**근의 공식**

포물선은 어느 방향을 향합니까?

　　　　　　　위　　**아래**

그래프를 그리세요.

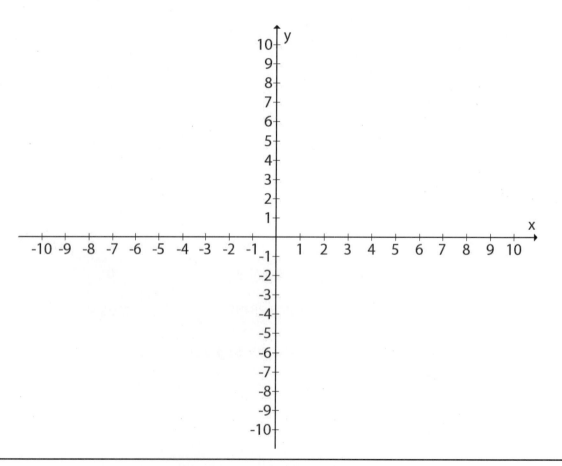

연습문제 정답

배운 것을 복습합니다. 지금까지 배운 지식을 이용해 다음 이차방정식을 푸세요.

$$x^2 - 4 = 0$$

2 제곱의 차입니다.

$$(x + 2)(x - 2) = 0$$

$$x + 2 = 0 \qquad x - 2 = 0$$

$$\cancel{-2} + x + \cancel{2} = 0 - 2 \qquad \cancel{+2} + x - \cancel{2} = 0 + 2$$

$$x = -2 \qquad x = 2$$

해가 몇 개 입니까?　　0　　1　　②

어떻게 풀 겁니까?　　(인수분해)　　근의 공식

둘 다 가능하지만 인수분해가 더 쉽습니다.

포물선은 어느 방향을 향합니까?　　(위)　　아래

x^2 항의 계수가 양수이므로 정답을 찾을 수 있습니다.

$$b^2 - 4ac = 16 - 4(5)(-11) = 236$$

0보다 크므로 해가 두 개입니다.

$$5x^2 + 4x - 11 = 0$$

$$x = \frac{-b \pm \sqrt{b^2 - 4ac}}{2a}$$

$$x = \frac{-4 \pm \sqrt{(4)^2 - 4(5)(-11)}}{2(5)}$$

$$x = \frac{-4 \pm \sqrt{236}}{10}$$

$$x = \frac{-4 + \sqrt{236}}{10} \qquad x = \frac{-4 - \sqrt{236}}{10}$$

$$x = 1.136 \qquad x = -1.936$$

해가 몇 개 입니까?　　0　　1　　②

어떻게 풀 겁니까?　　인수분해　　(근의 공식)

포물선은 어느 방향을 향합니까?　　(위)　　아래

0보다 작으므로 실수 해가 없습니다!

$$b^2 - 4ac = 1 - 4(3)13 = -155$$

$$3x^2 - x + 13 = 0$$

판별식이 0보다 작으니까 해가 없습니다.

해가 몇 개 입니까?　　⓪　　1　　2

어떻게 풀 겁니까?　　인수분해　　근의 공식

포물선은 어느 방향을 향합니까?　　위　　아래

연습문제 정답

한 번 더 풀어봐요. 이번엔 그래프도 그립니다.

$$x^2 - 11x + 28 = 0$$

$$(x - 7)(x - 4) = 0$$

$b^2 - 4ac = (-11)^2 - 4(1)28 = 9$

해가 몇 개 입니까?　　　　0　　　1　　(2)

어떻게 풀 겁니까?　　(인수분해)　　근의 공식

$x - 7 = 0$　　　　$x - 4 = 0$

포물선은 어느 방향을 향합니까?　　(위)　　아래

꼭지점 (x) = -b/2a

$x = \dfrac{-(-11)}{2(1)}$

$x = \dfrac{11}{2}$

$5.5^2 - b0.5 + 28 = y$

$30.25 - 60.5 + 28 = y$

$-2.25 = y$

$+7 + x - 7 = 0 + 7$　　　　$+4 + x - 4 = 0 + 4$

$x = 7$　　　　　　　$x = 4$

$(7, 0)$과 $(4, 0)$ 두 점을 찾았습니다.

그래프를 그리세요.

$y = x^2 - 11x + 28$

꼭지점

낱말퀴즈

양쪽 뇌를 모두 써야 합니다. 우측 두뇌를 쓰게 만드는 낱말퀴즈입니다.

1. 포물선의 꼭대기(밑바닥)를 ○○○이라 합니다.

2. ○○ 제곱근 값은 구할 수 없습니다.

3. 제곱근 안의 식을 ○○○이라 합니다.

4. 이차방정식은 ○○○을 중심으로 합니다.

5. ○○ 방정식은 제곱 변수를 포함합니다.

6. 이차방정식은 ○○○ 모양입니다.

7. 이차방정식의 인수분해는 ○○○○의 반대 과정입니다.

8. 이차방정식은 ○개의 해를 갖습니다.

9. 이차방정식을 인수분해할 수 없으면 ○○ ○○을 사용합니다.

10. ○○○○는 두 이항식으로 이차방정식을 분리합니다.

대수학 도구상자에 들어갈 도구

이차방정식 인수분해

형식 관련

0으로 설정하는 이차방정식 표준 형식으로 만들어야 합니다.
0으로 설정하는 방정식을 만들지 않으면 0 만들기 규칙을
사용해 가능한 두 해를 구할 수 없습니다.

이항식 만들기

표준 형식의 이차방정식을 만든 다음에는 x로 시작하는
두 개의 이항식이 필요합니다. 여기까지 하면 절반의 항을
완성한 겁니다!

이항식의 나머지 두 항을 찾습니다

마지막 두 항은 다음 두 가지 조건을 만족해야 합니다.
곱해서 이차방정식의 상수(75)가 되어야 합니다. 두 수를
더했을 때 x 항(−10x)과 같아야 합니다.

부호를 정하고 결과를 확인합니다

부호를 채워서 인수분해를 완성합니다. 두 수를 곱했을 때
상수(75)와 같은 부호가 되어야 하고 더했을 때 x 항(−10x)이
되어야 합니다. FOIL을 이용해 인수분해로 얻은 두 이항식을
전개해서 원래의 방정식으로 돌아가는지 확인합니다.

이차방정식의 표준 형식

$$ax^2 + bx + c = 0$$

$$x^2 - 10x - 75 = 0$$

$$(x \quad)(x \quad) = 0$$

두 수를 곱하면 75가
되어야 합니다.

$$(x \quad 15)(x \quad 5) = 0$$

두 수를 더하거나 빼면 −10x가
되어야 합니다.

$$(x - 15)(x + 5) = 0$$
$$x^2 + 5x - 15x - 75 = 0$$
$$x^2 - 10x - 75 = 0$$

핵심정리

- 이차방정식은 두 개의 해를 가질 수 있습니다.
- 두 개의 이항식의 곱을 찾는 과정을 이차방정식의 인수분해라고 합니다.
- FOIL을 이용해 인수분해된 결과가 맞는지 확인해야 합니다.

- 이항식에서 상수 항을 찾는 것이 이차방정식 인수분해의 가장 어려운 부분입니다.
- 인수분해하기 전에 이차방정식을 표준 형태로 만들어야 합니다.

근의 공식

판별식

$$x = \frac{-b \pm \sqrt{b^2 - 4ac}}{2a}$$

근의 공식 사용하기

근의 공식을 이용해 다음과 같은 표준 형식의
이차방정식을 풀 수있습니다.

$$ax^2 + bx + c = 0$$

판별식 $b^2 - 4ac$

근의 공식에서 제곱근 기호 안에 있는 식을
판별식이라 부릅니다. 판별식이 0보다 크면
이차방정식에는 두 개의 실수 해가 존재합니다.
판별식이 0이면 한 개의 실수 해가있으며, 0보다
작으면 해당 방정식에는 해가 없습니다.

이차방정식 그래프 모양

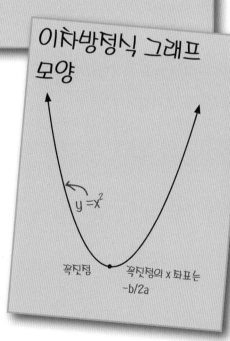

$y = x^2$

꼭짓점   꼭짓점의 x 좌표는
            -b/2a

핵심정리

- 이차방정식의 기본 모양을 포물선이라
  부릅니다.

- 포물선의 꼭대기(또는 밑바닥) 점을
  꼭짓점이라 합니다.

- 꼭짓점의 x 좌표는 $-\frac{b}{2a}$ 입니다.

- 이차방정식은 0 개, 1 개 또는 2 개의
  실수 해를 가질 수 있습니다.

 # 낱말퀴즈 정답

1. 포물선의 꼭대기(밑바닥)를 <u>꼭짓점</u>이라 합니다.

2. <u>음수</u> 제곱근 값은 구할 수 없습니다.

3. 제곱근 안의 식을 <u>판별식</u>이라 합니다.

4. 이차방정식은 <u>대칭축</u>을 중심으로 합니다.

5. <u>이차</u>방정식은 제곱 변수를 포함합니다.

6. 이차방정식은 <u>포물선</u> 모양입니다.

7. 이차방정식의 인수분해는 <u>FOIL</u>의 반대 과정입니다.

8. 이차방정식은 <u>2</u>개의 해를 갖습니다.

9. 이차방정식을 인수분해할 수 없으면 <u>근의 공식</u>을 사용합니다.

10. <u>인수분해</u>는 두 이항식으로 이차방정식을 분리합니다.

10 함수

누구에게나 한계가 있어요

친구들이 모두 그이가 어디로 튈지
알 수 없다고 했어요. 지금은 제가
그이 정의역의 주인이죠.

친구들이 모두 그이가 어디로 튈지 알 수 없다고 했어요.
지금은 제가 그이 정의역의 주인이죠.

실생활의 많은 방정식에는 **한계**가 있다는 것을 알게 될 겁니다. 방정식에서 **특정** 값만
유효한 거예요. 예를 들어 차를 시속 −5킬로로 운행한다거나 공중으로 13미터 구덩이를
파는 것은 불가능합니다. 이럴 때는 방정식에 경계를 설정해야 합니다. 방정식에 경계를
설정할 때 **함수**보다 좋은 방법은 없습니다. 함수가 뭔가요? 페이지를 넘겨 TV 리얼리티
쇼 문제를 통해 알아보시죠.

> 이봐, 이번엔 큰 장소와 팬을 모아 더 큰 물에서 놀아야해.
> 하지만 더 큰 물에서 놀려면 새 장비가 필요한데
> $52,375가 필요해. 이 큰 돈을 어디서 구하지?

파자마 데스

파자마 데스의 현금 모금은 여러분에게 달렸습니다.

이 소식을 전해들은 여러분은 폴이 이 콘서트에 참가하도록
검토했습니다. 파자마 데스는 여러분이 진정한 팬이며 금융
마법사임을 알게 되었습니다. 파자마 데스가 앞으로 좀 더 큰
물에서 놀려면 여러분의 도움이 절실합니다.

이 사업에서 여러분의 첫 번째 명령은 뭔가요? 방금 계약을 마친
새로운 리얼리티 TV에서 파자마 데스의 가치가 얼마인지를
계산하는 겁니다. 매진을 좋아하는 사람은 아무도 없지만 덕분에
새로운 투어 장비를 마련할 수 있다면 어쩔 수 없겠죠.

파자마 데스 TV

방송국에서는 11개의 쇼, 전체 수입의 5%를 파자마 데스에게 제안했습니다.
전체 수입는 광고 수입과 매주 방청 티켓 판매 수입이 포함됩니다.
매주 90분간 쇼가 진행되며 방송국에서는 쇼당 20개의 광고를 보장할 겁니다.

쇼당 전체 수입

TV의 광고를 통한 수입

방청권 판매 수입도 있습니다.

 $ =

 +

우리에게 필요한 결과입니다. 파자마 데스는 얼마의 현금 수익을 얻게 될까요?

1시간 30분 공연 =

20개의 광고

광고는 각각 $1000

자리 티켓 한장의

가격은 $100

쇼마다 판매되는 자리 수가 달라집니다.

연필을 깎으며

쇼당 수입을 알려주는 방정식을 만드세요. 그리고 시즌 프리미어에
티켓 1,515장을 팔았을 경우 파자마 데스가 얼마의 수입을 올릴 수 있는지 계산하세요.

....

....

....

....

연필을 깎으며 정답

TV 쇼를 통해 얼마의 수익을 얻을 수 있는지 알아내야 합니다.

전체 수익 → R = 1000(20) + 100x ← x는 티켓 수

묘당 광고 수 곱하기 광고비

티켓 가격

묘당 광고 수, 광고 가격, 티켓 가격, 팔린 티켓 가격을 이용해 수입 방정식을 만들었습니다.

R = 20,000 + 100x

1515석, R = 20,000 + 100(1515) = 171,500

파자마 데스의 수입 5% = (0.05)(171,500) = \$8,575

한 번의 쇼 치고는 짭짤한 수입이네요!

이런... 장소가 바뀌었어요

마지막에 녹화 장소가 바뀌었어요. 원래 1,515석이 마련되어 있었는데 지금은 1,511석만 이용할 수 있습니다. 방정식 문제를 만들려고 너무 급조한 티가 난다구요? 실생활에서는 항상 이러한 제한이 있습니다. 종이에 적힌 방정식에는 제한이 없지만 실생활의 문제에는 항상 제한이 있죠.

현재 방정식은 우리에게 닥친 실제 문제를 정확하게 반영지 못합니다. *R*은 어떻게든 풀 수 있겠지만 *x*에 엉뚱하게 많은 좌석 수를 넣을 수 있기 때문이죠. 이는 파자마 데스가 실제로 벌 수 있는 수익에 비해 과장된 수익을 벌 수 있다는 오해를 일으킬 수 있습니다.

어떤 R 값이든 나올 수 있습니다.

모든 x 값을 넣을 수 있습니다.

$$R = 20,000 + 100x$$

방정식의 *R* 값은 *x*에 달려있으므로 *x*를 즉 티켓 수를 제한하면 *R* 값도 자동으로 제한됩니다.

티켓 수(*x*)와 관련해 어떤 정보를 알고 있습니까?

● **최악의 상황**

파자마 데스 티켓 판매에서 최악의 상황은 뭘까요? 아무도 오지 않는 것이죠. 즉, 티켓 판매 수가 0입니다.

● **최고의 상황**

파자마 데스가 1,511석 모두를 판매했습니다. 1,511석을 초과해 티켓을 판매한다면 앉을 자리를 찾지 못한 관중이 화를 낼 겁니다. 따라서 1,511석이 *x*의 최댓값입니다.

이 정보를 어떻게 우리의 방정식의 한계로 적용할 수 있을까요?

어떤 R 값이든 나올 수 있습니다

판매할 수 있는 티켓 수, TV 쇼의 방송 시간, 파자마 데스의 목청이 닳기 전에 부를 수 있는 노래 수 등 실생활에는 여러 제한이 있습니다. 이들 제한이 수식에도 반영이 되어야 합니다.

다행히 대수에서는 함수라는 멋진 **기능**을 제공합니다. 함수는 자신의 변수에 제한을 둘 수 있습니다. 함수의 변수를 **입력**이라 부릅니다.

파자마 데스의 문제에서 판매할 수 있는 티켓의 최소 숫자와 최대 숫자가 바로 **x**의 제한입니다. 이 제한으로 실제 존재하는 좌석 수보다 **x**가 커지는 일을 방지할 수 있고 따라서 파자마 데스가 벌 수 있는 수익의 한계도 정확하게 파악할 수 있습니다.

파자마 데스 방정식을 함수로 만드세요. 함수의 입력은 팔린 자리 수를 의미하는 x입니다.

함수를 방정식으로 표현할 수 있습니다.

함수는 특별한 종류의 방정식으로 보통 추가 정보를 포함합니다.
방정식도 함수가 될 수 있으므로 방정식과 함수를 구분할 수 있는 개념이 필요합니다. 즉 함수는 **y** 같은 항이 아니라 **f(x)**와 같은 방식으로 표시합니다.

함수를 이용해 파자마 데스의 장소 방정식에 제한을 추가할 수 있습니다.
방정식을 함수로 만들어봅니다. 티켓 수를 제한하려면 x에 무엇인가를 해야 하겠죠? 즉 **x**를 포함하는 어떤 표현식이 **f(x)**로 설정되도록 해야 합니다.
R을 가져와서 함수로 고칩니다.

일반 변수와 마찬가지로 함수도 꼭 f(x)여야 할 필요는 없고 c(d), r(x) 등으로 표현할 수 있습니다. 하지만 일반적으로 f(x)라는 표기를 사용합니다.

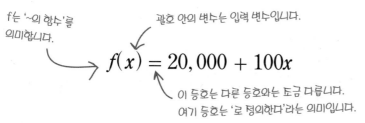

f는 '~의 함수'를 의미합니다.

괄호 안의 변수는 입력 변수입니다.

$$f(x) = 20,000 + 100x$$

이 등호는 다른 등호와는 조금 다릅니다.
여기 등호는 '로 정의한다'라는 의미입니다.

브레인 바벨

파자마 데스 장소 함수의 한계를 채우세요.

$$f(x) = 20,000 + 100x \qquad \text{.......} \leq x \leq \text{.......}$$

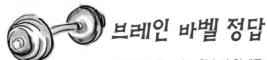

브레인 바벨 정답

파자마 데스 장소 함수의 한계를 채우세요.

최악의 상황 - 아무도
오지 않음

쇼가 매진됨!

$$f(x) = 20,000 + 100x \qquad 0 \ \le x \le \ 1511$$

입력 한계는 함수의 <u>정의역입니다</u>

입력 변수

$$f(x)$$

모든 함수는 유효한 입력 집합을 정의하는 정의역을 가지고 있습니다. 보통 유효한 값은 부등식으로 표현됩니다. 정의역 부등식은 $f()$ 안에 있는 입력 변수를 기준으로 완성됩니다.

우리의 함수에서 x는 입력이며 정의역은 x가 가질 수 있는 모든 값 즉 0에서 1,511 사이의 숫자입니다.

x는 0에서 1511사이의 수를 가질
수 있습니다(1511값도 가질 수
있으므로 같거나 작다라는 기호를
사용했습니다).

정의역은:

$$f(x) = 20,000 + 100x$$

정의역은:

$$0 \qquad \le x \le \qquad 1511$$

보통 함수의 정의역은 **상황에 따라** 달라지거나 **표현식 자체의** 정의에 의해 결정되기도 합니다. 얼마나 많은 수의 표를 팔 수 있을지는 해당 장소에 얼마나 많은 좌석이 있느냐에 따라 달라집니다. 이러한 사실은 수식과는 아무 관련이 없습니다.

모든 함수에는 정의역이 있습니다!

바보 같은 질문이란 없습니다

Q: 표현식 자체의 정의에 의해 결정된다는 것이 무슨 의미인가요?

A: 많은 수학 표현식은 영원하지 않고 자체적으로 제한하는 특성을 지닙니다. x라는 분모를 포함하는 표현식이 있다면 데카르트 평면에 나타나는 포물선이거나 음의 제곱근을 갖게 됩니다. 즉 실생활의 함수 모델뿐 아니라 표현식 자체로도 정의역에 제약이 생길 수 있습니다.

첫 번째 쇼에는 473명밖에 안 왔어요. 당황스럽네요.

x는 정의역 내에 있습니다.

겨우 473명이요? 첫 번째 쇼에는 파자마 데스의 기대보다 관객 수가 많이 부족했네요.

하지만 0보다는 크거나 같고 1,511보다는 작거나 같은 수치이므로 전혀 예상하지 못한 것은 아닙니다. 이처럼 정의역은 가능한 모든 어떤 입력값이라도 줄 수 있습니다.

연필을 깎으며

첫 쇼의 수입은 얼마입니까? 473명으로 10번의 쇼가 계속된다면 필요한 새 장비를 구입할 돈을 마련할 수 있을까요?

쇼당 수입 공식이 여기 있습니다.

파자마 데스는 앞으로 10번의 쇼가 남은 이번 시즌 내에 $52,375를 벌어야 합니다.

연필을 깎으며
정답

첫 쇼의 수입은 얼마입니까? 473명으로 10번의 쇼가 계속된다면
필요한 새 장비를 구입할 돈을 마련할 수 있을까요?

473은 정의역 내의 값이므로
사용할 수 있습니다.

$$f(x) = 20000 + 100x \qquad 0 \leq x \leq 1511$$

$$f(473) = 20000 + 100(473)$$

입력값은 473입니다.

$$f(473) = 67300$$

쇼 전체 수입입니다.

전체 수입의 5% = $(0.05)(67300) = \$3,365$

밴드가 필요한 돈에는 한참 못미치네요.

이미 한 개의 쇼가 끝났고 앞으로 10개의
쇼가 남았으니 총 11개 쇼입니다.

473일 때 통합 = 11 (3365)

473일 때 통합 = $37,015

파자마 데스는 앞으로 10번의
쇼가 남은 이번 시튼에 $52,375
를 벌어야 합니다.

이런 상황으로 가면 파자마
데스는 필요한 새 장비를
구입할 수 없겠네요.

필요한 돈은 $52,375인데 $37,015로는 부족하네요

계산 결과가 절망적이네요. 관중석을
매진시키긴 어려울 거예요! 매진시키지
못하면 새 장비도 없겠죠! 밑 빠진 독에
물 붓기 같은 기분이에요.

함수의 출력에는 최솟값과 최댓값이 정해져 있습니다

살펴본 것처럼 함수 입력은 정의역의 영향을 받습니다. 함수의 입력을 제함함으로 함수의 출력도 제한됩니다. 최대로 판매할 수 있는 티켓의 수가 1,511이라면 $f(x)$가 출력할 수 있는 최댓값을 구할 수도 있고 반대로 최솟값도 구할 수 있습니다. 이 최댓값과 최솟값이 함수 **출력**의 한계입니다.

함수의 출력을 결정하는 과정을 **함수를 평가한다**라고 합니다. x를 입력으로 $f(x)$를 풀 때, 이를 특정 입력값으로 함수를 평가한다고 표현합니다. 지금까지 수도 없이 했던 것처럼 함수 평가는 방정식을 푸는 과정과 똑같습니다.

그래서 최댓값과 최솟값이 얼마라는 거죠?

처음에 설정한 정의역을 이용해 함수 출력의 최솟값과 최댓값을 구할 수 있습니다. $f(x)$가 가질 수 있는 가장 작은 수와 가장 큰 수는 얼마일까요?

$$f(x) = 20,000 + 100x \qquad 0 \leq x \leq 1511$$

이 함수에서는 한계에 있는 값으로 함수를
평가해 최솟값과 최댓값을 구할 수 있습니다.
모든 함수의 최솟값과 최댓값을 이런식으로
구할 수 있는 것은 아닙니다.

연습문제

수입 함수를 평가해서 남은 시즌 동안 파자마 데스가 벌 수 있는 최대 수입을 계산하세요.
첫 쇼는 별로였지만 파자마 데스가 이후로 모든 쇼를 매진시킨다고 가정합니다.
전체 시즌에서 얼마의 수입을 올릴 수 있을까요?

....

....

....

....

수입 함수를 평가해서 남은 시즌동안 파자마 데스가 벌 수 있는 최대 수입을 계산하세요.
첫 쇼는 별로였지만 파자마 데스가 이후로 모든 쇼를 매진시킨다고 가정합니다.
전체 시즌에서 얼마의 수입을 올릴 수 있을까요?

$f(x) = 20000 + 100x \qquad 0 \leq x \leq 1511$ ← 원래 방정식입니다.

$f(1511) = 20000 + 100(1511)$ ← 매진된 상황을 평가합니다.

$f(1511) = 171100$ ← 입력과 출력 쌍은 (1511, 171100)으로
표현할 수있습니다.

필요한 $52,375보다 더 많은
수입을 거둘 수 있습니다.

수입의 5% = (0.05)(171100) = \$8,555

$10(8555) + 3365 = 88915$ ←

한 쇼를 매진시켰을 때 밴드가 벌 수
있는 최대 수입입니다.

한 번의 쇼는 실패했지만 나머지
10개의 쇼를 매진시켰다고 가정합니다.

모든 유효한 출력값을 치역이라고 합니다

모든 함수에 방정식의 유효한 입력값(정의역)이 있는 것처럼 유효한 출력값을
가리키는 치역도 존재합니다. 함수의 유효한 출력값을 **치역**이라 합니다. **치역**은
함수가 가질 수 있는 최솟값(가장 작은 출력값)과 최댓값(가장 큰 출력값)을
포함합니다.

정의역과 마찬가지로 치역도 부등식으로 표현할 수 있습니다. 또한 정의역처럼 함수
옆에 치역을 기록해서 함수 출력의 한계를 쉽게 파악할 수 있습니다. 물론 어떤
함수에서는 그래프가 데카르트 평면으로 표현할 수 없어서 치역이 제한됩니다.

조심하세요!

**정의역의 한계로 모든 함수의 최댓값과 최솟값을 얻을 수 있는 것은
아닙니다.**

수입 함수에서 정의역의 최솟값을 적용하면 치역의 최솟값이 되었고,
정의역의 최댓값을 적용해 치역의 최댓값을 구했습니다. 이는 양의 기울기를
갖는 선이기 때문입니다. 하지만 선이 음의 기울기를 가지고 있으면 서로 값이 바뀔 수
있습니다. 심지어 곡선이라면 최댓값이 정의역의 중간에 존재할 수도있습니다

함수에는 정의역과 치역이 있군요.
그 밖에 또 알아야 할 사항이 있나요?
아주 유용한 정보를 얻었네요.

함수는 아주 특별한 정의를 포함합니다.

함수는 방정식으로 표현되지 않을 때도 있습니다.
함수는 좀 더 범용적이거든요...

함수 현미경

지금까지 정의역, 치역, 입력, 출력 등 함수의 다양한 특성을 살펴봤습니다.
그런데 함수가 정말 뭔가요?

공식적인 함수의 정의는 다음과 같습니다.

함수는 하나의 입력을 특정 결과로 연결시키는 관계다.

이 관계를 방정식으로 표현할 수도있고 순서쌍의 집합으로

표현할 수도 있다. 또한 함수는 정의역과 치역을 포함할 수 있다.

아니 뭐라구요? **관계**요?
그게 뭐죠?

관계를 푸는 것이 대수입니다

관계는 숫자로 이루어진 두 집합을 표현하는 일반적 방법으로 보통 순서쌍으로
표시합니다. 관계가 방정식과 다른점은 관계에서는 패턴이 필요 없으며 완전
임의의 수가 나올 수 있다는 겁니다. 관계는 순서쌍으로부터 직접 파악할 수 있는
관계와 치역을 포함합니다.

방정식에 기초하지 않은 단순한 관계를 살펴보면서 관계가 무엇인지
이해해보세요.

순서쌍의 집합으로
관계를 만들 수
있습니다.

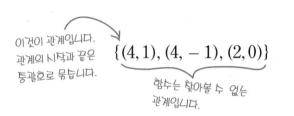

이것이 관계입니다.
관계의 시작과 끝은
통괄호로 묶습니다.

$$\{(4,1), (4,-1), (2,0)\}$$

함수는 찾아볼 수 없는
관계입니다.

관계의 숫자를 이용해 정의역과 치역을
알아낼 수 있습니다.

정의역: $\{2, 4\}$ 이 관계에서 이용할 수 있는
치역: $\{-1, 0, 1\}$ 유효값입니다.

함수는 관계의 특별한 종류에 불과합니다. 즉 함수는 **입력 하나**에 **결과
하나**를 가지는 관계입니다. 따라서 위 관계는 함수가 아닙니다.
입력 4에 1, −1 두 개의 결과가 있기 때문이죠.

x 값은 입력이며 4라는 입력의
결과는 두 개가 있습니다.

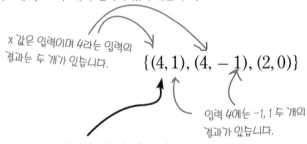

$$\{(4,1), (4,-1), (2,0)\}$$

입력 4에는 −1, 1 두 개의
결과가 있습니다.

정의역: $\{2, 4\}$
치역: $\{-1, 0, 1\}$

함수가 아닙니다.

요약 정리

· 관계

정의역과 치역을 포함하는 순서쌍의 집합

여러 함수 용어가 완전 분장하고 '누구게?' 게임을 하고 있습니다. 각각의 용어가 여러분에게 힌트를 주면 여러분은 그 힌트를 잘 듣고 용어가 누군지 알아내야 합니다. 각 용어는 항상 진실만을 얘기할 겁니다. 용어가 누구인지 빈칸을 채우세요.

나는 누구일까요?

금일 파티 참석자 명단:

함수, 정의역, 치역, 관계, 방정식, 입력, 출력, $f(x)$

이름

저는 함수에서 출력되는 값이에요.

....

저는 방정식일 수도 있고 순서쌍일 수도 있어요. 제가 누구든 간에 제가 재미있다는 사실에는 변함없죠.

....

저는 함수 출력의 최솟값과 최댓값을 표현한답니다. 하지만 조심하세요. 최소 입력과 최대 입력으로 항상 최댓값과 최솟값을 얻을 수 있는 것은 아니니까요!

....

저는 함수가 될 수 있어요. 하지만 방정식으로 표현되지 않죠. 저는 그냥 순서쌍의 집합이에요.

....

저는 함수의 입력을 제한합니다.

....

순서쌍이나 방정식이 함수인지 판단할 때 제가 결정적인 단서예요.

....

저는 함수일 수도 있고 아닐 수도 있습니다. 하지만 숫자와 관련된 한 개 이상의 항을 정의합니다.

....

저는 함수로 입력되는 값이에요.

....

여러 함수 용어가 완전 분장하고 '누구게?' 게임을 하고 있습니다. 각각의 용어가 여러분에게 힌트를 주면 여러분은 그 힌트를 잘 듣고 용어가 누군지 알아내야 합니다. 각 용어는 항상 진실만을 얘기할 겁니다. 용어가 누구인지 빈칸을 채우세요.

금일 파티 참석자 명단:

함수, 정의역, 치역, 관계, 방정식, 입력, 출력, $f(x)$

나는 누구일까요?

정답

이름

저는 함수에서 출력되는 값이에요.

.... 출력 ....

저는 방정식일 수도 있고 순서쌍일 수도 있어요. 제가 누구든 간에 제가 재미있다는 사실에는 변함없죠.

.... 함수 ....

저는 함수 출력의 최솟값과 최댓값을 표현한답니다. 하지만 조심하세요. 최소 입력과 최대 입력으로 항상 최댓값과 최솟값을 얻을 수 있는 것은 아니니까요!

.... 치역 ....

저는 함수가 될 수 있어요. 하지만 방정식으로 표현되지 않죠. 저는 그냥 순서쌍의 집합이에요.

.... 관계 ....

저는 함수의 입력을 제한합니다.

.... 정의역 ....

순서쌍이나 방정식이 함수인지 판단할 때 제가 결정적인 단서예요.

.... f(x) ....

저는 함수일 수도 있고 아닐 수도 있습니다. 하지만 숫자와 관련된 한 개 이상의 항을 정의합니다.

.... 방정식 ....

저는 함수로 입력되는 값이에요.

.... 입력 ....

바보 같은 질문이란 없습니다

Q: 함수가 방정식이어야 하는 건 아닌가요?

A: 그렇습니다. 함수가 방정식일 수도 있지만 순서쌍 집합일 수도 있습니다. 순서쌍 집합에서는 (입력, 출력)으로 표시됩니다. 처음에는 순서쌍이 이상해보일 수 있지만 주어진 값을 잘 살펴보면 아주 쉽게 정의역과 치역을 찾을 수 있습니다. 방정식도 결국 무한한 순서의 집합을 정의하는 선이라는 것을 기억하세요.

Q: 치역과 정의역은 주어지나요, 아니면 제가 구해야 하는 건가요?

A: 상황에 따라 다릅니다. 정의역과 치역이 직접 제공될 때도 있고 아니면 티켓 판매 문제처럼 문제 설명으로 정의역과 치역이 나오기도 합니다. 때로는 정의역과 치역 자체가 문제인 상황도 있습니다. 이 부분은 나중에 좀 더 자세히 살펴볼 겁니다.

Q: 하나의 입력에 하나의 출력이라... 이게 왜 중요하죠?

A: 하나의 입력에 하나의 출력 조건은 함수에서는 주어진 x 값이 있을 때 $f(x)$가 두 개의 값을 갖지 않을 것임을 보장합니다.

Q: 모든 방정식은 함수인가요?

A: 그렇지 않습니다. 이 부분은 곧 자세히 살펴볼 겁니다. 방정식에 하나의 입력이 주어졌을 때 결과가 여러 개면 그 방정식은 함수가 아닙니다. 하지만 함수가 아니더라도 방정식은 여러 가지 유용함을 제공합니다.

Q: 함수의 순서쌍은 그래프를 그릴 때 사용하는 순서쌍과 비슷해보이네요. 우연인가요?

A: 우연이 아닙니다. 점, 방정식으로 그래프를 그린 것처럼 함수의 순서쌍으로도 그래프를 그릴 수 있습니다. 함수의 순서쌍으로 그래프를 그리는 방법은 곧 살펴볼 것이며 그래프가 함수를 이해하는 데 큰 도움을 줍니다.

Q: 하나의 입력에 하나의 출력은 입력이 다르면 $f(x)$는 같은 값을 가질 수 없다는 의미인가요?

A: 그러니까 $f(x) = \{(1,4), (-1,4)\}$ 이것이 가능하냐는 질문이죠? 함수는 다른 입력에 같은 출력을 가질 수 있습니다. 하지만 반대는 안 됩니다. 즉, $\{(1,4), (1,3)\}$는 함수가 아닙니다. **같은** 입력에 다른 출력을 가질 수 없기 때문입니다.

Q: 함수의 최댓값은 치역의 최댓값과 같나요?

A: 그렇습니다. 주의할 점은 항상 정의역의 낮은 값과 높은 값에서 최댓값과 최솟값을 얻는 것은 아니라는 점입니다.

Q: 왜 그렇죠?

A: 함수가 직선이 아니라 곡선일 수 있는데 이때 정의역의 중간 지점에서 함수의 최댓값이나 최솟값을 가질 수 있기 때문입니다. 예를 들어 정의역의 두 지점 사이에 정점을 갖는 포물선이 있다면 정의역의 경곗값이 아니라 중간 지점에 최솟값이나 최댓값이 존재합니다.

Q: 함수는 많은 규칙을 가졌군요...

A: 수학자가 모든 사람이 통용할 수 있도록 함수를 처음 정의했습니다. 모두가 같은 결과를 갖는 것이 중요하기 때문입니다.

Q: 모든 함수는 관계인가요?

A: 그렇습니다. 함수는 순서쌍 집합으로 표현될 수 있는 정의역과 치역을 포함하므로 함수는 관계입니다. 하지만 반대는 성립하지 않습니다. 관계는 한 입력에 하나의 값을 갖지 않을 수 있기 때문입니다. 관계는 함수일 수 있고 아닐 수도 있습니다.

Q: 관계는 왜 사용하는 거죠?

A: 쉽게 파악할 수 없는 패턴을 가진 숫자를 묶는 것이 수학계의 관습입니다. 통계를 생각해보세요. 주택 데이터를 추적하고 있다고 가정하면 주소와 가격을 묶어야 할 겁니다. 어떤 순서로 이 값이 나열되는지 또는 얼마나 집값이 비싼지는 여기서 중요한 사항이 아닙니다.

모든 함수는 관계입니다. 하지만 모든 관계가 함수는 아닙니다.

메신저 대화: 관계 이해하기

제인: 정말 헷갈려. 관계가 갑자기 왜 등장한거지? 함수를 배우고 있었는데 갑자기 관계가 등장했어.

톤: 그렇지 않아. 관계는 원래부터 존재했어.

크리스티나: 난 관계를 이해한 것 같아. 관계란 모든 순서쌍으로 이루어지는 거야. 매우 보편적인 용어라구.

톤: 맞아. 함수가 되려면 여러 규칙을 만족해야 하지만 모든 순서쌍은 관계야.

제인: 방정식은 어때? 지금까지 방정식을 열심히 배웠는데 갑자기 방정식이 사라졌어.

톤: 방정식이 사라진 게 아니야! 방정식은 무한한 순서쌍을 표현하는 하나의 표현식이라는 걸 기억해. 방정식은 패턴을 포함할 뿐이야.

크리스티나: 방정식도 관계라는 말이구나?

톤: 방정식도 순서쌍의 그룹이니까 방정식도 관계가 틀림없어.

제인: 그럼 함수는 뭐지? 함수는 방정식이야?

톤: 함수는 방정식이 될 수 있지만 모든 함수가 방정식은 아니야.

크리스티나: 뭐라고?

톤: 한 입력에 대한 하나의 출력의 관계가 함수의 정의야. 이런 정의와 규칙을 따라야만 함수가 되지.

크리스티나: 결국은 원점이야. 그러니까 방정식이 어떤 규칙을 준수하고 하나의 입력에 하나의 출력을 가지면 함수라는 거지?

톤: 맞아.

크리스티나: ...

제인: 그렇군. 이제 이해한 것 같아...

관계, 방정식, 함수를 모두 묶어서

이 세 가지 용어는 순서쌍 그룹을 다른 방식으로 구분합니다.
알아야 할 게 많죠. 다시 한번 세 용어를 자세히 살펴보세요.
세 용어는 서로 어떤 관계죠? 얼마나 비슷하고 또 어떤 점이 다를까요?

● **관계, 선형 방정식, 함수는 모두 순서쌍의 집합입니다.**

방정식을 그래프로 표현하면 (x, y) 점의 집합으로 나타납니다. 함수와
관계에서는 순서쌍이 서로 연결되지 않는다는 점을 제외하면 방정식의
그래프와 같습니다.

● **관계, 선형 방정식, 함수는 모두 정의역과 치역을 포함합니다.**

정의역은 유효한 **입력**값이며 치역은 유효한 **출력**값입니다. 정의역과 치역은
무한할 수 있지만 언제나 존재합니다.

● **두 변수를 가진 모든 방정식은 관계이며 함수가 될 수 있습니다.**

방정식은 무한한 숫자 지점의 목록이므로 모든 방정식은 관계입니다. 하지만
함수는 하나의 입력에 하나의 출력 규칙을 요구하므로 방정식의 조건과는
다릅니다. 따라서 모든 방정식이 함수는 아닙니다.

● **모든 함수는 관계이며 어떤함수는 방정식이 될 수 있습니다.**

함수가 가장 구체적인 조건을 갖습니다. 모든 함수는 순서쌍의 집합이므로
관계입니다. 하지만 모든 순서쌍을 방정식으로 표현할 수 있는 것은 아닙니다 .

브레인 파워

어떤 함수는 방정식으로 표현할 수 있다고 했습니다. 그럼
함수도 별 어려움 없이 처리할 수 있겠죠? 함수를 그래프로
그리고 풀 수 있습니까?

함수를 말하다

이번 주에 만난 사람 :

어떤 취급을 원하십니까?

헤드 퍼스트: 함수 님 안녕하세요! 최근 함수에 대해 많이 배우고 있습니다.

함수: 감사합니다. 저에 대해 열공하고 계시다니 기분이 좋네요.

헤드 퍼스트: 많은 분이 함수를 어떻게 처리해야 하는지 궁금해합니다. 보통 방정식처럼 다루면 되나요?

함수: 네 그렇습니다. 저는 방정식이 될 수 있으므로 여러분은 방정식을 풀듯이 저를 처리할 수 있습니다.

헤드 퍼스트: $f(x) = 0$으로 설정해도 괜찮다는 말씀이군요?

함수: 그렇습니다. 그렇게 하시면 함수를 0으로 만드는 값을 구하실 수 있습니다.

헤드 퍼스트: 그래프는 어떻게 그리나요?

함수: 역시 제가 정의역과 치역을 갖는 방정식이 된다면 일반 방정식의 그래프를 그리듯이 저를 그리시면 됩니다. 다만 이때 여러분은 제약사항도 그래프에 반영해야 합니다.

헤드 퍼스트: 그렇군요. 예를 들자면 함수 님의 정의역에 해당되는 값만 그래프로 표현해야 한다는 말씀이시군요.

함수: 그렇습니다. 제 정의역이 −1에서 10까지라면 그래프도 −1에서 10까지만 그려야 합니다.

헤드 퍼스트: 그러니까 함수 님이 방정식 형태라면 방정식과 완전 같게 처리할 수 있군요.

함수: 상황에 따라 그럴 수도 있고 아닐 수도 있습니다. 제 정의역과 치역을 벗어나지 않는 한 여러분이 원하시는 작업을 할 수 있습니다. 즉 그래프가 치역을 벗어나지 않도록 그려야 하며 또는 정의역에서 벗어나는 값을 풀지 않도록 주의해야 합니다. 그렇지 않으면 제가 제대로 동작하지 않습니다.

헤드 퍼스트: 함수 님은 방정식보다 제약이 심한 편인가요?

함수: 그렇습니다. 하지만 저는 제약이라는 말보다는 '현실적'이라는 표현을 선호합니다. 제가 그런 것처럼 세상에도 한계가 존재합니다. 즉 저는 좀 더 실생활 문제에 최적화되어 있습니다.

헤드 퍼스트: 감사합니다. 이번 기회에 함수 님을 더 잘 알게 되었습니다.

함수의 제약사항 덕분에 실세계를 좀

더 현실적인 수학으로 표현할 수 있다.

그러니까 우리가 함수의 그래프를 그릴 수 있다는 거죠?

언제나 함수 그래프를 그릴 수 있습니다.

이전 장들에서 선형 방정식의 그래프를 그리는 방법은 충분히 배웠으므로 대부분의 함수의 일반적 그래프를 그릴 수 있습니다. 다만 함수의 그래프를 그릴 때는 정의역과 치역을 반영해야 합니다.

브레인 바벨

파자마 데스 수입 함수 그래프의 치역을 구하시오.

$$f(x) = 20,000 + 100x$$
$$0 \leq x \leq 1511$$

....

....

....

....

....

....

치역:

브레인 바벨 정답

파자마 데스 수입 함수 그래프의 치역을 구하시오.

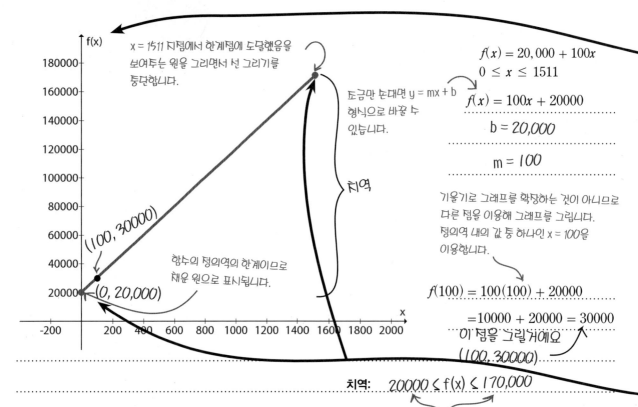

x = 1511 지점에서 한계점에 도달했음을 보여주는 원을 그리면서 선 그리기를 중단합니다.

조금만 손대면 y = mx + b 형식으로 바꿀 수 있습니다.

치역

(100, 30000)

(0, 20,000)

함수의 정의역의 한계이므로 채운 원으로 표시됩니다.

$$f(x) = 20,000 + 100x$$
$$0 \leq x \leq 1511$$

$$f(x) = 100x + 20000$$

b = 20,000

m = 100

기울기로 그래프를 확장하는 것이 아니므로 다른 점을 이용해 그래프를 그립니다. 정의역 내의 값 중 하나인 x = 100을 이용합니다.

$$f(100) = 100(100) + 20000$$

$$= 10000 + 20000 = 30000$$

이 점을 그릴거예요
(100, 30000)

치역: $20000 \leq f(x) \leq 170,000$

그래프를 통해 위와 같은 치역의 수입을 벌 수 있다는 사실을 확인할 수 있습니다.

쉬는 시간 완벽하게 그래프를 그리지 못했어도 걱정하지 마세요.

그래프를 완벽하게 그리는 것은 정말 어렵습니다. 기본 모양과 정의역 한계 지점을 찾는 데 집중하세요.

함수 그래프에는 제한이 있습니다

함수의 그래프도 방정식의 그래프와 크게 달라보이진 않습니다. 다만 방정식 그래프와 달리 함수 그래프에는 제한만 반영하면 되니까요. 심지어 채워진 원으로 정의역의 끝 점을 표현하는 것도 새로운 것은 아닙니다. 부등식 그래프에서 이미 해봤기 때문이죠.

약간의 변형은 있지만 함수의 그래프는 방정식의 그래프와 거의 같습니다.

① **$f(x)$와 x축을 기준으로 기본 방정식의 그래프를 그립니다.**

전형적인 데카르트 평면에서 y를 $f(x)$ 값으로 바꾼 다음 함수의 그래프를 그립니다. 이렇게 하면 x축과 f(x)축이 생깁니다.

② **함수의 정의역을 확인한 다음 정의역 밖의 그래프를 제거합니다.**

정의역 밖의 중요하지 않은 영역은 삭제하고 잘라냅니다.

정의역입니다. 0 이전과 1511 이후의 그래프를 잘라냅니다.

$$0 \le x \le 1511$$

③ **종단점을 그립니다.**

수직선에서 부등식을 그릴 때 부등식의 종류에 따라 종단점을 채운 원이나 빈 원으로 그렸습니다. 함수도 같은 방식으로 그립니다.

우리의 그래프는 두 정의역 값에 모두 같거나가 들어가므로 채워진 점으로 그립니다.

$\le \ \& \ \ge$ — 채운 점을 그립니다.

● 그래프가 '경계점을 포함한다'는 의미입니다.

$< \ \& \ >$ — 채우지 않은 원을 그립니다.

○ 그래프가 경계지점까지 도달했지만 '경계점을 포함하지는 않는다'는 의미입니다.

④ **그래프를 보고 필요한 값을 바로 읽을 수 있습니다.**

선형 방정식에서 했던 것처럼 원하는 값을 바로 얻을 수 있습니다. 심지어 선형 방정식이 아닐지라도 치역 등의 값도 바로 확인할 수 있습니다.

핵심정리

- 함수의 **그래프**는 방정식의 그래프와 비슷합니다.

- 함수의 한계를 표현할 때 **채워진 점**은 '또는 같은' 부등호를 의미하며 **빈 점**은 크거나 작은 기호를 가리킵니다.

- 함수의 **치역**을 찾는 가장 좋은 방법은 그래프를 **읽는** 겁니다.

- $f(x)$를 0으로 설정해서 함수의 0값을 찾을 수 있습니다.

바보 같은 질문이란 없습니다

Q: 함수의 정의역을 어떻게 알 수 있나요?

A: 함수의 형식에 따라 방법이 다릅니다. 방정식 문제로 주어졌다면 문제를 해석해서 그 안에 제한이 있는지 확인합니다. 함수가 순서쌍으로 주어졌다면 순서쌍 점으로부터 직접 정의역을 알아낼 수 있습니다.

Q: 함수의 치역은 어떻게 알 수 있나요?

A: 가장 쉽고 빠른 방법은 함수의 그래프를 그려서 그래프의 끝 점을 읽는 겁니다. 왜냐구요? 방정식(또는 점들)의 경계 내에서 어떤 특이한 사항이 벌어지면 그래프로 쉽게 파악할 수 있기 때문입니다.

Q: 정의역의 상윗값과 하윗값으로 함수를 평가해 치역을 알아내도 될까요?

A: 이 방법이 통할 때도 있고 통하지 않을 때도 있습니다. 함수가 양의 기울기를 가진 직선일 때만 이 방법을 이용할 수 있기 때문입니다. 경계 지점 사이에 꼭짓점을 갖는 포물선이라면 이 방법이 동작하지 않습니다. 제시된 방정식이나 관계가 어떤 상태인지 확신이 가지 않으면 그래프를 그려서 치역을 결정하는 것이 최상의 방법입니다.

Q: 치역은 최댓값 및 최솟값과 어떻게 다르죠?

A: 좋은 질문입니다. 치역은 방정식이 가질 수 있는 모든 $f(x)$ 값을 가리킵니다. 함수의 최댓값과 최솟값은 단지 두 경계값일 뿐이구요.

Q: 방정식이 함수인지 어떻게 알 수 있죠?

A: 주어진 방정식에서 **각 입력에 하나의 출력만** 있다면 그 방정식은 함수입니다. 즉 모든 x에 대해 하나의 $f(x)$ 값이 존재하는 겁니다. 이를 그래프로 확인할 수 있습니다. 이는 잠시 후에 살펴봅니다.

함수의 치역을 찾는 가장 좋은 방법은 그래프를 읽는 겁니다.

연습문제

파자마 데스는 $f(x) = -2x^2 + 12x - 9$ 방정식을 만족하는 파라볼릭 마이크를 구매하고 싶어 합니다. 입력은 0 초과 5 이하입니다. 마이크 출력의 치역을 알아야 무대 장치에 알맞은 음향 시스템을 살 수 있습니다.

....

....

....

....

....

치역:

....

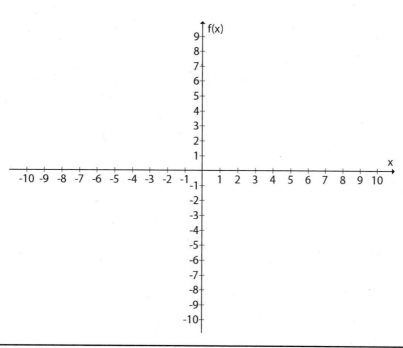

연습문제 정답

파자마 데스는 $f(x) = -2x^2 + 12x - 9$ 방정식을 만족하는 파라볼릭 마이크를 구매하고 싶어 합니다.
입력은 0 초과 5 이하입니다. 마이크 출력의 치역을 알아야 무대 장치에 알맞은 음향 시스템을 살 수 있습니다.

음수는 포물선이 뒤집어졌음을 의미합니다.

정의역 경계값입니다.

$$f(x) = -2x^2 + 12x - 9$$

$x = 0$ 대입 $\quad -2(0)^2 + 12(0) - 9$

$$0 < x \leq 5$$

정의역입니다. 0 초과 5 이하

$$f(x) = -9$$

이차방정식이므로 꼭짓점을 찾습니다.

정의역의 다른 경계값

$$\text{꼭짓점 } x = -\frac{b}{2a} = -\frac{12}{2(-2)} = 3$$

$x = 5$ 대입 $\quad -2(5)^2 + 12(5) - 9$

$$\text{꼭짓점 } y = -2(3)^2 + 12(3) - 9$$

$$= -50 + 60 - 9 = 1$$

$$= -18 + 36 - 9 = 9$$

꼭짓점의 좌표는 $(3, 9)$

치역: $\quad -9 < f(x) \leq 9$

이제 그래프에서 직접 치역을 읽을 수 있습니다

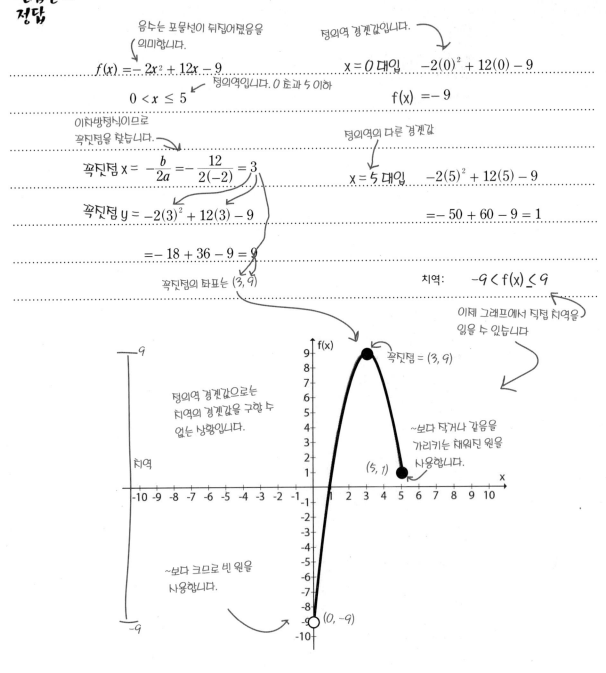

정의역 경계값으로는 치역의 경계값을 구할 수 없는 상황입니다.

꼭짓점 = $(3, 9)$

~보다 작거나 같음을 가리키는 채워진 원을 사용합니다.

$(5, 1)$

치역

~보다 크므로 빈 원을 사용합니다.

$(0, -9)$

파자마 데스 TV의 2편 방영을 앞두고...

> 좌석 번호는 자유인가요?
> 아니면 지정 좌석을 실시해야 하나요?

좌석을 지정하는 것은 함수와 같습니다!

좌석을 지정하는 것은 함수와 비슷합니다. 입력(좌석 번호)에 해당하는 출력(자리에 앉을 고객 ID)이 있기 때문입니다.

다음을 살펴보세요.

입력(좌석 #, s)		출력(고객 ID, c)
좌석 110	→	75
좌석 112	→	63
좌석 125	→	85
좌석 110	→	40
좌석 75	→	56

일대일 대응이네요. 한 자리에는 <u>오직 하나</u>의 고객 ID가 존재합니다.

함수에서 모든 x에는 하나의 $f(x)$가 대응하는데 좌석 지정도 마찬가지네요. 중복된 $f(x)$ 값이 있다면 하나의 좌석에 두 명의 고객 ID가 할당된다는 의미입니다. 이런 일이 발생하면 안 되죠!

브레인 바벨

좌석(s)과 고객 ID(c)의 관계가 함수인지 어떻게 확인할 수 있는지 적어보세요.

....

....

....

그래프는 관계의 본질을 보여줍니다

좌석 지정을 **제대로** 하느냐 아니면 중복되게 잘못하느냐의 차이는 마치 함수와 관계의 차이와 같습니다. 즉 자리 할당이 일대일로 대응된다면 모두가 자리에 앉을 수 있는데 이것이 바로 함수입니다. 자리가 중복 할당된다면 이는 함수가 아니라 관계가 되며 이 관계 때문에 주먹질이 일어날 겁니다.

서로 다른 두 개의 순서쌍 집합 그래프를 자세히 살펴보시죠. 한 순서쌍은 관계고, 다른 순서쌍은 함수입니다.

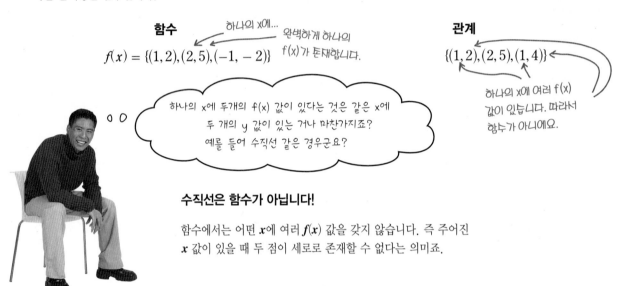

함수

하나의 x에...

$$f(x) = \{(1,2), (2,5), (-1,-2)\}$$

완벽하게 하나의 f(x)가 존재합니다.

하나의 x에 두개의 f(x) 값이 있다는 것은 같은 x에 두 개의 y 값이 있는 거나 마찬가지죠? 예를 들어 수직선 같은 경우군요?

관계

$$\{(1,2), (2,5), (1,4)\}$$

하나의 x에 여러 f(x) 값이 있습니다. 따라서 함수가 아니에요.

수직선은 함수가 아닙니다!

함수에서는 어떤 x에 여러 $f(x)$ 값을 갖지 않습니다. 즉 주어진 x 값이 있을 때 두 점이 세로로 존재할 수 없다는 의미죠.

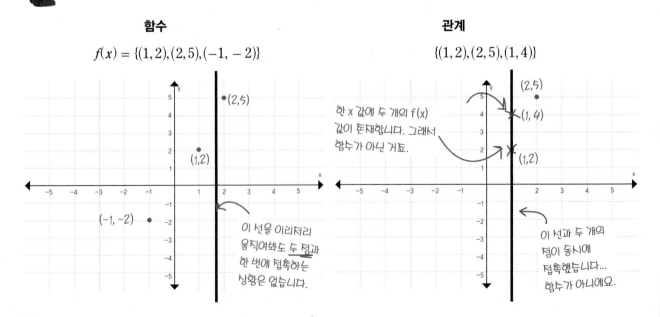

함수

$$f(x) = \{(1,2), (2,5), (-1,-2)\}$$

(2,5)

(1,2)

(-1,-2)

이 선을 이리저리 움직여봐도 두 점과 한 번에 접촉하는 상황은 없습니다.

관계

$$\{(1,2), (2,5), (1,4)\}$$

(2,5)

한 x 값에 두 개의 f(x) 값이 존재합니다. 그래서 함수가 아닌 거죠.

(1,4)

(1,2)

이 선과 두 개의 점이 동시에 접촉했습니다... 함수가 아니에요.

함수는 수직선 테스트를 통과합니다

좀 전에 그래프로 함수 여부를 확인했는데 이를 **수직선 테스트**라고 합니다.
이는 그래프의 수직선 상에 두 점이 있다면 **함수가 아니라**는 사실에서 착안한 테스트입니다.

수직선이 그래프 상의 두 점을 통과하면 함수가 **아니에요**. 간단하죠? 그래프가 함수인지
테스트하려면 자와, 여러분의 눈이 필요합니다. 자가 없으면 종이 모서리를 이용해도 됩니다.

연필을 깎으며

자리 할당은 함수인가요?

입력 (자리 번호, s)	출력 (고객 번호, c)
112번 좌석	75
125번 좌석	63
110번 좌석	85
110번 좌석	40
75번 좌석	56

만약 자리가 함수가 아니라면, 함수가 되려면 어떤 자리를 바꿔야 하나요? ....

자리 할당은 함수인가요?

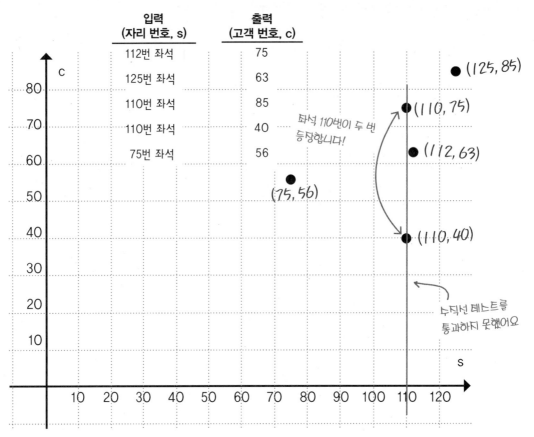

입력 (자리 번호, s)	출력 (고객 번호, c)
112번 좌석	75
125번 좌석	63
110번 좌석	85
110번 좌석	40
75번 좌석	56

좌석 110번이 두 번 등장합니다!

수직선 테스트를 통과하지 못했어요

만약 자리가 함수가 아니라면, 함수가 되려면 어떤 자리를 바꿔야 하나요?

40번 고객에게는 다른 자리를 배정해야 합니다. 110번 좌석은 이미 예약되었으니까요.

s = 110에서 수직선 테스트를 실패했습니다.
함수가 되려면 s값을 다른 c값으로 대응해야 합니다.

핵심정리

- 그래프가 있다면 **수직선 테스트**로 함수인지 판별할 수 있습니다.

- 그래프는 함수나 관계의 **정의역**을 보여줍니다.

- 그래프는 함수나 관계의 **치역**도 보여줍니다.

- 그래프는 방정식이나 함수가 0이 되는 값을 보여줄 수 있습니다.

바보 같은 질문이란 없습니다

Q: 항상 함수를 그래프로 그려야 하나요?

A: 여러분이 원하는 것이 무엇이냐에 따라 다릅니다. 함수, 방정식, 관계를 그래프로 그리면 전체 상황을 한눈에 파악할 수 있으며 중요한 정보를 얻을 수 있습니다. 하지만 그래프에도 약간의 제약이 있습니다. 그래프로부터 읽는 내용에 제약이 있을 수 있습니다. 소수점을 포함하거나 그래프가 너무 크다면 그래프로부터 직접 값을 읽기 어렵습니다. 그래프를 그리는 데 시간이 걸립니다. 단지 답이 맞는지 확인하거나 특정 값을 찾는 상황이라면 그래프를 그리는 것보다는 직접 특정 값으로 함수를 평가하는 것이 좋습니다.

Q: 정말로 함수를 방정식처럼 취급할 수 있나요?

A: 그렇습니다 그리고 좋은 시도입니다. 함수를 방정식으로 표현할 수 있다면 함수를 0으로 만드는 값을 풀 수 있고 함수의 그래프도 그릴 수 있습니다. 다만 정의역과 치역으로 그래프의 한계를 적절하게 설정하고 0 대신 $f(x)$를 쓰는 것만 주의하시면 됩니다.

Q: 함수는 항상 $f(x)$로 표현하나요? $f(t)$ 등은 안 되나요?

A: 물론 다른 표현도 괜찮지만 보통 그럴 필요가 없을 뿐입니다. 예를 들어 $r(q)$, $g(t)$ 등으로 표현할 수 있습니다. $r(q)$에서 r은 q의 함수를 의미합니다. 표현이 바뀌면 이에 맞게 그래프의 축도 바뀌어야 합니다. 나머지는 모두 같습니다.

Q: 함수는 그냥 방정식보다 복잡한것 같아요. 정의역, 치역 등이 따라다니니까요. 함수가 방정식보다 좋은 점이 뭔가요?

A: 좋다라는 표현은 주관적입니다. 함수는 좀 더 **현실적**이라는 표현이 더 정확합니다. 실세계에서는 제한이 존재하며 함수는 이러한 제한을 쉽게 적용할 수 있으며 그래프로 표현할 수 있습니다. 그래서 함수가 유용한 겁니다.

뭐라구요? 사운드를 점검하는 동안 공짜표를
가진 몇몇 VIP가 나타났어요.
이들은 어떻게 계산해야 하죠?

**두 번째 쇼가 시작됩니다. 하지만 이번에는 공짜표라는 돌발변수가
나타났습니다. 이를 어떻게 대처해야 할까요?**

계약서를 살펴보니 여러분(그리고 파자마 데스)이 놓쳤던 조항이 작은
글씨로 적혀 있었습니다!

계약서에 의하면 방송국은 쇼당 350개의 공짜표를 VIP에게 제공할 수
있습니다. 방송국에서 공짜표가 관객들에게 더 좋은 인상을 심어줄 수
있다고 생각하는 것 같습니다.

공짜표가 파자마 데스의 수입에 미치는 영향?

처음 350 티켓은 항상 공짜입니다!

상황이 점점 복잡해지네요. 1,511석에는 변함이 없습니다. 하지만 매 쇼에서
350석을 무료로 제공해야 합니다(파자마 데스에게 돌아오는 수입도 0이죠).
이제 나머지 좌석만 일반 가격에 판매할 수 있습니다. 다음처럼 정리할 수
있겠네요.

1,511 좌석

쇼당 얼마나 많은

돈을 벌 것인가?

$\$$ =

$+$

광고 누익은
$20,000 유지

좌석 당 $100에
팔고 있지만 처음
350석은 공짜

괜찮아요. x를 기준으로
정의역을 설정하면 그래도
함수가 유지됩니다.

$f(x) = 20,000 + 100x$

$0 \leq x \leq 350$

처음 350석에서는 누익이
없습니다. 따라서 이 정의역은
알맞게 변해야 하며 함수의 출력도
그에 따라 바뀌어야 합니다.

만약 티켓이 351당
미만으로 팔리면 광고
누입 $20,000가 전체
누입입니다.

$f(x) = 20,000$

$0 \leq x \leq 350$

하지만... 나머지 티켓은 어떻게 되죠?

VIP에게 주고 남은 나머지 티켓은 장당 $100에 팝니다. 즉 350 티켓을 주고 난 이후
상황의 방정식은 기존과 비슷합니다.

사소한 문제가 생겼네요. 티켓당 수입은 $100이지만 351번째 티켓부터만 이 가격이
적용됩니다. 이를 함수에 반영해야 합니다.

이제 100 ×x가 아닙니다... 공짜로 나눠주는
초기 티켓 350장을 빼야 해요.

기존
방정식입니다. → $f(x) = 20,000 + 100x$

↗ $f(x) = 20,000 + 100(x - 350)$

갱신한 방정식입니다.

$$351 \leq x \leq 1511$$

정의역도 바꿔야 합니다.
351에서 1511 사이의 티켓에만 이
방정식을 적용할 수 있습니다.

이제 방정식과 정의역을 포함하는 두 가지 함수가 완성되었습니다. 이를
수학적으로는 어떻게 표현하나요?

하나의 함수에 두 영역 = 실생활

어디서 어떤 일이 일어나는지만 잘 관리한다면 이 두 함수를 함께 처리할 수
있습니다. 정의역에 따라 다른 값을 갖는 함수를 **구간 정의된 함수**라고 부릅니다.
우리는 **구간 정의된 함수**를 다음처럼 다른 정의역을 가진 하나의 큰 함수로
표시합니다.

중괄호는 두 방정식을 함께
고려해야 함을 의미합니다.

대응하는 방정식 옆에
정의역이 추가됩니다.

$$f(x) = \begin{cases} 20,000 & 0 \leq x \leq 350 \\ 20,000 + 100(x - 350) & 351 \leq x \leq 1511 \end{cases}$$

따라서 함수는 입력 정의역에
따라 다르게 동작합니다.

브레인 파워

구간 정의된 함수는 어떻게 평가할까요? 구간 정의된 함수를
평가하지 못하면 파자마 데스의 수입을 알 수 없습니다.

여러분에게 필요한 함수를 사용하세요

여러분의 함수가 무엇을 나타내는지가 상당히 중요할 때도 있습니다. 전체 상황을 고려해야 하는 실생활 문제를 구간 함수로 표현했다면 정의역이 핵심입니다. 다양한 입력(x 값)에 대응하는 여러 방정식을 정의했다면 어떤 상황에 어떤 방정식을 적용할지 결정해야 합니다.

구간 함수 평가 방법

숫자와 관련된 함수는 어떻게 평가할까요? 특정 숫자가 해당되는 정의역 찾은 다음 대응하는 방정식에 해당 숫자를 이용합니다. 다음처럼 말이죠.

① 평가할 값을 찾았다면 함수의 어떤 정의역에 해당하는지 결정합니다.

② 해당 정의역에 대응하는 함수만 평가합니다.

알맞은 방정식을 사용해 평가하고 답을 도출합니다. 다른 구간 함수는 이용하지 **않습니다!**

'일반' 함수를 그리듯이 구간 함수의 그래프를 그립니다!

구간 함수의 그래프를 그리는 방법은 일반 함수의 그래프를 그리는 방법과 같습니다. 정의역에 적용되는 방정식을 그래프로 그리면 되니까요. 즉 각 구간 함수의 그래프를 각각 구간별로 그립니다. 이 때문에 이 함수를 구간 함수라 부르는 겁니다.

정의역의 종점을 표현하는 규칙도 같습니다. 부등호의 종류에 따라 채워진 원, 빈 원을 사용합니다.

핵심정리

- **구간 함수**는 여러 함수가 그룹으로 묶인 함수입니다.
- 정의역은 보통 **겹치지 않습니다.**
- 함수 그래프를 그리는 규칙은 **그대로 유지됩니다.**

- 적용되는 **정의역을 결정**하고 해당 함수를 이용하는 방식으로 구간 **함수를 평가**합니다.
- 구간 함수를 이용하면 **상황에 따라 발생하는 다양한 동작**을 표현할 수 있습니다.

파자마 데스의 수입 함수를 그래프로 그리세요. 전체 그림을 볼 수 있도록 두 정의역을 한 그래프로 그립니다.
새 그래프는 티켓 판매 종류에 따른 예상 수입을 모두 보여줄 겁니다.

수입 함수에서 이 구간을 먼저
그래프로 그립니다.

$$f(x) = \begin{cases} 20,000 & 0 \leq x \leq 350 \\ 20,000 + 100(x - 350) & 351 \leq x \leq 1511 \end{cases}$$

함수의 두 번째 구간을
그래프로 그립니다.

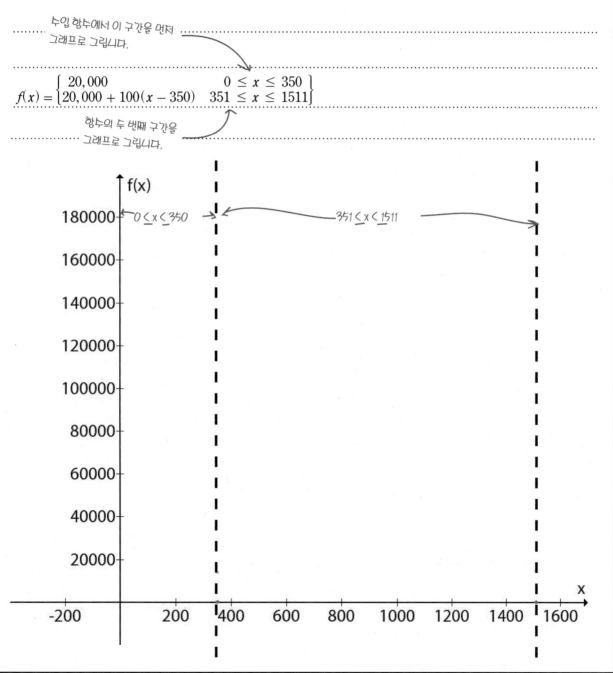

연습문제
정답

파자마 데스의 수입 함수를 그래프로 그리세요. 전체 그림을 볼 수 있도록 두 정의역을 한 그래프로 그립니다. 새 그래프는 티켓 판매 종류에 따른 예상 수입을 모두 보여줄 겁니다.

이 구간은 직선입니다!

선형 그래프이므로 경계점을 이용해 그래프를 그립니다.
만약 포물선 그래프였다면 꼭짓점을 이용했을 겁니다.

$$f(x) = \begin{cases} 20,000 & 0 \le x \le 350 \\ 20,000 + 100(x - 350) & 351 \le x \le 1511 \end{cases}$$

$f(351) = 100(351) - 15000 = 20100$ (351, 20100)

$f(x) = 20000 + 100x - 35000$

$f(1511) = 100(1511) - 15000 = 136100$

$f(x) = 100x - 15000$

표현식을 간소화해서 쉬운 형태로 만듭니다.

(1511, 136100)

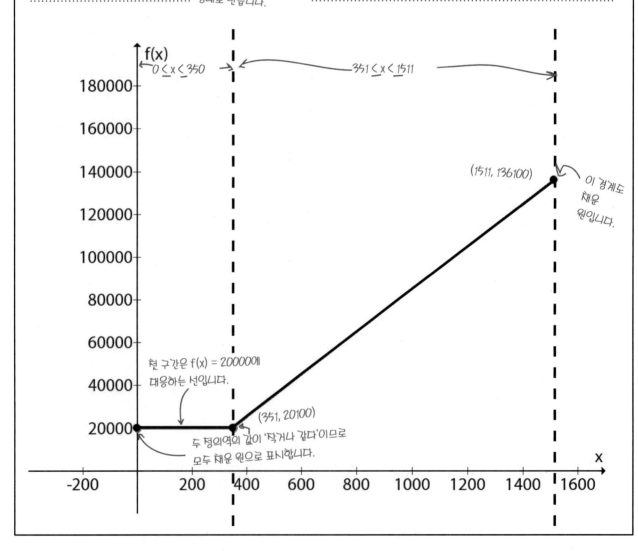

$0 \le x \le 350$

$351 \le x \le 1511$

(1511, 136100)

이 경계도 채운 원입니다.

첫 구간은 $f(x) = 200000$에 대응하는 선입니다.

(351, 20100)

두 정의역의 값이 '작거나 같다'이므로 모두 채운 원으로 표시합니다.

숫자가 모두 결정되었습니다... 이제 어떻게 할까요?

시즌이 끝났습니다. 이제 파자마 데스가 얼마나 많은 수입을 얻는지 계산할 시간입니다.
우선 첫 번째 공연 수입에서 VIP 티켓 판매를 고려해 재계산해야 합니다. 그리고 나머지 공연 수입을 계산합니다.

수입 공사

수입 그래프를 이용해 다음 차트를 채우고 파자마 데스가 필요한 물건을 살 수 있을 만큼
충분한 수입을 올렸는지 확인하세요!

쇼 번호	참석자수	총 수입	파자마 데스의 5%
1	473		
2	123		
3	789		
4	974		
5	1246		
6	1234		
7	1499		
8	1412		
9	1461		
10	1511		
11	1503		

파자마 데스의 총수입 →

새로운 장비를 사는 데
필요한 $52,375를 벌었
습니까?

네   **아니요**

수입 공사 정답

수입 그래프를 이용해 다음 차트를 채우고 파자마 데스가 필요한 물건을 살 수 있을 만큼
충분한 수입을 올렸는지 확인하세요!

쇼 번호	참석자수	총 누입	파자마 데스의 5%
1	473	32,300	1,615
2	123	20,000	1000
3	789	63,900	3195
4	974	82,400	4120
5	1246	109,600	5480
6	1234	108,400	5420
7	1499	134,900	6745
8	1412	126,200	6310
9	1461	131,100	6555
10	1511	136,100	6805
11	1503	135,300	6765
			$ 54,010

여러분이 계산한 값과 다르더라도 크게
걱정할 문제는 아닙니다. 그래프가 아두
커서 계산이 됩지 않기 때문입니다.

파자마 데스의
총누입

새로운 장비를 사는 데
필요한 $52,375를 벌었
습니까?

 네   아니요

파자마 데스의 쇼는 히트를 쳤습니다!

쇼가 진행될수록 인기를 얻었고 결국 파자마 데스는 원하는 장비를 구입할 충분한 돈을 벌었습니다.

여러분 덕분에 파자마 데스는 새 앨범과 성대한 콘서트를 준비할 수 있습니다! 파자마 데스가 벌 수 있는 수입을 이해하도록 여러분이 도와준 덕분에 이들이 음악 활동에 더 진지하게 임했습니다.

도와줘서 고마워요. 여러분 도움이 없었다면 해내지 못했을 거예요. 고마움의 표시로 여러분에게 드리는 곡을 만들었어요. 제목은...

니가 최고야!

긴 연습문제

아래 구간 함수를 그래프로 그려서 치역을 확인하세요.

$$f(x) = \begin{cases} 2x^2 + 8x - 1 & -5 \leq x < 0 \\ x & 0 < x < 3 \\ -\dfrac{x}{3} + 5 & 3 < x \leq 8 \end{cases}$$

아래 공간을 활용하세요.

....

....

....

....

....

....

....

....

....

....

....

....

....

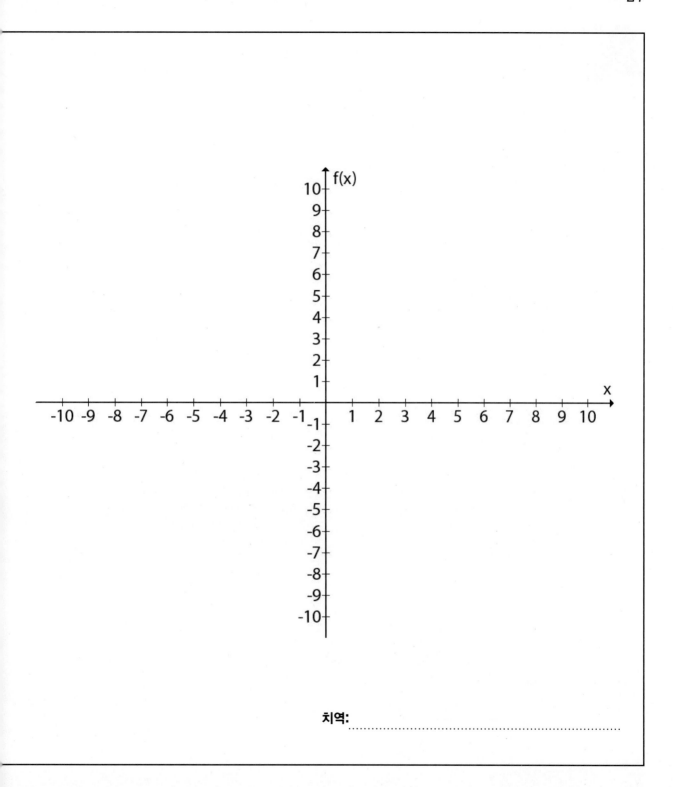

치역: ....

긴 연습문제
정답

아래 구간 함수를 그래프로 그려서 치역을 확인하세요.

$$f(x) = \begin{cases} 2x^2 + 8x - 1 & -5 \le x < 0 \\ x & 0 < x < 3 \\ -\dfrac{x}{3} + 5 & 3 < x \le 8 \end{cases}$$

경계가 꼭짓점의 왼쪽과 오른쪽에
있으므로 경계값을 이용합니다.

$f(x) = 2x^2 + 8x - 1$

$f(-5) = 2(-5)^2 + 8(-5) - 1 = 9$ ← $(-5, 9)$

꼭짓점 $x = \dfrac{-b}{2a} = \dfrac{-8}{2\,(2)} = -2$

$f(0) = 2(0)^2 + 8(0) - 1 = -1$ $(0, -1)$

f(x) 함수에
다시
대입합니다.

$f(x) = 2(-2)^2 + 8(-2) - 1$

$f(x) = 8 - 16 - 1 = -9$

꼭짓점 $(-2, -9)$

함수의 두 번째 구간은 선형 방정식이므로
경계점으로 충분합니다.

$f(x) = x$

이제 여러 점을 이용합니다. 점을
그릴 때 '같거나'라는 부등호가
있으면 채워야 하고 일반 부등호면
비워야 한다는 사실을 주의합니다.

$f(0) = 0$ ← $(0,0)$

$f(3) = 3$ ← $(3,3)$

마지막 함수도 선형 방정식이므로
같은 방식으로 처리합니다.

$f(x) = \dfrac{-x}{3} + 5$

$f(3) = \dfrac{-3}{3} + 5 = 4$ $(3,4)$

$f(8) = \dfrac{-8}{3} + 5 = \dfrac{7}{3}$ $(8, 2\frac{1}{3})$

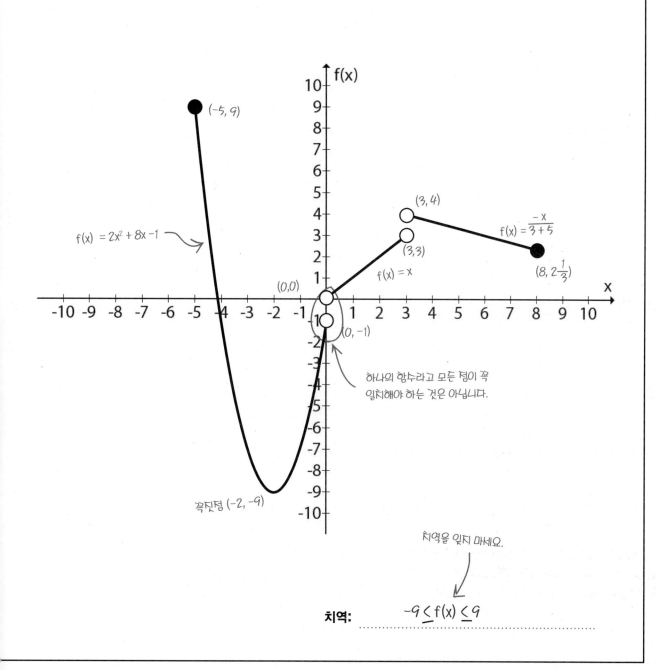

$f(x) = 2x^2 + 8x - 1$

$(-5, 9)$

$(3, 4)$

$f(x) = \dfrac{-x}{3} + 5$

$f(x) = x$

$(3, 3)$

$\left(8, 2\frac{1}{3}\right)$

$(0, 0)$

$(0, -1)$

꼭짓점 $(-2, -9)$

하나의 함수라고 모든 점이 꼭
일치해야 하는 것은 아닙니다.

치역을 잊지 마세요.

치역: ‾‾‾$-9 \leq f(x) \leq 9$‾‾‾

낱말퀴즈

낱말퀴즈가 준비되었습니다. 여러분의 우뇌를 사용하세요.
10장에서 배운 단어를 떠올리세요.

1. 범위에서 가장 큰 값은 OOO입니다.

2. 관계는 OOO의 집합입니다.

3. 함수는 OOO일 수도 있고 아닐 수도 있습니다.

4. 함수 출력의 한계를 OO이라 합니다.

5. 방정식에 제한을 추가하려면 OO로 만들어야 합니다.

6. 하나의 입력은 오직 하나의 OO에 대응한다는 것이 함수의 정의입니다.

7. 방정식은 OO입니다.

8. 함수는 OO입니다.

9. 함수의 입력 제한은 OOO입니다.

대수학 도구상자에 들어갈 도구

이 장에서는 함수에 대해 배웠습니다.

함수의 정의역을 찾으세요.

방정식도 함수가 될 수 있습니다. 방정식을 이해하면서 정의역을 찾을 수 있습니다. 0으로 나누는 상황이나 음의 제곱근값인 상황을 주의하세요. 방정식이 선이라면 끝이 없는 선입니다. 방정식이 포물선이라면 데카르트 평면으로 한정되며 정의역에 제약을 갖습니다. 그래프로 그리는 것이 도움됩니다.

함수의 0값을 푸세요.

이미 살펴본 내용입니다. $f(x) = 0$으로 설정한 다음 나머지 x의 표현식을 풉니다. 방정식과 같은 방법으로 풀면 됩니다. 역연산, FOIL, 이차방정식 등 배운 내용을 총동원하세요. 함수를 만족시키는 x 값이 답입니다. 그래프를 그렸고 $f(x) = 0$을 만족시키는 값을 그래프에서 찾을 수 있다면 그래프로 문제를 풀 수 있습니다!

함수의 치역을 찾고/함수 그래프를 그리세요.

치역을 찾는 가장 좋은 방법은 그래프를 그리는 겁니다. 선형 방정식이라면 표현식으로도 쉽게 치역을 찾을 수 있지만 보통은 그래프를 그리는 것이 좋습니다. 정의역을 찾았다면 그래프를 정의역에 맞게 자르고 나머지를 해석합니다.

함수를 평가하세요.

입력이 주어졌을 때 출력을 찾는 겁니다. 가장 어려운 부분은 질문을 이해하는 겁니다!

구간 함수를 이해하세요.

구간 함수는 여러 정의역에 적용되는 다양한 함수를 그룹화한 함수입니다. 각 구간을 별도로 계산하는 것이 핵심입니다.

 # 낱말퀴즈 정답

1. 범위에서 가장 큰 값은 <u>최댓값</u>입니다.

2. 관계는 <u>순서쌍</u>의 집합입니다.

3. 함수는 <u>방정식</u>일 수도 있고 아닐 수도 있습니다.

4. 함수 출력의 한계를 <u>치역</u>이라 합니다.

5. 방정식에 제한을 추가하려면 <u>함수</u>로 만들어야 합니다.

6. 하나의 입력은 오직 하나의 <u>출력</u>에 대응한다는 것이 함수의 정의입니다.

7. 방정식은 <u>관계</u>입니다.

8. 함수는 <u>관계</u>입니다.

9. 함수의 입력 제한은 <u>정의역</u>입니다.

11 실생활과 대수학

실생활의 문제 해결하기

당신이 저를 얼마나 사랑하는지
따져보고 이 차의 가격도 확인했어요.
당신이 맞아요. 당신은 제 남자예요.
우리 하나가 돼요!

세계는 커다란 문제에 직면했습니다... 여러분은 이미 열쇠를 쥐고 있죠. 수백 페이지의 수학책을 공부하면서 무엇을 얻었습니까? 끝없는 x, y, a, b인가요? 아니죠... 우리가 얻은 것은 어려운 상황에서도 **미지의 정답을 풀 수 있는 능력**입니다. 이 능력을 어디에 써먹을 수 있을까요? 이 번 장에서는 실생활로 무대를 옮깁니다. 즉 여러분의 대수학 기술을 이용해 **실생활의 문제를 풀어볼** 겁니다. 이 장을 마칠 때쯤이면 친구를 얻고, 사람들에게 영향력을 줄 뿐 아니라 어마어마한 금액을 줄일 수 있습니다. 궁금하시죠? 이제 11장을 시작합니다.

모은 돈이 조금 있는데 9개월 후에 졸업하면 괜찮은 직장을 얻을 겁니다. 그래서 자동차가 필요해요. 자동차를 사려면 저에게 맞는 적당한 대출과 기한이 필요해요.

대출이요? 세상에 이런 우연이... 정말 잘 찾아오셨습니다. 고객님이 원하는 차를 사는 데 어떤 도움을 드릴 수 있는지 당장 살펴보죠. 무이자, 저이자, 장기할부... 등 다양한 조건을 제공할 수 있습니다. 예산이요? 걱정마세요. 자동차는 많으니까... 일단 고르고 나서 생각해봐요.

맥스는 몇 달 후에 새로운 직장을 얻을 겁니다. 새로운 일과 함께 할 멋진 차가 필요하죠.

와우, 둥고차 판매상인가요? 조금 경계할 필요가 있습니다...

맥스가 관심을 갖는 자동차입니다. $25,000짜리 스포츠 카에요.

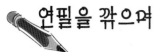 연필을 깎으며

꿈의 차를 사려면 많은 것을 따져야 합니다. 맥스가 고려해야 하는 다양한 사항을 적을 겁니다. 맥스가 살펴봐야 할 세부 사항부터 일단 적습니다.

이 문제에서 대수학 미지의 수에 해당하는 것이 무엇이죠? ....

....

맥스가 자동차에 지출해야 할 비용에 영향을 미치는 요소는 무엇입니까?(어떤 추가 조건이 있을까요?)

....

....

얼 자동차상사

차량 설명

포뮬러스

1992 HF 5.0L 세단
4인승
5.0L H1 HF V-엔진
자동 변속기

VIN   1HFACALG4UISCOOL

외장
반짝이는 청색

내장
회색 가죽

추가 비용없이 포함됨
THE STANDARD 오른쪽에 나와있는 차량:
- 썬팅
- 시계가 포함된 전자식 AM/FM 스테레오 라디오
- 가죽으로 덮힌 핸들
- 파워 윈도우
- 가격 조절 가능한 유리 닦개
- 풀 옵션
  - 회전 속도계
  - 오도 게이지
  - 배터리 저압계
  - 오일 아래 게이지

STANDARD ...

DRIVER SIDE
...SYSTEM (SRS)
...available at the

가격 정보

차량 표준 가격   **$18540.00**

옵션 장비	
속도 제어	
전자식 AM/FM 라디오 카세트/시계 포함	1641.00
자동 변속기	1190.00
P233/H323F4778 HFA PERFORMANCE	포함되지 않음
편의 사양	198.00
전면 번호판 브래킷	포함되지 않음
운전석 8방향 열선 시트	366.00
한정판	1700.00
견인 잠금 버튼 옵션	포함되지 않음
롤라 에어 컨디셔서	1634.00
가죽 얼룩 방지 스프레이	포함되지 않음
그래픽 이퀄라이저	278.00
총 차량과 옵션 가격	28230.00
목적지 배송료	440.00
할인천 가격	670.00

쉐디 보험 중개사

자동차 보험

이름: 존

주소: 서울시

도시, 도, 우편...

이메일 주소:

집 전화: Ve...

1등급 국민저축

자동차 대출 신청서와

포뮬러스

1등급 국민저축

1234 SQL 스트리트, 사서함 1000
데이터빌 DV 26849

계좌 상태 확인
페이지: 1페이지 중 1페이지

...기간
...to 2009-03-31

계좌번호
00004-323-3477-8

SAVINGS
...ING
...RATELY $3670.00

출금	입금	잔고
		$7,267.00
		$7,164.00
		$7,104.00
		$7,074.00
	$500.00	$7,574.00
		$7,374.00
		$7,264.00
$36.00		$7,300.00
		$7,300.00

$25000.00

527358   54900

9달 남았다! 유후!   **달력 2009**

January 2009   February 2009   March 2009   April 2009

May 2009   June 2009   July 2009   August 2009

September 2009   October 2009   November 2009   December 2009

연필을 깎으며 정답

차를 살 때 어떤 추가 비용이 드는지 적으셨습니까? 다음은 예시 답안입니다...

이 문제에서 대수학 미지의 수에 해당하는 것이 무엇이죠? 자동차 비용, 자동차 보험, 자동차 대출 이자, 맥스가 낼 수 있는 돈, 얼마를 대출할 것인지 등을 고려해야 합니다.

맥스가 자동차에 지출해야 할 비용에 영향을 미치는 요소는 무엇입니까?(어떤 추가 조건이 있을까요?) 일부 비용은 차량 가격에 따라 달라지며(예를 들어 보험료, 대출 이자 등) 일부 비용은 시간 즉 얼마나 오래 대출할 것인지 얼마나 빨리 갚을 것인지 등에 따라 달라집니다.

메신저 대화: 자동차 값 지불

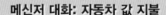

크리스티나: 차를 사려면 여러 부대비용이 들어가. 하지만 이 비용은 차량 가격에 따라 달라져, 그치?

돈: 맞아. 그리고 맥스가 계약금으로 얼마를 지불할 것이냐에 따라 달라지지. 대부분의 판매상은 최소 $1,000를 요구하고 있어.

제인: 그리고 존이 일자리를 찾기 전까지 아직 9개월은 학교를 다녀야 한다는 사실도 잊으면 안 돼.

돈: 쉽지 않은 상황이네. 맥스는 아직 일자리가 없으니까 계약금과 월 할부금은 저축한 돈으로 내야해.

크리스티나: 니 말이 맞아. 맥스의 저축액은 9개월 동안 내야 할 금액에 계약금을 합한 것만큼은 되어야 해. 방정식으로는 이렇게 표현할 수 있겠지: 저축액 = 계약금 + 9(월 할부금) 이렇게 하면 월 할부금을 계산할 수 있어.

크리스티나: 글쎄 생각보다 문제가 더 복잡한 것 같아. 판매상은 최소 $1000의 계약금을 요구하고 있어. 물론 계약금은 음수가 될 수 없지. 따라서 그렇게 간단한 방정식은 아냐.

크리스티나: 음... 값을 제한해야 한다면, 함수를 이용해야겠지?

돈: 맞아. 이 방정식을 함수로 만든 다음 정의역과 치역을 제한해야 해.

제인: 잠깐! 함수로 만들 수 있다면 그래프로도 표현할 수 있는 거지?

돈: 물론이지! 그래프를 그리면 계약금과 초기 납입금을 한눈에 확인할 수 있을꺼야.

크리스티나: ...

그렇게 하면 되겠네. 해보자...

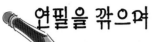 연필을 깎으며

맥스의 방정식을 함수로 만든 다음 정의역과 치역을 찾고 그래프로 그리세요.
맥스의 저축액은 $7,300입니다. 자동차 월 할부금으로 매달 얼마를 지출할 수 있을까요?

$ 7,300   이를 d(m)이라 합니다.   이를 m이라 합니다.

저축 잔고 = 계약금 + 9(월 납입금)

....

....

....

정의역: ....   **치역:** ....

....

....

....

[그래프: 세로축 d(m), 500 단위로 500부터 7500까지 표시. 가로축 m, 50 단위로 -50부터 850까지 표시.]

연필을 깎으며 정답

맥스의 방정식을 함수로 만든 다음 정의역과 치역을 찾고 그래프로 그리세요.
맥스의 저축액은 $7,300입니다. 자동차 월 할부금으로 매달 얼마를 지출할 수 있을까요?

$7,300   이를 d(m)이라 합니다.   이를 m이라 합니다.

↙ 저축 잔고 = 계약금 + 9(월 납입금) ←

$$7300 = d(m) + 9(m)$$ ← 달의 항에 대한 d(m)을 구해야 합니다. 따라서 d(m)을
왼쪽으로 넘겨서 계약금 위투의 식을 만듭니다.

$$-7300 + 7300 - d(m) = 9(m) - 7300$$ ←

양쪽에서 9m을 빼서 d(m)을 얻을 누도
있습니다. 어떻게 계산해도 무방합니다.
여러분이 편한 방식을 선택하세요.

$$-1(-d(m)) = (-7300 + 9(m) - 1$$

-1을 곱해서 d(m)을
양누로 만듭니다.

$$d(m) = 7300 - 9m$$

정의역: $0 \leq m \leq 700$ 월 할부금은 0 이상
이어야 합니다.

치역: $1000 \leq d(m) \leq 7300$ ↖

계약금은 $1,000 이상이어야 하며
맥스의 총 저축액보다는 작아야 합니다.

상위 경곗값은 이렇게 계산합니다. 최소 계약금 $1,000를 지불한다고
가정하면 맥스에게 남은 금액은 $7,300 - $1,000 특 $6,300 입니다.
이를 9로 나누면 최대 월 $700를 지불할 누 있습니다.

이 그래프는 뭘 의미하는 걸까요? 그래프는
초기 계약금을 많이 낼누록 지출할 누 있는
월 할부금이 적다는 것을 보여줍니다.

맥스가 계약금으로 $1,000를 내면
월 할부금으로 $700를 낼 누 있다는
의미입니다. 이것이 맥스가 자동차를
구입하는 데 지불할 누 있는 최대
금액입니다.

맥스가 지불할 누 있는
최대 월 할부금입니다.

메신저 대화: 원금과 이자

제인: 그렇군! 매달 $700를 지불하면 되겠네. 이제 문제가 해결됐어.

크리스티나: 잠깐 기다려. 자동차 보험을 잊고 있었어. 맥스는 보험에 가입해야 해. 내가 전화로 알아봤는데... 매달 $150 정도의 보험료를 지불해야 하더라고. $700에서 $150를 빼면 월 할부로 낼 수 있는 여유자금은 $5550이야.

제인: 보험료는 예상하지 못했지만 그래도 차를 사는데는 무리가 없을 것 같다. 구입하러 가자구.

돈: 오 이런 잠깐! 이자도 따져봐야 해. 맥스가 한 달에 얼마나 지불할 수 있는지는 계산했지만 모두 자동차 월 할부금에 사용할 수 있는 게 아냐. 빌린 돈에 대한 이자를 납부해야 하거든.

크리스티나: 맞아. 은행은 빌린 원금에 대한 이자를 부과할거야. 맥스는 한 달에 $550를 지출할 수 있지만 이 돈을 모두 할부금으로 사용할 수는 없는 상황이지?

돈: 그래. 원금과 이자를 합해서 $550 이내가 되어야 해. 맥스가 어떤 종류의 대출을 이용할 수 있는지 확인해야 해. 일부 양심 없는 딜러는 말도 안 되는 이자율을 요구하거든.

크리스티나: 대출도 고려해야하는군. 빌린 원금에다가 부과된 이자를 합쳐야 갚아야 할 대출금이 되겠네.
식으로 표현하면 원금 + 이자 = 갚아야 할 대출금

제인: 그럼 맥스의 입장에서 생각해보자. 맥스는 갚아야 할 대출금을 여러 달에 걸쳐서 지불해야 해. 수학식으로는 이렇게 표현하겠지:
갚아야 할 대출금 = 월 납입금 * 납입 횟수

크리스티나: ...

맞아. 맥스가 얼마나 지불할 수 있는지 계산해보자...

브레인 바벨

메신저 대화에서 얻은 두 개의 방정식을 하나의 방정식으로 만들어서 맥스의 월 납입금을 계산하세요.

....

....

....

브레인 바벨 정답

메신저 대화에서 얻은 두 개의 방정식을 하나의 방정식으로
만들어서 맥스의 월 납입금을 계산하세요.

방정식 1

원금 + 이자 = 갚아야 할 대출금

방정식 2

갚아야 할 대출금 = 월 납입금 × 납입 횟수

원금 + 이자 = 월 납입금 × 납입 횟수

방정식 1의 왼쪽이 방정식
2의 오른쪽 식과 같다고
설정할 수 있습니다.

$$\left(\dfrac{원금 + 이자}{납입 횟수}\right) = \dfrac{월 납입금 \bullet 납입 횟수}{납입 횟수}$$

월 납입금을
고립시킵니다.

$$\dfrac{원금 + 이자}{납입 횟수} = 월 납입금$$

우리가 원하는 결과 특,
맥스의 월 납입금입니다.

> 정말 멋져요.
> 그런데 제 이자율은 얼마죠?
> 은행에서 웹 사이트를 알려줬는데
> 무슨 말인지 모르겠어요.

1등급 국민저축

1등급 국민저축 홈 〉 1등급 NB 이율 〉 고객 대출 이율
새차 대출 상품

새차 | 중고차 | 하이브리드차 | 레저용차

	3년	4년	5년
조건	3.0%	3.5%	4.0%

맥스가 꿈꾸던 차의 가격은 $25,000입니다.

우리가 알고 있는 값을 대입한 다음 나머지 식을
풉니다. 맥스는 최대 $550를 지불할 수 있으며
맥스가 원하는 차의 계약금을 뺀 가격은 $24,000
입니다. 대출 기간과 이율에 따라 방정식의
나머지도 채울 수 있습니다.

차량 가격은 $25,000이지만
맥스는 계약금으로 $1,000를
지불해야 합니다. 따라서
$24,000를 빌리려고 합니다.

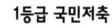

$$\dfrac{원금 + 이자}{납입 횟수} = 월 납입금$$

$24,000

맥스가 선택한 대출 종류에
따라 달라집니다.

최대 $550

이자율과 대출금액을 이용해 이자를 계산하세요

은행에서 제시한 기간은 3년(36 개월), 4년(48 개월), 5년(60 개월)입니다. 각 기간에 따라 대출 이율이 달라집니다. 이자가 얼마인지를 계산할 방정식이 필요합니다. 어떻게 이 방정식을 만들 수 있을까요?

구글에서 단순 이자율을 검색해보는 것도 좋은 방법입니다. 여러분을 위해 이미 구글링을 했습니다. 다음은 기간과 원금에 따른 이자를 계산하는 방정식입니다.

I는 전체 이자를 의미합니다.

소수점으로 표시한 이자율

인터넷을 검색하면 다음과 같은 단순 이자 방정식을 찾을 수 있습니다.

$$I_{simp} = (r \cdot B_0)n$$

갚는 횟수(월이 아니라 년)

초기 대출 원금

단순 이자라는 말은 복리 이자 계산법도 있다는 것을 의미합니다. 지금은 그런 계산은 신경쓰지 않습니다.

은행은 세 가지 조건을 제시하며 각 조건에 따라 이자율이 달라집니다. 각 조건에 따라 총 이자가 얼마나 되는지를 계산한 다음 원래 방정식에 이를 대입해 맥스의 월 납입금을 구할 수 있습니다.

$$I_{simp} = (r \cdot B_0)n \quad \frac{(\text{원금} + \text{이자})}{\text{납입 횟수}} = \text{월 납입금} \quad \star$$

✏️ 연필을 깎으며

첫 번째 옵션(3년간 3.0% 이율)의 이자를 계산하세요.

숫자의 형식을 주의하세요.
(퍼센트를 소수점으로 표시합니다)

$$I_{simp} = (r \cdot B_0)n$$
$$I_{simp} = (\quad \cdot 24000)$$

 연필을 깎으며
정답

첫 번째 옵션(3년간 3.0% 이율)의 이자를 계산하세요.

3.0%는 소수점으로 0.03입니다.

달이 아니라 년으로 표시합니다.

$$I_{simp} = (r \cdot B_0)n$$
$$I_{simp} = (0.03 \cdot 24000)\ 3$$

25,000 - 계약금 1,000

$$I_{simp} = (720)3$$

$$I_{simp} = 2160$$

3년 조건 선택 시 총 이자로 $2,160를 지불해야 한다는 의미입니다.

이제 대입해서 맥스의 월 납입금을 계산합니다

첫 번째 옵션을 선택했을 때 총 이자를 계산했습니다. 이제 맥스가 꿈의 차를 3년 조건으로 구매했을 때의 월 납입금을 계산할 수 있습니다.

이 값을 알고 있습니다.

$24,000

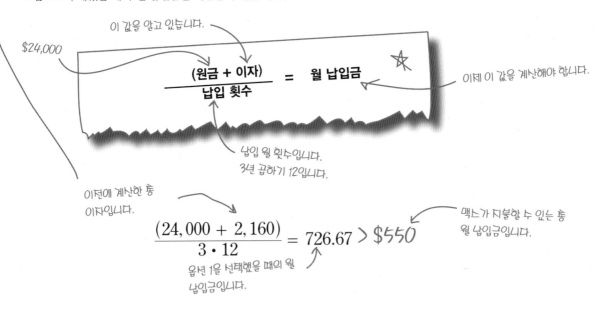

$$\frac{(원금 + 이자)}{납입\ 횟수} = 월\ 납입금$$

이제 이 값을 계산해야 합니다.

납입 월 횟수입니다.
3년 곱하기 12입니다.

이전에 계산한 총 이자입니다.

$$\frac{(24,000 + 2,160)}{3 \cdot 12} = 726.67 > \$550$$

맥스가 지불할 수 있는 총 월 납입금입니다.

옵션 1을 선택했을 때의 월 납입금입니다.

예산을 초과하네요! 좀 더 장기로 대출하면 어떨까요? 정말 차를 갖고 싶어요!

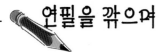

연필을 깎으며

다른 두 대출 옵션(4년이나 5년)을 이용하면 맥스가 월 납입금을 납부할 수 있는지 계산하세요.

옵션 2: 3.5% 이율로 4년

옵션 3: 4.0% 이율로 5년

 연필을 깎으며
정답

다른 두 대출 옵션(4년이나 5년)을 이용하면 맥스가 월 납입금을 납부할 수 있는지
계산하는 것이 문제였습니다.

이전에 만든 방정식에 대입합니다.

옵션 2: 3.5% 이율로 4년

$$I_{simp} = (r \cdot B_0)n$$

소수점을 토싱하세요.

$$\frac{(24,000 + 3,360)}{4 \cdot 12} = 570$$

$$I_{simp} = (0.035 \cdot 24000)4$$

$$\$570 > \$550$$

$$I_{simp} = (840)4$$

월 납입금이 맥스가 지출할 수 있는 금액보다
여전히 많습니다. 다른 대출 조건은 월 납입금이
좀 더 적어야 할텐데요!

$$I_{simp} = 3360$$

대출기간 동안 갚아야 할
총 이자액입니다.

결국 원금에 이자 $4,400를 더해야
하므로 총 $28,800의 빚을 얻습니다.

옵션 3: 4.0% 이율로 5년

$$I_{simp} = (r \cdot B_0)n$$

$$\frac{(24,000 + 4,800)}{5 \cdot 12} = 480$$

$$I_{simp} = (0.04 \cdot 24000)5$$

$$\$480 < \$550$$

$$I_{simp} = (960)5$$

장기로 빌리니까... 드디어 월
납입금을 맞출 수 있습니다.
매달 $70의 여유돈까지 남습니다.

$$I_{simp} = 4800$$

 브레인 파워

다양한 대출의 이자까지 감안하면 **실제** 차 가격은 얼마일까요? 맥스가 계약금을
더 많이 지불한다면 어떻게 될까요? 맥스가 졸업 때까지 조금 더 기다렸다가
일자리를 얻고 나서 월 납입금을 지불한다면 어떻게 될까요?

바보 같은 질문이란 없습니다

Q: 이자 방정식은 왜 이렇게 복잡하죠?

A: 우리가 사용한 방정식은 단순 이자율을 계산하는 표준 방정식입니다. 겉보기에는 여러 항이 추가되었고 자주 접하지 않은 문자가 사용되었지만 사실 이는 그렇게 복잡한 방정식이 아닙니다.

Q: 이자 방정식은 실제로 어떻게 동작하나요?

A: 이자 방정식은 다음처럼 단순합니다.

$$I_{simp} = (r \cdot B_0)\, n$$

이 방정식에 따르면 대출의 전체 이자는 이자율 곱하기 빌린 돈을 곱한 결과에 돈을 빌린 기간을 곱합니다. 여기서 교훈을 얻을 수 있을까요? 이자율, 돈을 빌리는 기간 이 두 가지 요소가 대출 비용을 결정합니다.

Q: 5년을 대출했을 때 내야 할 이자는 더 많았는데 월 납입금은 더 적었습니다. 어떻게 된 거죠?

A: 대출에서 시간은 이율보다 큰 영향을 미칩니다. 대출 기간이 1년 늘었다는 것은 월 납입금을 1년 더 내야 한다는 의미입니다. 따라서 총 이자금액은 높아졌지만 늘어난 1년 동안 이를 나눠내게 됩니다. 결국 총 월 납입금은 줄어들지요. 장기 대출 시 전체 자동차 구입 비용은 증가합니다. 짧은 기간 대출을 할 수 있다면 구입 비용이 감소하겠죠. 짧은 기간이 유리한 겁니다. 단, 갚을 수 있다면 말이죠.

핵심정리

- 실생활의 방정식에는 **제한**이 필요한데 이때 **함수**를 이용할 수 있습니다.
- 이자 계산은 방정식에서 미지수를 찾는 겁니다.
- 이자 방정식에 따르면 **대출 기간**과 **대출 이자**에 의해 월 납입금이 결정됩니다.
- 자동차 보험은 변하지 않는 **상수**입니다. 즉 고정된 금액입니다.

5년짜리 대출을 이용할 수 있네요. 멋져요. 이제 차를 살 수 있습니다!

맥스는 아직 차를 구입하지 않았습니다...

준비가 끝났습니다. 계약금으로 $1,000를 지불할 수 있고 남은 $24,000는 5년 동안 4%의 이자율로 지불하면 됩니다. 물론 보험도 들 수 있죠!

그런데 우리가 몰랐던 뭔가가 있습니다...

은행이랑 직접 계약하셨다구요? 알겠습니다. 그런데 갭 보험도 가입하셨나요? 갭 보험은 꼭 가입하셔야 하는 거 아시죠? 설마... 갭 보험을 들어본 적이 없다구요? 고객님의 새 차가 이 지경이 되는 건 원치 않으시겠죠?

메신저 대화: 자동차 감가상각

제인

판매상의 말 때문에 신경이 쓰이네. 그가 말한 갭 보험이라는 게 대체 뭘까?

너도 알겠지만 자동차는 구입한 직후부터 가치가 떨어지기 시작한다고. 특히 구입 초기에는 가치가 더 빨리 떨어져서 대출한 돈 이하로 차량 가치가 내려갈 수 있다는 것이 문제야.

크리스티나

정말? 그러면 맥스는 은행에서 돈을 더 빌려야 하는 거야?

제인

글쎄 실제로 맥스가 돈을 더 빌려야 하는 건 아니고 차량 가격만 떨어지는 거야. 이렇게 되는 셈이지. 차를 사려고 $24,000에 이자를 더해서 총 $28,800를 빌렸다고 가정하자. 하지만 운전을 하자마자 차의 가치는 $20,000로 떨어져버려.

돈

그러니까 차를 사자마자 집으로 오는 길에 사고가 생기면 보험사로부터 당시 차량의 가치 $20,000를 돌려받는 거지. 그런데 맥스는 총 $28,800를 빌렸잖아? 이건 뒤통수를 맞는 기분인데...

크리스티나

차는 **없어지고** 은행빚 $8,800만 남았네?

제인

그게 문제야. 판매상이 말하려는 점이 바로 그 갭 보험이지. 갭 보험으로 실제 차량의 가치와 은행에서 대출한 금액의 차이를 해결할 수 있어.

크리스티나

그런데 보험을 들려면 또 돈을 내야 하잖아? 맥스가 갭 보험료도 낼 수 있을까? 꼭 그 보험을 들어야 해?

제인

...
돈

직접 계산을 해봐야 합니다...

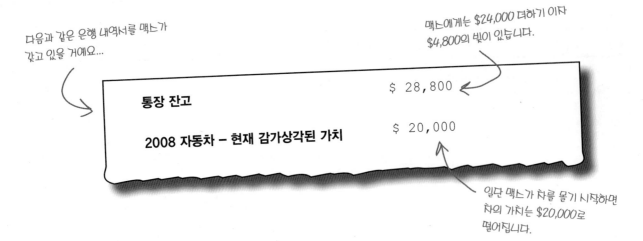

다음과 같은 은행 내역서를 맥스가
갖고 있을 거예요...

맥스에게는 $24,000 더하기 이자
$4,800의 빚이 있습니다.

통장 잔고 $ 28,800

2008 자동차 – 현재 감가상각된 가치 $ 20,000

일단 맥스가 차를 몰기 시작하면
차의 가치는 $20,000로
떨어집니다.

감가상각은 슬프지만 피할 수 없는 현실입니다.

물건은 닳아 없어지기 마련인데 특히 차는 빨리 망가집니다. 타이어, 브레이크,
오일, 엔진 등 운전을 할 때마다 모든 부품이 닳습니다. 중고차가 새차보다
저렴한 건 이 때문이죠.

감가상각이란 차의 가치가 얼마나 떨어졌는지를 가리키는 용어입니다. 차
가격에서 감가상각을 빼면 **감가상각된 가치**가 됩니다. 즉 감가상각된 가치는
특정 시점의 자동차 가치를 의미합니다.

안타깝게도 운행을 시작하면 자동차의 약 20% 정도의 가치가 떨어집니다.
그리고 자동차를 사용할 수 없게 될 때까지 즉 향후 10년간 자동차의 나머지
가치가 떨어집니다.

이거 구간 정의된 함수네요!
구간 정의된 함수가 뭔지 기억이 안
난다구요? 10장을 다시 살펴보세요.

하지만 은행에서 대출금을 깎아주진 않아요.

따라서 처음에는 은행에 지불하는 돈보다 훨씬 빠르게 차량 가격이 떨어집니다.
그래서 차량의 가치와 은행의 빚 사이에 차이가 생깁니다.

매달 은행에 대출금을
갚으면 고정된 비율로
전체 대출금이
둘어듭니다.

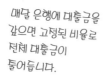

차이(갭)

은행의 대출금과 자동차의
가치가 같지 않습니다. 차이가
발생했네요.

하지만 실제 빌린
돈보다 자동차의
가치가 적을 수
있습니다.

연습문제

차이를 수식으로 만들려면 몇몇 함수를 계산해야 합니다. 맥스의 대출 잔액 함수와 감가상각 구간 함수를 만드세요. 정의역도 잊지 마세요!

두 함수 모두 시간과 관련되었으므로 v(t)로 표현할 수 있습니다.

대출 잔액:

....

....

....

....

....

정의역:

....

처음에 차의 가치가 20% 하락하지만 이후로는 10년간 일정하게 감가상각된다고 가정합니다.

감가상각된 차의 가치:

....

....

....

....

....

정의역:

....

차이를 수식으로 만들려면 몇몇 함수를 계산해야 합니다. 맥스의 대출 잔액 함수와 감가상각 구간 함수를 만드세요. 정의역도 잊지 마세요!

연습문제 정답

대출 잔액:

대출금이 시간의 함수로 표현되었음을 의미합니다.

대출금을 갚을 때마다 전체 대출금이 줄어드니까 빼기를 사용합니다.

한 달 480에 달 수를 의미하는 t를 곱합니다.

$$v(t) = 28800 - 480t$$

원금과 이자를 합한 전체 대출금입니다.

정의역:

$$0 \leq t \leq 60$$

이 함수는 맥스가 차를 시작했을 때 시작해서 대출 만기인 60개월(5년)간 유효합니다.

감가상각된 차의 가치:

함수의 첫 구간

차의 초기 가격

감가상각을 뺌

차의 초기 가격에 20% 그리고 t를 곱합니다.

$$v(t) = 25000 - 0.2(25000)t$$

$$v(t) = 25000 - 5000t \qquad 0 \leq t < 1$$

함수의 첫 구간은 오직 첫 달에만 유효합니다.

함수의 두 번째 구간

우선 초기 가격 하락 이후의 차 가치를 계산합니다.

$$= 25000 - 0.2(25000) = 20000$$

새로운 초깃값

$$v(t) = 20000 - \frac{0.1}{1.2}(20000)t$$

10년 동안 평균 10%로 차량 가격이 하락합니다.

t>1인 상황에서 시간에 따른 차의 가치입니다.

$$v(t) = 20000 - 166t$$

12로 나누어서 월간 하락률로 변환합니다.

정의역:

$$2 \leq t \leq 60$$

이 함수는 나머지 대출 기간인 60개월간 유효합니다.

모든 것을 합치면 드디어 모든 기간에 걸친 가격 차이를 파악할 수 있습니다.

$$v(t) = \begin{cases} 25000 - 5000t & 0 \leq t \leq 1 \\ 20000 - 166t & 1 < t \leq 60 \end{cases}$$

$$v(t) = 28800 - 480t \quad 0 \leq t \leq 60$$

방정식과 연립방정식 같은 방식으로 처리할 수 있습니다.

방정식 아니

연립방정식이에요!

엄밀히 따져 방정식은 함수니까 둘 다 맞습니다.

> 연립방정식이군요. 이를 그래프로 그리면 차이를 '볼 수' 있을 거예요. 그리고 특정 지점에서 차이를 계산할 수 있겠죠.

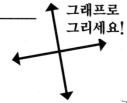

그래프로 그리세요!

두 함수를 그래프로 그리고 차이를 '눈으로' 확인하세요.
감가상각 그래프의 첫 번째 부분부터 그립니다.

감가상각

$$v(t) = \begin{cases} 25000 - 5000t & 0 \le t \le 1 \\ 20000 - 166t & 1 < t \le 60 \end{cases}$$

대출 잔액 $\longrightarrow v(t) = 28800 - 480t \quad 0 \le t \le 60$

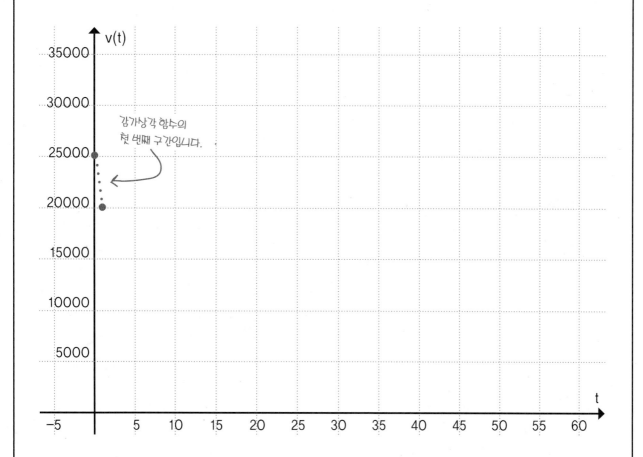

감가상각 함수의
첫 번째 구간입니다.

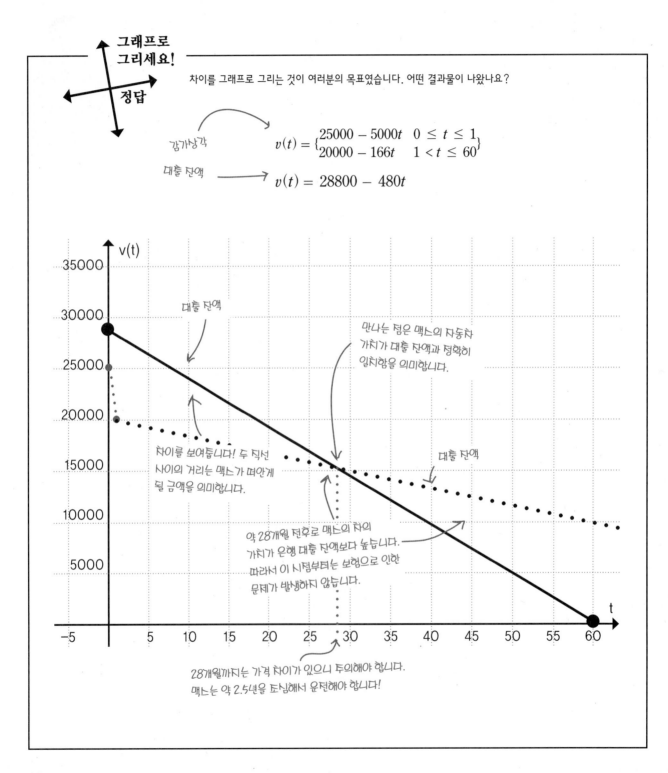

숫자놀이는 이제 그만하시죠.
아시겠지만 저는 고객님을 잘못된 방향으로
인도하려는 게 아닙니다. 여기 옵션 2에 싸인하시면
가격 차이 건 뭐 건 더 이상 신경 쓸 필요가
없습니다...

갭 보험 – 기간과 보험료

이 보험으로 사고 시점의 가격 차이를 보호받을 수
있습니다.

옵션 1

> 매월 $20로 18개월간 보장

옵션 2

> 매월 $60로 3년간 보장

어떻게 해야하죠? 갭 보험을 구입해야 할까요?

그래야 한다면 어떤 옵션을 선택하는 것이

좋을까요?

대수학과 함께라면 추측은 필요 없습니다

맥스의 차의 가치가 빌린 돈보다 작아지는 기간 동안 맥스를 보호할 갭 보험이 꼭 필요합니다. 하지만 옵션 1과 옵션 2중 어떤 옵션을 선택해야 할까요?

여러분에게는 그래프, 함수, 미친듯한 대수학 기술이 있으니 고민할 필요가 없습니다. 모든 시점에 맥스에게 닥칠 수 있는 최대 위험과 두 가지 갭 보험 옵션에 얼마의 돈이 필요한지 계산해봐야 합니다. 물론 매달 지출할 수 있는 예산을 염두해서 각 갭 보험 옵션을 포함한 모든 비용을 지출할 수 있는지 확인해야 합니다.

...하지만 기존의 차량 구입 상황도 염두해야 합니다.

우선 맥스가 차량 구입과 기존 보험가입비 외에 추가 보험에 얼마를 지출할 수 있는지 파악해야 합니다. 하지만 맥스가 걱정해야 할 일이 또 있습니다.

다음과 같은 일을 해야 합니다.

> ## 갭 보험 - 기간과 보험료
>
> 이 보험으로 사고 시점의 가격 차이를 보호받을 수 있습니다.
>
> **옵션 1**
>
> 매월 $20로 18개월간 보장
>
> **옵션 2**
>
> 매월 $60로 3년간 보장

① 맥스가 지출할 수 있는 돈을 계산합니다.

초기 구입비를 지출한 잔고를 확인해서 갭 보험의 보험료를 지출할 수 있는지 확인해야 합니다.

② 옵션 1을 계산합니다.

18개월동안 발생할 수 있는 최악의 갭(맥스에게 발생할 수 있는 위험요소)과 옵션 1을 선택했을 때 지불해야 할 총 보험료를 계산합니다.

③ 옵션 2를 계산합니다.

18개월에서 3년 사이에 발생할 수 있는 최악의 상황(옵션 2로 해결될 추가 위험)과 옵션 2로 인해 발생하는 총 보험료를 계산합니다.

④ 가장 좋은 옵션을 선택합니다.

새로 얻은 정보와 갭 그래프를 이용해 좋은 옵션을 선택합니다. 어떤 옵션이 맥스에게 더 유리할까요?

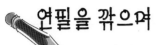

연필을 깎으며

이 공간을 이용해 맥스의 갭 문제를 해결하세요.

1 맥스가 지불할 수 있는 금액을 확인합니다. ....

....

....

2 옵션 1을 계산합니다. ....

....

....

....

....

3 옵션 2를 계산합니다. ....

....

....

....

....

4 선택하세요! ....

연필을 깎으며 정답

맥스에게 가장 유리한 보험을 선택하는 것이 여러분의 임무였습니다.

① 맥스가 지불할 수 있는 금액을 확인합니다.

432페이지에서 맥스가
대출을 선택했을 때
계산한 결과입니다.

$$\frac{(24,000 + 4,800)}{5 \cdot 12} = 480$$

$$\$480 < \$550$$

장기로 빌리니까... 드디어 월 납입금을
맞출 수 있습니다. 매달 $70의 여유돈까지
남습니다.

② 옵션 1을 계산합니다.

처음 18개월 동안에 가장 큰 갭은 $8,000 정도로 처음에 발생할 수 있습니다.

월 → 월 보험료

납입한 보험료 = 18(20) = $360 ← 옵션 1통 보험료   맥스의 최대 위험

월 보험료는 $20이므로 맥스가 납부할 수 있습니다.

따라서 $360의 보험료로 최대 $8,000의 위험으로부터 보호받을 수 있습니다.

옵션 2를 계산합니다.   18개월에서 3년 사이의 최대 갭은 약 $2,000입니다.

월   월 보험료

납입한 보험료 = 36(60) = $2160 ← 옵션 2 통 보험료

처음 몇 달간 최대 위험 요소는 여전히
$8,000입니다. 하지만 18, 19 개월에는
옵션 1로는 $2,000에 해당하는 최대
위험 금액을 보호하지 못합니다.

월 보험료는 $600이므로 맥스가 납부할 수 있습니다.

따라서 $2160의 보험료로 옵션 1로 보호받을 수 있었던 같은

$8,000를 보호할 수 있을 뿐 아니라 옵션 1이 만기될 이후에 발생할 수 있는 최대 위험 금액

$2,000도 보호받을 수 있습니다.

④ 선택하세요! 옵션 2는 별로 좋지 않네요! 맥스는 추가로 $1,440(옵션 2 비용 - 옵션 1 비용)을
지불해서 겨우 $2,000의 추가 위험금을 보호받을 수 있을 뿐입니다. 추가 보험을 들어봤자
$600 정도밖에 이득이 되지 않네요. 그냥 옵션 1을 가입한 다음 19, 20개월째에는
조심해서 운전하는 것이 좋겠습니다!

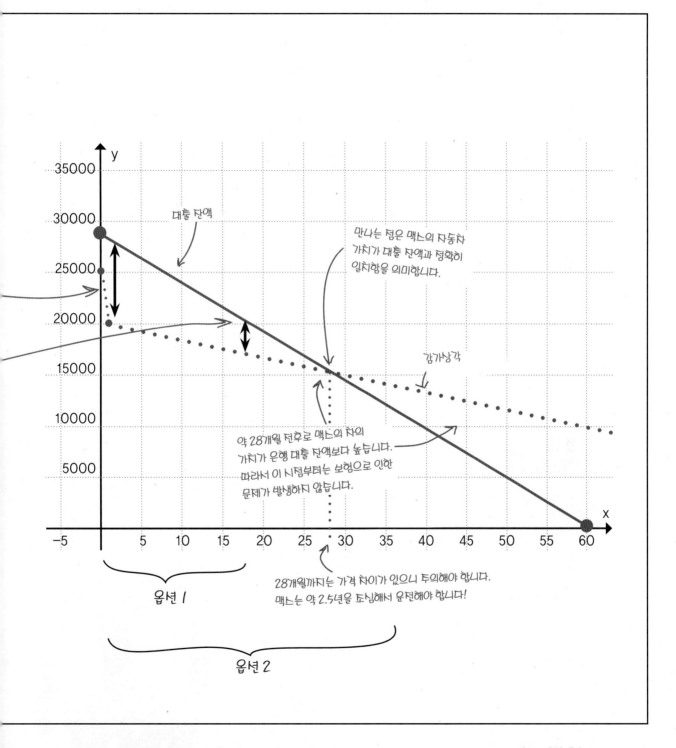

대출 단액

만나는 점은 맥스의 자동차 가치가 대출 단액과 정확히 일치함을 의미합니다.

감가상각

약 28개월 전후로 맥스의 차의 가치가 은행 대출 단액보다 높습니다. 따라서 이 시점부터는 보험으로 인한 문제가 발생하지 않습니다.

옵션 1

28개월까지는 가격 차이가 있으니 주의해야 합니다. 맥스는 약 2.5년을 조심해서 운전해야 합니다!

옵션 2

맥스는 여러분을 재무 설계자로 채용하고 싶어 합니다

여러분 덕에 많은 돈을 절약할 수 있었고 꿈의 차도 손에 넣을 수 있게 된 맥스가 기뻐하고 있습니다. 심지어 맥스는 모든 재무 관련 결정을 여러분과 상의하고 싶어 하며 맥스의 친구들에게도 소개하겠다고 약속했습니다!

지금까지 다양한 고급 대수학 기법을 사용했습니다.

- 방정식을 변수로 표현
- 정의역과 치역 제한을 갖는 함수를 사용
- 함수를 그래프로 그리고 결과를 읽기
- 방정식과 연립방정식 풀기

> 저의 새 차로 달려왔습니다!
> 초기 사고나 비용 지불 문제도 걱정 없어요.
> 모두 여러분 덕분입니다!

영업 개시!

맥스를 성공시키자 재정적 조언을 댓가로 돈을 지불하려는 사람들이 줄을 섰습니다. 사무실을 여는 게 좋겠습니다. 대수학을 이용해 여러분 자신의 재정적 미래를 계획하세요!

> 우리 차례는 언제죠? 요금은 얼마예요?

낱말퀴즈

드디어 해냈습니다. 책 전부를 학습했습니다! 아직 긴장을 풀지 마세요.
낱말풀이가 남아있으니까요...

1. 같은 변수를 포함하는 두 개 이상의 함수를 사용하는 것을 함수의 OOO을 푼다고 합니다.

2. 실생활의 문제를 대수학으로 해결하려면 OOO를 찾아야 합니다.

3. OOO은 함수의 유효 입력 범위입니다.

4. OOO는 두 값이 같지 않음을 나타냅니다.

5. 함수의 유효 출력을 OO이라고 합니다.

6. 문제의 OO 안에서 해법을 찾아야 합니다.

 # 낱말퀴즈 정답

1. 같은 변수를 포함하는 두 개 이상의 함수를 사용하는 것을 함수의 방정식을 푼다고 합니다.

2. 실생활의 문제를 대수학으로 해결하려면 미지수를 찾아야 합니다.

3. 정의역은 함수의 유효 입력 범위입니다.

4. 부등호는 두 값이 같지 않음을 나타냅니다.

5. 함수의 유효 출력을 치역이라고 합니다.

6. 문제의 문맥 안에서 해법을 찾아야 합니다.

부록 1: 나머지

네 딱 다섯 가지입니다. 지금까지 충분히 많은 것을 배웠으니까요...

아직 살펴보지 않은 다섯 가지 중요한 이야기

이걸 다 먹어도 끝이 아니에요. 남은 음식이 있기 때문이죠.

지금까지 많은 것을 배웠지만 대수학의 배움에는 끝이 없습니다. 하지만 걱정마세요. 우리는 거의 모든 것을 배웠으니까요! 이제 지금까지 살펴보지 못한 부분을 살펴볼 거예요.

#1 음의 지수

3장에서 잠깐 본 적이 있는데 음의 지수는 다음과 같습니다.

$$x^{-a} = \frac{1}{x^a}$$

지수 항을 곱하는 규칙을 여기에 적용하면 다음처럼 지수 항을 나눌 수 있습니다.

$$\frac{x^a}{x^b} = x^{a-b}$$

어떻게 된 거죠? 약분과 관련이 있습니다. 약분을 살펴볼 수 있는 간단한 예제입니다.

지수를 분배 → $\dfrac{2^2}{2^4} = \dfrac{(\cancel{2} \cdot \cancel{2})}{(\cancel{2} \cdot \cancel{2} \cdot 2 \cdot 2)} = \dfrac{1}{2^2}$ ←

두 가지 모두 올바른 계산이므로 결과는 같습니다.

지수 항 나눗셈 규칙 사용 → $\dfrac{2^2}{2^4} = 2^{2-4} = 2^{-2}$ ←

음의 지수는 음수를 제거한 지수 항으로 누군가를 나눈다는 의미입니다. 음의 지수는 분수 표현을 제거할 수 있는 좋은 기법입니다. 분수 표현을 음의 지수로 바꾼 다음 일반 지수를 계산하는 것과 같은 방식으로 처리할 수 있습니다.

음의 지수를 이용하면 분수 표현을 제거할 수 있습니다.

이 지수 항을 취해서...

보통: $x^{-a} = \dfrac{1}{x^a}$

...음의 기호는 제거하고 분모로 이동시킵니다.

음의 지수 관련 계산

음의 지수 항이 일반 지수 항과 다른 점은 부호 유지 방식뿐입니다.

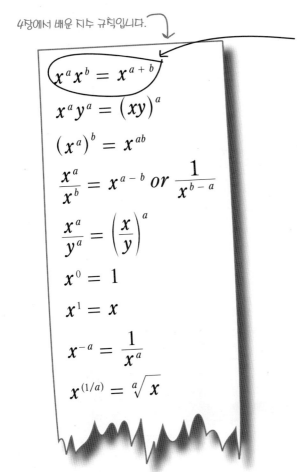

4장에서 배운 지수 규칙입니다.

$$x^a x^b = x^{a+b}$$

$$x^a y^a = (xy)^a$$

$$(x^a)^b = x^{ab}$$

$$\frac{x^a}{x^b} = x^{a-b} \; or \; \frac{1}{x^{b-a}}$$

$$\frac{x^a}{y^a} = \left(\frac{x}{y}\right)^a$$

$$x^0 = 1$$

$$x^1 = x$$

$$x^{-a} = \frac{1}{x^a}$$

$$x^{(1/a)} = \sqrt[a]{x}$$

이 예제를 살펴봅니다...

$$x^a x^{-b} = x^{a+(-b)}$$

같은 식입니다만 부호를 주의하세요!

그리고 나머지는 평소처럼 처리합니다.

음의 지수는 유연성도 제공합니다.

지수 항이 분모에 등장했다면 음의 지수를 이용해 분수 표현을 제거할 수 있습니다.
그리고 난 다음 분수가 제거된 식을 평소처럼 계산할 수 있습니다.

다음 예제를 살펴보세요.

$$5 + \frac{6}{x^2}(x^3) = 5 + 6x^{-2}(x^3)$$

둘은 완벽히 같은 표현식입니다.

#2 값의 목록을 이용해 그래프 그리기

값의 목록이라는 말을 여러 번 언급했었고, 보여준 적도 있습니다. 값의 목록이란 정확히 뭘까요?

값의 목록이란 방정식의 변수로 만들어진 목록으로 각각 다른 값을 대입한 결과를 쉽게 보여주는 목록입니다. 그래프의 점을 기록하는 방식이기도 합니다. 선 그래프에서는 두 점이면 충분하므로 굳이 목록을 만들 필요가 없지만 선이 아닌 그래프라면 얘기가 달라지죠...

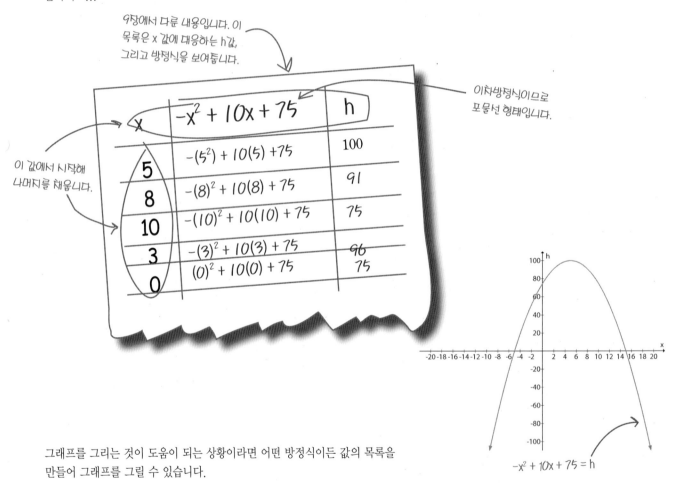

9장에서 다룬 내용입니다. 이 목록은 x 값에 대응하는 h값, 그리고 방정식을 보여줍니다.

이차방정식이므로 포물선 형태입니다.

이 값에서 시작해 나머지를 채웁니다.

x	$-x^2 + 10x + 75$	h
5	$-(5^2) + 10(5) + 75$	100
8	$-(8)^2 + 10(8) + 75$	91
10	$-(10)^2 + 10(10) + 75$	75
3	$-(3)^2 + 10(3) + 75$	96
0	$(0)^2 + 10(0) + 75$	75

$-x^2 + 10x + 75 = h$

그래프를 그리는 것이 도움이 되는 상황이라면 어떤 방정식이든 값의 목록을 만들어 그래프를 그릴 수 있습니다.

#3 절댓값 방정식

지금까지 다양한 방정식을 어떻게 변형하고 푸는지 배웠는데 절댓값을 포함하는 방정식은 살펴보지 않았습니다.

숫자의 절댓값은 처리할 수 있겠지만 절댓값 기호 안에 변수가 포함되어 있다면 어떻게 할까요?
절댓값을 포함하는 방정식이 있다면 미지수는 하나지만 문제를 풀 수 있는 방법은 두 가지입니다.

$$\frac{77}{11} = \cancel{N} \cdot |x|$$

$$\frac{77}{11} = |x|$$

$$7 = |x|$$

절댓값 기호를 벗기면서
숫자에 부호를 추가했으므로
둘 다 참입니다.

$$x = 7 \text{ 또는 } x = -7$$

절댓값 기호 안에 두 개 이상의 항이 있다면 어떻게 할까요? 이런 상황에서는 절댓값 안의 전체 식을 미지수로 간주하고 고립시켜야 합니다.

'$x + 3$'을 미지수로
간주하고 고립시킵니다.

$$\cancel{2} + |x + 3| \cancel{-2} = 0 \; _{+2}$$

$$|x + 3| = 2$$

이제 이상한 일이 벌어집니다. 위 식은 미지수의 절댓값 결과가 2라는 것을 보여줍니다. 그러므로 절댓값 안의 미지수는 2나 −2가 될 수 있습니다!

$$|x + 3| = 2$$

$x + 3 = 2$		$x + 3 = -2$
$x + 3 = 2 - 3$	또는	$x + 3 = -2 - 3$
$x = -1$		$x = -5$

절댓값 내부의 수식을 고립시킨 다음 두 가지 기호를

이용해 원쪽에 고립된 식을 푸는 방법으로 절댓값을

벗겨낼 수 있습니다. 즉 문제를 두 번 풀어야 합니다.

#4 계산기

연습장만 잘 준비한다면 이 책의 대부분의 문제는 손으로 풀 수 있습니다. 계산기를 사용한다면 기본 계산과 지수 외에 다른 기능은 사용할 필요가 없습니다.

그래프 그리기, 방정식 풀기, 이차방정식도 뚝딱 해결해주는 좋은 계산기는 많습니다. 하지만 우선은~

계산기로 방정식을 풀지 마세요!

방정식의 원리를 이해하면서 방정식을 어떻게 푸는지 배우는 것이 책의 핵심이며 대부분의 내용이 이를 목표로 하고 있습니다. 여러분이 계산기를 이용해 방정식을 푼다면 계산기가 어떻게 방정식을 푸는 것인지 이해할 수 없게 됩니다!

수학을 더 많이 배울수록 다양한 기술을 사용하게 될 겁니다. 하지만 아직은 아니에요!

#5 더 연습하세요. 특히 인수분해를 연습하세요!

가장 효과적인 학습 방법은 더 많이 연습하는 겁니다. 이 책의 연습문제를 푸는 것도 좋은 방법이지만 여러분의 학교 교과서를 꺼내 그 안에 들어 있는 문제를 푸는 것도 중요합니다.

이 책은 대수학 입문서에 포함되어 있는 대부분의 원리를 설명합니다. 여러분이 더 많이 연습할수록 더 많은 것을 얻게 됩니다.

특히 연습을 많이 할수록 인수분해 기술이 늘어서 더 빨리 인수분해할 수 있게 됩니다. 꾸준히 연습하세요...

부록 2: 대수학 준비 과정 리뷰

튼튼한 기초 다지기

태어날 때부터 프리마돈나였던 건 아니에요. 저도 처음에는 작은 튀튀를 입었죠.

아직 시작하지도 않은 것처럼 느낀 적이 있나요?

대수학은 정말 위대합니다. 하지만 여러 규칙을 제대로 이해해야 대수학을 배울 수 있습니다. 어느날 문득 정수 곱셈이나, 분수 더하기나, 십진수 나누기를 어떻게 하는지 까먹었다고 생각해 보세요. 그래서 준비했습니다! 대수학을 배우는 데 필요한 선행 과정을 빠르게 검토해보시죠.

대수학은 숫자에서 시작합니다

기상캐스터가 '영하 5도'라는 말을 할 때 영하니까 **정말** 춥다는 것을 알 수 있습니다. 필요할 때는 숫자 앞에
음수 기호를 붙여 0보다 작은 수를 표현해야 할 수 있습니다.

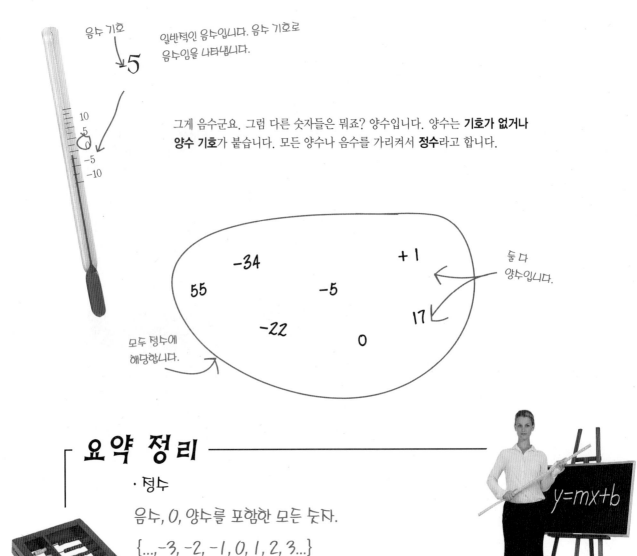

음수 기호
5

일반적인 음수입니다. 음수 기호로
음수임을 나타냅니다.

그게 음수군요. 그럼 다른 숫자들은 뭐죠? 양수입니다. 양수는 **기호가 없거나**
양수 기호가 붙습니다. 모든 양수나 음수를 가리켜서 **정수**라고 합니다.

-34   +1
55   -5
-22   17
0

둘 다
양수입니다.

모두 정수에
해당합니다.

요약 정리

· 정수

음수, 0, 양수를 포함한 모든 숫자.
{...,-3, -2, -1, 0, 1, 2, 3...}

음수는 어떻게 계산하죠?

음수 계산은 양수 계산과 크게 다르지 않습니다. 부호를 제대로 유지하는 것이 핵심입니다.
우선 음수와 양수가 서로 어떤 관계인지 이해해야 합니다. 수직선을 보면 쉽게 이해할 수
있습니다.

수직선

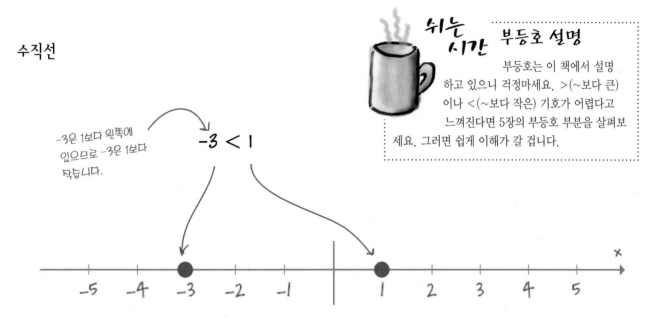

쉬는
시간 **부등호 설명**

부등호는 이 책에서 설명
하고 있으니 걱정마세요. >(~보다 큰)
이나 <(~보다 작은) 기호가 어렵다고
느껴진다면 5장의 부등호 부분을 살펴보
세요. 그러면 쉽게 이해가 갈 겁니다.

-3은 1보다 왼쪽에
있으므로 -3은 1보다
작습니다.

$$-3 < 1$$

정수 간의 관계를 결정하려면 수직선에 두 수를 표시합니다. 더 왼쪽으로 치우진 숫자가 더 작은 값입니다. 수직선의
왼쪽은 음의 무한대 즉 아주 아주 작은 수를 향합니다.

가장 오른쪽에 위치한 숫자가 항상 큰 숫자입니다. 수직선에서 오른쪽으로 갈수록 양의 무한대 즉 매우 큰 수와
가까워지기 때문이죠. -3과 1을 수직선에서 살펴보세요. -3이 1보다 왼쪽에 있으므로 -3이 작은 수입니다.

연필을 깎으며

위의 수직선을 이용해 두 수의 관계를 확인하고 부등호 기호를 채우세요.

$$-4 \_\_ 4 \qquad 4 \_\_ 1 \qquad -3 \_\_ -1$$

 연필을 깎으며
정답

위의 수직선을 이용해 두 수의 관계를 확인하고 부등호 기호를 채우세요.

같은 수에서는 음수가 양수보다 작습니다.

$$-4 < 4$$

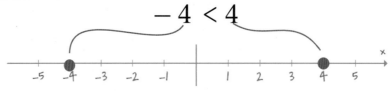

두 수의 부호가 같고 양수일 때는 숫자가
큰 수가 더 큽니다.

$$4 > 1$$

$$-3 <-1$$

두 숫자가 음수일 때는 더 큰 음수가
작은 수입니다.

 핵심정리

■ 정수는 범자연수(0, 1, 2, 3...)와 모든
음수(-3, -2, -1 등)를 포함합니다.

■ 수직선으로 어떤 정수가 큰지 쉽게
확인할 수 있습니다.

정수의 덧셈과 뺄셈

지금까지 수년간 정수의 덧셈을 해왔고 큰 문제가 없었을 겁니다. 다행히 같은 기호의 숫자를
계산할 때는 다음의 규칙을 적용할 수 있습니다.

① **두 양수를 더하면 양수가 된다.**

기존과 같습니다. 이 규칙을 계속 준수하세요!

② **두 음수를 더하면 음수가 된다.**

두 음수를 계산할 때는 먼저 숫자끼리 더한 다음 음의 기호를 앞에 붙이면 됩니다.

*조금 뒤에 연습할
내용이에요.*

혼합된 정수의 계산

'양수의 뺄셈' 규칙은 없다는 것을 눈치채셨나요? 정수를 선으로 표현한 상황에서는 덧셈과 뺄셈
과정이 명확하게 보이지 않습니다. 숫자를 뺀다는 것은 음의 숫자를 더하는 것과 같습니다. 예를
들어 2 – 3은 2 + (–3)과 같습니다.

정말로 그럴까요? 수직선을 이용해 뺄셈을 계산할 수 있습니다. 규칙은 간단합니다. 음수(또는 빼기)
는 수직선에서 왼쪽으로 양수(또는 더하기)는 오른쪽으로 움직입니다.

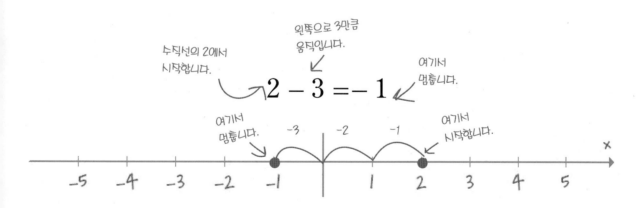

③ **혼합된 정수의 덧셈과 뺄셈 규칙**

음수는 수직선의 왼쪽으로 양수는 수직선의 오른쪽으로 움직입니다.

정수의 곱셈과 나눗셈

일반 양수의 계산과 같은 방식으로 정수를 곱하거나 나눌 수 있습니다. 단지 부호와 관련한 몇 가지 규칙을 준수해야 합니다. 곱셈 문제에서는 먼저 숫자만 계산합니다.

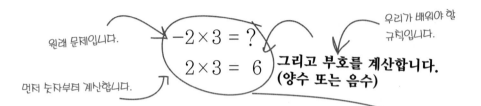

원래 문제입니다.

먼저 숫자부터 계산합니다.

$$-2 \times 3 = ?$$
$$2 \times 3 = 6$$

우리가 배워야 할 규칙입니다.

그리고 부호를 계산합니다. (양수 또는 음수)

정수 부호 규칙 – 곱셈과 나눗셈

이제 곱셈에서 어떤 규칙이 필요하다는 사실을 알았습니다. 곱셈(또는 나눗셈)을 계산할 때는 숫자끼리 먼저 계산한 다음 결과 앞에 부호를 추가합니다.

① **양수 곱하기 또는 나누기 양수는 양수입니다.**

숫자만 계산하면 됩니다.

② **음수 곱하기 또는 나누기 음수는 양수입니다.**

두 음수 기호끼리 서로 상쇄됩니다.

③ **음수 곱하기 또는 나누기 양수는 음수입니다.**

음수와 양수가 혼합되어 있을 때에는 음수가 남습니다.

이제 부호를 추가합니다.

$$-2 \times 3 = ?$$
$$-2 \times 3 = -6$$

시도해보세요...

계산기가 되어보아요

스스로가 계산기가 되어 여러 정수 연산을 계산합니다.
필요한 모든 규칙은 모두 배웠습니다.
수직선을 이용하면 편리합니다.

$$7 + 4 = \underline{\quad}$$

$$-3 - 8 = \underline{\quad}$$

수직선을 이용할 누도 있습니다.
하지만 둘 다 음누니 결과도
음누가 될 거예요.

부호를 주의하세요...

눗자부터 계산하고
부호를 결정합니다.

$$4 \times {-}5 = \underline{\quad}$$

$$-1 \times {-}32 = \underline{\quad}$$

$$3 - 6 = \underline{\quad}$$

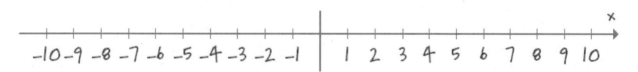

$$-5 + (-4) = \underline{\quad}$$

$$-3 + 7 = \underline{\quad}$$

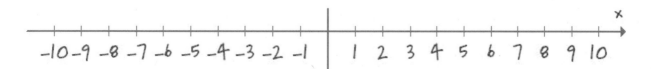

계산기가 되어보아요 정답

스스로가 계산기가 되어 여러 정수 연산을 계산합니다.
필요한 모든 규칙은 모두 배웠습니다.
수직선을 이용하면 편리합니다.

몸풀기
문제죠.

$$7 + 4 = 11$$

수직선을 사용할 수 있지만,
둘 다 음수니까 부호를
유지한 채 두 수만 더하면
됩니다.

$$-3 - 8 = -11$$

음수끼리 상쇄하므로 양수입니다.

$$-1 \times -32 = 32$$

음수가 한 개니까 결과는
음수입니다.

숫자 계산은 전혀 변하지
않는다는 점을 기억하세요!

$$4 \times -5 = -20$$

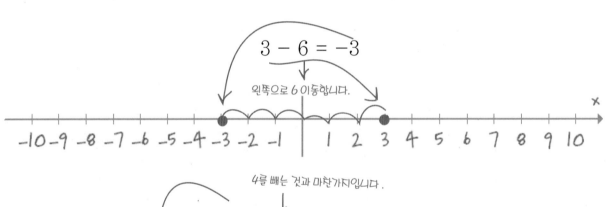

$$3 - 6 = -3$$

왼쪽으로 6 이동합니다.

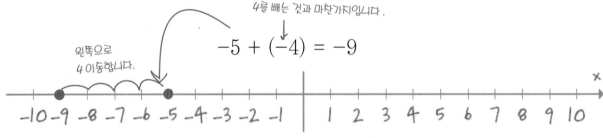

4를 빼는 것과 마찬가지입니다.

$$-5 + (-4) = -9$$

왼쪽으로
4 이동합니다.

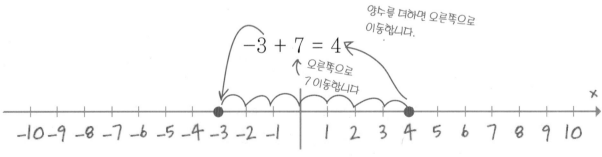

양수를 더하면 오른쪽으로
이동합니다.

$$-3 + 7 = 4$$

오른쪽으로
7 이동합니다

절댓값

정수의 부호를 제거하는 연산을 절댓값이라 합니다. 따라서 절댓값의 결과는 항상 양수입니다. 다음을 살펴보세요.

절댓값 기호입니다.

절댓값 기호는 '이 숫자의 부호를 제거하세요'를 의미합니다.

$$|-6| = 6 \quad \text{그리고} \quad |6| = 6$$

절댓값 내의 부호와 숫자를 어떻게 처리해야 할까요? 절댓값 기호는 마치 괄호와 같은 역할을 합니다. 즉 기호 내의 값을 계산한 다음 부호를 제거해야 합니다. 따라서 기호 안에 수식이 있으면 그 수식부터 계산해야 합니다.

절댓값 기호를 벽돌로 생각하면 쉽게 이해할 수 있습니다.

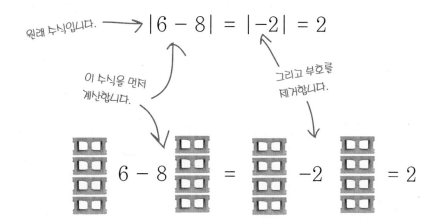

원래 수식입니다.

$$|6 - 8| = |-2| = 2$$

이 수식을 먼저 계산합니다.

그리고 부호를 제거합니다.

$$6 - 8 = -2 = 2$$

핵심정리

- 절댓값은 숫자에서 부호를 제거함을 의미합니다.
- 양수의 절댓값은 양수입니다.
- 음수의 절댓값은 양수입니다.
- 절댓값 기호 내의 수식이 있으면 수식 먼저 계산하고 절댓값을 취해야 합니다.

절댓값이란 무엇인가?

절댓값은 수직선에서 어떤 숫자와 0 사이의 거리를 의미합니다. 방향보다는 거리가 필요한
상황에서 특히 유용합니다. 숫자는 얼마나 멀리 여행할 것인지를 알려주며 부호는 움직일 방향
즉 부호가 음이면 0의 왼쪽, 부호가 양이면 0의 오른쪽을 의미합니다.

절댓값은 '부호를 무시하고 거리만 따지겠다'는 의미입니다.

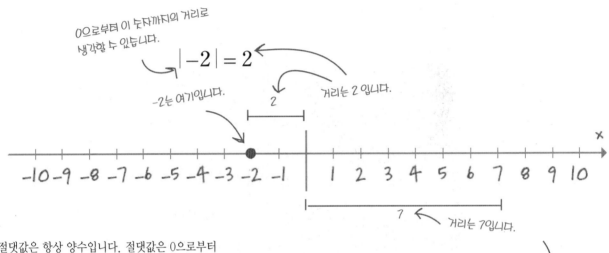

0으로부터 이 숫자까지의 거리로
생각할 수 있습니다.

$$|-2| = 2$$

-2는 여기입니다.

2

거리는 2 입니다.

7

거리는 7입니다.

절댓값은 항상 양수입니다. 절댓값은 0으로부터
특정 숫자까지의 거리를 나타냅니다.

7과 0 사이의 거리는…

$$|7| = 7$$

요약 정리

· 절댓값

숫자에서 부호를 제거하면 절댓값이 됩니다.
절댓값은 수직선에서 특정 숫자와 0 사이의 거리를
의미합니다.

 연필을 깎으며

아래 절댓값 문제를 간소화하세요. 0과 숫자 사이의 거리를 구한다는 사실을
기억하세요.

부호는 중요하지 않습니다. 절댓값에서는
부호를 제거할 테니까요.

$$|-22| = \text{.......}$$
$$|+75| = \text{.......}$$
$$|172| = \text{.......}$$

$$|10 + 3| = \text{................}$$
$$|15 - 16| = \text{................}$$

절댓값을 먼저 계산한 다음
뺄셈을 합니다.

$$25 - |13 + 4|$$
....
....
....

$$25 + |-13 - 4|$$
....
....
....

아래 절댓값 문제를 간소화하세요. 0과 숫자 사이의 거리를 구한다는 사실을 기억하세요.

부호를 없애도 75지만 절댓값 기호와 함께 부호가 사라집니다.

$$|-22| = 22$$

$$|+75| = 75$$

$$|172| = 172$$

절댓값 내부의 식을 먼저 계산한 다음 절댓값을 취해야 합니다.

$$|10 + 3| = |13| = 13$$

마찬가지로 내부의 −를 계산하고 절댓값을 계산합니다.

$$|15 - 16| = |-1| = 1$$

절댓값을 먼저 단순화한 다음 뺄셈을 수행합니다.

$$25 - |13 + 4|$$
$$25 - |17|$$
$$25 - 17$$
$$8$$

$$25 + |-13 - 4|$$
$$25 + |-17|$$
$$25 + 17$$
$$42$$

바보 같은 질문이란 없습니다

Q: 절댓값은 실생활과 어떤 관련이 있나요?

A: 거리 자체가 절댓값입니다. 절댓값은 "얼마나 먼가요?"라는 질문에 답변하는 것과 같습니다. 어떤 방향으로 가는지는 중요하지 않으므로 거리는 항상 양수 즉 절댓값입니다. 또 다른 예로 온도 변화가 있습니다. 0도를 기준으로 온도를 표현하는데 상황에 따라 얼마나 온도를 올려야 할지 알고 싶을 때가 있습니다. 예를 들어 영하 10도에서 영상 32도처럼 영하에서 시작해 영상에 도달하는 상황에서는 두 숫자를 직접 더하는 것이 아니라 두 숫자의 절댓값을 더해야 합니다.

Q: 수직선은 저학년용 아닌가요?

A: 수직선은 저학년용이 아닙니다. 수직선을 이용하면 양수와 음수를 더할 때 어떤 일이 일어나는지 쉽게 확인할 수 있습니다. 대수학을 배울 준비가 되었다고 해서 뭔가 복잡한 도구를 사용해야 하는 것은 아닙니다.

Q: 세 개의 정수를 곱할 때는 어떻게 되나요? 어떤 부호가 남죠?

A: 여러 정수를 곱할 때는 이런 규칙을 따릅니다. 모든 숫자가 양수면 결과는 양수입니다. 음수 부호의 개수가 짝수면 결과는 양수입니다. 음수 부호의 개수가 홀수면 결과는 음수입니다.

Q: 0도 정수인가요?

A: 그렇습니다. 모든 숫자는 정수이므로 0도 정수에 포함됩니다. 이 장의 뒷부분에서 0을 어떻게 다루는지 배울 겁니다.

Q: 매우 큰 정수가 있으면 어떻게 하나요? 수직선을 활용할 수 없겠죠?

A: 그럴 수도 있고 아닐 수도 있습니다. 숫자가 크다면 정답을 일일이 세는 것은 불가능할 겁니다. 상황에 따라서는 수직선의 단위가 10의 배수임을 보여주는 눈금 표시를 수직선에 그리는 방법도 있습니다.

Q: 뺄셈은 모두 완료한 건가요?

A: 관점에 따라 다릅니다. 뺄셈은 음수의 덧셈과 같습니다. 따라서 뺄셈이라 부르던 음수의 덧셈이라 부르던 상관 없습니다. 두 가지 계산은 같은 것이니까요. 이러한 성질을 이용해 상황에 따라서는 음수를 괄호 안으로 넣음으로 수식을 좀 더 쉽게 만들 수 있습니다.

모두 모은 숫자 집합

숫자 집합으로 정수 등으로 숫자를 그룹화할 수
있습니다. 숫자를 그룹화하는 방법을 알면 대수학을
배울 때 도움이 됩니다.

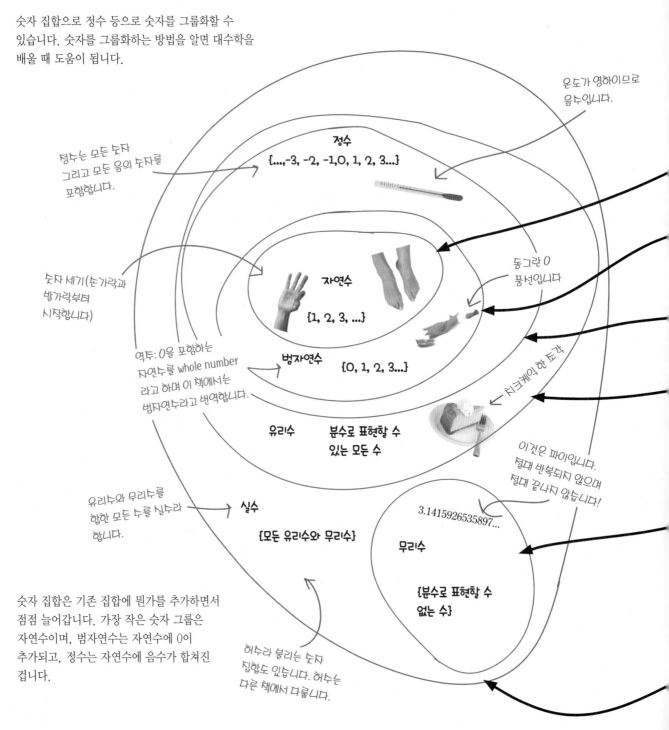

온도가 영하이므로
음수입니다.

정수는 모든 숫자
그리고 모든 음의 숫자를
포함합니다.

정수
{...,-3, -2, -1,0, 1, 2, 3...}

숫자 세기(손가락과
발가락부터
시작합니다)

동그란 0
풍선입니다

자연수

{1, 2, 3, ...}

역투: 0을 포함하는
자연수를 whole number
라고 하며 이 책에서는
범자연수라고 번역합니다.

범자연수   {0, 1, 2, 3...}

케이크 한 조각

유리수   분수로 표현할 수
있는 모든 수

이것은 파이입니다.
절대 반복되지 않으며
절대 끝나지 않습니다!

3.1415926535897...

유리수와 무리수를
합한 모든 수를 실수라
합니다.

실수

{모든 유리수와 무리수}

무리수

{분수로 표현할 수
없는 수}

숫자 집합은 기존 집합에 뭔가를 추가하면서
점점 늘어갑니다. 가장 작은 숫자 그룹은
자연수이며, 범자연수는 자연수에 0이
추가되고, 정수는 자연수에 음수가 합쳐진
겁니다.

허수라 불리는 숫자
집합도 있습니다. 허수는
다른 책에서 다룹니다.

숫자 집합

수학에서는 일반적으로 다음과 같은 숫자 집합 개념을 사용합니다.

여기 나열된 숫자는 집합에 포함된다는 의미이며 패턴에 따라 다른 숫자들도 집합에 포함됩니다.

중괄호는 '수학적 집합'을 의미합니다.

자연수: {1, 2, 3, ...}

이 기호는 4, 5, 6 등 '이후로도 숫자가 더 존재함'을 의미합니다.

셀 수 있는 숫자는 가장 작은 집합입니다. 개수를 셀 때 사용하는 집합입니다. 수학을 배울 때 가장 먼저 접하는 숫자 집합입니다.

범자연수: {0, 1, 2, 3, ...} ← 셀 수 있는 숫자에 0이 추가됨

자연수와 0을 합쳐서 범자연수라고 합니다. 아무것도 없는 상황을 가리킬 때 0을 사용합니다.

정수: {..., -3, -2, -1, 0, 1, 2, 3, ...}

범자연수에 음수를 더한 것

유리수: {a/b 형태의 모든 수}

유리수는 조금 복잡합니다. 분수로 표현할 수 있는 모든 수를 유리수라 합니다. 자연수와 범자연수를 1로 나눌 수 있으므로(예를 들어 2를 1로 나누면 1/2가 됨) 자연수와 범자연수 그리고 모든 정수가 유리수에 포함됩니다. 분수를 다룰 때 유용한 숫자 셋입니다. 분수로 변환할 수 있는 모든 소수도 유리수입니다.

무리수: {분수로 표현할 수 없는 모든 수}

분수로 표현할 수 없는 수를 무리수라 합니다. 기하학이나 실생활에서 종종 무리수를 접하게 될 겁니다. 무리수는 끝없이 이어지며 반복되지 않는 소수점을 갖습니다. 예를 들어 끝없는 숫자로 이어지는 제곱근, 파이, 원의 원주와 지름의 비율 등이 무리수입니다.

실수: {지금까지 등장한 모든 수}

무리수와 유리수를 포함해 지금까지 살펴본 모든 수를 통틀어 실수라 합니다. 유리수와 무리수는 배타적인 관계로 실생활에 존재합니다. 실수는 이 둘 모두를 포함합니다.

물건을 나누는 세 가지 방법

큰 물건을 작게 나누어야 할 때가 있는데 크게 세 가지 방법이 있습니다. 여러분에게도 익숙한 분수, 소수점, 백분율 세 가지입니다.

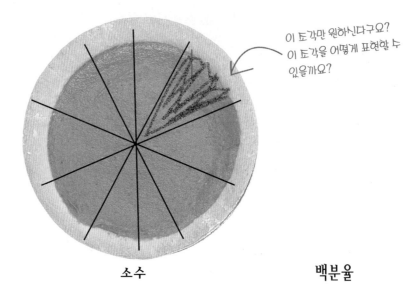

이 토각만 원하신다구요?
이 토각을 어떻게 표현할 수 있을까요?

분수	소수	백분율
조각을 표현하는 가장 보편적인 방법입니다.	계산기나 컴퓨터 작업에 알맞은 표기법입니다.	백분율은 소수점을 100% 비율로 변환한 것에 불과합니다.

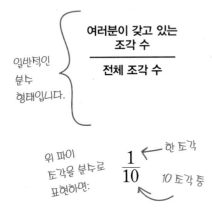

일반적인 분수 형태입니다.

$$\frac{\text{여러분이 갖고 있는 조각 수}}{\text{전체 조각 수}}$$

위 파이 토각을 분수로 표현하면:

$$\frac{1}{10}$$ ← 한 토각

10 토각 중

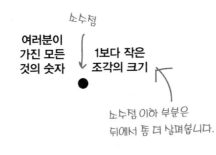

소수점

여러분이 가진 모든 것의 숫자

1보다 작은 조각의 크기

소수점 이하 부분은 뒤에서 좀 더 살펴봅니다.

0.10

한 개의 파이보다 작습니다. 그래서 이 부분은 00이죠.

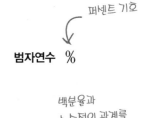

퍼센트 기호

범자연수 %

백분율과 소수점의 관계를 파악하셨나요?

10%

이렇게 다양한 수를 어떻게 계산하는지 살펴봐야 합니다.

소수점부터 보시죠...

소수점 파헤치기

계산기를 이용하면 손쉽게 소수점을 계산할 수 있으며 때로는 사람이 계산하기에도 편리합니다. 소수점 형식부터 살펴보시죠. 범자연수에 1, 10, 100의 자리가 있듯이 소수점에도 자리가 있습니다.

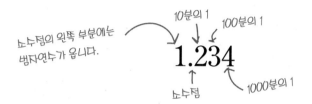

소수점의 왼쪽 부분에는 범자연수가 옵니다.

10분의 1
100분의 1

1.234

소수점

1000분의 1

자릿수는 이런 형식으로 끝없이 이어집니다.

소수점 표현 방법

소수점으로 큰 두 가지 사실을 알릴 수 있습니다.

① 우리가 다루고 있는 모든 것의 개수

소수점 왼쪽의 숫자가 모든 것의 개수입니다. 따라서 우리가 다루고 있는 것이 한 개 이하라면 0이 됩니다.

② 어떤 조각의 크기

소수점의 오른쪽 부분은 정해진 조각의 크기를 나타냅니다. 예를 들어 10분의 1 자리에 숫자가 있으면 10조각으로 나눠진 크기임을 나타냅니다.

계산기를 이용해서 조각을 계산하려면 소수점을 사용하는 것이 좋습니다.

소수점의 덧셈과 뺄셈

소수점의 덧셈과 뺄셈은 범자연수의 덧셈, 뺄셈과 같습니다. 다만 소수점 계산 시에는 **소수점**을 기준으로 수를 **정렬**해야 합니다. 범자연수와 마찬가지로 소수점을 더할 때는 자릿수를 맞춰야 합니다. 즉 10분의 1자리는 10분의 1자리끼리 100분의 1자리는 100분의 1자리끼리 더해야 합니다. 소수점을 기준으로 숫자를 정렬하면 이를 쉽게 계산할 수 있습니다.

이렇게 해보세요. $12.34 + 5.6 = ?$

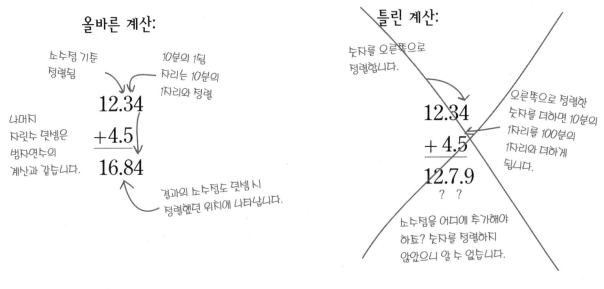

올바른 계산:

소수점 기준 정렬됨

10분의 1됨 자리는 10분의 1자리와 정렬

$$12.34$$
$$+4.5$$
$$16.84$$

나머지 자릿수 덧셈은 범자연수의 계산과 같습니다.

결과의 소수점도 덧셈 시 정렬했던 위치에 나타납니다.

틀린 계산:

숫자를 오른쪽으로 정렬합니다.

$$12.34$$
$$+4.5$$
$$12.7.9$$
$$?\ ?$$

오른쪽으로 정렬한 숫자를 더하면 10분의 1자리를 100분의 1자리와 더하게 됩니다.

소수점을 어디에 추가해야 하죠? 숫자를 정렬하지 않았으니 알 수 없습니다.

☑ 자릿수의 올림값은 범자연수를 계산할 때와 똑같이 처리합니다.

☑ 다른 자릿수에서 빌려오는 값 처리도 마찬가지로 같습니다.

☑ 뺄셈도 덧셈과 같습니다. 소수점을 기준으로 숫자를 정렬하면 됩니다.

소수점의 덧셈이나 뺄셈에서는 소수점을 기준으로 숫자를 정렬해<u>야</u> 합니다.

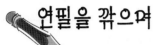 연필을 깎으며

다음의 덧셈, 뺄셈 문제를 풀어보세요. 소수점 정렬을 주의하세요!

$6.9 + 12.41 = ?$
노수점을 정렬해야 함을 기억하세요.

$14.27 - 3.6 = ?$

$3 + 16.01 = ?$

$21.24 - 9.7 = ?$

샘은 최신 와이박스 게임을 사고 싶어 합니다. 와이박스의 가격은 $49.99에 세금 $2.50 그리고 당일 배송비 $13.65가 추가됩니다. 게임을 사려면 총 얼마가 있어야 할까요?

샘의 여동생 엘라는 생일 용돈으로 $80를 받았습니다. 그녀는 DVD($13.35)와 새 옷($42.35)을 구입하고 싶습니다. 그러면 엘라에게는 얼마의 돈이 남을까요?

연필을 깎으며 정답

다음의 덧셈, 뺄셈 문제를 풀어보세요. 소수점 정렬을 주의하세요!

$6.9 + 12.41 = ?$

소수점을 정렬해야 함을 기억하세요.

$$\begin{array}{r} 6.9^0 \\ +12.41 \\ \hline 19.31 \end{array}$$

$14.27 - 3.6 = ?$

일반 뺄셈처럼 옆 자릿수에서 값을 빌립니다.

$$\begin{array}{r} \overset{3}{14.}\!17 \\ -3.6^0 \\ \hline 10.67 \end{array}$$

0을 추가하면 소수점 자리를 좀 더 쉽게 확인할 수 있습니다.

$3 + 16.01 = ?$

소수점과 0을 추가해야 합니다.

$$\begin{array}{r} 3.^{00} \\ +16.01 \\ \hline 19.01 \end{array}$$

$21.24 - 9.7 = ?$

$$\begin{array}{r} \overset{10}{^1 21.}\!14 \\ -9.7^0 \\ \hline 11.54 \end{array}$$

옆 자릿수에서 숫자를 빌려오는 일은 흔히 발생합니다. 자연수를 계산할 때처럼 하면 됩니다.

샘은 최신 와이박스 게임을 사고 싶어 합니다. 와이박스의 가격은 \$49.99에 세금 \$2.50 그리고 당일 배송비 \$13.65가 추가됩니다. 게임을 사려면 총 얼마가 있어야 할까요?

여러 소수점을 한 번에 더할 수 있습니다.

$$\begin{array}{r} \overset{1 \ 2}{49.99} \\ +2.50 \\ 13.65 \\ \hline \$\ 66.14 \end{array}$$

여러 소수점이라도 소수점을 기준으로 숫자를 정렬하고 더할 수 있습니다!

샘의 여동생 엘라는 생일 용돈으로 \$80를 받았습니다. 그녀는 DVD(\$13.35)와 새 옷(\$42.35)을 구입하고 싶습니다. 그러면 엘라에게는 얼마의 돈이 남을까요?

먼저 그녀의 구입품 가격을 더합니다.

$$\begin{array}{r} 13.35 \\ +42.35 \\ \hline 55.70 \end{array}$$

그리고 생일 용돈에서 구입품 총합을 뺍니다.

$$\begin{array}{r} 80.00 \\ -55.70 \\ \hline \$\ 24.30 \end{array}$$

소수점 곱셈

소수점 곱셈은 범자연수 곱셈과 거의 비슷합니다만 소수점 마무리를 잘 해야 합니다. 범자연수와 같은 방식으로 소수점을 곱할 수 있습니다. 우선 소수점을 오른쪽으로 정렬한 다음 곱셈을 시작합니다. 첫 번째 숫자를 두 번째 숫자의 각 수와 곱한 다음 더합니다.

마지막으로 소수점 곱셈에서는 두 수의 소숫점 이하 자릿수를 세어 결과 숫자에 소수점을 추가합니다.

이렇게 해보세요. $14.45 \times 1.5 = ?$

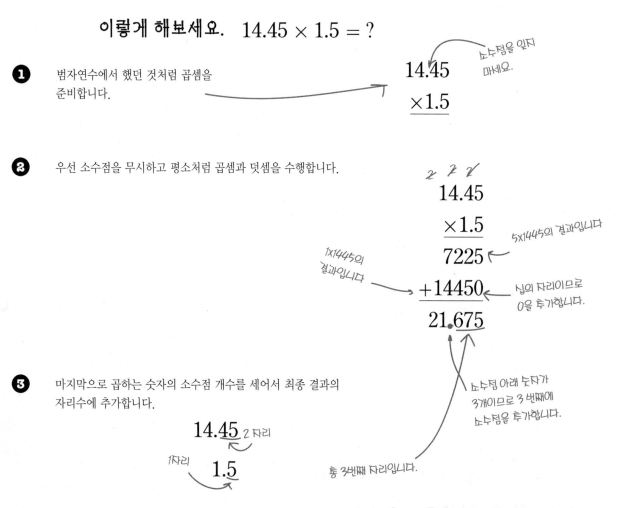

❶ 범자연수에서 했던 것처럼 곱셈을 준비합니다.

$$14.45$$
$$\times 1.5$$

소수점을 잊지 마세요.

❷ 우선 소수점을 무시하고 평소처럼 곱셈과 덧셈을 수행합니다.

$$
\begin{array}{r}
2\ 2\ 2 \\
14.45 \\
\times 1.5 \\
\hline
7225 \\
+14450 \\
\hline
21.675
\end{array}
$$

5x1445의 결과입니다

1x1445의 결과입니다

십의 자리이므로 0을 추가합니다.

❸ 마지막으로 곱하는 숫자의 소수점 개수를 세어서 최종 결과의 자리수에 추가합니다.

14.45 2 자리

1자리 1.5

소수점 아래 숫자가 3개이므로 3 번째에 소수점을 추가합니다.

총 3번째 자리입니다.

소수점 곱셈에서는 곱하는 수의

소수점 자릿수를 셉니다.

소수점 나눗셈

일반 수를 소수점으로 나눌 때는 약간의 차잇점을 제외하면 일반적인 긴 나눗셈과 같습니다. 이를
살펴보기 전에 용어를 정리하세요.

$$\text{피젯수} \div \text{젯수} = \text{결과}$$

나눗셈은 두가지
방식으로 표현할 수
있습니다.

$$\text{젯수} \overline{)\,\text{피젯수}}$$
결과

소수점을 나누는 것은 일반 긴 나눗셈과 같으며 다음 규칙이 추가됩니다.

① 젯수에 소수점이 있으면 소수점을 제거해야 합니다.

젯수에 소수점이 있으면 소수점을 제거해야 합니다. 우선 젯수가 범자연수가 될 때까지
반복해서 소수점을 오른쪽으로 이동합니다. 그리고 피젯수에서도 같은 수만큼 소수점을
오른쪽으로 이동합니다.

② 피젯수에 소수점이 있으면 결과의 같은 자리에 소수점을 추가합니다.

위 과정이 끝난 상태로 나눗셈을 수행합니다. 젯수에 소수점이 없으면 전체수의 나눗셈과
같은 방식으로 나눗셈을 수행합니다. 첫 번째 과정에서 소수점을 움직였다면 움직인 소수점을
사용해야 한다는 사실을 기억하세요.

나눗셈을 수행합니다!

여기 어렵게 꼬아진 문제가 있습니다. 이 문제를 풀려면 두 개의 소수점과 몇 가지 기법을
사용해야 합니다.

계산기는 사용하지 마세요!
눈으로 계산하는 것이
목표입니다.

$$15.126 \div 1.2 = ?$$

알겠습니다. 그러니까 젯수와
피젯수가 모두 소수점을 포함하네요.
따라서 두 가지 기법을
모두 적용해야 합니다.

먼저 방정식을 긴 나눗셈 형식으로

바꿔야 합니다...

소수점 나눗셈 연습

❶   문제를 긴 나눗셈 형식으로 바꾸세요.

$$1.2\,)\overline{15.126}$$

❷   소수점을 적절하게 옮기세요. 젯수에
소수점이 있으면 범자연수가 될 때까지
소수점을 오른쪽으로 이동합니다. 그리고
피젯수에서 같은 숫자만큼 소수점을 오른쪽으로
이동시킵니다. 이 과정이 완료되면 결과에
소수점을 추가(피젯수의 소수점과 같은 위치)
합니다.

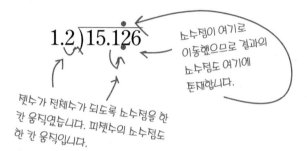

소수점이 여기로
이동했으므로 결과의
소수점도 여기에
돈재합니다.

젯수가 전체수가 되도록 소수점을 한
칸 움직였습니다. 피젯수의 소수점도
한 칸 움직입니다.

❸   긴 나눗셈을 수행하세요. 범자연수 나눗셈과
같습니다.

$$
\begin{array}{r}
12.605 \\
12.\,)\overline{151.260} \\
-12 \\
\hline
31 \\
-24 \\
\hline
72 \\
-72 \\
\hline
060 \\
-60 \\
\hline
0
\end{array}
$$

나머지요? 더
이상 나머지가
없습니다...

❹   더 이상 나머지가 없습니다! 소수점 이하의
자리이므로 0을 추가할 수 있습니다.
피젯수에 0을 추가할 때는 결과에도 0을
추가해야 한다는 사실을 잊지 마세요.

❺   나눗셈을 계속 수행하세요. 나머지가 없어지면
나눗셈이 완료된 겁니다!

몇 가지 예외가 있습니다.
다음 페이지를 열어보세요...

특별한 소수점

소수점을 계산할 때 주의해야 할 특별한 유형이 있습니다. 소수점 계산은
세 가지 중 하나의 방법으로 완료됩니다.

① **끝이 있는 소수점**

여러분이 살펴본 문제가 끝이 있는 소수점입니다. 끝이 있다는 의미죠.

② **반복되는 소수점**

반복되는 소수점입니다. 흔한 예로 1/3, 2/3 같은 삼등분 나눗셈이 있습니다.
나눗셈을 시작해도 끝나지 않습니다. 이러한 나눗셈은 다음처럼 표현합니다.

시도해보세요.
1나누기 3입니다.

$$\frac{1}{3} = 0.3333333\ldots \quad \text{또는} \quad 0.\overline{3}$$

이 막대기는 소수점 이하
숫자가 반복됨을 의미합니다.

③ **끝이 없으며 반복되지 않는 소수점**

끝이 없는 숫자입니다. 계속 0을 붙여서 숫자를 나누는 유형입니다.
숫자가 계속 반복된다는 사실을 발견했다면 지금까지 계산한 숫자를
쓰고 계산이 종료되지 않는다는 기호를 추가하세요.

바보 같은 질문이란 없습니다

Q: 소수점 이하는 항상 한 개의 숫자가
반복되나요?

A: 항상 그렇지는 않습니다. 상황에 따
라서는 1.234234234처럼 여러 숫자가 반
복됩니다. 이런 상황에서는 다음처럼 반복
되는 전체 숫자 위에 막대기를 추가합니다.

$$1.\overline{234}$$

Q: 끝이 없는 반복되지 않는 숫자인지
아니면 그냥 반복되는 숫자가 아주 긴 것인
지 어떻게 판단하나요?

A: 대부분의 문제에서는 몇 개의 소수점
이하 자리를 사용할지 제시합니다. 예를 들
어 '소수점 이하 5자리까지 계산하시오'라는
조건을 줍니다.

Q: 반복되는 소수점을 어디에 사용하나
요? 반복되는 소수점을 다른 숫자와 더할
수는 없죠?

A: 반복되는 소수점, 끝나지 않으며 반복
되지 않는 소수점은 분수로 계산하는 것이
더 편리합니다.

Q: 소수점으로 나눌 때 뒤에 그냥 0을
붙이면 안 되나요?

A: 소수점 나눗셈에서는 소수점 이하의
자리수에 0을 붙이므로 피젯수의 실제 값은
바뀌지 않습니다. 15.126이나 15.12600000
이나 같죠. 소수점 나눗셈에서 0을 붙이면
긴 나눗셈을 쉽게 계산할 수 있습니다.

다음 곱셈과 나눗셈 문제를 풀어보세요. 소수점 이하로는 자유롭게 0을 추가할 수 있습니다. 반복되는 소수점, 끝나지 않는 소수점, 반복되지 않는 소수점이 있다는 사실을 기억하세요. 소수점 아래 4자리까지 계산했는데 답이 안나오면 거기서 계산을 중단하세요.

$15.1 \times 0.72 = ?$

$23.2 \div 5 = ?$

$$\times \underline{\qquad\qquad}$$

$)\overline{\qquad\qquad\qquad}$

뺏수와 피뺏수에 쇼수점이 없다고 해서 답변이 쇼수점이 아님을 의미하진 않습니다.

$56 \div 3 = ?$

$10.6 \div 0.34 = ?$

$)\overline{\qquad\qquad\qquad}$

$)\overline{\qquad\qquad\qquad}$

연습문제 정답

다음 곱셈과 나눗셈 문제를 풀어보세요. 소수점 이하로는 자유롭게 0을 추가할 수 있습니다. 반복되는 소수점, 끝나지 않는 소수점, 반복되지 않는 소수점이 있다는 사실을 기억하세요. 소수점 아래 4자리까지 계산했는데 답이 안나오면 거기서 계산을 중단하세요.

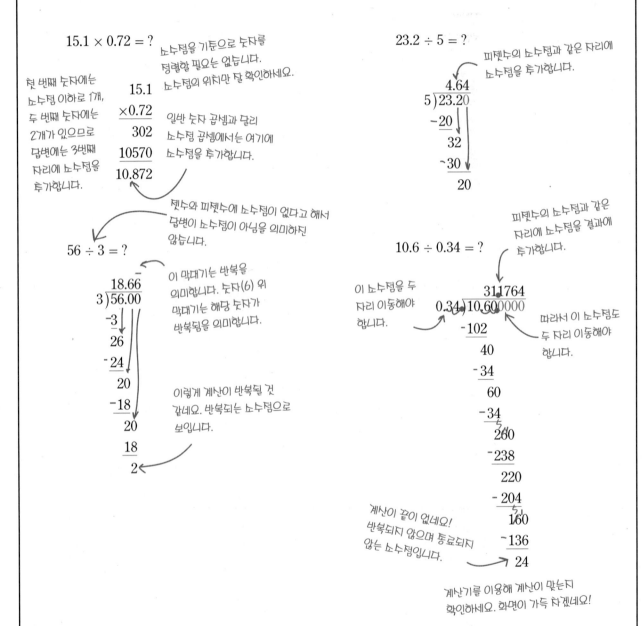

$15.1 \times 0.72 = ?$

소수점을 기준으로 숫자를 정렬할 필요는 없습니다. 소수점의 위치만 잘 확인하세요.

첫 번째 숫자에는 소수점 이하로 1개, 두 번째 숫자에는 2개가 있으므로 답변에는 3번째 자리에 소수점을 추가합니다.

```
     15.1
   ×0.72
     302
   10570
   10.872
```

일반 숫자 곱셈과 달리 소수점 곱셈에서는 여기에 소수점을 추가합니다.

$23.2 \div 5 = ?$

피젯수의 소수점과 같은 자리에 소수점을 추가합니다.

```
      4.64
  5)23.20
   -20
     32
    -30
     20
```

젯수와 피젯수에 소수점이 없다고 해서 답변이 소수점이 아님을 의미하진 않습니다.

$56 \div 3 = ?$

이 막대기는 반복을 의미합니다. 숫자(6) 위 막대기는 해당 숫자가 반복됨을 의미합니다.

```
     18.66
  3)56.00
   -3
    26
   -24
    20
   -18
    20
    18
     2
```

이렇게 계산이 반복될 것 같네요. 반복되는 소수점으로 보입니다.

$10.6 \div 0.34 = ?$

피젯수의 소수점과 같은 자리에 소수점을 결과에 추가합니다.

이 소수점을 두 자리 이동해야 합니다.

```
              31.1764
  0.34)10.60 0000
      -102
        40
       -34
        60
       -34
       260
      -238
       220
      -204
       160
      -136
        24
```

따라서 이 소수점도 두 자리 이동해야 합니다.

계산이 끝이 없네요! 반복되지 않으며 종료되지 않는 소수점입니다.

계산기를 이용해 계산이 맞는지 확인하세요. 화면이 가득 차겠네요!

여러분이 100퍼센트 맞습니다!

소수점과 백분율은 거의 비슷합니다. 백분율은 0과 1 사이의 소수점을 계산하는 데 사용하는 규칙일 뿐이죠. 0%는 0이고 100%는 1입니다. 나머지 퍼센트는 0과 1 사이에 존재합니다. 우리 주변에는 0과 1 사이에 있는 상황을 묘사해야 할 때가 많습니다. 예를 들어 세율, 기부율 등이 있죠…

백분율은 쉽게 계산할 수 있습니다. 백분율을 소수점으로 바꾼 다음 계산할 수 있습니다.

5%라고 표현하는 것이 100분의 5라고 표현하는 것보다 편리합니다.

$$1\% = 100 \text{ 중의 } 1 = 0.01$$

소수점을 왼쪽으로 두 자리 이동시키면 백분율이 소수점으로 변환됩니다.

바보 같은 질문이란 없습니다

Q: 반대로 즉 소수점을 백분율로도 변환할 수 있나요?

A: 그렇습니다. 소수점을 오른쪽으로 두 자리 이동시켜 소수점을 백분율로 변환할 수 있습니다.

Q: 백분율이 100보다 크면 어떻게 하죠?

A: 평상시대로 처리할 수 있습니다. 소수점을 왼쪽으로 두 자리 이동하면 소수점이 됩니다.

Q: 백분율을 분수로 표현할 수 있나요?

A: 물론 그렇게 할 수 있으며 곧 백분율을 분수로 표현하는 방법을 살펴볼 겁니다. 지금은 소수점, 백분율, 분수 모두 숫자의 부분을 표현하는 방식이라고 생각하면 됩니다.

퍼센트 계산

주변에서 흔히 볼 수 있는 백분율을 사용하는 예로 부가세를 생각할 수 있습니다. 1장에서는 조가 게임기를 살 수 있도록 도왔는데 아시겠지만 물건을 살 때에는 세금을 내야 합니다.

부가세를 살펴봅니다...

기본 물품 가격은 $199입니다. 이 물품을 구매하려면 세금을 내야 합니다. 수학주에서는 물품가액의 5%를 세금으로 내야 합니다. 게임기를 사려면 얼마의 세금을 내야 하는지 계산해보시죠.

다음의 세 과정으로 퍼센트를 계산할 수 있습니다.

게임기 가격은 $199입니다.

기본 가격 $199의 백분율을 계산해야 합니다.

❶ 퍼센트를 적용 숫자부터 확인합니다.

$$199$$

❷ 퍼센트를 소수점으로 변환합니다. 소수점을 **왼쪽으로** 두 자리 이동시켜 변환할 수 있습니다.

5%에서 시작합니다. **5%**

소수점을 왼쪽으로 두 자리 움직이려면 0을 추가해야 합니다.

퍼센트 기호를 제거합니다.

.05. % = 0.05

소수점이 명시적으로 표시되어 있지 않지만 소수점은 여기에 존재합니다.

$$199$$
$$\times 0.05$$

계산하세요!

❸ 소수점을 첫 번째 숫자와 곱합니다. 그 계산 결과가 우리가 찾던 답입니다!

이것이 우리가 찾던 값입니다.

정답: 9.95

퍼센트 자석

자석을 이용해 퍼센트 문제를 해결하세요.

소수점을 왼쪽으로 두 자리 움직입니다.

15% = ____

퍼센트에도 소수점이 존재할 수 있습니다...

0.027 = ____

100 %보다 크다면 1이 넘는다는 의미입니다.

117% = ____

0.39 = ____

빅마마 마트에서는 고객들이 사용할 수 있는 와이파이를 설치할지 여부를 고민 중입니다. 그래서 618 명의 쇼핑객을 대상으로 설문한 결과 61%의 고객이 설치된 와이파이를 사용할 의향이 있다고 밝혔습니다. 얼마나 많은 고객이 와이파이를 사용하겠다고 응답했을까요?

61% = ____

____ × 618 = ?

$$\begin{array}{r} 618 \\ \times \underline{} \\ 618 \\ + 618 \\ \hline 37080 \end{array}$$

퍼센트 자석 정답

자석을 이용해 퍼센트 문제를 해결하세요.

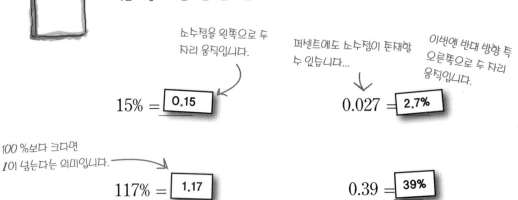

소수점을 왼쪽으로 두
자리 움직입니다.

퍼센트에도 소수점이 존재할
수 있습니다...

이번엔 반대 방향 즉
오른쪽으로 두 자리
움직입니다.

$15\% = \boxed{0.15}$

$0.027 = \boxed{2.7\%}$

100%보다 크다면
1이 넘는다는 의미입니다.

$117\% = \boxed{1.17}$

$0.39 = \boxed{39\%}$

빅마마 마트에서는 고객들이 사용할 수 있는 와이파이를 설치할지 여부를 고민 중입니다. 그래서 618 명의 쇼핑객을
대상으로 설문한 결과 61%의 고객이 설치된 와이파이를 사용할 의향이 있다고 밝혔습니다. 얼마나 많은 고객이
와이파이를 사용하겠다고 응답했을까요?

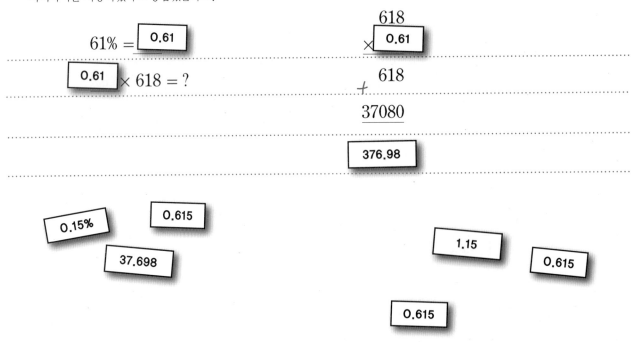

$61\% = \boxed{0.61}$

$$\begin{array}{r} 618 \\ \times\ \boxed{0.61} \\ \hline \end{array}$$

$\boxed{0.61} \times 618 = ?$

$$\begin{array}{r} 618 \\ + \\ \hline 37080 \end{array}$$

$\boxed{376.98}$

$\boxed{0.15\%}$ $\boxed{0.615}$

$\boxed{37.698}$

$\boxed{1.15}$ $\boxed{0.615}$

$\boxed{0.615}$

분수

전 분수가 싫어요.
분수는 너무 어렵고 어디에 응용할지도 모르겠어요.
그냥 계산기로 해결할래요. 저는 이만 가볼께요...

기다려요! 분수가 어렵다는 것은 편견이에요.

분수는 정말 유용합니다. 일단 이해하고 나면 소수점보다
더 빠르고 정확하게 계산할 수 있죠.

정확하게 분수를 이해하기가 조금 까다로울 뿐이에요.
이제 분수를 좀 더 자세히 살펴보시죠.

반복되는 소수점을
기억하세요?

분수는 전체에서 일부를 보여줍니다.

분수는 어떤 것에서 얼마의 조각을 여러분이 가지고 있으며 어떤
것이 몇 조각으로 나뉘었는지 알려줍니다.

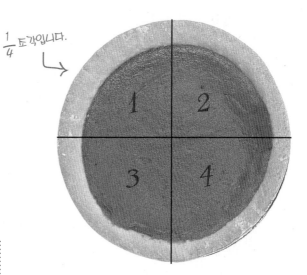

$\frac{1}{4}$ 조각입니다.

분자입니다. **여러분이 가지고
있는 조각의 개수**
_____
**전체를
구성하는 총
조각 수** 분모입니다.

**쉬는
시간** **분수가 두렵나요?
저희가 해결해드리겠습니다.**

분수는 일상의 한 영역입니다. 분수를 잘 알고 나면
정말 유용합니다. 노력하다 보면 어느새 분수
전문가가 되어 있을 거예요.

분수 곱셈

분수 곱셈은 가장 간단한 계산 중 하나입니다. 분자는 분자끼리 분모는 분모끼리 곱하면 되니까요.

분자끼리 곱하세요.

$$\frac{1}{2} \times \frac{1}{3} = \frac{1 \times 1}{2 \times 3} = \frac{1}{6}$$

새로운 분수가 나왔죠. 끝입니다!

두 개의 분수가 있습니다.

분모끼리 곱하세요.

❶ 분자끼리 곱하면 결과의 분자 값이 나옵니다.

❷ 분모끼리 곱하면 결과의 분모 값이 나옵니다.

분수 나눗셈은 분자와 분모를 곱합니다.

분수 나눗셈은 꽈배기 곱셈 방식으로 계산합니다. 분수를 나누려면 교차 곱셈이라부르는 방식을 이용합니다. 다음 식은 **교차 곱셈** 방법을 보여줍니다.

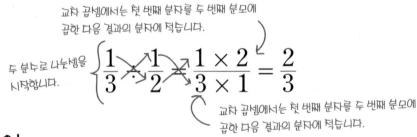

교차 곱셈에서는 첫 번째 분자를 두 번째 분모에 곱한 다음 결과의 분자에 적습니다.

두 분수로 나눗셈을 시작합니다.

$$\frac{1}{3} \div \frac{1}{2} \longrightarrow \frac{1 \times 2}{3 \times 1} = \frac{2}{3}$$

교차 곱셈에서는 첫 번째 분자를 두 번째 분모에 곱한 다음 결과의 분자에 적습니다.

나누려면 곱하세요!

❶ **첫 번째 분자**를 **두 번째 분모**와 곱한 결과를 정답의 **분자**에 적으세요.

❷ **첫 번째 분모**를 **두 번째 분자**와 곱한 결과를 정답의 **분모**에 적으세요.

시도해보세요...

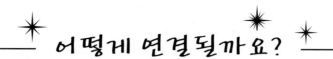

어떻게 연결될까요?

문제와 정답을 연결하세요.

문제	정답
$\dfrac{1}{20} \div \dfrac{6}{7}$	$\dfrac{5}{30}$
$\dfrac{3}{7} \times \dfrac{1}{11}$	$\dfrac{7}{120}$
$\dfrac{1}{12} \div \dfrac{2}{9}$	$\dfrac{3}{8}$
$\dfrac{1}{8} \div \dfrac{1}{3}$	$\dfrac{1}{24}$
$\dfrac{1}{2} \times \dfrac{3}{1}$	$\dfrac{9}{24}$
$\dfrac{1}{10} \div \dfrac{3}{5}$	$\dfrac{3}{77}$
$\dfrac{1}{8} \times \dfrac{1}{3}$	$\dfrac{3}{2}$

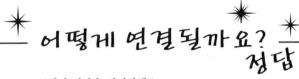

문제와 정답을 연결하세요.

문제

정답

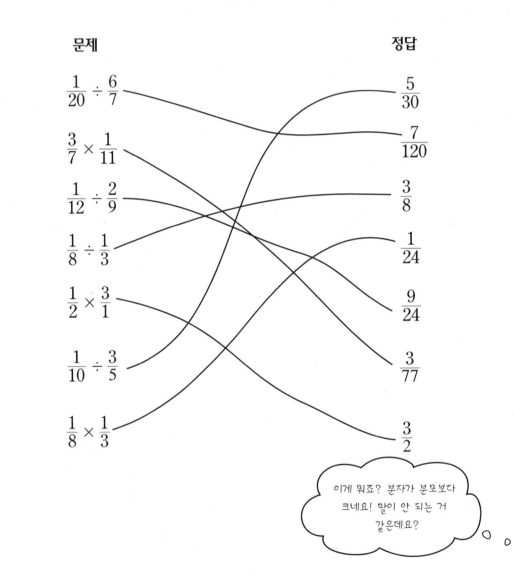

$$\frac{1}{20} \div \frac{6}{7}$$

$$\frac{3}{7} \times \frac{1}{11}$$

$$\frac{1}{12} \div \frac{2}{9}$$

$$\frac{1}{8} \div \frac{1}{3}$$

$$\frac{1}{2} \times \frac{3}{1}$$

$$\frac{1}{10} \div \frac{3}{5}$$

$$\frac{1}{8} \times \frac{1}{3}$$

$$\frac{5}{30}$$

$$\frac{7}{120}$$

$$\frac{3}{8}$$

$$\frac{1}{24}$$

$$\frac{9}{24}$$

$$\frac{3}{77}$$

$$\frac{3}{2}$$

이게 뭐죠? 분자가 분모보다 크네요! 말이 안 되는 거 같은데요?

가분수

분자가 분모보다 큰 분수를 가분수라합니다. 분자가 더 크므로 분수는 실제로 **1보다 큰** 값입니다.

예를 들어 방금 살펴본 연습문제의 마지막 분수에서 분모는 2 즉, 전체가 두 조각으로 나누어져 있습니다. 분자가 3이라는 것은 둘로 나눈 조각이 셋이라는 의미입니다 (즉 한 개 초과의 파이가 있다는 의미).

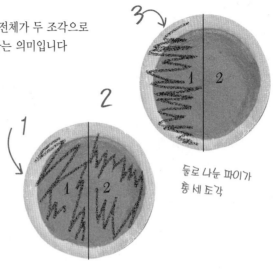

둘로 나눈 파이가
통 세 조각

이 숫자는
큽니다... $\dfrac{3}{2}$ 이 숫자보다...

상황에 따라서는 (곱셈이나 나눗셈 때처럼) 가분수를 유지하는 것이 편리할 때도 있습니다. 하지만 얼마나 많은 조각의 파이가 있는지 알고 싶으면 어떻게 해야 할까요

가분수를 나누어 진분수로 만듭니다

가분수를 진분수로 변환하려면 먼저 분수의 선이 나눗셈을 의미함을 기억해야 합니다.

이 선은 나눗셈을
의미합니다. $\dfrac{3}{2}$ '3 나누기 2'라고도
읽을 수 있죠.

**따라서
있는 그대로
나눗셈을
계산하세요!**

$$2\overline{)\,3\,}$$
$$\underline{-2}$$
$$1$$

1

몫이 1 나머지도
1입니다.

나눗셈의 나머지는 분자로 돌아갑니다. 나눗셈의 젯수는 그대로 분모로 남습니다.

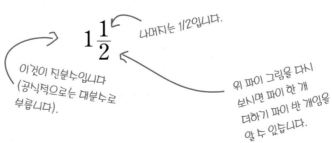

$1\dfrac{1}{2}$

나머지는 1/2입니다.

이것이 진분수입니다
(공식적으로는 대분수로
부릅니다).

위 파이 그림을 다시
보시면 파이 한 개
더하기 파이 반 개임을
알 수 있습니다.

가분수 좀 더 자세히 살펴보기

다음 문제는 어떻게 풀어야 할까요?

$$2\frac{1}{6} \times 4\frac{1}{2} = ?$$

대분수는 그대로 풀기가 어렵습니다. 곱셈을 계산하기 전에 대분수를 가분수로 바꿔야
합니다. 즉 범자연수 없이 분자와 분모만으로 이루어진 식을 만들어야 합니다. 분모의
범자연수는 문제를 어렵게 만들 뿐이에요.

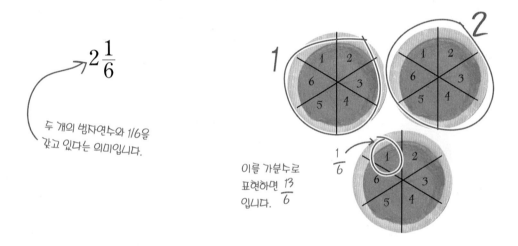

$$2\frac{1}{6}$$

두 개의 범자연수와 1/6을
갖고 있다는 의미입니다.

이를 가분수로
표현하면 $\frac{13}{6}$
입니다.

나눗셈을 계산해서 대분수를 얻었으므로 대분수를 가분수로 만들려면 반대 연산인 곱셈을 이용합니다.

❶ . 가분수를 변환하려면 먼저 분모를 정답의 분모로 그대로 옮깁니다. 대분수와
가분수를 서로 변환해도 분모는 변하지 않기 때문입니다.

❷ 범자연수를 분모와 곱한 다음 **기존** 분자를 더해서 **새로운 분자**를 얻을 수
있습니다.

같아요

$$2\frac{1}{6} = \frac{13}{6}$$

더하기

곱하기

분모는
같습니다.

여러분의 분수
를 구우세요   다음 진분수를 가분수로 만드세요. 모든 정답은 진분수로 줄이세요.

곱하기 $\to$ 더하기 $\quad 1\dfrac{2}{9} =$ _____

$\quad 3\dfrac{3}{8} \quad$ _____   더하기

곱하기 $\to$ 더하기 $\quad 2\dfrac{5}{7} \quad$ _____

1 곱하기 3
더하기 *1*
$\quad\downarrow$

$$1\dfrac{1}{3} \times \dfrac{7}{8} = \quad\cdots\cdots\cdots\cdots\cdots$$

$$\cdots\cdots\cdots\cdots\cdots$$

$$\cdots\cdots\cdots\cdots\cdots$$

$$2\dfrac{6}{7} \times 1\dfrac{1}{4} = \quad\cdots\cdots\cdots\cdots\cdots$$

$$\cdots\cdots\cdots\cdots\cdots$$

$$\cdots\cdots\cdots\cdots\cdots$$

이 공간을 이용해
진분수로 만드세요.

이 공간을 이용해 정답을
진분수로 줄이세요.

여러분의 분수를 구우세요 정답

다음 진분수를 가분수로 만드세요. 모든 정답은 진분수로 줄이세요.

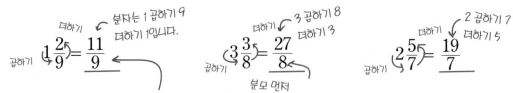

분자는 1 곱하기 9 더하기 1입니다.

$$1\frac{2}{9} = \frac{11}{9}$$

같은 분모부터 적습니다.

3 곱하기 8 더하기 3

$$3\frac{3}{8} = \frac{27}{8}$$

분모 먼저

2 곱하기 7 더하기 5

$$2\frac{5}{7} = \frac{19}{7}$$

1 곱하기 3 더하기 1

$$1\frac{1}{3} \times \frac{7}{8} = \frac{4}{3} \times \frac{7}{8}$$

다시 진분수로 돌여야 합니다.

$$= \frac{28}{24}$$

$$24\overline{)28} \qquad 1\frac{4}{24}$$

$$-24$$

$$4$$

24로 나눈 다음 나머지를 새로운 분자에 적으면 진분수가 됩니다.

$$2\frac{6}{7} \times 1\frac{1}{4} = \frac{20}{7} \times \frac{5}{4}$$

진분수로 돌여야 합니다.

$$= \frac{100}{28}$$

$$28\overline{)100} \qquad 3\frac{22}{28}$$

$$-84$$

$$22$$

진분수로 돌이려면 28로 나눈 나머지를 새로운 분자로 적습니다.

핵심정리

- 분수를 곱할 때 분자는 분자끼리, 분모는 분모끼리 곱합니다.
- 분수를 나누려면 교차 곱셈을 수행합니다.
- 가분수를 대분수로 변환하려면 나누세요.
- 대분수를 가분수로 변환하려면 곱하세요.

저는 분수 곱셈을 다른 방법으로 배웠어요. 전 역수를 사용합니다.

그렇습니다. 사실 더 분수 나눗셈을 더 간단하게 수행하는 방법이 있습니다.

교차 곱셈은 가장 직관적인 방법입니다만 역수를 사용하는 방법도 있습니다.

분수를 뒤집어 역수를 만듭니다

분수의 분자와 분모를 서로 바꾸면 분수의 역수가 됩니다. 두 분수를 나눌 때 교차 곱셈 대신 분수의 역수를 이용할 수 있습니다.

$\dfrac{1}{2}$ 이렇게 역수로 바꿀 수 있습니다.

$\dfrac{2}{1}$ 거꾸로 뒤집혔네요!

분수 나눗셈 – 옵션 2

분수 나눗셈을 역수로 계산하는 방법입니다. 교차 곱셈이나 역수나 결과는 같습니다.

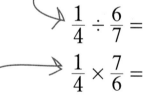

일반적인 나눗셈 문제입니다.

$$\frac{1}{4} \div \frac{6}{7} =$$

❶ 나눗셈 기호를 곱셈으로 바꾸고 두 번째 분수를 역수로 바꿉니다.

$$\frac{1}{4} \times \frac{7}{6} =$$

❷ 일반 분수 곱셈처럼 계산합니다.

$$\frac{7}{24}$$

브레인 바벨

교차 곱셈 방식으로 위 문제를 풀어보세요! 같은 결과가 나옵니다!

바보 같은 질문이란 없습니다

Q: 왜 분수를 배워야 할까요? 대부분의 사람들처럼 계산기를 사용하면 되잖아요?

A: 그렇습니다. 대부분의 사람은 계산기를 사용합니다. 반복되는 소수점처럼 특수한 상황에서는 분수를 이용하는 것이 편리합니다. 대수학에서 작은 숫자를 계속 달고 다니는 것은 바람직하지 않습니다.

Q: 소수점의 각 자리를 어떻게 알 수 있나요? 예를 들어 10분의 1자리인지 100분의 1자리인지 어떻게 알 수 있죠?

A: 소수점의 각 자리수는 여러분이 반드시 알아야 할 기본 지식이며 외워야 합니다. 다행히 0.1은 10분의 1이고, 0.01은 100분의 1이며 계속해서 자릿수가 내려갈 수록 규칙적으로 10의 배수씩 늘어납니다. 이런 규칙만 알고 있으면 소수점을 쉽게 분수로 변환할 수 있습니다.

Q: 소수점의 덧셈과 뺄셈은 범자연수의 덧셈, 뺄셈과 같나요?

A: 소수점을 정렬한 상태라는 가정하에 그렇습니다. 소수점을 오른쪽으로 정렬하면 100분의 1자리와 10분의 1자리를 더할 수 있으므로 소수점을 오른쪽으로 정렬하면 안 됩니다.

Q: 소수점 나눗셈에서 0을 몇 개까지 더할 수 있나요?

A: 좋은 질문입니다. 여러분이 원하는 만큼 0을 추가할 수 있습니다. 반복되는 소수점이라면 100분의 1자리 근처에 도달했을 때 금방 알아차릴 수 있을 겁니다. 반복되는 소수점이 아니라면 문제가 요구하는 답을 얻을 때까지 계속 나눗셈을 진행하세요. 언제까지 나눗셈을 해야 하는가는 문제의 요구사항에 따라 달라집니다.

Q: 사실상 퍼센트는 소수점과 같은 건가요?

A: 그렇습니다! 퍼센트는 100분의 1 단위와 관련된 상황을 쉽게 표현할 수 있도록 만들어진 용어기 때문입니다. 퍼센트 단위로 화폐가 분류될 정도로 편리한 도구입니다.

Q: 가분수를 어디에 활용할 수 있나요?

A: 빠른 속도로 계산할 때 유리합니다. 분수의 곱셈과 나눗셈을 여러 번 수행해야 할 때 가분수를 이용하면 계산이 쉽습니다. 문제 중간에 가분수를 (범자연수와 분수로 이루어진) 진분수로 바꿨다면 진분수를 다시 가분수로 바꾸고 다음 계산을 수행해야 합니다.

Q: 분수 나눗셈에서 교차 곱셈과 역분수 곱셈 중 어떤 방법이 더 좋은가요?

A: 어떤 방식을 선호하느냐에 따라 달라집니다. 둘 다 좋은 방법입니다. 한 가지 방법은 분수를 다시 써야 하지만 다른 방법은 분수를 다시 쓸 필요가 없습니다. 교차 곱셈은 현재 계산의 흐름이 직관적이지 않아 보일 수 있습니다. 반대로 역수를 만들면 일반적인 방법으로 곱셈을 수행할 수 있습니다. 두 방식은 서로 개념만 다를 뿐입니다.

분수 덧셈과 뺄셈

분수의 덧셈과 뺄셈은 곱셈과 나눗셈보다 더 복잡합니다. 두 개의 분수는 비교적 쉽게 곱하거나 나눌 수 있지만 두 개의 분수를 더하거나 빼려면 **통분**해야 합니다.

왜 통분해야 할까요? 분자의 의미에 답이 있습니다. 분자는 전체를 몇 개의 조각으로 나누었는지를 의미합니다.

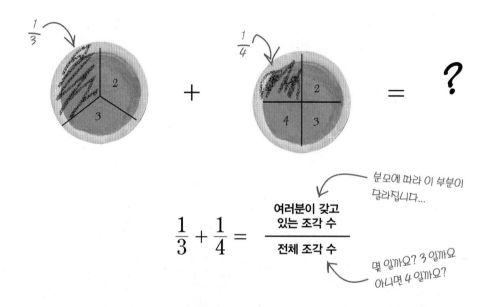

$$\frac{1}{3} + \frac{1}{4} = \frac{\text{여러분이 갖고 있는 조각 수}}{\text{전체 조각 수}}$$

분모에 따라 이 부분이 달라집니다...

몇 일까요? 3 일까요 아니면 4 일까요?

공통 분모가 필요합니다.

요약하면 분수의 값을 그대로 유지하면서 분모를 바꿀 수 있는 방법을 찾아야 합니다.
그러려면 먼저 몇 가지를 짚고 넘어가야 합니다.

동치분수를 이용하면 분모를 통일할 수 있습니다

모든 수 곱하기 1은 자신이 된다는 구구단표를 기억하실 겁니다. 이 사실 덕분에 분수의 값(여러분이 갖고 있는 파이 조각의 크기)을 바꾸지 않고도 분모를 바꿀 수 있습니다.

동치분수를 얻으려면(물론 동치분수를 얻는 목적은 통분해서 덧셈을 하는 겁니다) 분모와 분자에 같은 수 (2/2 처럼)를 곱합니다. 2/2는 1과 같으므로 2/2를 곱해도 분수의 값은 변하지 않습니다. 이런 원리로 동치 분수를 만들 수 있습니다.

이런 방식으로 동치분수를 만들다 보면 같은 양의 파이라도 여러 방식으로 표현할 수 있음을 알게 됩니다. 직접 확인해보시죠.

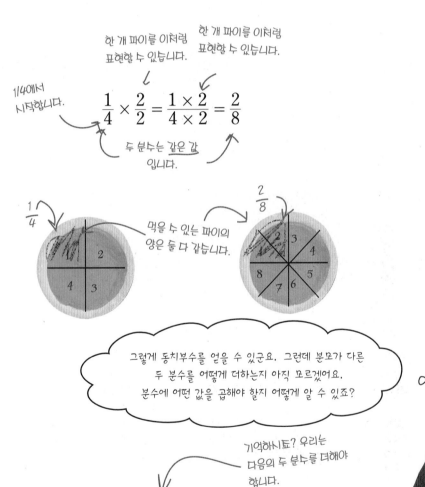

한 개 파이를 이처럼 표현할 수 있습니다.

한 개 파이를 이처럼 표현할 수 있습니다.

1/4에서 시작합니다.

$$\frac{1}{4} \times \frac{2}{2} = \frac{1 \times 2}{4 \times 2} = \frac{2}{8}$$

두 분수는 같은 값 입니다.

$\frac{1}{4}$

$\frac{2}{8}$

먹을 수 있는 파이의 양은 둘 다 같습니다.

그렇게 동치분수를 얻을 수 있군요. 그런데 분모가 다른 두 분수를 어떻게 더하는지 아직 모르겠어요. 분수에 어떤 값을 곱해야 할지 어떻게 알 수 있죠?

기억하시죠? 우리는 다음의 두 분수를 더해야 합니다.

$$\frac{1}{3} + \frac{1}{4} = \ ?$$

최소공통분모를 만들어 더합니다

두 분수의 공통분모를 찾아야 합니다. 쉽게 계산하려면 **최소공통분모**를 찾는 것이 좋습니다.

모든 분수가 공유할 수 있는..

분모 통...

가장 작은 수...

최고공통분모를 찾으려면 분수 분모들(우리 문제에서는 3과 4)의 **최소공배수**를 구해야 합니다. 그리고 최소공배수를 이용해 동치분수를 만들 수 있습니다.

동치분수는 원래 숫자에 어떤 숫자를 곱한 결과입니다.

이 숫자들을 공통의 분모 값으로 사용할 수 있습니다.

우리가 찾는 것은 최소공배수이므로 여기서 멈춥니다. 하지만 원한다면 계속해서 공배수를 찾을 수 있습니다.

3의 배수: 3, 6, 9, ⑫, 15, 18, 21, ㉔...

4의 배수: 4, 8, ⑫, 16, 20, ㉔...

두 분수의 덧셈에서 최소공배수를 찾으려면 각 분모의 배수를 나열한 다음 가장 작은 공통 수를 찾으면 됩니다.

우리 예제에서는 12가 최소공배수였으므로 12를 최소공통분모로 사용할 수 있습니다.

요약 정리

· 최소공배수
공통 배수 중 가장 작은 수

· 최소공통분모
공통분모 중 가장 작은 수

$y=mx+b$

분수의 덧셈과 뺄셈 연습

아직 분수를 더할 수 없나요? 여러분의 생각보다 많이 끝났습니다. 지금까지 배운 것을
종합하면 됩니다. 최소공통분모를 찾은 다음 1을 곱해 공통 분모를 만듭니다.

❶ 처음 문제를 적으세요. 문제를 이해하기 어려울 때는 문제를 먼저 적어보면서
문제를 이해하도록 노력하세요.

같은 문제네요. 이번엔
풀 수 있습니다!

$$\frac{1}{3} + \frac{1}{4} = \ ?$$

❷ 최소공통분모를 계산하세요. 계산해야 하는 분자를 확인한 다음 기존에 했던
것처럼 최소공통분모를 찾으세요.

이 값을 선택합니다. 이 값이
두 수의 최소공배수입니다.

3의 배수: 3, 6, 9, 12, 15, 18, 21, 24…

4의 배수: 4, 8, 12, 16, 20, 24…

❸ 두 분수의 최소공통분모를 만들 수 있는 적절한 1의 값을 선택하세요. 분모의 값이
12가 되어야 한다는 사실을 알았습니다. 분모의 값을 12로 만들 수 있는 1의 분수
형태를 알아내야 합니다.

곱하는 분수는 분모와 분자가 같아야 합니다
(그래야 1이 되죠).

3×4=12 이므로 4/4가
필요합니다.

$$\frac{1}{3} \times \frac{4}{4} = \frac{4}{12}$$

두 분수의 분모는 12가
되어야 합니다.

$$\frac{1}{4} \times \frac{3}{3} = \frac{3}{12}$$

4×3=12이므로 3/3이
필요합니다.

❹ 새 동치분수를 더하거나 뺍니다. 원래 문제에서 분수를 동치분수로 교체한 다음
더해서 결과를 구합니다.

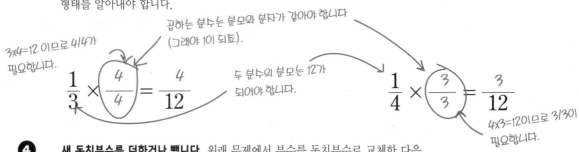

원래 분수를 계산해서 알아낸
동치분수로 교체합니다.

$$\frac{1}{3} + \frac{1}{4} =$$

$$\frac{4}{12} + \frac{3}{12} = \frac{7}{12}$$

이제 간단하게 분수를 더할 수
있습니다.

우리가 구한 최소공통분모가
12이므로 분모는 12임을 바로
알 수 있습니다.

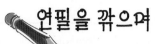
연필을 깎으며

새로 배운 통분 기술을 이용해 다음의 분수 덧셈, 뺄셈 문제를 해결하세요.

$\frac{2}{5} + \frac{3}{10} = ?$

5의 배수: ....

10의 배수: ....

첫 번째 분수에 2/2를 곱해서
최소공통분모를 만듭니다.

두 번째 분수에 1을 곱할 수
있어요.

....

$-\ +\ -\ =\ -$

....

통분한 새 분모로 방정식을
다시 쓰세요.

$\frac{5}{6} + \frac{2}{15} = ?$

6의 배수: ....

15의 배수: ....

$-\ +\ -\ =\ -$

....

통분한 새 분모로 방정식을
다시 쓰세요.

$\frac{3}{4} + \frac{1}{6} = ?$

4의 배수: ....

6의 배수: ....

....

$-\ +\ -\ =\ -$

....

통분한 새 분모로 방정식을
다시 쓰세요.

$\frac{16}{12} + \frac{1}{5} = ?$

12의 배수: ....

5의 배수: ....

....

$-\ +\ -\ =\ -$

....

통분한 새 분모로 방정식을
다시 쓰세요.

연필을 깎으며
정답

새로 배운 통분 기술을 이용해 다음의 분수 덧셈, 뺄셈 문제를 해결하세요.

$\dfrac{2}{5} + \dfrac{3}{10} = ?$

최소공통분모를 찾았습니다.

5의 배수: 5, (10,) 15, 20, 25, 30...

10의 배수: (10,) 20, 30, 40, 50...

첫 번째 분수에 2/2를 곱해서 최소공통분모를 만듭니다.

$\dfrac{2}{5} \times \dfrac{2}{2} = \dfrac{4}{10}$ $\dfrac{3}{10} \times \dfrac{1}{1} = \dfrac{3}{10}$

$\dfrac{4}{10} + \dfrac{3}{10} = \dfrac{7}{10}$

이미 분수가 최소공통분모이므로 1/1을 곱할 수 있습니다.

$\dfrac{5}{6} + \dfrac{2}{15} = ?$

최소공배수입니다.

6의 배수: 6, 12, 18, 24, (30,) 36

15의 배수: 15, (30,) 45, 60

5|5

2/2를 곱해 최소공통분모를 만듭니다.

$\dfrac{5}{6} \times \dfrac{5}{5} = \dfrac{25}{30}$ $\dfrac{2}{15} \times \dfrac{2}{2} = \dfrac{4}{30}$

$\dfrac{25}{30} + \dfrac{4}{30} = \dfrac{29}{30}$

$\dfrac{3}{4} + \dfrac{1}{6} = ?$

4의 배수: 4, 8, (12,) 16, 20, 24

6의 배수: 6, (12,) 18, 24, 30

$\dfrac{3}{4} \times \dfrac{3}{3} = \dfrac{9}{12}$ $\dfrac{1}{6} \times \dfrac{2}{2} = \dfrac{2}{12}$

$\dfrac{9}{12} + \dfrac{2}{12} = \dfrac{11}{12}$

$\dfrac{16}{12} + \dfrac{1}{5} = ?$

공통분모를 찾아야 합니다.

12의 배수: 12, 24, 36, 48, (60,) 72

5의 배수: 5, 10, 15, 20, 25, 30, 35, 40, 45, 50, 55, (60)

$\dfrac{16}{12} \times \dfrac{5}{5} = \dfrac{80}{60}$ $\dfrac{1}{5} \times \dfrac{12}{12} = \dfrac{12}{60}$

$\dfrac{80}{60} + \dfrac{12}{60} = \dfrac{92}{60}$

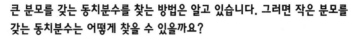

정말 $\frac{92}{60}$ 인가요?

익숙해지기 어려운 숫자군요. 그렇기 큰 최소공통분모를 찾고 싶진 않아요.

큰 분모를 갖는 동치분수를 찾는 방법은 알고 있습니다. 그러면 작은 분모를 갖는 동치분수는 어떻게 찾을 수 있을까요?

상황에 따라서는 최소공통분모가 너무 커서 결과 분수도 큰 수를 갖게 됩니다. 이럴 때는 분수를 값이 변하지 않도록 1로 나눠서 우리에게 익숙한 형태로 만들어야 합니다. 이를 **약분**이라 부릅니다.

그렇게 해도 되나요?

1로 나누어도 값은 변하지 않기 때문입니다

분수를 1(1의 다양한 형태)로 나누면 여러분이 가지고 있는 파이 조각의 크기가 바꾸지 않습니다.

1을 다양한 형태로 표현할 뿐입니다. **1로 어떤 수를 나누면 결과는 그대로 자기 자신이 됩니다.** 문제는 '어떤 형태의 수로 분수를 나누어야 하는가'입니다.

┌─ 요약 정리 ─────────

· **1의 곱셈등가법칙**

모든 수 곱하기 1 또는 모든 수 곱하기 1은 자기 자신입니다.

1로 나누어 분수를 약분합니다

분수를 약분하려면 먼저 분모와 분자를 어떤 종류의 1로 나눌지 정해야 합니다.
두 수의 공통 요소를 찾았다면 몇 번이든 나눗셈(1로 나눔)을 수행할 수 있습니다.

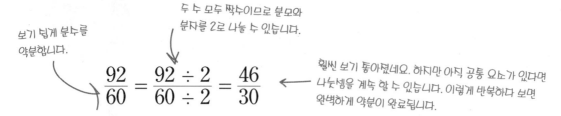

보기 쉽게 분수를 약분합니다.

두 수 모두 짝수이므로 분모와 분자를 2로 나눌 수 있습니다.

$$\frac{92}{60} = \frac{92 \div 2}{60 \div 2} = \frac{46}{30}$$

훨씬 보기 좋아졌네요. 하지만 아직 공통 요소가 있다면 나눗셈을 계속 할 수 있습니다. 이렇게 반복하다 보면 완벽하게 약분이 완료됩니다.

분수를 완벽하게 약분하려면 분수의 모든 공통 요소를 제거해야 합니다. 즉 분수에 공통 요소가 존재하지 않을 때까지 나눗셈을 반복해야 합니다. 46과 30은 짝수이므로 공통 요소 2를 포함하고 있습니다.

$$\frac{46}{30} = \frac{46 \div 2}{30 \div 2} = \frac{23}{15}$$

공통 요소 2를 제거했습니다! 23은 소수이므로 더 이상 공통 요소가 없습니다. 더 이상 약분할 수 없는 상태네요.

분수에 공통 요소가 존재하지 않을 때까지 약분을 계속해야 합니다. 즉 적어도 분모나 분자 중 하나는 소수가 되어야 하며 공통 요소가 없어야 합니다.

나눗셈 반복은 지겨워요. 좀 더 빠르게 계산하는 방법은 없나요?

요소 트리를 이용하면 사소한 여러 과정을 생략할 수 있습니다

요소 트리를 이용하면 숫자의 요소를 쉽게 파악할 수 있습니다.
요소 트리는 모든 요소를 나열하는 표로 요소 트리를 이용해 요소를 나열한 다음 분수를 약분할 수 있습니다.

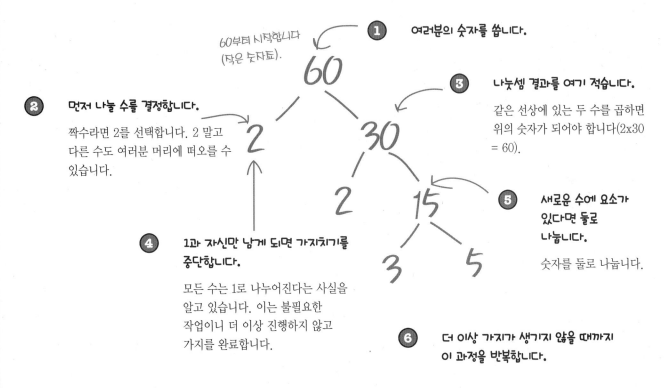

60부터 시작합니다
(작은 숫자표).

① 여러분의 숫자를 씁니다.

② 먼저 나눌 수를 결정합니다.

짝수라면 2를 선택합니다. 2 말고 다른 수도 여러분 머리에 떠오를 수 있습니다.

③ 나눗셈 결과를 여기 적습니다.

같은 선상에 있는 두 수를 곱하면 위의 숫자가 되어야 합니다(2x30 = 60).

④ 1과 자신만 남게 되면 가지치기를 중단합니다.

모든 수는 1로 나누어진다는 사실을 알고 있습니다. 이는 불필요한 작업이니 더 이상 진행하지 않고 가지를 완료합니다.

⑤ 새로운 수에 요소가 있다면 둘로 나눕니다.

숫자를 둘로 나눕니다.

⑥ 더 이상 가지가 생기지 않을 때까지 이 과정을 반복합니다.

소수 요소를 선택합니다

트리가 완성되었지만 어떻게 트리를 읽는지는 아직 이해가 가지 않을 겁니다. 트리를 완성했다면 숫자를 구성하는 모든 요소 나열이 완료된 겁니다. 트리의 형태는 우리에게 중요한 정보를 알려줍니다. 가지의 끝에는 **소수 요소**가 위치합니다.

모든 소수 요소를 나열하는 것을 **소수 요소화**라고 하며 소수 요소는 곱해서 큰 수를 만들 수 있는 가장 작은 수입니다. 그뿐만 아니라 소수 요소를 곱해 숫자가 가질 수 있는 모든 요소의 조합을 만들 수 있습니다.

이렇게 요소를 나열해서 숫자의 모든 요소를 확인할 수 있습니다.

60의 소수 요소화: 2, 2, 3, 5

소수 요소를 나열하는 것이 아니라 숫자를 소수 요소화하는 것이므로 2가 두 번 나왔다면 2를 두 번 적습니다.

요소 트리로 약분하세요

요소 트리를 사용하는 방법을 알았으니 쉽게 약분할 수 있습니다. 분수 약분을 다시 살펴보시죠.

❶ 약분해야 할 분수를 적습니다. 분수가 방정식의 일부로 포함될 때가 많으므로 충분한 공간을 두고 분수를 적는 것이 좋습니다.

$$\frac{92}{60}$$

❷ 분자와 분모를 소수 요소화합니다. 이때 요소 트리를 사용합니다. 60의 소수 요소화는 이미 알고 있으므로 92의 소수 요소화를 빨리해보세요.

이전에 구한 60의 소수 요소화 결과입니다. →

60의 소수 요소화: 2, 2, 3, 5

92의 소수 요소화: 2, 2, 23

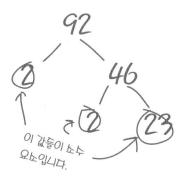

이 값들이 소수 요소입니다.

❸ 소수 요소화를 이용해 분수를 다시 적습니다. 소수 요소를 모두 곱하면 원래 숫자가 됩니다. 즉 표현 방식만 바뀔 뿐 값은 변하지 않습니다.

$$\frac{92}{60} = \frac{2 \cdot 2 \cdot 23}{2 \cdot 2 \cdot 3 \cdot 5}$$

❹ 모든 공통 요소를 나누어 제거합니다. 분자와 분모에 있는 모든 공통 요소를 제거할 수 있습니다.

$$\frac{92}{60} = \frac{\cancel{2} \cdot \cancel{2} \cdot 23}{\cancel{2} \cdot \cancel{2} \cdot 3 \cdot 5}$$

이제 완벽하게 약분된 분수만 남습니다.

❺ 나머지 요소를 간소화합니다. 나머지 요소들이 있다면 다시 합친 다음 최종 분수를 적습니다.

$$\frac{92}{60} = \frac{23}{3 \cdot 5} = \frac{23}{15}$$

소수 요소화를 이용하면 분수를 빠르게 약분할 수 있습니다.

바보 같은 질문이란 없습니다

Q: 최대공약수가 뭔가요? 전에도 들어 본 적은 있는데 언제 사용하는지 모르겠어요.

A: 최대공약수란 두 큰 수에서 공통으로 끌어낼 수 있는 가장 큰 수를 가리킵니다.

Q: 최대공약수를 이용해 분수를 약분할 수 있다고 들었는데 어떻게 하는 거죠?

A: 최소공배수를 이용해서 최소공통분모를 만드는 것처럼 약분할 때 최대공약수를 활용할 수 있습니다. 본자와 분모의 요소를 나열할 수 있다면 가장 큰 요소를 쉽게 찾을 수 있습니다. 그리고 분자와 분모를 최대공약수로 나눕니다. 여기서 요소 목록을 찾는 것이 어려운 문제입니다. 요소 트리와 소수 요소화를 이용하면 좋습니다.

Q: 최소공통분모와 최소공배수는 뭐가 다른가요?

A: 최소공배수(최소공배수)는 두 수와 관련된 숫자입니다. 우리는 두 숫자의 최소공배수를 최소공통분모로 이용할 수 있습니다. 최소공통분모는 분수라는 특수한 상황에 적용되는 최소공배수입니다.

Q: 소수점보다 분수 계산이 어려운 것 같아요. 분수 계산을 꼭 배워야 할까요?

A: 처음에는 소수점보다 분수 계산이 어려워 보일 수 있습니다. 하지만 분수 계산을 이해하고 나면 소수점보다 분수 계산이 더 깔끔하며 더 빠르다는 사실을 알게 될 겁니다. 끝나지 않는 소수점, 반복되지 않는 소수점을 생각하면 쉽게 이해될 거예요.

Q: 언제 분수를 약분해야 하나요?

A: 약분을 해서 식을 간단하게 만들어야 할 때가 있습니다. 분모가 크면 최소공통분모를 만들어 분수를 더하고 뺄때 쉽지 않으므로 약분하는 것이 좋습니다. 또는 문제 자체에서 분수를 약분하라고 요구하거나 약분해야만 정답이 나올 때도 있습니다.

Q: 요소 트리라고 부르는 이유가 뭔가요?

A: 확실한 이유는 알려진 바가 없습니다만, 크리스마스 트리라고 부르면 이상하겠죠?

Q: 암산으로 요소화를 하면 어떨까요? 그래도 요소 트리를 그려야 하나요?

A: 암산으로 요소화를 할 수 있다면 요소 트리는 그릴 필요가 없습니다(하지만 트리를 그리면 실수를 방지할 수 있습니다).

Q: 1로 나누는 것과 1을 곱하는 것 모두 중요한가요?

A: 매우 중요합니다. 1을 곱하거나 1로 나눠도 값이 변하지 않는 규칙 덕분에 분수 계산을 할 수 있습니다.

처음에는 분수 계산이 소수점보다 어려워 보이지만 어느 순간부터는 분수 계산이 더 쉽습니다.

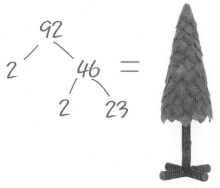

종합 정리 – 분수

$\times$ **분수를 곱할 때는** 분자는 분자끼리 곱하고 분모는 분모끼리 곱해서 새로운 분자와 분모를 구합니다.

$$\frac{1}{2} \times \frac{1}{3} = \frac{1 \times 1}{2 \times 3} = \frac{1}{6}$$

$\div$ **분수를 나눌 때는** 교차 곱셈을 합니다. 첫 번째 분자를 두 번째 분모와 곱해서 정답의 분자를 구합니다. 첫 번째 분모와 두 번째 분자를 곱해서 정답의 분모를 구합니다.

$$\frac{1}{3} \div \frac{1}{2} = \frac{1 \times 2}{3 \times 1} = \frac{2}{3}$$

$+$ **분수를 더할 때는** 분모를 통분해야 합니다. 통분한 다음에는 공통 분모를 유지한 채 분자끼리 더합니다.

$$\frac{1}{3} + \frac{1}{4} =$$
$$\frac{4}{12} + \frac{3}{12} = \frac{7}{12}$$

$-$ **분수를 뺄 때는** 분모를 통분해야 합니다. 통분한 다음에는 공통 분모를 유지한 채 분자끼리 뺍니다.

$$\frac{1}{3} - \frac{1}{4} =$$
$$\frac{4}{12} - \frac{3}{12} = \frac{1}{12}$$

가분수를 변환할 때는 나눗셈을 합니다. 분자를 분모로 나누세요. 나머지가 최종 분수의 분자가 됩니다.

$$\frac{3}{2} \rightarrow 2\overline{)\,\frac{1}{3}\,} \rightarrow 1\frac{1}{2}$$
$$\frac{-2}{1}$$

1/2가 남습니다.

분자를 약분하려면 분자와 분모에 공통 요소가 없을 때까지 같은 요소로 분자와 분모를 나눕니다.

$$\frac{92}{60} = \frac{2 \cdot 2 \cdot 23}{2 \cdot 2 \cdot 3 \cdot 5} = \frac{23}{15}$$

연습문제

다양한 분수 문제를 풀어보세요. 결과를 약분하세요!

$$1\frac{1}{3} + 1\frac{5}{7} = 2 + \frac{1}{3} + \frac{5}{7}$$

↰ 범자연수끼리 더한 다음 분수를
더할 수 있습니다.

$$2\frac{3}{7} \div \frac{1}{7} = ?$$

$$5\frac{1}{4} - \frac{1}{3} = ?$$

$$7\frac{5}{7} \div \frac{8}{7} = ?$$

연습문제 정답

다양한 분수 결과를 풀어보세요. 결과를 약분하세요!

$$1\frac{1}{3} + 1\frac{5}{7} = 2 + \frac{1}{3} + \frac{5}{7}$$

대자연수끼리 더한 다음 분수를 더할 수 있습니다.

3의 배수: 3, 6, 9, 12, 15, 18, 21, 24

7의 배수: 7, 14, 21, 28, 35, 42

$$\frac{1}{3} \times \frac{7}{7} = \frac{7}{21} \qquad \frac{5}{7} \times \frac{3}{3} = \frac{15}{21}$$

$$2 + \frac{7}{21} + \frac{15}{21} = 2\frac{22}{21}$$

분수를 진분수로 고쳐야 합니다.

$$2 + 1\frac{1}{21} = 3\frac{1}{21}$$

나눗셈으로 분수를 약분하는 방법도 있지만 분자가 분모와 비슷하므로 나눗셈을 해보지 않아도 1이 남는다는 사실을 알 수 있습니다.

$$5\frac{1}{4} - \frac{1}{3} = ?$$

$$\frac{21}{4} - \frac{1}{3} = ?$$

첫 번째 분수를 가분수로 만든 다음 뺍니다.

4의 배수: 4, 8, ⑫ 16, 20, 24

3의 배수: 3, 6, 9, ⑫ 15, 18, 21

$$\frac{21}{4} \times \frac{3}{3} = \frac{63}{12} \qquad \frac{1}{3} \times \frac{4}{4} = \frac{4}{12}$$

분수를 진분수로 변환해야 합니다.

$$\frac{63}{12} - \frac{4}{12} = \frac{59}{12}$$

$$12\overline{)59} \quad \longrightarrow \quad 4\frac{11}{12}$$

$$\frac{-48}{11}$$

$$2\frac{3}{7} \div \frac{1}{7} = ?$$

먼저 분수를 변환합니다.

$$2\frac{3}{7} = \frac{17}{7}$$

그리고 교차 곱셈합니다.

$$\frac{17}{7} \times \frac{1}{7} \rightarrow \frac{119}{7}$$

같아요!

또는 역수를 만들고 곱하는 방법도 있습니다..

$$\frac{17}{7} \times \frac{7}{1} = \frac{119}{7}$$

나눗셈으로 분수를 약분합니다.

$$7\overline{)119} \quad \longrightarrow \quad 17$$

답이 자연수이므로 나머지가 없습니다.

$$\frac{-7}{49}$$
$$\frac{-49}{0}$$

$$7\frac{5}{7} \div \frac{8}{7} = ?$$ 분수를 변환합니다.

$$7\frac{5}{7} = \frac{54}{7}$$

교차 곱셈 또는 ...

$$\frac{54}{7} \times \frac{8}{7} = \frac{378}{56}$$ 이 분수는 약분해야 합니다.

$$\frac{378}{56} = \frac{3 \cdot 3 \cdot 3 \cdot 2 \cdot 7}{2 \cdot 2 \cdot 2 \cdot 7}$$

$$\frac{27}{4}$$

나눗셈으로 진분수를 만듭니다.

$$4\overline{)27} \qquad 8\frac{3}{4}$$

$$\frac{-24}{3}$$

분수 계산에 지쳤어요.
분수를 소수점으로 변환하는 방법이 있나요?
그러면 소수점으로 계산할 수 있을 텐데요.

그렇습니다! 분수를 소수로 변환할 수 있습니다.

분수 약분 방법과 분모를 변경하는 방법을 배웠으니 소수점을 분수로
바꾸거나 분수를 다시 소수점으로 바꾸는 방법을 살펴볼 차례입니다.
소수점은 백분율과 비슷하므로 소수점으로 변환할 수 있다는 것은
백분율로도 변환할 수 있음을 의미합니다.

분수를 소수점으로 변환하기

분수를 소수점으로 변환하는 것은 아주 간단합니다. **나눗셈만 잘하면 됩니다.** 가분수를
살펴보면서 분수의 선이 나눗셈을 의미한다는 사실을 알았습니다. 소수점 나눗셈에서는 원하는
만큼 0을 추가해서 나눗셈을 계산할 수 있다는 사실도 확인했습니다. 지금까지 배운 모든 것을
종합해 분수를 소수점으로 변환할 수 있습니다.

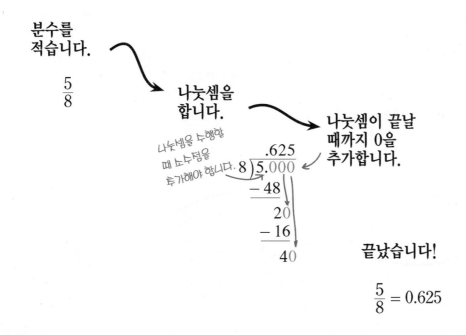

분수를
적습니다.

$\frac{5}{8}$

나눗셈을
합니다.

나눗셈을 수행할
때 소수점을
추가해야 합니다.

나눗셈이 끝날
때까지 0을
추가합니다.

```
       .625
  8 )5.000
    −48
      20
     −16
      40
```

끝났습니다!

$$\frac{5}{8} = 0.625$$

소수점을 분수로 변환하기

소수점을 나눗셈으로 변환하는 핵심은 소수점의 위치입니다. 0.1이 10분의 1이라는 사실 기억하시죠? 즉 1/10입니다. 따라서 소수점을 변환할 때는 변환하려는 수에서 소수점을 제거한 다음 분자에 적습니다. 그리고 분모에는 1 뒤에 소수점 숫자만큼 0을 추가합니다(예를 들어 1,000처럼).

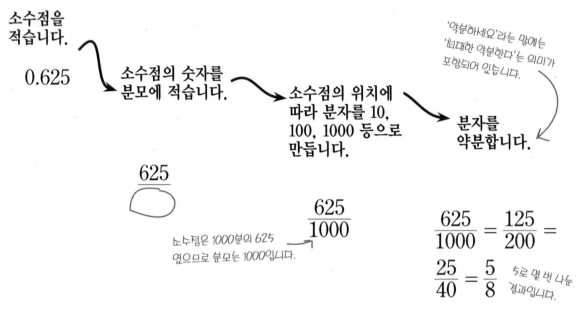

언제 어디에서나 변환이 필요할 수 있습니다

정리하면 이제 여러분은 소수점을 백분율로 변환하거나 백분율을 소수점으로 변환하는 방법도 알고 있습니다. 따라서 주어진 문제에서 어떤 형식을 사용할지는 전적으로 여러분의 선택에 달렸습니다. 각각의 형식마다 장단점이 있는데 경험을 통해서 장단점을 깨닫게 될 겁니다.

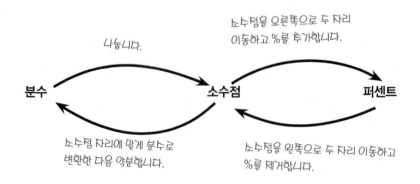

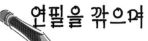

연필을 깎으며

분수를 소수점으로 변환하는 연습을 합니다.

$\dfrac{13}{16} = \quad 16\overline{)13}$ 　　　　　　　$\dfrac{13}{16} = \,$ ....

$\dfrac{33}{250} = \quad 250\overline{)33}$ 　　　　　　$\dfrac{33}{250} = \,$ ....

$\dfrac{3}{8} = \quad 8\overline{)3}$ 　　　　　　　　$\dfrac{3}{8} = \,$ ....

분수를 소수점으로 변환하는 연습을 합니다.

$$\frac{13}{16} = \quad 16\overline{)13\,0000} \quad \begin{array}{r} 0.8125 \\ \hline \end{array}$$
$$\begin{array}{r} -128 \\ \hline 20 \\ -16 \\ \hline 40 \\ -32 \\ \hline 80 \\ -80 \\ \hline 0 \end{array}$$

분자를 분모로 나눕니다.

필요한 만큼 0을 추가해 내립니다.

$$\frac{13}{16} = 0.8125\ldots$$

$$\frac{33}{250} = \quad 250\overline{)33\,000} \quad \begin{array}{r} 0.132 \\ \hline \end{array}$$
$$\begin{array}{r} -250 \\ \hline 800 \\ -750 \\ \hline 500 \\ -500 \\ \hline 0 \end{array}$$

$$\frac{33}{250} = 0.132\ldots\ldots$$

$$\frac{3}{8} = \quad 8\overline{)3\,000} \quad \begin{array}{r} 0.375 \\ \hline \end{array}$$
$$\begin{array}{r} -24 \\ \hline 60 \\ -56 \\ \hline 40 \\ -40 \\ \hline 0 \end{array}$$

$$\frac{3}{8} = 0.375\ldots\ldots$$

0으로는 나눌 수 없습니다

나눗셈에는 특별한 연산이 존재합니다. 바로 0으로 나누는 상황인데 0으로 나누기는 불가능합니다 (분수도 나눗셈이므로 분모도 0이 될 수 없습니다). 수학적으로는 **0으로 나누는 것은 정의되어 있지 않다**라고 합니다. 0에 가까운 수로 나누는 상황을 이용해서 0으로 나눈다는 의미를 생각해볼 수 있습니다. 점점 작은 수로 나눌수록 문제가 발생합니다.

일반 분수 규칙을 적용해
다시 썼습니다.

상당히 작은
값입니다.

$$\frac{5}{\frac{1}{2}} = 5 \cdot \frac{2}{1} = 10$$

10개의 코코넛

더 작아졌습니다.

$$\frac{5}{\frac{1}{4}} = 5 \cdot \frac{4}{1} = 20$$

정말 작네요.

$$\frac{5}{\frac{1}{100}} = 5 \cdot \frac{100}{1} = 500$$

0에 가까운 수로 나눌수록 답이 커집니다. 1/100로 나누면 500이 나오는데 1/1000이나 1/1,000,000로 나누면 어떻게 될지 상상해보세요! 0에 가까운 수로 나눌수록 결과는 무한대에 가까워집니다. 0으로 나눌 수 없는 이유는 0으로 나눈 답이 존재하지 않기 때문입니다.

0으로 나누는 것은
정의되어 있지 않습니다.
이는 정답이 존재하지
않음을 의미합니다.

평생이 걸리는 곱셈도 있습니다!

같은 수를 반복해서 곱하는 상황을 표현하고 싶으면 어떻게 할까요? 행운의 편지 수신자는 두 명에게 행운의 편지를 보내야 한다고 가정합니다. 여러분이 두 명에게 행운의 편지를 보냈을 때 삼일 째에는 얼마나 많은 사람이 행운의 편지를 받았을까요?

곱셈으로 알아낼 수 있을 것 같네요...

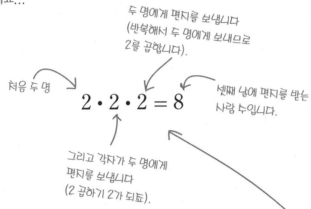

처음 두 명

두 명에게 편지를 보냅니다 (반복해서 두 명에게 보내므로 2를 곱합니다).

$$2 \cdot 2 \cdot 2 = 8$$

셋째 날에 편지를 받는 사람 수입니다.

그리고 각자가 두 명에게 편지를 보냅니다 (2 곱하기 2가 되죠).

좀 더 간단하게 표현할 수 있을까요?

이를 좀 더 간단하게 표현할 수 있는 방법이 있는 것 같습니다. 같은 곱셈 계산을 여러 번 써야 하므로 헷갈릴 수 있습니다. 이럴 때 **지수**를 사용합니다. 지수는 '밑수를 몇 번 곱할 것인지'를 표현하는 표기법입니다.

위 방정식을 다음처럼 지수로 표현할 수 있습니다.

둘은 표현방식이 다를 뿐 같은 방정식입니다.

지수 3입니다.

이 숫자를 '밑수'라고 합니다. 여러 번 곱할 숫자입니다.

$$2^3 = 8$$

⚛ **브레인 파워**

지수를 배웠습니다. 그럼 4일 째, 5일 째에는 얼마나 많은 사람이 행운의 편지를 받게 될까요?

소식은 얼마나 빨리 퍼지는가...

셋째 날에 어떤 일이 일어나는지를 계산했습니다. 4째 날이나 10째 날에는 어떤 일이 일어날까요?
방정식을 일반화해야 합니다.

행운의 편지를 받는 모든 사람이 두 명에게 편지를 변한다는 사실은 변하지 않습니다. 변수는 '며칠이
지났는가'이며 이것이 지수입니다.

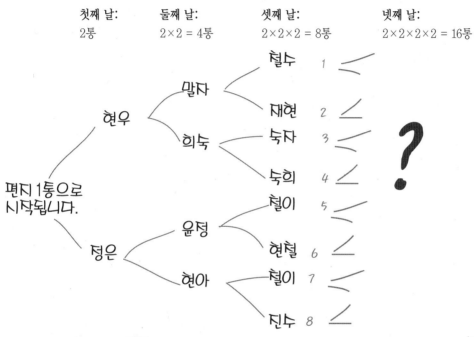

첫째 날:	둘째 날:	셋째 날:	넷째 날:
2통	2×2 = 4통	2×2×2 = 8통	2×2×2×2 = 16통

한 사람이 두 명에게 편지를 보내므로 밑수는 2입니다.
매일 곱하기 2가 늘어나므로 날짜가 지수입니다.

지수는 4(일수)

$$2^4 = 2 \cdot 2 \cdot 2 \cdot 2 = 16$$

4일째에는 16명이
편지를 받습니다.

밑수는 2

요약 정리

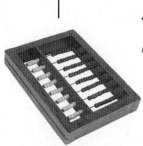

· 지수

밑수를 몇 번 곱할지를 가리키는 윗첨자

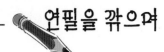 연필을 깎으며

지수를 간소화하세요. 먼저 전체 표현식을 전개하세요.
일부 문제는 계산기가 필요할 거예요...

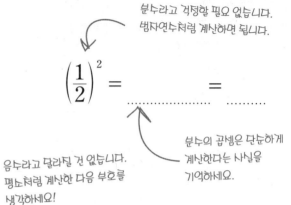

분수라고 걱정할 필요 없습니다.
범자연수처럼 계산하면 됩니다.

5를 다섯 번 곱합니다.

$$5^5 = \text{.........................} = \text{.........}$$

$$\left(\frac{1}{2}\right)^2 = \text{.........................} = \text{.........}$$

분수의 곱셈은 단순하게
계산한다는 사실을
기억하세요.

음수라고 달라질 건 없습니다.
평소처럼 계산한 다음 부호를
생각하세요!

$$1^6 = \text{.........................} = \text{.........}$$

$$(-3)^3 = \text{.........................} = \text{.........}$$

공예:

실생활에서 지수가 사용되는 예제를 보고 싶으시면
종이를 가져오세요. 절반으로 종이를 접습니다. 두께가
두 장이 되었죠? 이제 시작일 뿐입니다...

다시 반으로 접으면 두께가 네 장의 두께가 됩니다.
한 번 더 접으면 여덟 장의 두께가 됩니다.

종이를 몇 번 접었을 때 두께가 얼마일지를 알아내려면
밑수와 지수를 어떻게 표현해야 할까요?

지금까지 배운 내용이 왜 중요하죠?

이제 여러분은 대수학을 시작할 준비가 되었습니다. 대수학은 좋은 것들의 시작입니다.
여러분은 우리가 풀어야 했던 문제를 믿지 못하실 거예요.

잭과 케이트는 호투로
가려고 누학과 담판을
지었습니다.

케이트

잭

토가 게임 시스템과 관련된
모든 정보를 얻고 비용을
지불할 수 있도록 돕습니다.

이제 대수학을 배워요.

폴과 아만다는 대수학을 이용해
여행에 필요한 세부 경비를
계산합니다.

캐슬린은 투어진 연봉
한도 내에서 판타지
풋볼팀을 완성합니다.

지수를 간소화하세요. 먼저 전체 표현식을 전개하세요.
일부 문제는 계산기가 필요할 거예요...

5를 다섯 번 곱합니다.

$$5^5 = \underline{5 \cdot 5 \cdot 5 \cdot 5 \cdot 5} = \underline{3215}$$

계산기를 사용하거나 눈으로 직접
계산할 수 있습니다.
5 × 5 = 25, 25 × 5 = 125, 등

$$\left(\frac{1}{2}\right)^2 = \underline{\frac{1}{2} \cdot \frac{1}{2}} = \frac{1}{4}$$

정수 곱셈에서 음수를 짝수 번
곱하면 양수가 남습니다.

$$1^6 = \underline{1 \cdot 1 \cdot 1 \cdot 1 \cdot 1 \cdot 1 = 1}$$

1을 다른 식으로 표현했을
뿐입니다. 1에는 어떤 지수값이
있어도 1입니다.

$$(-3)^3 = \underline{-3 \cdot -3 \cdot -3} = -27$$

**종이접기는 실생활에서 지수가
활용되는 예제입니다.**

종이를 접을 때마다 종이의
두께가 두 배가 되므로 밑수는
2입니다.

2^a

지수는 종이를 접은
횟수입니다.

 핵심정리

- 반복되는 곱셈을 간단하게 표현할 수 있습니다.
- 곱하는 수가 **밑수**입니다.
- **지수**는 밑수를 몇 번 곱할지를 가리킵니다.

찾아보기

ㅅ

    ⊙

기타